大
方
sight

文化文本

第三辑

叶舒宪　李永平　主编

图书在版编目（CIP）数据

文化文本. 第三辑 / 叶舒宪，李永平编. -- 北京：中信出版社，2024.9. -- ISBN 978-7-5217-6823-7

I. C958-53

中国国家版本馆 CIP 数据核字第 2024ZN7714 号

文化文本（第三辑）
主编： 叶舒宪 李永平
出版发行：中信出版集团股份有限公司
（北京市朝阳区东三环北路 27 号嘉铭中心 邮编 100020）
承印者： 河北鹏润印刷有限公司

开本：710mm×1000mm 1/16 　印张：22.5 　字数：333 千字
版次：2024 年 9 月第 1 版 　印次：2024 年 9 月第 1 次印刷
书号：ISBN 978-7-5217-6823-7
定价：99.00 元

版权所有·侵权必究
如有印刷、装订问题，本公司负责调换。
服务热线：400-600-8099
投稿邮箱：author@citicpub.com

《文化文本》编委会

主　　编　叶舒宪
执行主编　李永平

编　　委（按姓氏拼音排序）
朝戈金　陈岗龙　程金城　高莉芬　韩　伟
胡建升　黄达远　李　川　李　菲　李化成
李继凯　李小江　李永平　刘晓峰　彭兆荣
苏永前　孙　岳　谭　佳　唐启翠　王海龙［美国］
王　晖　王明珂　王铭铭　王　宁　王　倩
王新建　王子今　徐新建　叶舒宪　易　华
尤西林　赵周宽　张子夜［加拿大］

编辑部
主　任　李永平

合作单位
中国比较文学学会文学人类学研究分会
陕西师范大学文学院
陕西师范大学文学人类学研究中心
上海交通大学神话学研究院
四川省社会科学院神话研究院

目　录

导论

叶舒宪　面对三星堆的失语：文化文本论重建思想史原点 / 1

上编

叶舒宪　三星堆新发现丝绸及象牙的文化意义——"玉帛为二精"三续考 / 17

赵殿增　三星堆文化与"绝地天通"——"神权古国"兴衰之谜 / 36

段　勇　莫道神话皆无稽，实证传说有信史——三星堆遗址及文物散论 / 58

王仁湘　三星堆8号坑神坛凤头龙尾巫者法器复原猜想 / 65

王仁湘　三星堆8号坑青铜神坛上的獠牙太阳神 / 70

王　方　烁玉流金：三星堆·金沙的金玉文化解析 / 75

易　华　三星堆世界体系 / 104

黄维敏　三星堆山川祭祀乐舞形态考 / 142

王　倩　重生、变形与转换：三星堆龟背形网格器符号的神话认知 / 154

刘思亮　象齿焚身：三星堆象牙为祀的文化探讨 / 171

林科吉　古蜀再生神话研究 / 190

王万里　公维军　鱼凫神话原型探释 / 204

下编

李永平　通天与"唱和"：宝卷宣卷说唱大传统探赜 / 229

叶舒宪　文明探源的交叉学科视角及方法论创新 / 265

柴克东　古代祭祀系统的神话动物与祖先神演变 / 272

昃　昊　"制器尚象"的文化大传统阐释 / 283

吴　越　理论的激情，激情的理论——论文学人类学理论建构的激情 / 316

韩昊彤　为"圣物"立传——评《盘古之斧：玉斧钺的故事九千年》/ 323

李　妍　海外宝卷研究的新起点
　　　　——评《海外藏中国宝卷整理与研究导论》/ 330

李永平　邱玉祺　新文科背景下宝卷研究的新思考
　　　　——李永平教授访谈录 / 334

导论

面对三星堆的失语：
文化文本论重建思想史原点

叶舒宪

（上海交通大学文科资深教授，中国社会科学院研究员）

一、三星堆新发现举世瞩目，本地学者为何普遍失语？

自2021年3月以来至今，国家启动前所未有的主流媒体态势，长久、持续地全方位宣传报道在成都平原的考古新发现——三星堆6个祭祀坑发掘现场实况，其社会关注度和网络讨论热度堪称此起彼伏，热烈非凡。所谓"沉睡三千年，一醒惊天下"的标题一再重复，两年下来，如今在国内外已是妇孺皆知。窃以为在这样轰动性的历史大发现舆论背景下，2022年年底前在成都市举办的四川省比较文学学会的学术年会，势必会让三星堆研究方面的选题在我们这个文学研究圈子里也热络一番。但出人意料的是，会议开幕后才看到会议手册：原来除了本人这个"外来的和尚"之外，一百多篇会议论文的选题竟然都根本不关注三星堆。好像和我们本土学人所生活的地点近在咫尺的三星堆遗址，是遥不可及的"潘多拉星球"的奇幻景观也！这种地方学者不关注也不研究本地文化重大新发现的现象，似乎是应验了汉语成语所说的"兔子不吃窝边草"啊！有感于此，笔者在草拟好参会论文题目——"文化文本论重建思想史原点"之上，重新添加一个正标题"面对三星堆的失语"。希望能够从我们学会层面努力，让情况有所改观。

如果追问为什么会出现这种令人费解的学术失语现象？恐怕根本原因还

是我们的现行教育出了问题。高等学校的学科细分式人文教育现状，让大多数受教育者的知识结构支离破碎，捉襟见肘，根本无法面对知识大爆炸的当下现实。只要分别浏览一下国际史学研究的前沿学派——大历史学派在近十几年来风靡图书市场的超级畅销著作：以中年学者尤瓦尔·赫拉利《人类简史》[1]为代表的通俗版，和以资深学者大卫·克里斯蒂安《大历史》[2]《时间地图》[3]为代表的学术版，国内与国际在文科知识方面的知识结构的巨大差异，就会即刻显现出来。国家领导层已经非常清楚地意识到这种差距，所以要在近年来通过教育主管部门，自上而下启动覆盖全国的新文科建设运动，其根本目的就是打破各专业各学科长期以来封闭在自身内部发展的坐井观天被动局面，结束旧文科的教育体制，大力号召打破学科间的壁垒，促进交叉学科的教学和认识优势，为当下面临的文科教育困境提供切实可行的一套解决方案。

中国比较文学界，作为改革开放以来率先尝试并大力扶持跨学科知识建构的前沿领域，理应在面对当下发现的大批新材料时显示出高度的学术敏感和问题意识，发挥其在整个人文学科之中的理论引领和方法引领的积极作用。对于生活在三星堆这块热土之中的四川本地学者而言，更应该努力站在本土文化自觉的高度，发挥人文思想解读和跨文化阐释的专业优势与地理优势，形成规模性的学术攻坚团队，拿出新人耳目的批量研究成果。文史哲研究者需要走出作家作品分析或单纯的咬文嚼字模式的文本研究窠臼，努力尝试对无文字的文化传统的认知和攻坚[4]，而不能一味沉陷在中小学语文教学模式孵育出的作品分析老套路（思想内容+艺术特点）中。

---

[1] ［以色列］尤瓦尔·赫拉利：《人类简史》，林俊宏译，中信出版集团，2014年。
[2] ［美］大卫·克里斯蒂安等：《大历史——虚无与万物之间》，全彩插图版，刘耀辉译，后浪出版公司，2017年。
[3] ［美］大卫·克里斯蒂安：《时间地图——大历史130亿年前至今》，晏可佳、段炼等译，中信出版集团，2017年。
[4] 比较文学中的文学人类学派将文字的书面记录传统确认为文化小传统，将无文字传统视为文化大传统，在此基础上提炼出更加宏大的文本观念——"文化文本"，尝试以此来引领人文研究的广度拓展和深度变革。多看近两年来新发表的著述：李继凯等主编：《文化文本》第一辑，商务印书馆，2021年。叶舒宪：《什么是"文化文本"》，《中外文化与文论》第51辑，四川大学出版社，2022年。顾锋、杨庆存主编：《深度认识中国文化——理论与方法讨论集》，复旦大学出版社，2021年。

二、三星堆象牙堆见证"神话中国"观

汉字"象",在殷商甲骨文中就写成一头大象的素描草图。中原大省河南的简称"豫",也是让大象的素描图成为造字的核心意象,这就充分说明在殷商时期的造字者们心目中,大象是司空见惯的陆地动物,根本不是什么稀罕之物。比甲骨文汉字更加久远的文化传统,被中国比较文学界的文学人类学派确认为文化的大传统,要理解甲骨文汉字"象"的写法之所以然,以及中国思想史、美学史的象、意象和形象等关键概念的由来,必须诉诸无文字时代的先民与象这种陆地最大动物的关系史,适当了解华夏史前的环境史与生物史,还有史前的宗教史和神话史方面。因为在文明到来之前的时代,地球上的所有人类都是虔诚的万物有灵的信仰者、神话故事讲述者或听讲者,不会有例外的情况。三星堆祭祀坑的大批文物作为发挥仪礼功能的通神法器,满载着古蜀国先民的信仰和天国想象。作为人文学者,1976年出生的以色列学者——牛津大学毕业的赫拉利博士能写出21世纪以来全球传播最广的学术书《人类简史》,其涉猎的知识内容绝非一两个或两三个学科所能涵盖。目前我国为何无法培育出类似的知识创新型学者呢?这问题值得每一位从业者紧跟着"钱学森之问"去深刻反思:不仅要反思文科教育的瓶颈所在,也要反思和调整个人的学习方向。先找出差距,启动自我警醒,再迎头赶上。赫拉利博士在《人类简史》出版后很快又推出其姊妹篇《未来简史》,似乎是要凭一人之力完成古代社会中先知们所承担的社会责任。相比之下,我国现行文科教育制度下的学子们,所熟悉的还只是自战国至清代留下来的书面文本,这充其量也就是两千多年的历史信息。这样的认知界限,和战国百家争鸣的时代、汉武帝独尊儒术的时代都没有太大的区别。文字文本的时间限度,难道就是我们当下无法超越的文化认识限度吗?这样的发问方式,就意味着势必要走向突破文字文本限度的强烈自我意识。

如何突破?三星堆新出土文物的存在本身,就潜含着某种启发认识突破的功效:三千年前如此丰富奇绝并超乎一般读书人想象的金、玉、铜、象

牙、丝绸制品，足以让我们反思书本文献知识的有限性，不再像古人那样偏执地盲从文献记载。必须到书本文献根本没有覆盖到的真实历史场景和祭器文物中去再学习，完成知识观的自我更新，除此之外别无捷径。

三星堆诸多文物中最令人困惑的现象之一，是三千多年前的古蜀国人为什么要动用成百上千根大象牙，作为每个祭祀坑掩埋文物最上面的覆盖层？蜀国的先民又是如何取得如此之多的象牙，先民心目中的象牙和祭祀礼仪与神话观念有怎样的相互关系？

中国比较文学界的交叉学科代表——文学人类学派，针对当下学界流行的、误导性很大的轴心时代说或轴心突破理论（雅斯贝斯），提出一种适合本土文化传统再认识的"神话中国"理论，希望通过对早期文化之原初信仰及神话观念的解码和阐释，重新认识本土文明根脉及其流变。面对三星堆象牙堆的祭祀坑奇观，四重证据法中的"第三重证据"一旦出场，就会起到非常有效的激活和解码作用[1]。第三重证据指的是活态传承至今的民间文化，包括各民族的口传史诗和神话传说。因为现代人的城市生活早已远离大自然和各种野生动物，现代公众面对祭祀坑里大面积的野生大象之象牙的情景，除了万分惊讶，就只剩下感叹了。与野生象类接触密切的西南少数民族之一的哈尼族的神话，为我们提供了激活三星堆象牙堆文化功能的知识参照系。

哈尼族创世神话《动植物的家谱》讲到，最初的人类没有粮食吃，粮食的种子在天神世界里，人类祖先为了能够上天取得种子，就要先打造升天的工具——天梯，而这个能够贯通天地间的唯一性的天梯，就是用大象骨骼为原材料建成的。[2] 了解到象牙象骨在初民神话想象中充当人神沟通之天梯的文化功能，再看三星堆的每个祭祀坑文物分布中的大量象牙堆积，其解谜的参照效应，就好像一场学术牌局的底牌得以揭开一般。

目前现有的专业人士的解释基本有两种：一种认为象牙是祭祀天地的礼

---

[1] 杨骊等编著：《四重证据法研究》，复旦大学出版社，2019年。
[2] 王宪昭、王京评注：《中华创世神话选注·动植物起源卷》上册，上海人民出版社，2020年，第21—23页。

仪重器①；还有一种认为象牙是具有压胜克敌作用的法器，主要用于压制造成洪水泛滥的水神妖孽。后一种观点的依据是古代礼书中一种叫作"壶涿氏"的记载。持这种观点的学者以金沙遗址博物馆馆长朱章义为代表。下面是2021年《潇湘晨报》记者对他的采访报道：

> 金沙遗址所发现的象牙都出土于古河流两岸，这是否表明使用象牙祭祀和水有关系呢？朱章义解释说，成都平原自古以来便是沃野千里，美丽富饶，但在都江堰修建之前，河流经常改道，古蜀先民常常因此而遭受洪水灾害的侵袭。这已在考古发现中得到证实，洪水的泛滥严重威胁着当地居民的生产和生活。在当时，先民们认为有两种方法可以治理洪水，其一就是科学治理，即修建防洪大堤；其二就是巫术活动，即进行祭祀活动，如祭祀河神，或镇杀洪水中的妖魔精怪等。在生产力及社会条件的限制下，这种方式成为古蜀先民们精神上的一种寄托。据《周礼·秋官壶涿氏》记载："壶涿氏掌除水虫，以炮土之鼓殴之，以焚石投之。若欲杀其神，则以牡橭午贯象齿而沉之，则其神死，渊为陵。"其中，象齿，就是大象牙，把它沉入水中，就能够镇杀洪水中的妖魔精怪。②

朱馆长这样一种用象牙镇杀水怪防洪的说法，看似引经据典，颇有道理，但似乎偏离了《周礼》这部书的原意。首先是"壶涿氏"这个官职名称，郑玄的解释是："壶，瓦鼓也，涿，击也，主以土鼓去水中毒虫也。"官职名称隐喻着敲击土鼓的仪式行为，所要攻击或对付的是"水中毒虫"。既然是虫，那它会是导致洪水泛滥的水怪吗？显然不是的。水中毒虫属于成语"含沙射影"所说的小生物，名叫蜮或水狐，虽与洪灾无关，却是巫医信仰传统中能够给人带来疾病的小妖孽之类。如此看，《周礼》所言象牙入水的

---

① 陈德安等：《三星堆：长江上游文明中心探索》，四川人民出版社，1998年，第56页。
② 《潇湘晨报》2021年9月10日：《三星堆金沙象牙成堆 从中藏着怎样的古蜀密码？》。

主要目的还是仪式性防疫的用途。"蜮"这种小怪虫,常躲在水中,以口中所含沙粒,射人或射人的影子。凡被蜮射中者会生疮。"含沙射影"四字成语实际包含蜮的两种别名:"含沙"和"射影"。其他别名还有李时珍《本草纲目》所记之"溪鬼虫""射工""水弩""抱枪"等。从如此多样的别名来看,关于这种毒虫或鬼虫能够致病的民间信仰,在古代非常普及流行。如果说三星堆的古蜀国人要用成百上千根巨大象牙来对付这种"以气射害人"的水虫,在道理上似很难说通。文学人类学研究分会的首任会长萧兵先生专研辟邪神话观的大著,倒是可以提供解释的思路[①]。《钦定四库全书》所收明代学者王应电所撰《周礼传》(卷五·下)引用的两家(刘氏和王氏)观点,就是运用辟邪理论来解释"壶涿氏掌除水虫"一句的:"刘氏曰:土之性沉而克乎水,炮而为鼓,击诸水上,则深渊可达,入水而应于土故也。王氏曰:以牡橭午(即榆木杵,引者)贯象齿而沉之水,神感其气而死,其神既死,则渊实为陵。圣人所以变化驱除之术,非深穷物理之生克,孰能与此夫?琥珀拾芥,磁石引针,戎盐累卵,獭胆分杯,坏漆以蟹,浣锦以鱼,散血以藕皮,毁金以羊角,皆出自然之理也。"此处所引王氏之说,一口气列举出八种物物相克的典故,来说明用土鼓对付水毒虫的道理。八种典故包括:用食蟹来治疗漆树过敏而生的疮,以羚羊角破金刚石,等等,皆为民间传说信仰的生克原理故事。这里仅就"戎盐"典故略加诠释:戎盐,现代名为大青盐,为氯化物类石盐族矿物石盐的结晶体,具有泻热、凉血、明目、润燥的作用。其化学成分主要为氯化钠。《本草纲目》"石部"第十一卷金石之五:"时珍曰:出于胡国,故名戎盐。赞云:盐山二岳,二色为质。赤者如丹,黑者如漆。小大从意,镂之为物。作兽辟恶,佩之为吉。或称戎盐,可以疗疾。"李时珍指出这种胡地所产土盐,既有辟邪祛恶的作用,同时也具有治疗的效果。对照之下,壶涿氏掌管以击土鼓克水虫,还是同样以驱邪辟疫为目的,而不是应对洪灾的。古代的辟邪一般选择体现神秘能量的圣物,包括玉、帛(五色丝)、金、铜、铅、琉璃、骨、角、桃木等,象牙当然也与此

---

① 萧兵:《辟邪趣谈》,上海古籍出版社,2003年。

并列。如汉代皇室贵族专用的辟邪防疫三宝之一"刚卯、严卯",其制作材料,官方记载有如下三种:白玉,黑犀牛角,象牙。这三类神物是按照等级而排序的,相当于分为上中下三品。象牙材料仅能算是次于白玉和犀牛角的下品而已。三星堆的几种圣物排列情况有所不同:象与象牙似乎地位等级更高,所以全部铺放在祭祀坑金玉铜器的上面!而三星堆和金沙遗址出土的象牙数量之庞大,完全出乎世人的意料。

下面便是《后汉书·舆服志》讲述的古代官方佩玉制度沿革的原文:

古者君臣佩玉,尊卑有度;上有韨,贵贱有殊。佩,所以章德,服之衷也。韨,所以执事,礼之共也。故礼有其度,威仪之制,三代同之。……汉承秦制,用而弗改,故加之以双印佩刀之饰。……

佩双印,长寸二分,方六分。乘舆、诸侯王、公、列侯以白玉,中二千石以下至四百石皆以黑犀,二百石以至私学弟子皆以象牙。上合丝,乘舆以縢贯白珠,赤罽蕤,诸侯王以下以綟赤丝蕤,縢綟各如其印质。刻书文曰:"正月刚卯既决,灵殳四方,赤青白黄,四色是当。帝令祝融,以教夔龙,庶疫刚瘅,莫我敢当。疾日严卯,帝令夔化,慎尔周伏,化兹灵殳。既正既直,既觚既方,庶疫刚瘅,莫我敢当。"凡六十六字。

将玉质的刚卯严卯作为第四重证据,其四面上刻写着的66字咒语就相当于二重证据,完全能够说明古人用神物圣物法器辟邪防疫的观念功能。所谓"帝令祝融,以教夔龙,庶疫刚瘅,莫我敢当"的16字话语,凸显的是辟邪神话信仰的作用,具有斩钉截铁般的自信力与攻击力,那就是专门对付瘟神疫鬼的。汉代《急就篇·卷三》"射鬾辟邪除群凶"句颜师古注:"射鬾,谓大刚卯也。以金玉及桃木刻而为之。一名欤改。其上有铭,而旁穿孔,系以彩丝,用系臂焉,亦所以逐精魅也。"这就说明,除了皇室贵族用白玉、犀牛角和象牙三种珍稀材料制作刚卯,社会上的中等贵族和富人们也可以金属铜和桃木制作之,并普遍相信其能够祛除鬼魅妖精之类导致疾病的邪恶力量。可以说古代中医药学思想的辟邪神话观,充分体现的正是"神话中国"原则,而非体现"轴心突破"的哲学或形而上的思辨方面。

假设发明轴心突破理论的雅斯贝斯在1949年出版《历史的起源与目标》之前能够目睹三星堆祭祀坑大发现,他一定会重新考虑其哲学大突破理论是否适应公元前800—公元前200年间的中国文明。理由很明确,雅斯贝斯所处时代,对文明发生前的史前史文化几乎还没有确定性的认知。下面就是他努力之后而望洋兴叹的原话:

> 谁也不知道人类在无边无际的史前的真正血统及变化,这完全可能永远也不得而知。①
>
> 史前是个庞大的实体,因为人在史前出现了。然而,它是一个我们基本不了解的实体。……这个难解之谜对我们非常具有吸引力。由于我们的无知,它也不断地使我们失望。②

就学术的接力赛而言,作为后代人的我们之所以要比前代人幸运,就是因为能够看到三星堆和金沙遗址这样罕见的史前遗址文物重大发现,能够一下子直观认识到公元前800年前的先民精神生活景象。我们在这里能看到的是先民对神话和信仰的狂热和沉浸,而不是拒斥神话信仰之后的理性觉醒,以及随之而来的哲学—科学! 8个祭祀坑的数万件承载着虔诚信仰和崇拜情愫的神圣祭品,能够让哲学家凭空想象出来的哲学觉醒情况变得如镜花水月一般缥缈和不现实。以下还是雅斯贝斯的关于轴心时代突破之标志的原话:

> 神话时代一去不返,像先知们关于上帝的思想一样,希腊、印度和中国哲学家的重要见识并不是神话。理性和理性地阐明的经验向神话发起一场斗争(理性反对神话)……③

---

① [德]卡尔·雅斯贝斯:《历史的起源与目标》,魏楚雄等译,华夏出版社,1989年,第50页。
② 同上书,第52页。
③ 同上书,第9页。

试问，有谁能够在三星堆青铜神坛、神树、纵目面具及成堆大象牙景象中看到哲学理性向神话发起的斗争呢？我们怎么能将古蜀国先民设想成向《荷马史诗》为代表的神话传统发起攻击的哲人柏拉图呢？即便是稍晚一些的信仰"祭如在"之虚拟现实原理的孔子，也从来没有向神话传统发起攻击。他不是还感叹过自己很久不能梦见凤凰神鸟了吗？更不用说他亲口说出"入太庙每事问"的无比虔诚话语了。雅斯贝斯将老子、孔子、墨子等都比作中国的柏拉图和亚里士多德，其似是而非的误导作用，需要从比较文化方面给予批驳和反思。这几位先秦学者不仅根本不会像柏拉图那样攻击神话，反而有《道德经》的"谷神不死"说和《墨子》中的"明鬼"篇，充分见证鬼神信仰的根深蒂固，何谈什么轴心突破？如果连诸子经典的原文都没有读过，又如何去建构自己的世界历史具有共同结构的理论大厦呢？

三、四重证据法重构三万年人象关系史

早在三星堆1986年先发现两大祭祀坑之前半个世纪，四川大学的著名学者徐中舒就写下《殷人服象及象之南迁》一文，在缺乏足够的四重证据的情况下，依据二重证据即殷墟出土甲骨文中三次出现的获象、来象记录，有力地证明殷商时期不仅四川盆地有大象，即便在中原地区大象也是常见之物。

此获象、来象之象，必殷虚产物，与后来驯象之由他处贡献者不同，罗振玉《殷虚书契考释》云："象为南越大兽"，此后世事。古代则黄河南北亦有之。繁体爲（为）字从手牵象（说详后），则象为寻常服御之物。今殷虚遗物，有镂象牙礼器，又有象齿，甚多。卜用之骨，有绝大者，殆亦象骨，又卜辞卜田猎有"获象"之语，知古者中原象，至殷世尚盛也。王征君（静安先生）曰："《吕氏春秋·古乐篇》：'商人服象，为虐于东夷，周公遂以师逐之，至于江南。'"此殷代有象之确证

矣。"（王先生说见《观堂别集》）①

如今，我们按照以考古遗址和文物作为求证史前史的第四重证据的大思路，可以鸟瞰整个欧亚大陆旧石器时代后期以来的"人进象退"历程。由此可知，在个头较小的亚洲象与人类发生接触以前，人类曾经主要猎食身材更为高大的猛犸象和乳齿象。史前猎人的大规模狩猎活动，先导致猛犸象在距今10 000年前彻底灭绝，之后才有亚洲象作为象类的替代者或后继者，进入人类的社会生活中，出现猎食与驯化两种现象，并因此而导致亚洲象种群数量的急剧减少。从30 000年至15 000年前分布在东欧地区的狩猎部落就开始利用巨大的猛犸象骨建造棚屋居住，其中以捷克东部和乌克兰第聂伯河畔的猛犸象骨蓬屋②最为引人注目。在捷克东部的摩拉维亚，名叫多尔尼韦斯顿尼斯的村落发现30 000年前修建的猛犸象骨屋遗迹，被猎杀的猛犸象遗骨数量多达上千根③。到我国满洲里扎赉诺尔市出土的11 000年前的猛犸象化石，以及当地新建的猛犸象国家公园，这乃是这种巨大动物行将灭绝前夕的一次集体回光返照。我们再将视线南移到中原地区：有5 300年前河南灵宝西坡仰韶文化庙底沟期墓地中伴随最早的一批墨绿色蛇纹石玉钺，还出土有象牙镯子一件。这应该是史前中原社会出土的最早的一批奢侈品，其材质已经不是猛犸象牙，而是亚洲象牙。随后在山东大汶口遗址出土有5 000年前的象牙梳、象牙圆琮形器、象牙珠子等。在距今7 200年至5 000年的长三角地区，本地先民有利用象牙材料雕刻圣物的传统：浙江余姚河姆渡文化象牙雕双鸟朝阳神徽，上海福泉山出土良渚文化象牙雕羽冠神人徽权杖，皆为其例。再向西移，到距今4 000多年的长江中游地区石家河文化出土有泥塑象神偶像（现在湖北省博物馆展出），几乎是写实型的雕塑风格，这也说明长江流域史前先民对大象还是司空见惯的。再向西，经过"巴蛇吞象"传说原

---

① 徐中舒：《殷人服象及象之南迁》，《国立中央研究院"历史语言研究所集刊》，1930年第2卷第1期，第60—75页。
② [美]布赖恩·费根：《世界史前史》，杨宁等译，世界图书出版公司，2011年，第117—118页。
③ [加]佩金格尔：《符号侦探：解密人类最古老的象征符号》，朱宁燕译，北京联合出版公司，2019年，第96页。

产地，即重庆、三峡地区，最后抵达长江上游地区的成都平原三星堆遗址，一部大约3万年来东亚洲人象关系史之轮廓，已经呼之欲出了。旧石器时代的猎人们用猎物猛犸象的巨大双牙对拼起来，做成猛犸象骨屋的大门景观，如今的参观者还可以在基辅的自然博物馆中亲眼见到。

  在还没有出现农业生产的旧石器时代，巨大的野兽作为猎物，居然是如此服务于人类的衣食住行需求的。而象牙作为史前部落社会最早出现的奢侈品材料，一般是加工制作装饰用的珠串，充当先民的身体佩饰物。当然，在现代人看来属于装饰品的象牙珠串，在当时人类的信仰语境中也会充当护身符一类的神圣辟邪法器。在捷克的多尔尼韦斯顿尼斯村落，还发掘到欧洲最早的墓葬，出土的随葬品有红色赭石、石制工具、贝壳、狐狸牙或狼牙，以及象牙珠子。[①]从三重证据方面看，许多原始民族和少数民族都有佩戴兽牙辟邪的习俗，这就给狼牙加象牙珠的串饰之文化功能，提供了比较和参照。

  三星堆的象牙，其文物距今仅有3 000年出头，几乎处在这个长达3万年人象关系传统的年代表之末端。其能够让人拍案惊奇之处，仅仅是古蜀国祭祀仪式所耗费的象牙之数量，大大超越所有前代的遗址文物发现。古蜀国统治者的宗教性虔诚，在大大加速亚洲象灭绝的程度方面，占据着目前所知的国内首屈一指地位。原来活跃在比较文学界的一批生态批评热衷者们，其效法美国哈佛大学生态批评教科书的努力，是大家有目共睹的，而在面对本国生态史的惊人新材料时，却出现集体哑火的局面，确实令人感到遗憾。倒是一位英裔的澳大利亚汉学家伊懋可教授捷足先登，拿出他全面陈述东亚的人进象退成反比进程的生态史著作《大象的退却：一部中国环境史》！其第二章"人类和大象间的三千年搏斗"，认为人—象搏斗是在以下三条战线展开的：其一是开垦耕地毁坏了大象栖息的森林环境；其二是农民为保护庄稼免遭大象的踩踏和侵吞，而与大象搏斗；其三是为了象牙和象鼻而猎取大象。象鼻是美食家的珍馐佳肴。或者是为了战争、运输或仪式所需，而设陷

[①] [加]佩金格尔：《符号侦探：解密人类最古老的象征符号》，朱宁燕译，北京联合出版公司，2019年，第102页。

阱捕捉大象并加以训练。①

这就是伊懋可中国环境史视角所给出的人进象退的反比例关系。人类的农耕社会越发展，大象的生存空间就越是被挤压缩小，最后就只剩下云南边境一带的个别地域了。如果这位环境史学家能够适当涉猎一些中医中药方面的著述的话，或许还会给大象在中国自然环境中的退却过程，增添第四方面的因素吧。明眼人都能从《本草纲目》一类医药书中看出古代中医对象牙药用方面的偏爱。

以象牙为神圣标的物的崇拜传统，显然是在早于三星堆的各个时期的史前文化中不断传承，所以有遍地开花的局面。只是未能出现像三星堆和金沙遗址这样大量使用整根大象牙用于宗教祭祀的情况。在1986年和2001年两次挖掘过程中，三星堆共出土80多根象牙；金沙遗址出土1000多根象牙。自2021年至2022年6月，一年多时间里三星堆3号至8号坑中又出土678根（段）象牙和象牙制品。大家可以从这个数量去想象古蜀国宗教狂热所导致的生物灭绝惨剧。成都目前要打造世界科幻之都，三千年前发生的这一幕触目惊心，其实比科幻还要科幻吧。

在欧亚大陆上和人类共同生活过百万年的象类生物，究竟是在何时与人类渐行渐远的呢？换一种发问方式：既然比亚洲象要早很多的猛犸象、乳齿象的种群灭绝悲剧与史前猎人的猎杀密切相关，即在距今一万年前就从大地上绝迹了，那么其后裔亚洲象是不是也面临着被人类斩尽杀绝的厄运呢？情况确实如此，如果不是人类在一万年前学会种植粮食，开启农业革命，为社会人口增长找到更充足的、可储备的食物来源，那就很难说亚洲象是否能大量地存活到三星堆和金沙遗址先民狂热祭祀神灵的时代。我们仅凭三星堆和金沙遗址出土象牙祭器的分布情况，就能大体看出人进象退的此消彼长变化过程。简言之，三星堆8个祭祀坑均在最上面一层铺满象牙的那个时期，距今约3000年，亚洲象在蜀地的大量存在是毋庸置疑的；可是等到时光轮转到距今2600年的东周时期，也就是金沙遗址最晚的地层第三文化层所呈现

---

① ［英］伊懋可：《大象的退却：一部中国环境史》，梅雪芹等译，江苏人民出版社，2014年，第13页。

的[①]：白花花的大象牙已经几乎绝迹，取而代之的是野猪牙和鹿角、麋角。牙角类，和玉帛类同样，在先民的神话信仰中具有相同的神圣功能，人们希望发挥其内涵的神力即正能量，抵御一切给人类的生活和生命造成威胁的山妖水怪、瘟神厉鬼和魑魅魍魉。

四、蓦然回首三万年：重建思想史原点

西学东渐一百多年来，各种效法西方思想史和美学史的中国思想史和中国美学史如雨后春笋一般问世。思想研究和美学研究的主要对象为何？以北京大学叶朗教授为代表的一派专家意见，是要从"象"或"意象"入手，开启探究审美活动的对象，即开启美学史写作的再出发起点与叙述主轴。若将"象"这个聚焦点落实到殷商时期的甲骨文汉字，则可以展开一部三千年的中国美学史。1986年和2021年，四川广汉三星堆遗址的祭祀坑两度出土大批象牙，这表明商代人社会生活中所遭遇的大象，至少是我们现在的许多倍。人进象退，是万年以来中国大地上此消彼长的生态大变迁的缩影。如今，千古之谜的溯源答案已经呈现：早在三四万年以前的中原腹地，旧石器时代祖先就曾经以陆地上最大动物大象为狩猎对象，并以大象为神物和圣物，组织宗教性祭祀活动。这是迄今所知华夏文明有关"象"和"意象"观念的最早原型场景。

笔者提示从构成文化文本传承的根源入手开始思想史和美学史研究，找到文化大传统的非文字符号、前文字符号，这样，研究者的眼界之深度可以远超甲骨文的时代。四重证据法作为新文科的可操作性方法论，其第四重证据就专指考古发现的物（包括可见的物和不可见的微生物——基因和病毒）。一万年以来的中国玉文化传承已经是甲骨文字的三倍深度，比玉石更早的神圣载体基本都是有机物，以动物的骨角牙贝（珠）为主。这些才是旧石器时代较为普遍的神圣化载体和审美载体。

[①] 成都文物考古研究所编著：《金沙——21世纪中国考古新发现》，五洲传播出版社，2005年。

2020年新出版的一部考古报告——《新郑赵庄：旧石器时代遗址发掘报告》，便提供出一个前所未见的动人景观：新郑地区的先民们在当年的宗教礼仪活动后，留下一只巨大的象牙和象的头骨。

该象头骨被史前中原先民供奉在35 000年前的特制石块"祭坛"上，而这些紫红色的石块则是从别处运输过来，堆砌而成祭坛的。这是一种什么样的景观呢？"石英砂岩制品体积大，重量大，石块、石核、石片、断块等各类产品无规律分布，但多数却堆垒起来，似乎与人类日常生活关系不大。……人类应该是将块状石制品和未加工的石块一起搬回遗址后，将其堆垒起来。联系到象头位于石英砂岩堆的上方，因此我们推测石英砂岩搬运至遗址的作用可能是为了堆垒起来搁置象头。"[1]

5 000年，这曾经是国学传统梦寐以求却无法达到的远程理想，而今，我们比较文学界凭借独创的文化文本理论，不仅大致弄清了5 000年前的中国文化有什么没有什么，还一跃进入35 000年前的中原史前社会礼仪性行为的现场。要知道，35 000年前，是5 000年的七倍之多，也是过去的中国美学史研究以距今18 000年的北京山顶洞人的贝壳和珠子项链为起点的近两倍。所以新郑赵庄遗址的这个为供奉巨大象头和象牙而用人工垒积石块制作祭坛的场景，有理由成为新时代重启中国思想史和美学史的大传统思维之标志性起点。

按照陈寅恪先生的著名判断：一个时代有一个时代的学术。创新的原动力就在于发现新材料和提出新问题。回顾改革开放以来我国美学热的潮起潮落历程，眼下还会有比这更让人文学者们兴奋不已的"新材料"吗？四川省比较文学学会的同仁们，作为古蜀国人的当今传人，应该是最有资格和地利条件的探索者。希望我们的研究群体，包括"认知诗学"这个群体，能够知难而上，刻苦攻坚，拿出过硬的成果，向国内外学界展示自己的学术实力，进一步发挥出比较文学在整个文科知识创新中的引领作用。

---

[1] 北京大学考古文博学院、郑州市文物考古研究院编著：《新郑赵庄：旧石器时代遗址发掘报告》，科学出版社，2020年，第113页。

上编

三星堆新发现丝绸及象牙的文化意义
——"玉帛为二精"三续考

叶舒宪

（上海交通大学文科资深教授　中国社会科学院研究员）

　　1986年以来，四川广汉三星堆遗址6个祭祀坑的发掘，曾引起全球关注。35年后再发掘加上电视直播，传播力大增，成为年度热点事件。本文根据2021年3月新发布的三星堆祭祀坑出土丝绸，从显圣物视角整合三星堆五类奢侈物之谱系（玉、帛、金、铜、象牙），分别做出其源流辨析和时空分布说明，再逐一加以神话学的观念解读，聚焦到中国史前文化中丝绸初用于"帛殓葬"现象，兼及后世葬礼的玉帛互动情况，旨在将原来作为玉教信仰基本信条的"玉帛为二精"说，重新拓展为"玉帛信仰"体系，并确认其对催生华夏文明所发挥的重要文化基因作用。

一、三星堆新出土圣物体系

　　"显圣物"（hierophany）是源于希腊语的名词，在宗教学中特指神圣显现的对象物。复数的显圣物（hierophanies）则表示神圣能量在物质现象中的各种体现。若要问华夏文明商周时代国家祭礼的突出特点是什么，在孔子的一个反问话语中，曾经给出非常明确的提示，那就是以极度凸显两种华夏文明特有的"显圣物"来概括的，称为：

礼云礼云，玉帛云呼哉？①

　　郑玄注："玉，圭璋之属。帛，束帛之属。言礼非但崇此玉帛而已，所贵者，乃贵其安上治民。"②如果再追问：玉与帛二种圣物之间有何种关联？那么还可以参考郑玄注《尚书》中的一个说法："帛，所以荐玉也。"③这就是说，丝绸或丝带通常用来包装玉礼器或串联玉组佩。玉、帛二者既有并列关系，又有主次关系。孔子发问礼乐的话语虽为问句，却在无意间将这两种显圣物玉和帛（丝绸）对传统祭礼的重要性和盘托出。此外，还透露出玉在先帛在后，玉为主帛为辅的表达顺序。

　　为什么在青铜时代到来1 000多年之后，孔子所问古代祭礼的主要成分，却并不突出青铜礼器的重要性，而唯独突出玉和帛呢？而比青铜更加稀有珍贵的黄金，为何根本不在圣人话下？只有在接下来有关乐的问话中，孔子才说出："乐云乐云，钟鼓云呼哉？"提示商周两代曾经流行的青铜编钟之类乐器的文化重要性。在1986年公布的三星堆遗址祭祀坑发掘文物中，在孔子提到的三种礼乐圣物即玉、帛、铜之中，有玉和铜，外加象牙和黄金，尚未有丝绸即帛的发现。

　　2021年3月20日，国家文物局"考古中国"重大项目进展工作会在四川成都举行，通报三星堆遗址重要考古成果④。

　　刚发布的三星堆6个祭祀坑新出土的500多件文物，包括金、铜、象牙、玉、帛五类奢侈物。与1986年的发现相比，此次新发掘出的圣物只有一种即丝绸（图1）。而且在祭祀坑中的丝织物若隐若现，是人们用肉眼根本看不到，依靠仪器检测数据才得以证实。尽管如此，这仍然是个重磅证据，它可以让几十年来国内外视三星堆为外来文化输入的种种想象与推测，都被出土实物证据有力地驳斥回去。

---

① （清）刘宝楠：《论语正义》，中华书局，1990年，第691页。
② 同上。
③ 同上书，第692页。
④ 新华社成都3月20日电（记者施雨岑、童芳）《三星堆遗址"再惊天下"　现已出土重要文物500余件》。

图1　三星堆新出土丝织物①

养蚕缫丝和织绸，是中国先民的伟大发明，也是中亚和西亚、北非等地中海文明本来都没有的物质生产和工艺活动。玉帛二者完全堪称是华夏文明的特产。三星堆的冶金文化中无疑掺有明显的外来文化成分，特别是黄金权杖（套）与黄金面具之类，这都不是华夏本土自发的产物，而是更加古老的埃及文明和苏美尔文明的原生性重要标志物。不过这两个文明古国都出现在距今5 000年前，其存在要比三星堆文化早约2 000年。换言之，地中海古文明的显圣物黄金向东传播到我国巴蜀地区的时间，大约耗费了20个世纪之久。其路径应该不是一次性的或直接的传播，而是类似多米诺效应的逐级的、间接的传播过程。但是仅凭丝绸加玉器，就足以证明华夏传统之两大根脉，均已深深扎根在三星堆文化体系的基础中，而且二者彼此也具有息息相通的关联性。依照文学人类学的方法论四重证据法来审视，第一重证据是传世文献。文献所记蜀王的"蚕丛"之名，看来也绝非浪得虚名。社会存在决定社会意识。试想一下，若是一个无蚕无丝的蜀国，岂能让自己的最高统治者以神蚕为名号乎？

在《说文解字》一书中，东汉许慎曾对"蜀"字做出这样的解释："蜀，

---

① 图片来源：四川省文物局，引自新华网：记者施雨岑等合写报道《三星堆遗址发现古丝绸"身影"》，2021年3月20日。

葵中蚕也，从虫，上目象蜀头形，中象其身蜎蜎。《诗》曰：'蜎蜎者蜀。'"①葵中蚕的说法，意思不清楚。段玉裁注对此纠正说："（葵）似作桑为长。许（慎）言蚕者，蜀似蚕也。"这就说明，古蜀国的国名与当地先民用桑叶养蚕并缫丝织锦的生产行为有关。自古就有闻名遐迩的蜀地特产蜀绣，蜀地也因此成为全国三大名丝绸产地之一。蜀绣又称蜀锦，所以成都也获美称为"锦城"。如果语言名称和名物方面的证据，能够得到地下出土的第四重证据加持，文化现象便可获得历史深度的透视和理解。已知三星堆祭祀坑的年代在距今3 000年前后，蜀绣出现的时间至少也就可以落实在这个时段。而在理论上，还可以早于这个时间。在中原地区和长江下游地区，史前先民养蚕缫丝活动的证据还要早很多。笔者在《"玉帛为二精"神话考论》②和《玉帛为二精神话续论》③等论著中，曾经给出距今7 000多年的蚕神和蚕茧图像，以及距今五六千年的红山文化玉雕蚕作为证据，加以说明。

如果要给三星堆迄今所发现的古蜀国宗教祭祀奢侈物做一个排序档案，那么五种圣物中资格最古老的首选对象，不是丝绸，而是有机物质象牙（图2）、贝壳等。

全球范围的考古发现数据表明，骨角与象牙、贝壳等有机物圣物，来自旧石器时代后期，至少也有数万年的悠久传统。在进入新石器时代之后，由于有玉石、

图2　祭祀坑出土大量象牙，其中夹杂着青铜器④

---

① 汤可敬：《〈说文解字〉今释》（增订本），上海古籍出版社，2018年，第1943页。
② 叶舒宪：《"玉帛为二精"神话考论》，《民族艺术》，2014年第3期，第36—45页。
③ 叶舒宪：《玉帛为二精神话续论》，《民族艺术》，2015年第3期，第24—32页。
④ 新华社记者沈伯韩摄，引自新华网。

陶器、金属器等新的显圣物相继登场，有机物在宗教显圣物体系中所占比重就大大降低了。之所以是有机物质能够率先引起史前先民的青睐，成为旧石器时代的显圣物，主要原因还需要从神话观念与神话信仰方面去探寻。美国人类学家韦斯顿·拉·巴尔（Weston La Barre）对旧石器时代骨角牙崇拜的生命观研究值得参考。其基本观点是，狩猎时代的先民将生物死后似乎永久留存不灭的骨骼角牙视为永恒物质，或承载生命之精（灵）的特殊物质，从而加以顶礼膜拜。[1]

二、从显圣物中筛选华夏文化基因

按照文学人类学研究会方面给出的筛选文化基因的标准，三星堆出土的五类圣物中，唯有牙角骨贝类和玉石、丝绸类，因为能够达到五千年以上的文化大传统之时间积淀，可以列入中国文化基因谱。而铜和黄金作为后起的冶金文化对象，尚无法达到时间久远的筛选标准，只能算作次生文化元素，因而暂不能进入文化基因谱。

如果严格按照这五种圣物在世界史前史的出现顺序来审视，那么唯有象牙和玉石是源于旧石器时代的，应该有数万年的历史。其余的三种圣物，都是伴随新石器时代而来的社会奢侈品。先看象牙，目前所知最早的象牙雕刻艺术品，是德国的巴登—符腾堡州一个名为施泰德的山洞里发现的狮头人身雕像，距今约35 000年。[2] 这件艺术品究竟是用于宗教崇拜祭祀活动还是其他用途，目前学界尚未有定论。21世纪超级畅销的新锐历史书《人类简史》，将这件象牙雕文物视为智人获得认知革命成果的重要标志物。书中是这样评价的：

> 第一项确实能称为艺术或珠宝的物品，正是出现在这几万年里；同时，也有了确切的证据证明已经出现宗教、商业和社会分层。……雕出

---

[1] La Barre, Weston. *Muelos: A Stone Age Superstition About Sexuality*, New York: Columbia University Press, 1984, pp.13-28.
[2] ［法］阿纳蒂：《艺术的起源》，刘建译，中国人民大学出版社，2007年，第67页。

施泰德狮人雕像的智人，已经和你我同样聪明、有创意、反应灵敏。①

象牙出自陆地上的最大动物大象。早年生活在亚欧大陆的象，更多为冰河时代的猛犸象。在捷克东部的摩拉维亚，一个叫多尔尼韦斯顿尼斯的地方，考古工作者发现距今3万年至2.5万年之间的人类最早定居点——村落遗址。在这里，猛犸象骨骼和象牙一起，成为当时人搭建房屋用的建筑材料。考古发掘得到的猛犸象骨多达上千根。"这些住所形制为椭圆形，最大的一间约有50英尺长、20英尺宽。……每个住所里都有好几个火炉，最大的那个甚至在房子中央一口气安装了五个炉子。加工食物、制作工具、生产其他手工制品。"②在该村落发现的墓地，属于欧洲最早的一批墓葬。在已经出土的随葬品中，计有：红色赭石、石制工具、贝壳、狐狸牙或狼牙，以及象牙珠子。③

据此可知，兽牙和象牙一样是最早被初民筛选出的通灵辟邪圣物。

在此之后比较重要的发现是在俄罗斯的桑吉尔，也是3万年前的两个墓葬里，考古工作者发现1.3万颗象牙珠，这个庞大数量带来的出人意料的认知效果，引起史前学家和宗教学家们的关注。"它们是目前欧亚大陆上发现的随葬品最为丰富的冰河时期墓葬。其中一个墓穴中埋葬的是一名成年男子，我们估计他死亡时大约60岁；另一个建造得更为精巧，是一个少年和一个女孩的双人墓……在这两个墓穴中总共发现了超过1.3万颗象牙珠子，其中这两名小孩拥有的珠子数量最多，每人约有5 000颗。大多数珠子都缝在这三人宽大的衣服箍带上，而且他们头上都戴着满缀珠子的帽子。在成年男子和少年的头饰串珠上，除了象牙珠子，还有北极狐的牙齿。这名成年男子的两条手臂上都戴着几副猛犸象牙手镯，脖子上还挂着一个石头吊坠，石块表面被涂成红色，上面有一个黑点。这两个孩子的随葬品更多，其中包括被拉直的猛犸象牙，每只象牙的长度都超过了6英尺，它们可能用来代表长

---

① ［以色列］赫拉利：《人类简史》，林俊宏译，中信出版集团，2017年，第20页。
② ［加］佩金格尔：《符号侦探：解密人类最古老的象征符号》，朱宁燕译，北京联合出版公司，2019年，第96页。
③ 同上书，第102页。

矛。还有象牙小雕像，刻有格子图案的象牙材质平盘，以及经过加工、在上面钻出一连串孔洞的鹿角。"①

所有这些饰物的制作都需要投入大量劳动，制作象牙珠子的还原实验证明，制作每一颗珠子大约需要一个小时——这对于一个人类群体来说无疑是相当大的时间投入。在那位年长的男性墓穴里有这么多的手工制品尚且说得通，毕竟他有一生的时间来积攒这些物品，但这无法解释为什么在两个孩子的墓穴里也会有这么多的随葬品。一年总共只有8760小时，而这两个孩子的墓葬中有一万多颗珠子，即使一个人24小时不间断工作，也要耗费将近14个月才能制作出来。这两个孩子有可能是某种祭祀仪式的祭品。②如果按照史前学专家推测的那样，这两个戴有大量象牙珠的孩子是当时社会祭祀用的祭品，那么就和三星堆祭祀坑里所发现的成吨的象牙祭品功能，构成一种隔代的对应。一旦有这样的30 000年前的祭祀用奢侈品之先例，3 000年前的三星堆再多发现几倍多的象牙，也不足为奇。毕竟，二者的年代相差几乎十倍的时间。

史前学专家佩金格尔有如下评价：不管真正的原因是什么，这些古人付出了极大心血，制作了如此美好的东西，最终却只是将它们永远地埋入桑吉尔或欧洲其他地方——这似乎也说明这些人并没有将死亡视为生命的终结，而是把它当作另一段生命旅程的开始。③

在中国本土范围内，比三星堆象牙早4 000年，有浙江余姚河姆渡遗址出土的距今约7 200年的象牙雕"双鸟朝阳"图像（图3），也有距今5 300年的灵宝西坡大墓出土的象牙镯子。不过从这两个史前文化遗址出土的象牙器在数量上较为稀少，远不能和三星堆遗址及金沙遗址使用象牙为祭品的巨大消费量相提并论。对兽角兽牙的崇拜在华夏文明早期具有一定的延续性。即使在缺乏这类实物的情况下，人们也会设计出一种替代品，用于充当高等级人物墓葬中的随葬品。如1972年发掘的马王堆一号西汉墓中，就有用木质

---

① ［加］佩金格尔：《符号侦探：解密人类最古老的象征符号》，朱宁燕译，北京联合出版公司，2019年，第103页。
② 同上书，第103—104页。
③ 同上书，第104页。

图3 浙江余姚河姆渡遗址出土的象牙雕"双鸟朝阳"图像。作者2010年摄于河姆渡遗址博物馆

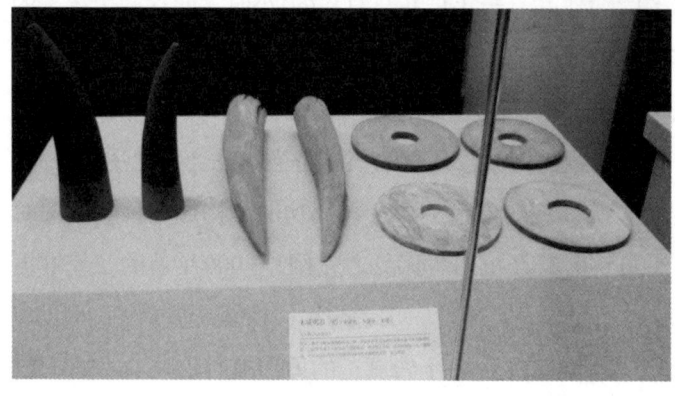

图4 马王堆1号西汉墓出土的木质仿犀角、仿象牙和仿玉璧。作者2010年摄于海南省博物馆"马王堆汉墓文物特展"

材料模拟犀角、象牙和玉璧的情况（图4）。这些替代象牙和玉璧的仿制物是否依然承载着信仰者心目中的超自然生命能量呢？如果不能，还会催生此类退而求其次的仿制行为吗？

按照模仿巫术思维，这样的模拟行为也能起到让"精"在不同圣物间转移传承的作用。

几乎与新石器时代的到来同时，在我国史前文化中，玉石器圣物登场的时间是距今一万年前后，帛即丝绸圣物则是七千多年至五千多年间开始的传统，而黄金、青铜等金属冶炼产品则仅为三五千年的传统。对古蜀国而言，则是较新的传统。后起的金属物质出现，当然也会带有继承或接替原有圣物的使命。三星堆出土的铜瑗[1]是模拟玉瑗而来，铜璧是模拟玉璧而来，铜璋

---

[1] 四川省文物考古研究院等编著：《三星堆出土文物全记录》（青铜器卷），天地出版社，2009年，第286—288页。

形饰①和黄金箔牙璋形器（图5）②是模拟玉璋而来，铜圭形器是模拟玉圭而来③，等等。新老圣物衍生的前因后果十分明显，其源流关系也较容易得到总体把握。

下文尝试进一步说明五类圣物的神话学原理。笔者在《玉帛为二精神话考论》等文章中指出：《国语·楚语》观射父对楚王问时所说的"玉帛为二精"理论，凸显这两种物质在先秦思想史上无与伦比的重要性。令人遗憾的是，迄今的中国思想史或哲学史研究著述，对如此重要的核心信仰观念是基本忽略或无视的！只能等待本土文化自觉从理想口号变成现实，这种无视本土思想资源的现象才有可能宣告终结。这里仍需要根据三星堆祭祀坑集中埋藏五类圣物的情况，略加说明：神圣化的生命力储藏在骨头和牙角、贝壳等海洋生物之中的神话信仰观念，是如何从石器时代产生的。人类学称为"玛那"的那种信仰，在华夏传统即称为"精"或"德"。凡是承载"精"物质，即成为拜物教信仰对象。对"精"的信仰，即对原始神圣生命力（不死性）的崇拜④。在不同的显圣物之间，"精"是可以流转或转移的，即由原来的有机物——神圣动物骨骼牙齿等，转移到无机物玉石上来。

就我国新石器时代以来的情况看，承继或接替牙角骨头海贝类有机显圣物的物质材料，首选就是玉石，骨珠变成玉珠的情况，三万年前先发生在北亚地区，在距今四千年的齐家文化中，仍然在重复此类珠子制作中的材质变化现象，即有骨珠也有玉石珠的新老并存现象。随后，在新石器时代中后期出现的养蚕缫丝现象，也就让丝绸（帛）跟随在玉石之后，成为新的生命变形神话的显圣物，并由此而使得玉帛相互结缘，共同支撑起"二精"同在并且互动的信仰天地。

对于华夏文明史前史而言，这种玉石的神圣化过程，既持久又普及，乃

---

① 四川省文物考古研究院等编著：《三星堆出土文物全记录》（青铜器卷），天地出版社，2009年，第227、229页。
② 四川省文物考古研究院等编著：《三星堆出土文物全记录》（陶器·金器卷），天地出版社，2009年，第506、508—509页。
③ 四川省文物考古研究院等编著：《三星堆出土文物全记录》（青铜器卷），天地出版社，2009年，第228页。
④ 关于玉帛两种精物在华夏文明初期的编码过程分析，参看叶舒宪：《玉石神话信仰与华夏精神》，复旦大学出版社，2019年，第86—88页。

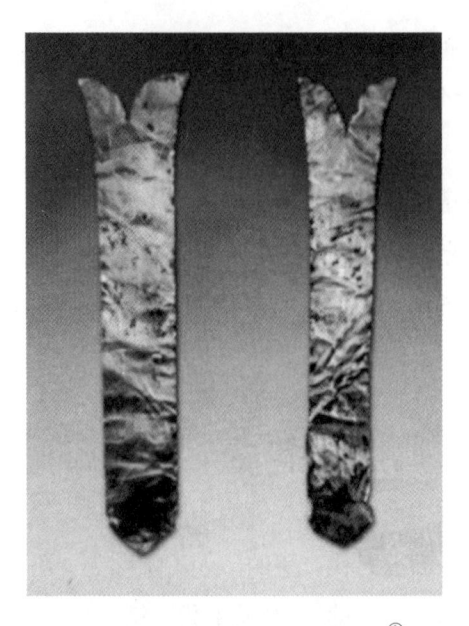

图5　三星堆出土的黄金箔牙璋形器①

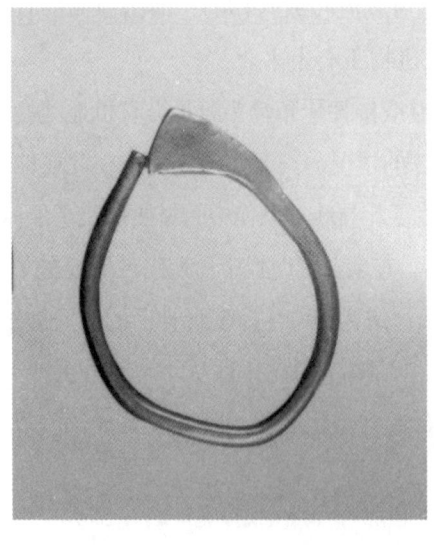

图6　甘肃玉门火烧沟出土的四坝文化金耳环。作者2017年8月摄于玉门博物馆

至出现我们所说的"玉文化先统一中国"的文化现象。正是在"玉器时代"积淀数千年的坚实基础上，才发生后来居上的金属显圣物新传统。三星堆正是这个新传统在中原文明以外地区率先亮相的鲜明案例，因为只有这里出现大件的黄金制品和超大型的青铜礼器。新老圣物能够汇聚一堂，和谐共存，这多少也体现出远古巴蜀文化形成过程中兼收并蓄的融合性特点。

这一次三星堆祭祀坑中新发现的丝绸，其对本土文化与外来文化关系的讨论非常重要。3号和4号祭祀坑的丝绸物证足以表明：三星堆文化的主体内容还是深深地植根在本土传统中的，或者说是土生土长的，三星堆聚落统治者只在稍晚时兼收并蓄由西北部传播而来的外来文化元素而已，如黄金面具和黄金权杖等。

黄金，无疑是中国境内五种圣物登场最晚的一种。比三星堆遗址出土金器更早数百年的，是在河西走廊西端的玉门火烧沟四坝文化遗址中出土的金耳环（图6），共有15件，其年代距今约3 600年。目前所知，在玉门

---

① 四川省文物考古研究院等编著：《三星堆出土文物全记录》（陶器·金器卷），天地出版社，2009年，第506页。

至瓜州一带出土的四坝文化金器，是国内所发现的黄金器的发轫期标本。尽管如此，玉门这个地方并没有得名于金，却得名于玉，这当然和数千年的西玉东输运动密切相关。①玉门当地在四坝文化之后，没有延续黄金的生产和消费，看来只是在史前史期间充当"西金东输"的二传手而已。四坝文化的黄金传统传给谁了？三星堆遗址和金沙遗址就是首选的答案。到三星堆的时代，可以理解为我国境内黄金崇拜从发轫期过渡到成熟期。或许日后还会有新的考古发现来刷新黄金登陆中国文化史的时间纪录。从河西走廊到成都平原，这正是远古羌人的迁徙之路，也就是黄金白银等贵金属奢侈物的传播之路。要问河西走廊西端距今3600年的四坝文化先民之黄金工艺传统从何而来，那么物证即第四重证据所能提示的解答线索，就是一路向西，穿越中亚草原腹地，直达黑海沿岸的史前社会群落。

英国学者彼得·詹姆斯等著《世界古代发明》，对黄金冶炼起源的追溯是距今6000多年前的保加利亚一带："20世纪70年代在保加利亚黑海沿岸的瓦尔纳墓地——公元前5千纪后半期的一处遗址——发现黄金首饰后，他们曾为其数量之多而大感震惊。……在4座随葬品最为丰富的坟墓中共发掘出2200件金器。有个男子下葬时戴了3根项链，每只胳膊上各套3只大臂环，别着2只耳环、6只小发环和若干曾缝在衣服上的圆片——全部为纯金。"②

在亚欧大陆上发生最早的文明古国苏美尔和古埃及，人们看到同样兴旺发达的黄金圣物崇拜情况。20世纪20年代在苏美尔城邦乌尔古城一个"死亡坑"中发现古代世界最为出名的黄金首饰。"公元前2500年前后，一系列君主在这里埋葬。女王普—阿比的陵墓最为豪华，其遗体上半身被一层用金、银、天青石、光玉髓、玛瑙和玉髓做成的串珠所覆盖。这些珍宝是用封闭模具铸造、铆接、焊接等工艺制作的，而且使用了金叶。"③我们在1986年出土的三星堆文物中也看到有类似的金叶。④

---

① 叶舒宪：《玉门、玉门关得名新探》，《玉石之路踏查三续记》，陕西师范大学出版社，2020年，第190—211页。
② ［英］彼得·詹姆斯等著：《世界古代发明》，颜可维译，世界知识出版社，1999年，第303页。
③ 同上书，第304页。
④ 四川省文物考古研究院等编著：《三星堆出土文物全记录》（陶器·金器卷），天地出版社，2009年，第506、510—511页。

中国境内迄今所见最早的青铜器是甘肃东乡县出土的一把小铜刀（现存国家博物馆），距今约5 000年。而在欧亚大陆腹地，铜矿开采的情况却要早很多。"到公元前4500年，在塞尔维亚的鲁德纳格拉瓦，已经出现了开采铜矿的活动；矿工们顺着矿脉，用鹿角镐挖掘矿井，深入地下达60英尺；在随后的几个世纪内，他们发掘了成千上万吨矿石，使巴尔干半岛成为古代世界获取铜矿的重要来源。"①公元前4500年，要比三星堆祭祀坑的年代足足早3 000多年。由此可以推测中亚史前冶金文化的向东传播之路，远比以往学界所推测的要复杂。

在世界冶金史上，青铜时代之前存在一个冶炼和使用砷铜的时期，砷铜是由红铜到青铜的过渡环节，砷铜制品在西亚、南欧、北非的公元前3千纪前后有比较普遍的发现，而我国甘肃省民乐县东灰山遗址出土的铜器绝大部分为砷铜制品，这在我国还属首例发现。在玉门火烧沟墓地被鉴定的46件铜器中，13件为红铜，余为青铜。②据此，四坝文化很可能大抵经历了由红铜而砷铜再青铜的发展过程。专家认为，民乐东灰山遗址地处中西交通的咽喉地带——河西走廊上，该遗址出土的砷铜制品，含砷量在2%—6%，全部为锻造加工制成，这与西亚及南欧、北非地区的早期砷铜制品相同。四坝文化制铜技术的出现，是否与这些地区有关？值得注意。③在做出这种冶金文化传播的提示之后十余年，考古专家们对外来文化输入我国的认识再次升级。根据北京大学考古文博学院、甘肃省文物考古研究所合著《河西走廊史前考古调查报告》一书的结论，至少有如下四类物质文化，是史前期经过河西走廊地区渐次输入中原的：植物考古中的麦类作物；动物考古方面的绵羊、山羊、牛、马和骆驼；冶金考古方面的砷铜和冶铁等，最后是权杖头之类符号物④。对此，专家的明确判断是："世界上最早的权杖出现在西亚和埃及，河

---

① 四川省文物考古研究院等编著：《三星堆出土文物全记录》（陶器·金器卷），天地出版社，2009年，第434页。
② 甘肃省文物考古研究所、吉林大学北方考古研究室编：《民乐东灰山考古——四坝文化墓地的揭示与研究》，科学出版社，1998年，第140页。
③ 同上。
④ 北京大学考古文博学院、甘肃省文物考古研究所合著：《河西走廊史前考古调查报告》，文物出版社，2011年，第436—437页。

西走廊很早就出现了权杖头这一文化特质，这不是黄河文明的原创，而是西亚通过中亚向远东施加影响的结果。"①如果这个判断可信，则三星堆1986年出土黄金权杖套的文化源流脉络，就自然会再度聚焦到西北的四坝文化和齐家文化方面②。三星堆和金沙遗址的整个黄金文化之源，亦可作如是观。

三、五种显圣物的神话观念

玉、帛、金、铜、象牙五种圣物所传达的神话学意蕴，原来具有惊人一致的共性。那就是史前先民对生命不朽的虔敬信奉和执着追求。

伊利亚德的一个书名"不死与自由"，恰好给出一个解密所有神话幻想之终极目标的重要提示：人生在世，在精神理想上谁都希望能够获得自由。反过来看，人最大的不自由，莫过于死亡大限和死亡威胁。因此，人类最普遍也是最持久的梦想（理想），往往就指向一个明确不变的方向：如何达到不死境界，即永葆生命的永恒性。换言之，对于一切神话信仰而言，不死为因，自由为果。无法做到不死，就难言最终的自由境界。

早期人类学家弗雷泽的著作《不死的信仰与死者崇拜》③，充分展现出五大洲原住民共同拥有的不死信念。人类之所以用想象建构出一个天国的神灵世界，一个重要原因就是，坚信神灵拥有超人类的永生不死性，崇拜神灵和供奉神灵，也希望获得神灵的不死性。由此反观三星堆祭祀坑出土的五大类物质祭物，原来每一个都是祭祀者想象中的神物或圣物。

我们从人类的史前文化普遍流行的拜物教信仰看，凡是宗教显圣物，都是人类将自己的幻想投射到某种特殊物质上的结果。三星堆出土的五类祭祀圣物，皆可以作为不死的象征物，代表当时人们对自由理念的虔诚追求。当然，能够代表和显现那个时代理想的，只能是其社会的统治集团，而非一般

---

① 北京大学考古文博学院、甘肃省文物考古研究所合著：《河西走廊史前考古调查报告》，文物出版社，2011年，第437页。
② 笔者关于河西走廊和齐家文化在华夏文明发生中的作用的探讨，参见叶舒宪：《河西走廊——西部文化与华夏源流》（修订版），陕西师范大学出版社，2019年。
③ 中译本名为：[英]弗雷泽：《永生的信仰和对死者的崇拜》，李新萍等译，中国文联出版公司，1992年。

平民百姓。而社会的奢侈物,总是完全集中性地垄断在统治集团手中。

近现代以来,中国的地下先后发掘出无数的青铜礼器,其铭文的结尾措辞也具有惊人的一致性,即以不厌其烦的重复性书写,千篇一律地强化提示一种理想。尽管如此,也还是没有引起宗教学和神话学的注意。这一句几乎雷同的话语是:"子子孙孙永宝用。"此话明确传达出的希望是:要借助青铜器的物质耐久性,让圣物的持有人也达到生命永恒的幻想境界。从冶炼青铜,到冶炼黄金,冶金工艺的神话底牌已经得以揭示。从这种神话生命观的意义上去理解后世道教炼丹术的由来,就能做到查源而知流。炼丹术的别称是炼金术。古今中外的炼金术总目标还是永生不死。

所有的金属物质,在冶炼之前的状态都是矿石。金属矿石的发现一定始于人类对各种石头的递进性认识。因此,关于玉石神话或玉帛神话的信仰在先,随后接引出冶金神话的信仰,也就是合情合理的文化衍生现象。要知道,对新开发的冶金物质的神圣性转移,即从原有的自然物质——玉石、蚕丝、牙角所承载的神圣性,现在被全面地转移到冶金物质上来。如果说在华夏传统中,玉石、蚕丝、牙角等是地地道道的来自文化大传统的天然圣物,那么金属冶炼则大致相当于小传统后起的人造圣物。后起的冶金神话幻想,终于给华夏文明带来金声玉振和金玉良缘的最高价值组合现象。

大小传统的深与浅,信仰文化积淀的厚与薄,也体现在神话言语表达中。楚国朝廷中的知识领袖人物观射父,为什么不说金银铜铅锌等在当时已经大量开发的金属,只说玉帛二者为精?这显然是文化大传统在发挥华夏传统信仰底牌的作用。

三星堆五类显圣物的神话学档案表明,玉帛神话观在古蜀国的表现方式与其在中原文化的表现方式是大体相同的,这必然会对后来的华夏文明产生深远影响。按照《礼记·玉藻》的说法:"君子无故,玉不去身。君子于玉比德焉。"[1]比德的"德",不是伦理道德之德,而是作为神话信仰观念的"德",即孔子所云"天生德于予"的"德",即来自天界的神圣生命力。这样的说

---

[1] (清)阮元编:《十三经注疏》,上海古籍出版社,1997年,第1482页。

法最适合对照观射父所云"玉帛为二精"。其间自有交感巫术的信仰原理。"君子于玉比德焉"一句，说的正是"玉不去身"的全部理由。根据玉石神话信仰，个人的生命如果能够和来自天界的神圣生命获得交互感应，就会产生出天下无敌的能量和自信力。那么，古代君子们如何实现"必佩玉"的操作呢？佩玉所用丝绸组绶，同样将以蚕丝所承载的"精"或"德"，增强佩玉者的神圣能量。《礼记·玉藻》紧接着又说到丝绸组绶的神秘意义："天子佩白玉而玄组绶，公侯佩山玄玉而朱组绶，大夫佩水苍玉而纯组绶，世子佩瑜玉而綦组绶，士佩瓀玫而缊组绶。"郑玄注："绶者，所以贯佩玉相承受者也。"[①] 这是说明不同质量和不同颜色的玉佩，需要和不同颜色的丝绸组绶形成对应模式的组合体，以收相反相成之功效。古人对玉帛组合的五等级分类，原来是如此这般的细致和神秘（图7，图8）。

图7　包山楚墓出土凤鸟凫几何纹锦，体现丝绸神话与凤鸟神话的双重蕴意[②]

图8　西汉高等级墓葬的玉帛组合图像：马王堆一号汉墓外棺彩绘图，突出刻画象征灵魂升天之门的玉璧，璧之上下紧密绑着粗大的丝绸组绶带。作者2010年摄于海南省博物馆马王堆汉墓文物特展

---

① （清）阮元编：《十三经注疏》，上海古籍出版社，1997年，第1482页。
② 湖北省荆沙铁路考古队：《包山楚墓》，文物出版社，1991年，第177页。

不过，我们在马王堆汉墓出土彩绘棺画的玉璧升天图（图8）中看到：这里的玉璧颜色和组绶颜色不是相反相成对照的，而是几乎一致的。原来，与组绶共同承担托举玉璧功能的，还有两条巨龙，其龙神的玄色，和白玉璧构成十分鲜明的深浅色调对比效果。二龙自下而上的升腾姿势，动感十足，将墓葬中死者魂灵飞升天国的动力元素表露无遗。像这样以图像叙事表达的本土特有神话观念，还需要多学科视角的攻关研究。

在秦汉时代以前，玉和帛的组合形态，除了表现为玉组佩的串联编组方式，还有西周以来的玉雕蚕的形象、玉雕束绢佩，以及战国以来的玉环形制被加工成扭丝形象的所谓"玉扭丝环"，等等。凡此种种，都是通过对玉材的造型加工来模拟神蚕或蚕所吐之丝的。

"蚕丛及鱼凫，开国何茫然？"古蜀国的文化记忆中就这样依稀表现着神蚕的生命形态变化。按照《山海经》的说法，能够充分体现死而复苏之神圣生命原理的，不仅仅是蚕蛾或蝉（金蝉脱壳）、蛙（蝌蚪之变）之类生物，水中的游鱼也是典型的神话想象标本。如《山海经》所述之鱼妇，就是死而再生的象征符号：

> 有鱼偏枯，名曰鱼妇。颛顼死即复苏。风道北来，天及大水泉，蛇乃化为鱼，是为鱼妇。颛顼死即复苏。①

经文作者居然两次强调黄帝之孙颛顼的"死即复苏"，却并没有在中国传统中留下一个类似基督教复活节这样的节日。因为中国版的死即复苏是表现为神话变形记的：蛇乃化为鱼。一个"化"字，凸显出中国版变形记神话的信仰和哲理。从经验观察来看，丝，都是由桑叶加蚕食的两类生物运动而变化出来的。变化如果是一次性的，那就意味着死亡和终结。正因为变化是周期性的，是循环往复的，所以变形的过程就意味着加入生命的永恒运动，变为不死即永生。一个"孌"（变）字，为什么造字者想到要用"丝"作为

---

① 袁珂：《〈山海经〉校译》，上海古籍出版社，1985年，第273页。

会意字的结构要素呢，这是十分耐人寻味的。还有，古代中原人指称南方善于养蚕缫丝的民族为南蛮之"蠻"（蛮）字，不是也在字形结构中留下鲜明的"丝"的成分要素吗？

对三星堆原有的出土圣物谱而言，2021年新添的圣物丝绸，其文化意义可以从中国式神话思维得以透彻理解。其连带的学术认知效果，也将会在未来依次展开。比如，从史前时代至先秦时代的"帛殓葬"现象，应该在玉帛神话合流的大视野下，得到和"玉殓葬"同样的重视。如商周以来贵族墓葬礼仪用荒帷包裹棺木的现象①。又如湖北枣阳九连墩楚墓用丝绸组带编联仿玉璧之铅璧作为饰棺荒帷现象②。再如包山和九连墩等地楚墓所发现的用多重丝织物包裹棺木的现象（图9）。多重的用丝现象不仅是数量上的多，即便是所应用于殓葬的丝绸品种，也是多样的。以包山2号墓为例，其中残存丝织物按照织造方法与组织结构，便可以清楚地区分为绢、纱、绮、锦、组、绦六个品种③。而年代上比包山楚墓稍晚些的马王堆汉墓，其帛殓葬所用到的丝绸种类多达十余种。

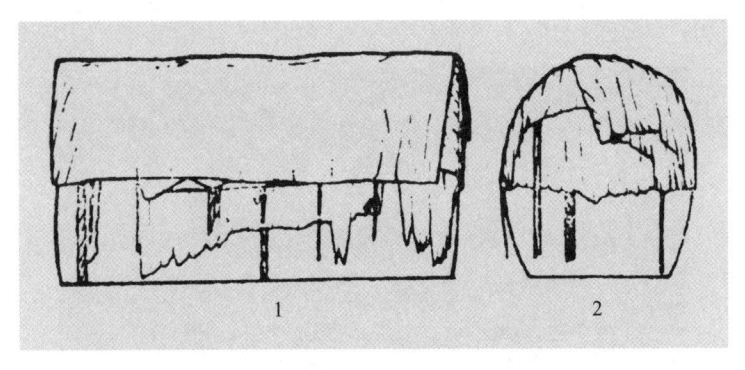

图9 从史前"玉殓葬"到"帛殓葬"：物质材料本身象征死而复生能量？包山楚墓的裹棺丝织品多达九层，莫非是要在仿生学神话意义上模拟"作茧自缚"神蚕吐丝而仙化的行为模式？④引自《包山楚墓》图四六

---

① 叶舒宪：《玉石神话信仰与华夏精神》，复旦大学出版社，2019年，第88页。
② 湖北省文物考古研究所、襄阳市文物考古研究所：《湖北枣阳九连墩M2发掘简报》，《江汉考古》，2018年第6期，第3—55页。
③ 湖北省荆沙铁路考古队编：《包山楚墓》，文物出版社，1991年，第166页。
④ 同上书，第65页。

在帛殓葬现象中，经常发现的帛书和帛画之类出土文物（图10），大家已经司空见惯，但是从神话学或宗教学视角的解读还是十分欠缺的。尤其是用丝绸裹尸的现象，也还没能引起足够的关注。例如包山一号墓外棺用丝织物包裹，内棺里也发现有大量丝织物。包山二号墓中棺外层居然有多达九层的丝织物包裹，"贴棺面的两层饰物以锦带捆扎，其他饰物则直接覆盖于其上"[1]。内棺的内外都有丝织物，内棺东挡板的铜质府首衔环上用丝绸组带悬挂一个玉璧。墓主人双手置于腹部，双足并拢，臂、手、足有绢带捆扎痕迹[2]。这样一种身体抱成一团的姿势，再捆扎上丝带，莫非是要模拟神蚕"作茧自缚"形态，以求达到尸解、仙化与飞升的目标？凡此种种帛殓葬现象，由于其物质文化现象背后潜藏的神话观念底蕴没有得到确切揭示，因而成为学术研究的空缺。从起源上看，最早的帛殓葬现象出现在距今5 000多年前的河南仰韶文化墓葬。如2019年公布的荥阳汪沟遗址的4个瓮棺中发现裹尸用丝织品残存，这和20世纪80年代在荥阳青台遗址出土的仰韶文化墓葬织物，属于同类、同时期丝织物[3]。如果从蚕茧的仿生学神话视角去审视瓮棺的形制（图11），则瓮棺葬本身亦可理解为模拟神蚕吐丝变形的生理现象。再

图10 物质材料本身即暗喻着永生不死：马王堆汉墓出土帛画《太一出行图》。作者2010年摄于海南省博物馆马王堆汉墓文物特展

---

[1] 湖北省荆沙铁路考古队编：《包山楚墓》，文物出版社，1991年，第64页。
[2] 同上书，第68页。
[3] 韩章云：《河南荥阳汪沟遗址发现目前中国最早丝绸》，考古中国网，2019年12月6日。

图11 迄今所见中国最早的丝绸实物出自"帛殓葬"的仰韶文化瓮棺内。河南荥阳汪沟遗址出土瓮棺现场照（郑州市考古研究院供图）。引自中国新闻网

结合距今约4 000年的湖北石家河文化玉器大多出自瓮棺葬的现象[①]，则对史前帛殓葬和玉殓葬相互对接的现象，将引发进一步的深入研究。

四、小　结

总结本文的讨论，从2021年三星堆新出土显圣物丝绸与玉器等的组合视角，结合史前文化中丝绸最初用于帛殓葬的现象，以及后世葬礼中玉帛互动情况，可将原来作为玉石神话信仰基本信条的"玉帛为二精"说，重新拓展为"玉帛信仰互动体系"的总体认识，并从文化大传统的年代深度上，确认其对催生华夏文明所发挥的重要文化基因作用。在象牙、玉、帛、金、铜五种显圣物中，最具有本土文化基因作用的还是玉和帛。黄金则是通过河西走廊传播过来的外来文化元素。三星堆文化的本根属于华夏传统，但是也明显融合了后起的外来文化元素。玉帛组合现象为华夏独有，这个事实足以反驳一切有关三星堆文化或古蜀国文化属于外来文化的猜想。

[①] 荆州博物馆编：《石家河文化玉器》，文物出版社，2008年，第4—5页。

三星堆文化与"绝地天通"

——"神权古国"兴衰之谜

赵殿增

(四川省文物考古研究院研究员)

以三星堆文化为重要代表的巴蜀文化,是多元一体中华文明中的一朵奇葩。它既是中华文明的有机组成部分,又具有极其鲜明的文化特色,有着重要的研究价值。正如李学勤先生所指出的:"如果没有对巴蜀文化的深入研究,便不能构成中国文明起源和发展的完整图景。"[①]

众多学者已经就三星堆文化与中原地区同时期古文化的相似和差异之处,做了细致的研究和阐述。现在的问题是:三星堆文化为什么会与中原地区同时期的古文化有如此明显的差异?产生这种情况的原因和意义何在?本文准备从文献与考古结合的角度,再提出自己的一点看法即:问题可能出在二者是否已经完成了中国历史上一次极其重要的社会变革——"绝地天通"。

一、"绝地天通"的内容与含义

"绝地天通"是中国上古传说时代"五帝"[②]中居第二位的颛顼最大的一

[①] 李学勤为赵殿增《三星堆考古研究》一书所写序言,四川人民出版社,2004年。
[②] "五帝",传说是中华民族与国家初创时期的五位杰出首领,具体内容有多种说法。除了带有道教色彩的以方位"东、西、南、北、中"五方定的"五帝"之外,说到具体的人物主要有两种讲法,以《史记》所记的记述影响最大。《史记·五帝本纪第一》"案"曰:"太史公依《世本》《大戴礼》,以黄帝、颛顼、帝喾、唐尧、虞舜为五帝,谯周、应劭、宋均同。而孔安国《尚书序》、皇甫谧《帝王(转下页)

个功绩。"五帝"是中华民族与国家初创时期五位杰出首领的总称，颛顼的"绝地天通"是继"人文初祖"黄帝建立华夏民族和早期国家之后，对国家社会形态和管理制度的一次重大改革，一直延续到了尧舜禹时代。

这件惊天动地的大事，在《尚书·周书·吕刑》和《国语·楚语》中有详细的记载。《尚书·周书·吕刑》概括地说："蚩尤惟始作乱，延及于平民，罔不寇贼，鸱义奸宄，夺攘矫虔。苗民弗用灵，制以刑，惟作五虐之刑曰法。杀戮无辜，爰始淫为劓、刵、椓、黥。""帝哀矜庶戮之不辜，报虐以威，遏绝苗民，无世在下。乃命重、黎，绝地天通。"[①]《国语·楚语》讲得更为明确具体："及少昊之衰也，九黎乱德，民神杂糅，不可方物。夫人作享，家为巫史，无有要质。民匮于祀，而不知其福。烝享无度，民神同位。民渎齐盟，无有严威。神狎民则，不蠲其为。嘉生不降，无物以享。祸灾荐臻，莫尽其气。颛顼受之，乃命南正重司天以属神，命火正黎司地以属民，使复旧常，无相侵渎，是谓绝地天通。"[②]

所谓"九黎乱德，民神杂糅，不可方物。夫人作享，家为巫史"，呈现的正是一种以"万物有灵"观念为核心，认为人人处处都可以"人神相通"的原始宗教信仰和"民神同位，民渎齐盟，无有严威"的神权国家状态。颛顼帝要"绝地天通"，正是要彻底改变这种没有等级秩序并且影响到君王威严的社会状况，从而把"神权"也集中到君王的手中，真正建立起"王权"的绝对权威，实现社会秩序和政治制度的根本变革。

从近几十年中国考古学发现和研究的成果看，中国在史前的原始社会末期，的确存在过"崇尚神权"和"崇尚王权"这两种国家形态，两者曾进行过长期而复杂的斗争，从而表明关于颛顼帝曾"绝地天通"的记载和传说，在中国的古史进程中，确实具有其"真实的素地"。

苏秉琦等考古学者认为，多元一体的中国文明和国家的起源与发展，曾

（接上页）世纪》、孙氏注《世本》并以……少昊、颛顼、帝喾、唐、虞为五帝。"（《史记》中华书局1982年11月第二版第1页）。不论哪种讲法，颛顼都处于第二位。

① 《尚书·周书·吕刑》。
② 《国语·楚语》。

经历过从"满天星斗",到"月明星稀",再到"皓月当空"的过程,具体表现为形成了"古国"—"方国"—"帝国"这样三个大的发展阶段,大体上分别相当于中国考古学上的"仰韶时代晚期到龙山时代""夏商周时期"和"秦汉至清代"①。

李伯谦进一步提出:古国阶段的国家,可分为"崇尚神权"和"崇尚王权"两个类型。"红山古国走的是通过铺张的祭祀活动崇尚神权的道路,一切由神的意志来决定。""神权支配一切,这是古国阶段的特征。""良渚文化……开始接受红山文化、凌家滩遗址崇尚神权的宗教观,把大量社会财富贡献给神灵,越陷越深,不能自拔,因此垮下去了。""仰韶古国走的是崇尚军权、王权的道路。实践证明,崇尚军权、王权的仰韶古国,因比较简约并注重社会的持续发展而延续下来了。""事实告诉我们,作为一个民族、一个国家,选择怎样的道路是决定其能否继续生存发展的关键。"②

距今约5 000年的仰韶古国,可能正是黄帝所建立的那种早期国家。它地处黄河中游,条件比较艰苦,需要抱团取暖,家族纽带较强,注重物资积累,从而为首领和王权的产生创造了条件。这种崇尚军权、王权的仰韶古国,因比较简约并注重社会的持续发展而延续下来,形成了中原地区占主流地位的华夏集团。为了进一步完善王权体制,颛顼帝又采用"绝地天通"的办法,进一步强化了国王的权威,健全了王权国家的社会管理制度。

近代学者从全新的视角高度评价了这次重大社会变革。徐旭生先生说:"这样一来,社会所应遵守的科条才得统一","这是宗教里面从低级到高级上升的一大进步"③。苏秉琦认为,"颛顼的'绝地天通'",是把"权力集中到一人为标志的政权转折,也是中国五千年文明史的一个转折点"④。因此可以说:颛顼帝的"绝地天通",是崇尚王权的古国在与崇尚神权的古国斗争中的一次具有重大历史意义的胜利。

---

① 苏秉琦:《迎接中国考古学的新世纪》,《华人·龙的传人·中国人——考古寻根记》,第246—247页。
② 李伯谦:《中国古代文明演进对历史的八点启示》,郑彤整理,《光明日报》,2017年2月8日第16版。
③ 徐旭生:《中国古史的传说时代》,文物出版社,1985年,第83页。
④ 苏秉琦:《中国文明起源新探》,辽宁人民出版社,2011年,第127页。

二、"绝地天通"的重点打击对象：地处南方的"苗蛮集团"

在颛顼以"绝地天通"等名义，对中原地区的古国基本完成了宗教和政体改革之后，进一步把这项革命推向周边地区崇尚神权的古国，借此扩大中原文化的影响力。其中红山文化、凌家滩遗址等崇尚神权的古国，早已由于"把大量社会财富贡献给神灵，越陷越深，不能自拔，因此垮下去了"。而对南方的"苗蛮集团"的改造则比较艰难，先后进行了多次，一直持续到了尧舜禹时代，前后长达数百年，其间曾反复对苗民进行了"放逐"，可见这场斗争的艰巨和复杂，成为传说时代中华民族大融合时期的一个重大的历史事件。

经近代学者研究，中国史前传说时代主要有黄河流域中段的"华夏"、黄河流域下段的"东夷"、长江流域中段的"苗蛮"三大民族集团，他们构成了"中华民族"最初的主体[①]。这种观点已经得到了学界的广泛认同，并为新的考古发现和历史研究成果进一步证实。黄河流域中段的华夏集团和黄河流域下段的东夷集团，在炎、黄时代就基本实现了融合。而长江流域中段的苗蛮集团，却因为在生活习俗和社会体制上的差异，与华夏集团产生了长期的纷争，这种纷争从颛顼以"绝地天通"的名义进行宗教和政治体制改革之后，就以越来越激烈的方式表现了出来。

史籍传说中对这一纷争曾有过大量的记载，主要的斗争至少有三次。《尚书·周书·吕刑》和《国语·楚语》中所言的帝颛顼时期以"绝地天通"的名义，对"苗民弗用灵""民神杂糅""民神同位"进行的改造，只是一个开端。但南方的苗蛮集团这次并没有被驯服，仍然顽强地保持着神权古国的固有面貌和习俗，因此便有了嗣后更为激烈的抗争。

到了尧舜时期，这种冲突变成了大规模的征伐战争。《吕氏春秋·召类篇》说"尧战于丹水之浦，以服南蛮"，徐旭生说"这次战役大约就是这次

[①] 徐旭生：《中国古史的传说时代》，文物出版社，1985年，第83页。

大斗争的开始"[1]。《墨子·非攻下》云"昔者三苗大乱，天命殛之";《吕氏春秋·恃君览》说"舜却苗民，更易其俗";《史记·五帝本纪》曰:"三苗在江、淮、荆州，数为乱。于是舜归而言于帝，请……迁三苗于三危……天下咸服"[2];《尚书·虞书·舜典》记述为"窜三苗于三危……天下咸服"，说的都是这件大事。这次征伐进行了很长时间，传说舜帝还死在了南征的途中，但最后还是取得了胜利，并以"迁三苗于三危"的方式，把很大一部分三苗人赶出了长江中游，迁往了遥远的"三危"。

第三次征伐发生在大禹时期，《吕氏春秋·上德》说"三苗不服，禹请攻之";《墨子·非攻下》云"禹亲把天之瑞令以征有苗……苗师大乱，后乃遂几"[3]。所谓"遂几"，就是说并未完全被消灭，而是被分散或赶走了。《战国策·魏策》"禹攻三苗，而东夷之民不起"。《楚辞·愍命》在概述这些情况时说"三苗之徒以放逐兮，伊皋之伦以充庐"[4]，说明当地的三苗从此之后大部分都被"放逐"了，才有后来一批批的中原等地移民迁入楚地，与留在当地的苗民再次融合在一起，在长江流域开创了以楚国为主体的历史新篇章。

这场对南方苗蛮集团的反复征伐，多次"放逐"，为传说时代中华民族大融合，留下了很多值得研究的课题，其中"迁三苗于三危"的情况、去向和后续发展，就是一个重要的问题。下面我们试着从三星堆文化的形成和发展的角度，进行一些分析研究。

三、三星堆文化与苗蛮集团的关系："迁三苗于三危"

过去史家多认为"迁三苗于三危"是到了大西北地区，但除了在敦煌附近有座"三危山"之外，尚无实据可证。何介钧甚至认为"'窜三苗于三危'，在实际上则更是毫无踪迹可循"[5]。近年有些学者研究认为，这场反复进

---

[1] 徐旭生:《中国古史的传说时代》，文物出版社，1985年，第101页。
[2] 《史记·五帝本纪》，中华书局，1982年，第28页。
[3] 《墨子·非攻下》。
[4] 《楚辞·愍命》。
[5] 何介钧:《长江中游新石器时代文化》，湖北教育出版社，2004年。

行的"迁三苗于三危",曾驱使长江中游的很大一部分"三苗"人到达了四川西部,成为三星堆文化的重要组成部分。

俞伟超先生的《三星堆蜀文化与三苗文化的关系及其崇拜内容》一文,是最早提出"迁三苗于三危"的"三苗"可能是到了三星堆文化之中的文章之一。他说:"我则以为,蜀文化所以迅速发展起来,同公元前3千纪中叶有一批长江中游的'三苗'之民来到这里并带来了比较发达的文化有关,况且直到公元前2千纪的后叶,早期蜀人始终与'三苗'集团存在着密切的文化关系。"他首先从新发现的考古资料进行了分析,指出:"约属四千五百年前的三星堆遗址北部的西泉坎遗存,又大体反映出这个系列的晚期情况。值得注意的是,以西泉坎等遗址为代表的成都平原等四川地区新石器晚期遗存,以大量的灰白陶为重要特征之一,而且普遍存在一种镂空圈足豆。这亦是长江中游屈家岭中、晚期至湖北龙山文化(即石家河文化)的特点之一。""西泉坎等地点盛行灰白陶和镂空圈足豆,应当是屈家岭和长江中游龙山文化向西影响的结果。这就暗示出其时有一批屈家岭文化和长江中游龙山文化的居民,曾经西迁至成都平原等四川地区。这种居民按古史传说,当属尧、舜、禹时期的'三苗'。"[①]

俞伟超先生所说的"三星堆遗址北部的西泉坎遗存",目前已经被命名为"三星堆一期文化"。大体同时,在成都平原的西南部出现了8座古城。俞伟超在宝墩古城址群刚发现不久,就注意到了这个现象:"三苗的文化在长江中游一带是发展水平最高的,它到达蜀地之后,自然促进了当地的原有文化。近日成都市周围发现的新津市宝墩古城、都江堰市芒城古城、温江县鱼凫古城、郫县古城、崇州市双河古城,都是屈家岭和长江中游龙山文化影响到那里以后出现的。这种现象正具体表明了三苗文化的来到,使当地文化发生了跳跃性的进步。"[②]

俞伟超先生还引用了新的文献研究成果,指出:"最近饶宗颐在其新作

---

① 俞伟超:《三星堆蜀文化与三苗文化的关系及其崇拜内容》,《文物》,1997年第11期。
② 同上。

《西南文化创世纪——殷代西南部族地理与三星堆文化》（广东人民出版社，即出）一书中，改正甲骨文中董作宾旧释的'下旨'为'下危'，又找到一条'上危'材料和若干条'危方'材料，并在《银雀山简》中寻出'舜击三苗方（放）之危'的记载，推断'危方'当即银雀山简中的'危'，而危方因分为上、中、下，故后称'三危'。甲骨文中的'危方'，据有关材料推定，近于峨山"，因此他认为"'三危'就在四川的西部"[1]。

宝墩古城址群的形状、分布、建筑方法，特别是两面堆土拍夯城墙的筑城技术，是从长江中游传入成都平原的，表明宝墩古城址的筑城方法，正是距今4 500年前后从屈家岭—石家河文化传入的。同时传入的还有稻作技术和灰白陶与镂空圈足器等典型器物。他们进入四川成都平原的直接动因，可能就是尧舜时期第一次"迁三苗于三危"。因此我认为"尧舜之际的第一次大规模征伐'三苗'，并'迁三苗于三危'，很可能是发生在距今4 500年前后屈家岭文化到石家河文化的转变时期。'三苗'中的一支，可能就是在这个时候从长江中游迅速到达了成都平原的西南部，以其堆筑城墙的古城址群和成熟的稻作农业为主要特征，建立起了史前古城址群，并与当地原有文化快速融合在一起，共同创造出了灿烂的'宝墩文化'"[2]。

我们还认为，不仅宝墩文化可能主要来自长江中游，而且其后的三星堆文化，也包含有大量的长江中游古文化因素，使之成为高度发达的古蜀文明的重要文化源头之一。

到了距今4 000年前后的大禹时期，又进行了一次更大规模的征伐，使三苗受到了致命的打击。《墨子·非攻下》云："昔者有三苗大乱，天命殛之，……禹亲把天之瑞令以征有苗……苗师大乱，后乃遂几"。所谓"遂几"，就是说并未完全被消灭，而是被分散、被赶走了。其中的很大一部分，

---

[1] 俞伟超：《三星堆蜀文化与三苗文化的关系及其崇拜内容》，《文物》，1997年第11期。俞伟超所说"最近饶宗颐在其新作《西南文化创世纪——殷代西南部族地理与三星堆文化》（广东人民出版社，即出）一书"，已于2010年11月由上海古籍出版社以《西南文化创世纪——殷代陇蜀部族地理与三星堆、金沙文化》之名正式出版。这段内容出在俞伟超为该书所写的"序言"之中。

[2] 赵殿增：《从古城址特征看宝墩文化来源——兼谈"三星堆一期文化"与"宝墩文化"的关系》，《四川文物》，2021年第1期。

可能就是在这时候经由三峡地区，再次进入了成都平原，在三星堆遗址等地扎下根来，并把他们比较成熟的信仰观念和祭祀形式也引进了三星堆原有的祭祀文化之中，使之逐步发展成为高度繁荣的三星堆文明。至于先前到来的宝墩文化古城址群中的居民，很可能是因为有族群的认同和祭祀活动的吸引，加之水患的影响等原因，逐渐集中到了三星堆遗址中，最终形成了此后数百年间一座三星堆古城独尊独大，而宝墩文化的各个城址却都被放弃了的情况[①]。

关于三星堆文化一些特征明显的器物的来源，其中陶盉与竹节柄豆的原型可能出于大汶口文化和二里头文化，它们率先出现于江汉地区，可能是经由长江三峡传入巴蜀的。釜罐类的一组器物，也具有江汉地区古文化的传统特征，三星堆文化中出土的众多高柄豆，已经与石家河文化晚期的高柄豆非常相似。至于在三星堆遗址中发现的类似于二里头文化的铜牌饰，也有可能是经由江汉地区辗转传入四川的。

这些器形很可能是在夏商时期由江汉地区经三峡发展到成都平原的。20世纪八九十年代在三峡出口的鄂西地区，发现了一种被称为"长江沿岸夏商时期一支新的文化类型"的古文化遗存，以小平底罐为主体，数量最多，也最有代表性。典型器物中还有细长高柄豆（灯形器）、鸟头形器把、鬲形器、陶盉等，并且盛行花纽器盖和动物状塑形器，也包含有一些釜罐类的器物，都与三星堆文化特征很相似。研究者一般认为，它们可能是巴蜀文化的一个分支，可称为"路家河类型"，或称为三星堆文化的"鄂西类型"。这组器物很可能是在夏商时期由江汉地区经三峡转传入四川，并融入当地原有文化，发展成三星堆文化的。其原因可能是大禹时期对三苗又进行了一次更大规模的征伐，迫使一部分三苗再次西迁[②]。

---

① 赵殿增：《略谈三星堆与长江中游古文化的关系》，《江汉考古》，2022年第2期。
② 同上。

四、三星堆神权古国的存在条件：自然环境与人文传统

由于水患等原因，川西平原上的古文化产生的时间比较晚，它们主要是由盆地周边一些新石器时代晚期的古文化逐步汇合而成的。成都平原上最早的蜀文化，可能是来自西北山区下到成都平原的一支古文化，距今5 000年前后在平原西北部的什邡地区首先形成了桂圆桥文化。距今4 800年以后，他们进一步前进到了三星堆遗址，在吸收多方文化的基础上，发展出距今4 800年至4 000年前繁荣的三星堆一期文化。这时的三星堆大型中心聚落，面积已达到了500万平方米[1]。

如上所述，距今4 500年前后，长江中游屈家岭文化—石家河文化中的一支，因尧舜征伐苗蛮第一次"迁三苗于三危"，而进入川西平原西南部，先后修筑了8座古城，与本地文化融合，发展成为距今4 500年至3 700年前的宝墩文化。距今4 000年前后，又因大禹"亲把天之瑞令以征有苗……苗师大乱"，又有一大批三苗人由江汉地区经三峡转传入四川，融合当地原有文化，发展成距今4 000年至3 200年的三星堆文化，包括了距今4 000年至3 600年的三星堆遗址第二期和距今3 600年至3 200年的三星堆遗址第三期。在此之后，他们又在三星堆遗址延续了一段时间，成为距今3 200年至2 600年前的三星堆遗址第四期，从而也进入了以金沙遗址为中心的十二桥文化阶段[2]。

古蜀文化在这两千余年间，同中国各地的古文明一样，经过了从"古文化""古城""古国"，逐步向"方国"发展的过程。特别是在其中距今3 600年至3 000年前后的三星堆文化繁荣时期，在吸引和吸收多方面文化因素的基础上，这里逐步形成了一个特色鲜明的神权古国。其最主要的两个文化来源，一是距今5 000年后从西北山区下来的桂圆桥文化和距今4 800年后的三

---

[1] 雷雨：《一年成聚 二年成邑——关于三星堆一期文化的几点认识》，《三星堆研究》第5辑，第1—20页。
[2] 关于三星堆遗址各期文化的年代分期和命名问题，我一直是使用原发掘单位最初公布的年代和意见。今后是否需要根据新的测年和研究结果，做出必要的调整和完善，将以正式发表的综合发掘报告为准。

星堆一期文化；二是距今4 500年至3 700年由长江中游过来的三苗人，与本地文化融合形成的"宝墩文化"，和距今4 000年至3 200年的三星堆文化，最终在三星堆遗址建成三星堆神权古国，成为古蜀文明的一个繁华的中心都邑[①]。

三星堆神权古国的主要文化特征，是以"万物有灵"的"原始宗教信仰"为主体的信仰观念，并创作出一大批表达这种信仰的神奇的大型造型艺术品，包括以太阳、树木、山川、星云为代表的"自然崇拜"；以鸟、鱼、龙、虎为代表的图腾崇拜；以眼睛、巨手为代表的祖先崇拜；并通过以大立人像、人头像为代表的巫祭集团的活动，组织成为独具特色的神权国家[②]。因此可以说：三星堆文化在其繁荣阶段，曾是一个以祭祀活动象征国家权威、维系国家思想和组织统一的神权国家，是多元一体的中华文明的有机组成部分和重要文化类型。它以青铜神坛和雕像群体为理想形式，以大型神庙为中心场所，以各种祭祀坑为最终结果，共同构成其祭祀活动的基本架构，"坛、庙、坑"就是三星堆神权古国文明因素的一套典型"组合"。关于三星堆的文化性质特征和产生缘由，大体可以概括为："神权国家"是三星堆文化神奇面貌的主要内因；"过度消耗"是三星堆快速衰亡并形成大型祭祀坑的根本原由；"早期丝绸之路"是三星堆文化丰富多彩的外部原因；"多元一体"是三星堆文明在中华文明中的历史定位[③]。

三星堆神权古国为什么会在以成都平原为中心的川西地区逐步形成、稳定发展、长期存在，最终建设成为高度繁荣的古代文明中心呢？我们认为它可能是既有优越的自然条件，又具有自身的人文传统，从而在特定的历史和地理环境中，形成了一个特色鲜明的神权古国。

首先说一下"三星堆神权古国"产生的历史背景和人文传统。如上所述，从颛顼以"绝地天通"从名义上进行宗教和政治体制改革起，就对"民神杂糅""民神同位"的神权国家进行了强制改造。但南方的苗蛮集团并没

---

① 赵殿增：《三星堆神权古国研究》，《四川文物》，2019年第1期。
② 赵殿增：《三星堆祭祀文化研究》，《博物馆学刊》第8辑，2021年。
③ 赵殿增：《三星堆祭祀活动的基本架构：神坛、神庙、祭祀坑》，《四川文物》，2022年第5期。

有被驯服，仍然顽强地保持着神权古国固有的面貌和习俗，因此便有了嗣后越来越激烈的抗争。到了尧舜禹时期，这种冲突变成了大规模的征伐战争，最后尧舜禹取得了胜利，并以"迁三苗于三危"的方式，把很大一部分三苗人赶出了长江中游，迁往了遥远的"三危"，即四川盆地西部岷山脚下的成都平原。这些苗蛮之所以被放逐迁移，正是因为他们要固守自己"万物有灵"的原始宗教信仰和"民神杂糅""民神同位"的神权国家。他们是因此而被一再驱逐的，所以必然要顽固地保持住其"神权国家"信仰观念和管理制度，并把这些人文传统、宗教信仰和国家体制，带到新的地区的三星堆文化之中，从而促成了三星堆神权古国的产生。

这种分析已经得到了考古资料的佐证。从近年的考古发现和研究成果看，在三星堆文化阶段能快速出现的浓烈的原始宗教信仰和祭祀习俗，除了本地原有的传统观念之外，也是受到了外界文化的强烈影响，其中江汉地区的石家河文化和后石家河文化（肖家屋脊文化），可能就是其中一个重要的源头。在120万平方米的石家河古城西部的印信台遗址，发现了一个6 000多平方米的方形祭台，上面有数十件大型套缸组成的台边，套缸上发现了一些神秘的划纹符号。祭台上的瓮棺葬中，出土了数百件精美的玉雕神人像和凤鸟等饰件。在石家河古城遗址中，还发现了大量的陶塑动物和数以万计的尖角状小陶杯，都是一些专用的祭祀品，说明当时石家河古城已经是一个重要的祭祀活动中心。特别是石家河文化和后石家河文化（肖家屋脊文化）中发现了一大批玉雕神人头像，如谭家岭9号瓮棺出土的神人头像等，与三星堆文化中出现的青铜人头像有极其相似的装束和神态，它们很可能就是三星堆青铜神像造型和内涵的一个重要源头和依据。方勤认为"在石家河出土玉器中，还有撞脸三星堆的神人头像。这枚玉人像出土于谭家岭，头戴平顶冠，眼目凸出，口含獠牙，鼻似鹰钩，这种纵目、阔耳、獠牙的特征，在三星堆出土的青铜面具中也有所体现"。"设计这样的形象，其实传达了古人传统的观念，给人赋予了神格化的力量。眼睛凸起，是千里眼；耳朵很大，是顺风耳；鼻子隆起，嗅觉灵敏。"方勤说，纵目、獠牙、鹰钩鼻，这些都为后来国家文明时期神权人物和巫师的形象所继承，比如三星堆文化。他说：

"由于材质的原因，三星堆采用青铜铸造，造型能够做得更夸张。"[1]进一步推测，红山文化、凌家滩文化出土的玉雕立人像，从造型和内涵，也可能是经由石家河文化进入四川，来到三星堆文化中的，成为三星堆青铜大立人像和大量人头像的一个主要源头与依据。三星堆时期狂热的宗教祭祀习俗，有很多就是从江汉地区传入的，可见三星堆文化中带有石家河文化和后石家河文化（肖家屋脊文化）深厚的祭祀文化遗风。这就从考古学的角度印证了三星堆文化中的"崇尚神权"的习俗，很大一部分是从江汉平原迁移的三苗人，因屡次"迁三苗于三危"而带到成都平原来的。

成都平原上原有的从西部山区下来的桂圆桥文化和三星堆一期文化，尚处于原始社会的末期。但从后来蜀史传说中蚕丛氏的神奇故事，和开疆拓土、教民桑蚕、聚居成市，并被尊为始祖和开国之王等情况看，他们也开始具有"万物有灵"的原始宗教信仰观念和崇尚神权的古国形态。这些历史和文化的传统，在三星堆文化繁荣时期被加以抬升和放大，使"蚕丛"成为三星堆神权古国的祖神和主神，并与后起的宝墩文化的"柏灌"、三星堆文化的鱼凫一起，被尊为蜀国最初的三代蜀王。

三星堆神权古国能在以成都平原为中心的四川盆地产生、发展，并繁荣昌盛了数百上千年，还因为它具有许多得天独厚的自然条件和地理环境，这是它兴旺发达的客观物质基础。

以成都平原为中心的四川盆地，自古以来就以气候温和、物产丰富著称于世。《山海经》称成都平原为"都广之野"，说它"其城方三百里，盖天地之中"，"爰有膏菽、膏稻、膏黍、膏稷，百谷自生，冬夏播琴。鸾鸟自歌，凤鸟自舞，灵寿实华，草木所聚。爰有百兽，相群爰处。其草也，冬夏不死"[2]。《华阳国志》说它是"山林泽渔，园囿瓜果，四季代熟，靡不有焉"[3]，呈现出的是一派百谷繁茂、百兽欢闹的生机勃勃的场面。从西北山区下来的

---

[1] 方勤：《寻找古老的中国（三）·石家河》，中央电视台《考古公开课》讲座，2021年2月16日。南博讲坛：方勤：《石家河遗址：持续见证长江中游文明进程》，2023年3月27日。
[2] 《山海经·海内经》。
[3] （东晋）常璩：《华阳国志》，刘琳：《〈华阳国志〉校注》，巴蜀书社，1984年。

早期蜀人，和从长江中游进来的苗蛮族人，都把这里视为上天赐予他们的特殊恩惠，使他们能在此顺利地安家落户，繁衍生息。因此也更加崇敬先人所信奉的"万物有灵"的原始宗教，真诚地拥护"人神相通"的神权国家体制，并经过了上千年的不懈奋斗，创造出丰硕的物质财富和精神文明。

四川盆地又因四面环山，地处偏远，山高路远，相对封闭。因而在早期文明的形成发展过程中，较少受到外界的干预和侵扰，从而得到了长期比较安定的生存环境，保持了相对稳定的自身生活习俗和美好文化传统。与此同时，古蜀先民也并不封闭保守，而是具有强烈的开拓精神，克服各种艰难险阻，以其丰富的物产和优秀的文化，特别是利用所盛产的丝绸，开辟了早期丝绸之路，吸引并吸收了四面八方的优秀文化和艺术。他们本身又具有崇尚神权和注重造型艺术等优秀文化传统，从而创造出拥有神圣的信仰、神奇的艺术、神秘的历史的灿烂的区域性文明。

由于这里有优越的自然条件和特有的人文传统，从而能较长时间地保持生活习惯的稳定性和社会制度的延续性。在各地相继进入青铜时代之后，三星堆古蜀文明可能仍然保持了神权古国的政治制度和信仰习俗，从而利用新材料和新技术，制造出大量祭神时使用的精美神圣的造型艺术作品，创造出璀璨夺目的三星堆文明。而将这些新材料和新技术，乃至祭神信仰新观念新形式带入成都平原的，恰恰又是存留在长江中游的一部分三苗后裔。

关于三星堆文化后期高度发达的青铜文化的来源问题，俞伟超先生在前文中也曾敏锐地指出："到了商后期，洞庭湖周围及其附近的三苗余部，在商文化的影响下，青铜工艺极为发达，铸造出许多体形高大和厚重的铜铙和铜鼓，以及动物造型的礼器如乳虎卣、象尊、猪尊和人面方鼎等，一般形态的青铜礼器，则有尊、罍、卣等，而尤以尊和罍为多，成为这一带的文化特色。

"非常有意义的现象是，在三星堆和彭县竹瓦街等早期蜀文化的遗存中，其青铜礼器都是尊和罍，这显然又表现出与同时期的湖南等地的三苗文化，依然存在着一种特殊密切的关系。另外，在近十多年中，在湖北宜昌地段的清江之中和四川巫山大宁河畔又分别出了类似于三星堆遗物的商时期的铜罍和铜尊各一件，又多少暗示出那时的巴人也和三苗余部存在着相当的文化联系。"①

俞伟超先生的这些论断，提出了两个重要的观点：一是苗蛮集团在商文化的影响下，曾创造出了长江流域具有自身特色的青铜文明；二是三星堆璀璨的青铜文化很可能主要是从中原经由江汉地区传入的。

在商代早中期，中原商王朝曾在长江中游的湖北盘龙城修建了一座大型据点，可能主要是用来掌控长江流域富有的铜矿资源。近年来，盘龙城考古取得重大进展，证明它是商代前期在长江流域建立的一个带都邑性质的政治中心和军事基地，从距今约3500年开始，大约存在了300余年。这里不但有完整的城池、高大的宫殿、高等级墓葬，而且有了成熟的青铜铸造产业。是它把商王朝先进的青铜铸造技术带到了长江流域，还通过这里控制了当地富有的铜矿资源②。后来因为某种原因，这些商人突然从这里撤走了，但其青铜铸造技术却被当地的三苗等人学习和继承下来，结合各自的生活习惯和民俗信仰，相继创造出一大批具有地方特色的青铜文化，如大洋堆铜器群、炭河里铜器群等。而他们所共同选择的青铜礼器，则主要是铜尊和铜罍，而与中原地区以鼎、豆、簋为主要组合的成套青铜礼器传统有所不同，从而创造出具有自身特色的长江流域青铜文明，并与黄河流域的青铜文明一起，共同构建了中华民族所特有的青铜文化体系。

由于三苗曾几次被迫迁入成都平原，又在那里遇到了良好的自然和人文条件，发展出繁荣昌盛的宝墩文化和三星堆文化，三苗的余部可能与三星堆文化一直存在着相当密切的联系。当他们掌握了商王朝先进的青铜铸造技术之后，自然会把青铜工艺传播到成都平原的三星堆遗址。这时的三星堆文化已经快速发展成为一个充满宗教狂热的神权国家，正好利用这种新鲜的先进材料和技术，铸造出大批青铜神像和祭祀用具，从而创造出灿烂夺目的三星堆青铜文明。它与长江中游的青铜文明，在青铜礼器的选择和神像祭器

---

① 俞伟超：《三星堆蜀文化与三苗文化的关系及其崇拜内容》，《文物》1997年第11期。
② 张昌平：《关于盘龙城的性质》，《江汉考古》，2020年第6期。张昌平考古札记：《盘龙城遗址考古收获》，2023年3月16日。

的制造方面，有很多相似之处，共同创造出具有地域特色的长江流域青铜文明。

五、三星堆神权古国衰亡的原因：过度消耗与特大灾难

具体说到"三星堆神权古国"衰亡的原因，我认为主要是因为他们为凸显奇异的信仰观念而进行的盛大祭祀活动，特别是打造的大量神器和祭器，已大大超过了古国的承受能力。过度的人力物力集中和社会财富消耗，必然导致经济危机和社会混乱，使三星堆神权古国后期的国家逐渐失去了控制，最终造成了生存危机和精神恐慌。正如李伯谦所指出的："这时的社会充满宗教狂热，主持宗教事务者就是社会的主宰。神权支配一切，这是古国阶段的特征"，他们"把大量社会财富贡献给神灵，越陷越深，不能自拔，因此垮了下去"，就成为这些神权国家最终走向衰亡的根本原因。三星堆古国最后很有可能是遇到了一场极其严重的瘟疫之类的特大灾害，出现了人畜大量无端快速死亡的情况。在这些无法理解又无力抗拒的巨大灾难面前，人们便认为是这些神像和神器都已经彻底"失灵"了，自己也无法继续在这里生活下去，就用大型神庙中的神像祭器，先后进行了多次燎祭，并用祭祀坑分别瘗埋了所有的神像和神器，还连神庙也一起烧毁，最后彻底放弃了三星堆古城，迁都到了金沙遗址。三星堆神权古国从而走向衰亡[1]。

关于古蜀国的历史和传说，史籍中多有记载，其中西汉扬雄的《蜀王本纪》和东晋常璩的《华阳国志》时间较早也较为具体。对于这些记载，大多数现代学者认为其中有一些"真实的素地"，即使是"疑古派"的领军人物顾颉刚先生也认为，"蚕丛等为蜀王"是"真的历史的事实"[2]。我在开始综合研究三星堆考古发现与巴蜀古史时，也曾得出"考古新发现印证了典籍传说

---

[1] 赵殿增：《三星堆祭祀活动的基本架构：神坛、神庙、祭祀坑》，《四川文物》，2022年第5期。
[2] 顾颉刚：《古代巴蜀与中原的关系说及其批判》，《论巴蜀与中原的关系》，四川人民出版社，1981年。

中蜀史发展的几个过程大体可信"的初步结论,并一直向着这个方向进行探索研究[①]。

《蜀王本记》开头便说"蜀王之先名蚕丛,后代名曰柏灌,后者名曰鱼凫,此三代各数百岁,皆神化不死,其民亦颇随王化去。鱼凫田于湔山,得仙,今庙祀之于湔,时蜀民稀少"[②]。他所记载的,可能正是以三星堆一期文化、宝墩文化、三星堆文化为代表的早期蜀文化阶段的历史情况。三星堆文化的主人大约是鱼凫氏蜀国,目前已经是多数学者的共识,近几年我又提出了三星堆一期文化和宝墩文化的主人,可能是蚕丛氏蜀国和柏灌氏蜀国的初步设想[③],共同表现了蜀国开始阶段即所谓"三代"时期的社会情况。这些记载中都具有浓厚的神话色彩,说他们"皆神化不死",证明它们都曾经是"神权国家",是那时的人们曾具有"万物有灵"原始宗教信仰的一种形象表述。其中"鱼凫田于湔山,得仙","其民亦颇随王化去",并造成了"蜀民稀少"的情况,是其中专门明确记载下来的一个重大事件,有可能就是鱼凫氏蜀国走向衰亡时社会情况的一种被神化和美化了的集体记忆。

如果三星堆文化的主人是鱼凫氏蜀国的研究结论成立,那么三星堆中心祭祀区众多大型祭祀坑的集中出现,可能正是鱼凫氏蜀国最后灭亡时真实情况的一个客观反映。三星堆古国最后很可能是遇到了一场特别严重的瘟疫,出现了人畜大量无端快速死亡的情况,连他们的"群巫之长"国王也都死去了。在这些无法理解又无力抗拒的巨大灾难面前,人们便对自己一直极度崇拜的神灵产生了严重的怀疑,认为可能是这些神祇和神器已经"失灵"了。于是,他们就把神庙中包括国王使用的金杖在内的部分神像和祭器,搬到了三星堆西南侧的祭祀区,举行了一次大规模的"燎祭",焚烧打碎了神像祭品和人兽尸骨,郑重有序地把它们埋到1号祭祀坑中,用以表示把它们送回天上和神界,以祈求天神和祖先帮助他们消除眼前的灾难,再次给他们带来

---

① 赵殿增:《三星堆考古新发现与巴蜀古史研究》,《四川文物·三星堆古蜀文化研究专集》,1992年。
② (西汉)扬雄的《蜀王本记》,《全上古三代秦汉三国六朝文·全汉文》辑。转引自袁珂、周明:《中国神话资料萃编》,四川社会科学院出版社,1958年,第384页。
③ 赵殿增:《从古城址特征看宝墩文化来源——兼谈"三星堆一期文化"与"宝墩文化"的关系》,《四川文物》,2021年第1期。

好运。但灾难可能并没有因此有丝毫消减，反而更加严重，人们便彻底绝望了，又从神庙中搬来更多更重的一大批神像和祭器，进行了一次大规模的燎祭，形成了2号和3号祭祀坑。在数次燎祭都无效之后，三星堆人便感到已经无法在这里继续生活下去了，只好把所有的神像祭器全部搬来进行燎祭，形成了7号和8号祭祀坑。最后连神庙也一起烧毁，将所有残碎器物和一些红烧土块埋在了8号祭祀坑的器物层和象牙层之上，随后迁都到了成都的金沙遗址[①]。

  这种情况很可能正是各代蜀王能够"神化不死"，特别是其中"鱼凫田于湔山，得仙"，"其民亦颇随王化去"，造成"时蜀民稀少"等文献记载的历史真相。《华阳国志》讲得更为具体形象："鱼凫王田于湔山，忽得仙道"[②]，说明他是突然死亡的。这一事件曾作为一种被神化了的集体记忆流传下来，并被历史学者记入了史籍之中。其中所包含的历史上"真实的素地"，很可能正是这个三星堆神权古国，"把大量社会财富贡献给神灵，越陷越深，不能自拔，因此垮了下去"，最终走向衰亡的具体情况。

  近几十年三星堆大型祭祀区和众多祭祀坑的集中发现，可能为我们深入解读史书中特意要专门描述的最后一代鱼凫氏蜀王"忽得仙道"，"其民亦颇随王化去"等历史突发事件的真实情况，提供了珍贵的实物依据，值得进行深入细致的研究。

六、余论："绝地天通"的历史意义与三星堆文化的研究价值

  "绝地天通"是中国古代文明发展和形成过程中的一件大事，徐旭生先生说"这是宗教里面从低级到高级上升的一大进步"[③]，苏秉琦认为它"是中国五千年文明史的一个转折点"[④]，都说明颛顼以"绝地天通"的方式进行的

---

① 赵殿增：《三星堆祭祀活动的基本架构：神坛、神庙、祭祀坑》，《四川文物》2022年第5期。
② （东晋）常璩：《华阳国志》，刘琳：《华阳国志校注》，巴蜀书社，1984年。
③ 徐旭生：《中国古史的传说时代》，文物出版社，1985年，第83页。
④ 苏秉琦：《中国文明起源新探》，辽宁人民出版社，2011年，第127页。

早期国家政治体制的改革，具有重要的历史意义，值得我们在中华文明探源工作中进行深入细致的研究。

目前对五帝时期由颛顼"绝地天通"开始的这场政体革命，在"古国—方国—帝国"三部曲发展过程中所处的具体时间和所起的实际作用，尚有几种不同的看法：有的认为它是古国阶段"崇尚王权"的古国在与"崇尚神权"的古国斗争中的一次重大胜利；有的直接称它为"方国"时代正式开始的标志[1]；也有的认为这还只是"宗教里面从低级到高级上升的一大进步"[2]；最近还有学者根据古籍中"绝地天通"的文字记载出现的时间很晚，认为"'绝地天通'思想最早出现在周穆王时期"，它只是为了保证西周施行"祀天子位"制度的一种措施[3]。

具体到以考古材料来认定方国时代正式开始的时间，也有着多种看法。最初大多认为方国指的是"夏商周时期"，新的考古发现和研究进一步表明，距今5 000年前后的一些将王权和神权统一起来的古国，就可能已经开始进入方国（王国）时代，"所以认识到良渚文化已具方国规模，才更有实际意义"[4]。这些观点都还需要做进一步的研究和论证，但由颛顼"绝地天通"开始引领的这场政体革命，在中国文明发展史上具有特别重要的地位，则是一个不争的事实。我们认为：这一事件至少可以作为方国（王国）时代已经在中华大地上正式开始出现的一个重要标志。

以三星堆文化为代表的古蜀文明，是中国古代文明发展和形成过程中的一个重要类型。它既是多元一体中华文明的有机组成部分，又具有鲜明的文化特色。它以青铜大面具、大立人像、神树、鸟兽等大量造型艺术品，以及神坛、神庙、祭祀坑为代表的特殊祭祀性遗存，成为中国古代文明中神权古国的一个典型标本，有着特殊的研究价值。

三星堆神权古国之所以能在3 000多年前的殷商时期继续存在，并发展

---

[1] 苏秉琦：《中国文明起源新探》，辽宁人民出版社，2011年，第127页。
[2] 徐旭生：《中国古史的传说时代》，文物出版社，1985年，第83页。
[3] 王戎：《"绝地天通"与"祀天子位"》，《济南大学学报》第30卷第6期，2020年。
[4] 苏秉琦：《中国文明起源新探》，辽宁人民出版社，2011年，第127页。

到一个新的高峰，可能有着多方面的原因。其中的关键可能在于它一直没有完成以"绝地天通"方式进行的早期国家的体制改革，发展成一个王权国家和礼制社会，反而是保持和发展了神权古国的社会形态，最后因过度消耗而走向衰亡。神权国家可能就是造成三星堆神权古国兴盛与衰亡的一个最重要的内因。在这里我们试着从本身和外来的因袭、主观和客观的条件等方面，再做简要的分析。

从本身因素来看，古蜀先民距今 5 000 年左右最早从西部山区进入成都平原时，正是原始宗教盛行的氏族社会末期。人们来到这一块宝地，感谢天地万物给予他们的恩惠，感谢前辈祖先为他们创下的基业，自然而然地产生了以"万物有灵"为中心的原始宗教信仰和崇尚神权的早期国家形态。这些观念都在蜀史传说中对蜀祖蚕丛的崇拜中得到了具体的反映。

从外来的因素分析，上文已经讲到，从 4 500 年前到 4 000 年前的尧舜禹时代，以对神权国家进行"绝地天通"的宗教改革的名义，对长江中游苗蛮集团进行反复征伐，多次"迁三苗于三危"，使大量的三苗人进入成都平原，从而把他们崇尚神权的国家形态和信仰观念带到了蜀国，进一步健全和强化了原有"神权古国"的社会观念和文明形态。从三星堆文化中多元文化相互融合的情况看，当时可能还吸引了周围其他古国中信仰神权的民众来到"三星堆神权古国"，共同促进了蜀国的繁荣。

从客观环境看，以成都平原为中心的古蜀国气候温和、物产丰富，"百谷自生，冬夏播琴""四季代熟，靡不有焉"。四川盆地四面环山，地处偏远，山高路远，相对封闭。从商代以前这里尚未出现巴蜀式兵器，也未发现过外来的实用武器等情况看，在早期文明的形成发展过程中，它可能较少受到外界的干预和侵扰，反而是通过"早期丝绸之路"，吸引并吸收了四面八方的优秀文化和艺术。三苗的余部还把青铜工艺带到了三星堆，从而利用这些新材料和新技术，铸造出大批青铜神像和祭祀用具，创造出灿烂夺目的三星堆青铜文明。

从主观愿望看，古蜀人进入成都平原后发展得比较顺利，从而得到比较长期安定的生存环境，保持相对稳定的生活习俗和良好开放的社会心态。他们因而乐见于各方民众的到来，享受着各种新奇的物品和奇妙的文化，特别是可能还把他们作为朝奉的对象，把这里当成了信仰的圣地，使蜀人有了一种高高在上的成就感。因此，他们就更想方设法编造神奇的传说和神话故事，制造出各种奇异的神像和祭器，举行越来越盛大、越来越神奇的各种祭祀活动，有意制造了一个神权古国的宗教祭祀中心，从而创造出璀璨夺目的三星堆文化。

古蜀人因此更加相信这种"人神相通"的原始宗教，更加迷恋这个神权国家的繁盛状态，于是就更加狂热地制造出大型神像和祭品，营造并扩建了宏大的神庙，进行越来越盛大的宗教祭祀活动，把大量的社会财富贡献给神灵，越陷越深，不能自拔，直至最终造成了生存的危机和国家的衰亡。

三星堆文化具有多方面的学术研究价值，包括了众多的学科内容和课题。首先就是要弄清这些青铜和金玉雕塑作品的性质作用、艺术特征、制作方法、铸造技术、生产地点、原料来源、成分分析等直观特征和技术问题；进而涉及它们的文化类型、宗教观念、来源去向、社会形态等社会和文化问题；进一步可以从考古学角度研究它的年代序列、文化分期、因素分析、聚落形态、都邑布局、精神信仰；从历史学角度探讨各代蜀王时期的经济技术、地域变迁、重要事件、兴衰过程等问题，还需要深入研究古蜀文明在中国和世界文明发展史中的地位和价值，乃至它在中外艺术史、冶金史、建筑史、交通史、贸易史、宗教史上的地位等。它在众多领域都有着极高的学术价值，值得大家广泛深入地开展研究。在这里，我想再就它的社会性质及其在中国古代文明发展史上的地位问题谈点看法。

我觉得要解析三星堆之谜，首先需要弄清三星堆文化的社会性质。我在为参加1991年的中国考古学会年会撰写的《三星堆考古发现与巴蜀古史研究》一文中，就曾提出三星堆古国"以祭祀活动作为象征国家权威、维系国家思想与组织统一的重要形式"，认为"这种以原始宗教进行统治的状况，反映了古国的古朴面貌"[①]。该文得到了李学勤先生的赞赏，邀请我参加

---

① 赵殿增：《三星堆考古新发现与巴蜀古史研究》，《四川文物·三星堆古蜀文化研究专集》，1992年。

了由他主编的国家"九五"重点出版图书"早期中国文明丛书"的编写，让我撰写了其中《三星堆文化与巴蜀文明》一卷①。近年我进一步提出"三星堆神权古国"可能是整个问题的关键等看法②，在此基础上，我一直明确支持发掘领队提出的"祭祀坑说"，较早地提出了三星堆遗址中存在着众多不同形态的祭祀坑的看法，特别是认为在三星堆南侧祭祀区上有计划、有组织、有秩序地进行燎祭和瘗埋的一组大型祭祀坑，更是三星堆众多祭祀坑中的典型代表。

祭祀坑的发现进一步证明了三星堆考古的学术价值，苏秉琦先生在1986年10月于沈阳召开的中国考古学会年会上就曾经说："应从它可能是蜀中的一个古文化、古城、古国的课题进行研究，其意义、工作方法、前景就大不一样了。"③苏先生一再提醒我们"要从'坑'里跳出来"，在1987年5月召开的"四川广汉三星堆遗址考古座谈会"上的讲话中，他讲道："大家从两个坑谈到'城'，坑埋的是什么，意味着什么，是不是城，城内外怎么样，我看还是从区系角度提问题……巴蜀文化自成体系，特征不是表面的，而是内在的……四川这段工作有划时代意义，在这个基础上看两个坑和城，不妨说是看到了四川的古文化古城古国。"④苏先生在为这次会议的题词中，正式将其命名为"三星堆古文化古城古国遗址"⑤。

近年三星堆考古再次取得重大进展，不但又发现发掘了6座大型祭祀坑，而且发现了众多神坛、大型神庙和各种形态的祭祀坑，进一步证明说它是"神权古国"是有一定道理的，表明它是中国古代文明中的一个重要类型。三星堆古国的人群，最早来自西北地区，那里正是中华文明的重要起源地；后来不断迁入的"三苗"人，则是来自长江中游的"苗蛮集团"，也是

---

① 赵殿增：《三星堆文化与巴蜀文明》，江苏教育出版社，2005年。
② 赵殿增：《三星堆神权古国研究》，《四川文物》，2019年第1期。
③ 苏秉琦：《在中国考古学会第六次年会上的讲话》，《华人·龙的传人·中国人——考古寻根记》，辽宁大学出版社，1994年，第181页。
④ 苏秉琦：《西南地区考古——在四川广汉三星堆遗址考古座谈会上的讲话》，《华人·龙的传人·中国人——考古寻根记》，辽宁大学出版社，1994年，第16页。
⑤ 苏秉琦为"四川广汉三星堆遗址考古座谈会"的题词，1987年5月。

构成早期中华民族三大民族集团之一。三星堆文化还大量吸收了中原等地区的文化因素，证明它是中华民族共同体的一个有机组成部分。它在吸收多方文化的同时，也根据自身的信仰观念，进行了精心的选择和改造，如他们选择用"尊"作为中心礼器，目的主要是用它来祭天敬神，而不是放在墓葬中代表等级和身份；他们把中原等地已经是用来"以玉载礼"的玉石礼器，重新当成了"以玉通神"的祭天祭神工具，证明他们一直都没能完成"绝地天通"的重大宗教和政治改革，走上王权和礼制化的道路，而是始终保持了神权古国的社会形态。

三星堆文化与中原等地区同时期的古文化之所以出现一些明显的差异，问题很可能就是出在它们没有完成中国历史上一次极其重要的社会变革——"绝地天通"。三星堆先民根据自己的原始宗教信仰观念和祭祀需要，继续创造出大量造型奇异的神像和祭品，也形成了独具一格的艺术传统。在主客观多种因素的作用下，使得"三星堆神权古国"成为中国古代文明进程里神权古国这一类型之中，发展水平最高、延续时间很长、特征极为显著的典型案例，从而创造出神奇的三星堆古蜀文明。以三星堆文化为代表的巴蜀文明，既反映了中华文明的多元一体、多姿多彩，又表现了中华文明的内涵丰富、灿烂辉煌。它与各区域各民族各时代各类型的古代文明一起，共同构成了中国文明起源和发展的完整图景，在中国乃至世界古代文明发展史上，都具有重要的历史地位和研究价值，正如李学勤所说："中国文明研究中的不少问题，恐怕必须由巴蜀文化求得解决。"[1]

---

[1] 李学勤为赵殿增《三星堆考古研究》一书所写序言，四川人民出版社，2004年。

莫道神话皆无稽，实证传说有信史
——三星堆遗址及文物散论

段 勇

（上海大学教授）

1986年，当三星堆遗址1号和2号祭祀坑横空出世时，笔者正在四川大学历史系读本科，说实话当时并没有充分意识到这一发现的重大意义。后来进入北京大学跟随李伯谦先生攻读硕士和博士学位，毕业论文聚焦商周时期青铜器上的夔龙纹、兽面纹和凤鸟纹等型式流变及其义理研究，皆涉及三星堆出土青铜器，但主要依据展厅里的文物和出版物上的照片、线图。在文物博物馆系统工作时，曾多次见识了三星堆文物展览在国内外的巨大影响力，它在海外一度是比肩秦始皇兵马俑的中国顶级文物品牌。到上海大学工作后，感谢四川省文物局和四川省考古院大力支持，笔者才有机会以合作形式介入三星堆新发现祭祀坑的考古工作中，真正与三星堆遗址及其文物有了亲密接触，实在是不胜荣幸。

作为"沉睡三千年，一醒惊天下"的重大考古发现，三星堆遗址自然吸引了海内外学者的广泛关注和研究，奈何其实在太神奇，竟令专家学者亦有"越挖问题越多"之惑。中国考古百年之际三星堆新发现祭祀坑"再醒惊天下"，主流媒体多次直播和自媒体的广泛讨论，更是引发社会公众的"围观"和热议，成为超越文化领域和历史领域的社会传播热点事件，并引出众多民间奇思异想。

面对神奇瑰丽的三星堆遗址及其出土文物，迄今似乎尚难有全面及深入的解读。众说纷纭之际，笔者亦将前辈、今贤的研究考证与自己的所思所感连缀成文，聊作抛砖引玉。

一、位　　置

令不少人深感疑惑的是：自古以"蜀道难"著称、至今仍属偏远之地的三星堆，何以在3 000多年前的古代产生了如此先进的青铜文明？

事实上，笔者认为，关于蜀地偏僻闭塞、交通不便的印象主要是其在秦汉大一统帝国内部被边缘化以后相对于其他地区的开发进步而形成的，唐代诗人李白的名作《蜀道难》进一步强化了这种印象。而从上古时期广域交通角度看，古蜀地区相对而言似乎并不算十分偏僻，反而处在几条重要交通线的交会处。

根据20世纪80年代异军突起的现代分子生物学研究结果，目前地球上的所有人，从女性线粒体DNA上可以追溯到大约20万年前生活在非洲的一名女性祖先，她的后代大约在距今7万年前陆续走出非洲，逐渐迁徙、繁衍、扩散到全球各地，并消灭取代或杂交融合了各地原有的早期人类（通常也被认为是距今200万年前第一次走出非洲的人类祖先的后代）。虽然似乎有点不可思议，但此"夏娃假说"和"非洲起源论"也得到了男性Y染色体溯源研究结果的支持，因此已成为国际主流学术观点。艾伦·威尔逊等生物学家追踪DNA发现，其中一支古人类走出非洲后，经西亚、中亚穿越兴都库什山口到南亚，再沿喜马拉雅山脉南麓向东，到横断山脉东部往北进入东亚和今中国境内，时间大约距今5万年，三星堆遗址就位于这条线上。这条线路其实与后来的"南方丝绸之路"基本一致，这也是人类早期最重要的迁徙交流大通道，因为后来横贯欧亚大陆的其他两条大通道，北方大草原纬度太高，气候严寒，沙漠绿洲丝绸之路尚未驯化骆驼，对于当时人类来说均属于比较难穿越的畏途。

此外，三星堆位于所谓"神秘的北纬30度"上，纬度不高不低，气候不冷不热，宜农宜居利于文明发生发展；与甘青地区虽然群山阻隔，但也有狭窄的山川通道相连；更重要的是，还可通过长江水系与其他地区沟通。正是这样在上古时期相对利于人口迁徙、贸易往来、文化交流的区位条件使得三星堆不仅有条件发展成较为发达的区域中心文明，更是可能成为一个重要的文明交汇点。因此，三星堆遗址出土文物除了青铜面具、青铜神树、青铜神坛等具有浓郁而独特的本土特色之外，还有许多文物呈现出明显的"混搭"风格。三星堆遗址出土的不少青铜器，就是在中原风格青铜器基础上再"加工"改造，增添本地特色，形成一种奇异的组合风格，如顶尊跪坐铜人等；三星堆遗址出土的玉器，或者是在良渚文化—齐家文化风格玉器上增加本地文化内涵，如神树纹玉琮；或是在具体使用功能上赋予中原风格玉器新的内涵并对外传播，如数量大、类型多的牙璋实物和图像，不仅让我们清楚得知其在三星堆文化中的使用方式，而且研究证实其直接传播、影响到今越南北部的冯原文化等。

二、名　称

"蜀"字，甲骨文为一大眼（大头）曲身形象，许慎《说文解字·虫部》释义"蜀，葵中蚕也，从虫，上目象蜀头形，中象其身"，而双目比较突出其实也是蚕的生理特征之一。古蜀第一代先王名"蚕丛"，被蜀人奉为"先蚕"，《华阳国志·蜀志》载"蜀侯蚕丛，其目纵，始称王"，许多学者认为三星堆遗址出土的青铜纵目大面具应即蜀王蚕丛之形象。

中华民族号称"龙的传人"。如果说我国新石器时代是"见龙在田"，在今辽宁、内蒙古、山西、河南、湖北等地均发现龙的形象，秦汉以后是"飞龙在天"，龙成为帝王的象征进而成为中华民族的"图腾"；那么商周时期中原青铜器上就是"潜龙勿用"，既相对于兽面纹和凤鸟纹数量来说比较缺少龙的形象，且仅有的少数龙形在青铜器上的总体地位也不够凸显。

与之形成鲜明对比的是，相当于商代晚期的三星堆遗址祭祀坑出土的文物，则存在大量龙的形象，如广泛见于青铜神树、青铜人立人、青铜神坛、青铜爬龙柱等本土风格的重器之上，地位尊崇，形象生动。

联想到《管子·水地》所言"龙生于水，被五色而游，故神。欲小则化如蚕蠋，欲大则藏于天下，欲上则凌于云气，欲下则入于深泉。变化无日，上下无时"，蚕与龙似有密切的内在联系，如前所述蜀与蚕又直接相关，因此，三星堆遗址是一个同时代罕见的"龙窝"也就不足为奇吧。

三、丝　绸

在后世所称的北方草原丝绸之路（毛皮之路）、沙漠绿洲丝绸之路（"正宗"丝绸之路）、南方丝绸之路（高山峡谷丝绸之路）、海上丝绸之路（陶瓷之路）中，南方丝绸之路应该是最早出现的，因为与前述上古人类的重要迁徙路线重合，属于"古已有之"，其他丝绸之路均属于后来开辟，而三星堆遗址就位于南方丝绸之路的东端或附近。

1986年发现的2个祭祀坑，由于当时技术条件限制，未能提取到丝绸残痕。这次三星堆遗址新发现的6个祭祀坑中，中国丝绸博物馆的专家无一例外均采集到丝织品遗存或痕迹，显示出丝绸在当时当地的普遍存在，可证1986年出土的青铜大立人的华丽服饰恐非过去有人以为纯属想象虚构。联想到我国古代传说黄帝正妻蜀人嫘祖发明养蚕缫丝、古蜀先王蚕丛被奉为"先蚕"、印度神话中大神湿婆喜爱黄色丝绸（疑即扬雄《蜀都赋》所言"黄润"细布），结合埃及底比斯在早于沙漠绿洲丝绸之路开通前（约公元前1000年）的古墓中出土丝绸头巾，以及汉武帝时张骞"凿空"西域却在大夏（在今阿富汗）见到经身毒（在今印度）贩运过去的"蜀布"的记载，还有新疆尼雅遗址出土的"五星出东方利中国"东汉蜀锦护膊、成都老官山汉墓出土的4架织机模型等，都有力地证明了古蜀地区丝绸生产历史悠久、丝绸贸易兴盛发达，后世"锦官城"无非相沿承袭。

可见，南方丝绸之路应该是最早的且名副其实的丝绸之路，三星堆则很可能是最早的丝绸之都或集散中心。

四、权　杖

三星堆遗址出土的金权杖，不见于夏商周之后以中原文化为代表的中华传统主流文化,因此不少人认为与西亚北非的古代权杖传统有关。其实,它很可能也具有蜀地本土文化基因。

首先,从权杖的产生背景看,在世界各地的传统社会中,知识都源于经验的积累,即年龄越大见识越多也就越有智慧,老年人普遍掌握着家族话语权,具备天然的权威性。年老力衰后通常需要借助手杖行动,我国汉代即有皇帝赐高寿老人鸠杖的记载。久而久之,手杖自然与老人密不可分,直至成为老人的象征,在某些文化里更进一步成为可以宣示和传承老人权威的权杖。

其次,蜀地山多路不平,自古老人持杖当更为常见,何况古蜀之杖早已超越工具属性成为外贸商品:《史记·大宛列传》记载张骞通西域,在大夏见到的就有经身毒贩运过去的蜀地"邛杖"。

更重要的是,早在三星堆文化之前的古蜀地区新石器时代宝墩文化已出现象牙权杖,说明三星堆文化之前当地已有权杖文化渊源。而三星堆遗址出土的金权杖,虽仅存外裹金皮,内裹之杖已腐蚀不存,但笔者仔细观察金皮实物和照片,发现有较明显的分节痕迹,因此有足够理由相信金皮里面原来包裹的是一支竹杖而非其他材质。这些无疑都是金权杖的三星堆本土特质,只不过权杖文化在其融入中华文化体系后被中原的主流礼乐文化淘汰、消解了。

五、面　具

三星堆遗址出土的大量青铜面具罕见于世界其他文化,不少青铜面具上还另外覆盖有金面罩,单独出土的金面具也很可能是覆盖在青铜或其他材质的头像或面具之上。这与古埃及、古希腊等出土的金面具往往直接覆盖在人体上明显不同,三星堆面具的风格也更偏向写意而不太写实。

四川及周边地区自古至今盛行面具文化,比如贵州的傩面具、西藏的藏戏面具等,云南很多少数民族也都有面具文化,这些应该都是上古时期巫文化的遗存。三星堆的青铜面具和金面具恐怕难以排除具有同样的文化渊源。

而青铜面具之上再覆盖金面罩的结构，让笔者不禁联想到川剧的一大奇观"变脸"，演员经过刻苦训练可以在眨眼间连续变化数张乃至数十张脸谱。这一绝活长期只在师徒之间秘传，近年方大白于天下。虽然川剧是明清时期才正式形成的，但史载先秦李冰治水后民间即有"斗牛戏"，三国时期又有喜剧《忿争》，唐代更有"蜀戏冠天下"之说，明代杂剧《灌口二郎斩健蛟》则最早明确记载"变化青脸"，因此川剧"变脸"也许具有更加遥远甚至并不自觉的文化基因，可能是某种上古文化的"活化石"。

至于民间以现代某地人长相来比附三星堆青铜头像或面具，虽可作为某种线索来探讨，但恐多属不靠谱的臆想。因为一则青铜头像和面具均属写意多于写实，难以简单具象化理解；二则世界各地现代人无不是长年移民迁徙融合的结果，自然与3 000多年前的古人不宜直接对号入座。

六、来　源

《山海经·海外东经》《山海经·大荒东经》《淮南子·地形训》《楚辞·天问》等典籍中关于扶桑、若木、建木的记载，反映了古人的宇宙观、三界说（与有些人相提并论的苏美尔文明中的生命之树内涵其实不一样），树与高山、飞鸟一样都是最接近神秘天空的造物，成为古人心灵的升天媒介。三星堆出土的多株青铜神树及玉琮上的刻画神树正是中华远古"十日神话"和"通天神树"等神话传说的宝贵遗存。

值得注意的是，古蜀地区的历史传说，可能表明中原文化对三星堆文化的影响远比一般以为的更加直接、更加深厚。据《蜀王本纪》《华阳国志·蜀志》等记载，古蜀最早的五代君王名为蚕丛、柏灌、鱼凫、杜宇、开明，已有学者注意到"柏灌"与"伯鲧"发音相近，"杜宇"与"大禹"亦发音相近且均遭遇洪灾，"开明"与"启"则意义相似，其中"开明"与"大禹"均因治水功劳而继位，而"开明"与"启"均开创家天下世系。但由此以为三星堆为夏都则大谬不然，推测应是商灭夏后，夏族一支逃至蜀地，带来部分中原文化，后世将夏人先世与蜀人先世移植嫁接所致。三星堆出土的大量玉牙璋、青铜尊等文物，应该就是这种历史联系的物证。

中华文化以中原文化为中心的"重瓣花朵"结构大约是在新石器时代晚期以后形成的，在此之前应该是呈现"满天星斗"形态，当然相互之间也存在交流与融合，而随着中原地区逐步脱颖而出并在青铜时代牢牢确立中心地位，周围各地依其与中原的交互关系先后融入这一文化体系。三星堆文化不从时代而从形态看，属于从"满天星斗"向"重瓣花朵"的过渡状态，它既受中原地区和长江流域其他文化密切影响，比如青铜尊、罍的器型、纹饰，以及玉琮、玉牙璋等，或多或少；也可能与西亚、北非、南亚等更远的域外地区存在经济文化交流，比如金权杖、金面具、五芒星轮、象牙、海贝等，若隐若现；但是更有其自身的独特风格，比如青铜神树、青铜大立人像、青铜纵目面具、青铜神坛等，独一无二。在这一过渡过程中，三星堆遗址所反映的浓厚"神权"文化，亦随着周革殷命而被"不语怪力乱神"的礼乐文化取代，成为绝响。

从三星堆遗址及出土文物形态推测，三星堆的文化面貌，大约40%是由古蜀本土文明发生发展演变而来，大约30%是受中原和长江中下游其他文明的影响，大约30%可能与西亚、北非、南亚有一定联系。可以说，三星堆文化进一步印证和丰富了中华文化"多元一体"的内涵，是中华文化乃至人类文明多元、交流、融合的生动体现和具体实证。

当然，毫无疑问，三星堆遗址还有太多的问题有待进一步发掘、研究、阐释。而且这种发掘、研究、阐释需要多学科交叉融合，形成合力，不仅需要考古学、历史学，也需要神话学、民族学、人类学，以及现代自然科学等的参与，共同解读笼罩在远古迷雾中的神话传说，揭示湮没在历史长河中的文明真相。

三星堆8号坑神坛凤头龙尾巫者法器复原猜想

王仁湘

（中国社会科学院考古研究所研究员）

三星堆8号坑中发现一件造型非常奇特的青铜器，媒体在起初的报道中称作"鸟足曲身顶尊神像"，它与2号坑中早先出土的一件鸟足形铜器意外合体成功，引起广泛关注。后来专家利用三维扫描和3D模型等科技手段，又跨坑进一步拼对出了一座大型青铜神坛。

我以为这是一座太阳神坛，通高2.5米多，接近现代一层楼高，由1986年发掘2号坑出土的铜鸟足人像、2021年3号坑出土的爬龙铜器盖、2022年8号坑出土的铜顶尊撑罍曲身獠牙人像、铜持龙立人像、铜杖形器拼合而成。太阳神坛的判断，主要根据是獠牙神像。

站在神坛顶端的是一个小型持龙头杖立人像，立人站在觚形尊上，觚形尊为曲身鸟足獠牙神人头顶着，神人倒立双手支撑在青铜罍之上。青铜神坛由独立的几个部分多次铸接而成，体量巨大，造型复杂且独特，应为古蜀时代祭仪用器，为祭祀太阳神所用。（图1）

这里重点关注的是神坛顶端的持龙头杖立人像，那龙头杖是何物？立人像又象征什么身份？（图2）

龙头杖的杖体，为透雕圆筒形，下端接一曲颈昂起的龙首。上端有圆筒状榫口，榫口上留有穿孔，上面原来应当有接续的部件。（图3）

查2号坑编号K2-301-3的一件铜鸟，铜鸟立圆座上，圆座腰部内凹有四圆孔，下为圈足，原报告推测可能原来套接在某器物的顶部（图4）。高度

图1 K8太阳神坛复原图像 　　图2 神坛顶端持杖巫师铜像 　　图3 K8铜杖形器 　　图4 K2-301-3，铜鸟立圆座上，圆座腰部内凹有四圆孔，下为圈足，原报告推测可能原来套接在某器物的顶部

怀疑，这铜鸟就是龙头杖上端的部件，榫口应当可以合上，而且都见有固定的铆钉穿孔。（图5）

这样一来，一件完整的龙头凤尾法器便呈现在我们眼前（图6）。我们特别注意到，这件法器是将凤首置于上端，而龙首却放在下端，显然是以凤为主体，是一柄凤首龙尾法器。持法器的铜人，则象征巫师身份，侧视可以看到他毕恭毕敬的仪态。（图7）

同在8号坑，还出土一件双手握鸟巫师铜像，这位巫师应当也是手持着

图5　K8铜杖形器上立鸟　　图6　铜凤头龙尾法器复原　　图7　持法器巫师青铜像复原

一件鸟形法器。（图8）我们将这位巫师与太阳神坛上的巫师对应起来观瞻，可以互补彼此的缺憾。

这样看来，立人像正是手持法器的巫师，法器为一透雕圆筒，两端以龙凤之形为饰，可称之为龙凤法杖。

从三星堆的发现看，古蜀时代祭仪中使用的法器，有琮璧圭璋及象牙等，凤头龙尾巫者法器的复原，似乎显得很是怪异。龙凤如此合体，这样合理吗？这又有什么象征意义？

凤头龙尾巫者法器的复原，此刻还只是个猜想，当然这个猜想还是有据可循的。其实龙凤合

图8　双手握鸟巫师铜像

体作器，在商周是很流行的风尚。龙凤之形在史前末期就已经出现在铜玉艺术中，经历代艺术家的提炼，龙凤艺术造型发生诸多变化，最大的变化是凤与龙的结合。在商代开始出现"龙凤配"形制的玉器，有凤鸟龙形冠式，也

有龙凤并行式,这两类龙凤配都见于妇好墓。到了西周时期,玉龙玉凤仍然常见,有类同于商代的凤首龙冠形,也有龙体凤冠形,龙凤角色可以这样互换,龙可以为凤冠,凤可以为龙冠。

凤立龙体之上,这样的艺术题材在西周时期应有固定的象征意义。西周时见龙凤出现真正的亲密接触,而且还是凤鸟占上风,在周人心里,凤是高于龙的。西周出现了龙凤同体玉器,龙凤共一身躯,一端为龙首,另一端为凤首,一般称之为龙首凤尾。这种龙首凤尾形构形,龙凤合体,是周人的一种奇思妙想,这奇想的背后,应当还有深层的含义。从互为表里,到亲密无间,再到合二为一,这样的变化动因很值得研究。

例如陕西西安张家坡M157出土龙凤同体玉饰,片雕阴刻,作"S"形构图,一端为龙首,另一端为凤首。(图9)山西曲沃晋侯墓M102项饰玉组佩,6件"S"形玉饰,3件龙凤同体,3件双首龙形。龙凤同体,龙凤共一身躯,作龙首凤尾形。到春秋时期,龙首凤尾形的构形还在流行,大体承袭了西周风格,除了玉器上可以看到,铜器和漆器上也能看到。龙首凤尾的构形,这一时期流行的广度可能超过西周时。如湖北当阳曹家岗春秋楚墓的漆棺一侧,在一个图案单元中绘龙首凤尾两组,呈正倒方式排列,都是龙首向上,凤尾向下(图10)。河南辉县琉璃阁春秋中期墓M60出土的佩玉,图案为两两呈十字形交叉的龙首凤尾,这是很少见的构图(图11)。

图9　陕西西安张家坡M157出土龙凤同体玉

更奇特的是见到一种东周"S"形玉佩,也是龙凤同体,龙首凤尾或是凤首龙尾。如山西太原春秋赵卿墓所见2件玉佩,尖状龙尾如凤喙,圆眼刻画很明确(图12)。又如山西侯马虒祁2129号墓出土"S"形龙凤合体玉佩,龙首凤尾样式。墓葬属战国早期,玉佩是春秋风格,仍然可能是前期的制作(图13)。

图10　湖北当阳曹家岗春秋楚墓的漆棺画龙头凤尾图

图11　河南辉县琉璃阁M60出土战国早期佩玉图案

图12　山西太原春秋赵卿墓出土龙头凤尾玉佩

图13　山西侯马虒祁M2129战国早期龙凤合体S形玉佩

龙头凤尾，凤头龙尾，在先秦时代一定象征着一种固定的观念。三星堆的发现又让我们摸索到了寻求这观念意义的又一个途径，其意义是象征天地阴阳交泰，抑或是护卫万物生灵安康，还有待深入探索。三星堆的法杖以凤为上，龙为下，可见凤的位置居于龙之上，凤崇拜应当是更高的信仰。

三星堆出土的许多铜人像，包括那件大立人像，都是双手握物的造型，而很多握件都已经脱离不知所踪。人像手握的多半应当是法器，大约也都一起埋藏在8座坑中，细心寻找拼对，相信一定会有意想不到的发现。

三星堆8号坑青铜神坛上的獠牙太阳神

王仁湘

（中国社会科学院考古研究所研究员）

三星堆8号坑出土的一座青铜神坛，此前有过观察讨论。最近对神坛又做了进一步观察，有了新的发现。神坛的底座是四方坛，坛上置有8个云台，云台有大小之分，四角方向放大云台，大云台上跪立着4位力士。大云台之间是4座小云台，小云台上置有几案形坐具，各端坐着一人。

抬杠的4位力士，面朝同一方向。四力士之间分坐四小铜人，小铜人分别面向四方。小铜人开始引起我们关注的是坐姿，是垂足端坐小几之上。将五指并拢的双手放在双膝上，圆睁大眼，咧嘴龇牙，神色略显恐怖。观察注意到口中露出上下牙齿，这是三星堆所见雕像中少见的表情。头戴五梁冠，又似五绺发式，有些许张扬。小铜人身穿对襟无纹紧身衣，腰中束带。脚上是翘头靴，双脚左右分开，踏在云台之上。

前此推断：小铜人在神坛上的角色，暂时还无法判明。对于神坛场景中突然现出坐姿，让人深感惊诧。所见的坐具，高度与小腿长度接近，与几案区别不大，应当是专用之物。当初认为这个现象非常重要，表明古蜀时代的起居方式有了超前的改变。我们知道中原的传统坐姿，是跽坐，席地而坐，是将臀部落坐在足跟上，而垂足坐姿的流行，起于北方文化带来的改变，这个改变出现在南北朝时期，到唐宋时才成为正统的起居规范。由于三星堆神坛的发现，以往的结论可以考虑做些修正了。垂足坐姿的出现，在古蜀时代即成定式。

更值得关注的新发现，是这4位端坐者，居然长着龇出唇外的獠牙！这

让人觉得非常意外，也为我们推断端坐者的身份乃至神坛的意义提供了重要证据。（图1～图7）

图1　8号坑青铜神坛

图2　神坛镂空的底座

图3　小铜人的坐具放置在小云台上面

图4　端坐的小铜人

图5　端坐铜人的坐姿

图6　獠牙坐姿神人

这一座方坛，是一座静止的坛，坛上的一众铜人不是跪着就是坐着，没有明确的动势。这原本应当就是一个摆设，为的是营造一种虚空的神秘气氛。古蜀人制作神坛的意义，就是想创造出虚拟的世界，有了这样的虚拟世界，人们的思想就有了更大的活动空间，这是心的世界，它

图7　端坐铜人的面像

比天地宽，比宇宙大，可以任由驰骋，任由飞翔。三星堆发现的几座青铜神坛，以表现献祭或祭拜神灵活动为主，而且是以太阳崇拜为主，是古蜀时代精致诡谲的艺术品。三星堆由艺术创设的虚拟世界，属于古蜀，也属于古华夏。这是古蜀人的灵魂居所，也是古华夏人安放灵魂的地方。

出现在这座神坛上獠牙人像，应当就是神人像。这让我们想到三星堆8号坑还发现有另一座特别的青铜神坛，神坛高大巍峨，主体是一个人首蛇身、凸目獠牙、戴有牛角面具的铜神像，它的双手撑在一个带方座的青铜罍上，头上还顶着一个朱砂彩绘觚形尊。专家通过研究，找到了先前2号坑出土的下半身，原先称它"青铜鸟脚人像"，现在明白它是獠牙神像的下半体。青铜鸟脚人像穿着云雷纹紧身短裙，两腿健壮，双足似鸟爪突出，又踩在两只怪鸟头上。合体后的这尊造像的意义，本是人形，双足又是鸟爪，鸟爪式足又是踩在双飞鸟的头部，我曾称之为"鸟人"。鸟身人面，神鸟之属。三星堆以往在2号坑中出土的一座神坛，它的四面都有人面鸟身像，这种人面鸟身像还出现在青铜神树上，体现的是古蜀人非常重要的信仰。（图8～图12）

图8　8号坑鸟人青铜神坛侧面　　图9　8号坑鸟人青铜神坛正面　　图10　鸟人面相

三星堆8号坑青铜神坛上的獠牙太阳神 | 73

图11 新拼接复原的鸟人太阳神坛

图12 人面鸟身神像

这回又一次在神坛上见到了獠牙神像，让我们越发相信这是古蜀人认定的一种信仰传统。这应当是日鸟，是太阳鸟，是太阳神坛上的主角。

在古代神话传说中，我们可以找到许多人面鸟身的神人。不过这尊人面有獠牙，这是非常明确的人面或神面獠牙，这在三星堆是非常重要的发现。我曾研究这样的形象都是神面，是神灵人格化的偶像。这样的神面，表现有特别的恐怖感，你觉得它像人，但并不是人。神面的狰狞模样，在史前艺术的表现上大约是一个通例。

这个发现让我们又一次想到了高庙文化。湖南发现的高庙文化以独特的白陶为重要特征之一，数处遗址的许多白陶上刻画压印有凤鸟、八角星和兽面神像等图案，年代可早到距今约7 800年。高庙文化白陶上的兽面神像，一般都只是表现有一张或方形或圆弧形的嘴，龇出长长尖尖的上下獠牙，象征神面在飞翔。北方大约与此同时或是稍早，距今约8 000年前辽河地区分布着兴隆洼文化，在这一支考古学文化中也发现了带獠牙的神面雕刻，目前所见有几例玉石制品。兴隆洼文化的这几例神面非常重要，都是比较齐全的神面，有嘴牙眼鼻。这是中国发现的史前早期神面艺术，南北都非常强调獠牙的细节，显示已经存在艺术交流与信仰认同。时代晚近的良渚文化玉器上雕刻的神面与神像装饰在一些玉牌、玉钺和玉琮等礼器上，神面刻有向上与向下龇出的獠牙。检索良渚这些微刻的神兽面像，几乎无一例外都有龇出嘴外的上下獠牙。江汉地区的石家河文化与后石家河文化（肖家屋脊文化）也发现有一些神人像和神面像，玉神面带有长而尖的两对大獠牙（图13～图18）。

图13 高庙文化白陶上鸟翅上的獠牙兽面（湖南千家坪遗址）

图14 高庙文化陶器刻画神面纹（湖南高庙遗址）

图15 兴隆洼文化玉獠牙神面（内蒙古林西县白音长汗）

图16 玉三叉形器上的獠牙神面（瑶山M10：6）

图17 后石家河文化玉獠牙神面（湖北天门石家河）

图18 后石家河文化玉獠牙神面（湖南澧县孙家岗遗址瓮棺出土）

对史前中国艺术创意中的獠牙神面，大体可以得出这样几点印象：流行年代在距今8 000—4 000年，在南北地区大范围流行；獠牙构图基本类似，上下各一对，上牙居内、下牙居外，风格一脉相承。这样看来，獠牙神在史前有大范围长时段认同，这可以确定是崇拜与信仰的认同。

三星堆神坛上发现的"鸟人"，除了尖尖的獠牙，还有圆圆的纵目，这就是古蜀人传说中古老太阳神的艺术塑形。当然这类鸟人艺术的首创者大概率是高庙人，在早于三星堆人4 000年前就已经登上了史前的艺术舞台。

烁玉流金：三星堆·金沙的金玉文化解析

王　方

（成都金沙遗址博物馆研究员）

位于四川盆地西部的成都平原，河川绵亘，美丽富饶，素有"天府之国"之美称。从现有考古资料看，古蜀人很早就在此繁衍生息，蜀可能既是一个族号，也是一个王国的称号。然而关于古蜀国悠久的历史与面貌却一直笼罩在虚无缥缈的神话传说中、浩瀚如烟的古史里。正如千年前的大诗人李白在《蜀道难》中吟咏的"蜀道难，难于上青天！蚕丛及鱼凫，开国何茫然。尔来四万八千岁，不与秦塞通人烟"。

20世纪20年代末，四川广汉三星堆村月亮湾的农民燕道诚父子在家门旁挖沟车水溉田时发现近400件玉石器，就此撩起古蜀文明神秘面纱的一角。在20世纪80年代中期，三星堆村民在取土烧砖时又发现了埋藏大量青铜人面具、青铜人头像、青铜神树及大量玉石器的两个器物坑[1]，1 700余件宝物几乎都是古蜀王国祭祀时所用的神器和礼器。金杖、金面罩等60余件金器，成为两坑中的一抹亮色；上千件造型奇绝、纹饰精美、个体硕大的青铜器前所未见，令人瞠目；600余件玉器更是制作精美，内涵丰富。三星堆"一醒惊天下"，让人们认识到古蜀文明曾有过的辉煌灿烂，并开始重新审视成都平原这个所谓"未晓文字""不知礼乐"[2]的"蛮荒之地"。

---

[1] 四川省文物考古研究所编：《三星堆祭祀坑》，文物出版社，1999年。
[2] （东汉）扬雄《蜀王本纪》记"蜀之先称王者有蚕丛、柏灌、鱼凫、开明，是时人萌椎髻左衽，不晓文字，未有礼乐。从开明以上至蚕丛各三万四千岁"。

2001年2月8日，一个初春的下午，新世纪的钟声刚刚敲响，在成都市区西北金沙村一个建筑工地上，在挖掘机的轰鸣与铁爪下，金铜玉石和象牙等宝物破土而出，一个未知的国度，一段失落的文明又重现世人眼前。经过考古学者们20年的勘探与发掘，目前可以确认金沙遗址的分布大约5平方千米，遗址内有大型宫殿建筑区、大型祭祀场所、大型生活居址和几处集中的墓地等重要遗存，有明显的城市规划和功能分区，层级清晰。它应是继广汉三星堆文明衰落之后在成都平原崛起的一个新的政治、经济、宗教、文化中心，也极可能是古蜀王国又一处中心都邑所在。迄今仅在金沙遗址大型祭祀场所小范围的发掘中就出土了6 000余件金、铜、玉、石、漆木器等珍贵文物，此外还有数以吨计的象牙，数以千计的野猪獠牙、鹿角，以及上万件陶器，这些遗物的发现又为我们重现了古蜀国的繁盛与发达。[1]

　　2019年12月，随着三星堆新一轮的调查与发掘，在三星堆遗址1986年的2个祭祀坑旁边又新发现6个祭祀坑[2]，旋即随着"课题预设、保护同步、多学科融合、多单位合作"的考古新理念、新方法、新技术的集成运用，一系列新发现使三星堆"再醒惊天下"，引起了社会各界的高度关注，各级媒体的高度聚焦，再次掀起了公众探秘古蜀文明的高度热潮。目前6个坑的发掘虽还在进行中，但出土的金器、铜器、玉器、石器已达2 000余件，象牙数百根[3]。

　　在三星堆祭祀坑和金沙遗址祭祀区中出土的这些灿烂夺目、美轮美奂的王室秘宝，应该是当时社会显贵祭祀天地神灵、山川河流、祈福驱邪的祭祀礼仪用品，更是其时国力强盛、物质发达、工艺技术进步的具体物化体现。而在数量巨大、震撼人心的器物中，那些相伴而出、闪闪发光的黄金制品与五彩斑斓的温润美玉吸引着我们的目光，为我们带来别样的视觉冲击与美的享受，也为我们营构出一个"金枝玉叶""金玉满堂""金声玉振""金玉同

---

[1] 朱章义、张擎、王方：《成都金沙遗址的发现、发掘与意义》，《四川文物》，2002年第2期。
[2] 2021年3月20日，在成都举行的"考古中国"重大项目工作进展会上通报，考古工作者在三星堆遗址新发现6座三星堆文化祭祀坑。
[3] 参见2021年9月9日，"考古中国"重大项目——三星堆遗址考古发掘阶段性成果新闻通气会发布新闻。

辉"的幻彩世界，折射出古蜀先民独有的物质观念和精神诉求。

一、璀璨黄金

　　黄金在自然界分布很广，但数量却不多，它的硬度不高，延展性极好，容易加工成各种饰件或器皿；它的化学性质稳定，不易氧化，永不褪色，色泽优雅，给人以雍容华贵之感。黄金所有这些特点，使得古今中外的人们对它们产生浓厚的兴趣，一经被认识和利用，作为一种贵重金属便受到全世界各地人们的珍爱，并始终与人类社会生活紧密伴随，并渗透到人们的思想深处。

　　目前发现世界上最早出现黄金制品的地区是北非的埃及，早在公元前4000年的拜达里（Badri）文化中，就已经有了黄金器具，稍后在西亚的两河流域、欧洲地中海沿岸和中亚地区，也出现了黄金制品。根据目前的考古学材料，中国最早的金器出现于甘肃玉门市火烧沟遗址的墓葬中，器形为"鼻饮"和齐头合缝的金耳环，其年代大约在夏代，相当于齐家文化的后期。商代之际，黄金制品分出两大不同的文化系统，一个是西北和北方草原系统，一个是中原和西南地区，比较集中的是在后一个系统中[1]。西北及北方地区是将金作为装点身体的饰件来使用，主要器形有金耳环、金臂钏、金笄、弓形饰、金头饰等。在中原地区，则是以金片和金箔为主，主要发现于河南郑州商城、安阳殷墟、大司空村等遗址和墓葬中，墓葬的主人多为王侯，可见当时的金器基本为上层人士所使用。而西南地区目前发现的黄金制品集中于成都平原的广汉三星堆遗址和成都金沙遗址，这些金器虽基本是以金片和金箔为主，器形却是丰富多彩、多式多样，无论是数量还是种类，都是中国同时期考古遗址中最丰富的，其制金工艺在中国同时期古代文化中也最为杰出。

---

[1] 王辉：《中国先秦时期的黄金制品》，成都金沙遗址博物馆、成都文物考古研究院编著《金色记忆》，四川人民出版社，2019年。孙华、谢涛：《金沙淘珍》，北京大学考古文博学院、成都市文物考古研究所编著，文物出版社，2002年，第17页。

三星堆黄金制品主要发现于8个祭祀坑中，遗址内其他地点不见有出。1986年两坑共计出土金器65件（片），器形有金杖、金面罩、金虎形箔饰、金璋形箔饰、金鱼形箔饰、金箔带饰、金圆形箔饰、金四叉形器、金箔残片等。新发现的6个祭祀坑根据最新公布的材料，金器数量已达400余件，器形与1986年两坑所出大致相同，主要有金面具、金带、金叶、金圆形箔饰等，新见器形有金鸟形饰、金回字纹饰[1]。金沙遗址现已出土的金器也是全部出土于祭祀场所中，已发现金器的数量300余件，器形主要有"太阳神鸟"金饰、金面具、金冠带、金蛙形器、鸟首鱼纹金带、金鱼形（叶形）饰、金人面器、金镂空喇叭形器、金盒（端）形器、金三角形器及大量金器残片，制作工艺与三星堆一脉相承，但器形更加丰富，制作技艺也更为发达精湛。

金面具——古蜀人与神交流的媒介

面具，是一种戴在人面部的物品，与巫术活动息息相关。近现代民族学、人类学的调查证明，原始人类在祭祀、祈年、节日中广泛使用面具，以赋予自己与神灵沟通的能力，得到神灵的庇护。三星堆和金沙遗址均出土有黄金面具，造型基本相同，应都是古蜀时期的神祇面具。迄今三星堆已出土金面具9件[2]，造型风格均具有一致性，应是在专门制作的模具上捶揲加工而成。最大的一件金面具出于新发现的5号坑中，出土时虽残存一半，但其高25厘米、残宽23厘米、残重280克（图1），可以说是目前中国同时期发现的体量最大的金面

图1 K5出土金面具

---

[1] 根据已发布材料看，4号坑出土金器有数十件，8号坑345件，5号坑除金面具、金鸟形饰外，尚未提取的带状金饰、圆形金箔饰等数量还不可计数。
[2] 1号坑、2号坑出土6件，现新发掘的3号坑、5号坑、8号坑又各出土1件。

具。另有4件金面具是粘贴在青铜人头像上的（图2）。据分析，粘贴金面具用的是生漆加黏土调和而成的黏合剂。实际上，黏合剂已被古蜀王国的先民们广泛使用，在金沙遗址出土的玉矛、玉钺、石虎、木雕神人头像等很多器物上也都发现有黏合剂。在金沙遗址祭祀区中出土了2件金面具，体量一大（图3）一小（图4），其造型风格仍与三星堆出土金面具保持一致，但其背部则没有发现黏合痕迹，推测有可能是包裹镶贴到木质人头像上使用。

图2 三星堆出土戴金面罩青铜人头像

实际上，早在公元前4000—公元前3000年，古埃及和西亚地区就出现了大量的黄金饰品，并向地中海沿岸、中亚、南亚等地迅速传播。在古埃及图坦卡蒙王陵（约公元前1350年）内曾出土了一件黄金面罩，在中国早期文化中虽曾有玉质、陶质、木质等面具出现，但还不曾见过有金面具出土。因此，有学者认为成都平原的金面具、金杖等很可能是通过古代印度和中亚的途径，采借吸收了西亚近东文明的类似文化因素，由古蜀人按照自身的文化传统加以改造创新而成。但是，另一些学者却认为成都地区古蜀文明自成系统，有着自身的渊源和发展演化轨迹，金面具应是基于中原技术的地方文化因素。

图3 金沙遗址出土大金面具

图4 金沙遗址出土小金面具

"太阳神鸟"金饰与"金蟾蜍"——古蜀人的日月崇拜

日出日落,昼夜变化,四季更替,使远古人类直接感受到太阳的强大力量。在中华民族悠远的历史长河里,远古先民们常将太阳与鸟联系在一起。因为在古人的神话宇宙观中,太阳每天的东升西落,是以鸟作为载体的,人们因此视鸟(金乌)为具有神性的日中之精,崇鸟的实质即是崇日。远古神话传说中,"夸父追日""后羿射日"的神话故事,东方民族的鸟生传说,凤鸣岐山的受命传说,乃至于三皇、五帝和秦汉以后最高统治者的称号,都与太阳和鸟有着密切的关系。考古资料中我们见到许多把太阳与鸟结合的形象或图案,其出土地点从北到南,由东到西,从远古到近代都有发现。古蜀国中也发现了许多与太阳和鸟崇拜相关的器物。在三星堆遗址2号祭祀坑中,出土有巨大的太阳形铜器(图5),在厚重的铜"神殿屋盖"上也有太阳形图案,在通天达地的青铜神树上立着9只神鸟,此外还有鸟身人面像、鸟足人身像等。此次5号坑中又发现一件金鸟形饰(图6),无疑都展示出对太阳与鸟的崇拜。这种崇日崇鸟的习俗在金沙遗址祭祀活动中更是被表现得淋漓尽致。其中最具代表的"太阳神鸟"金箔饰(图7),其外径12.5厘米,内径5.29厘米,厚度0.02厘米,重量20克,含金量达到了94.2%,为目前金沙遗址出土金器中含金量最高的。它的外廓呈圆形,图案分内外两层,采用了透空的表现形式,内圈是一个旋转的火球,象征着太阳,外圈等距分布着4只展翅飞翔的神鸟,整体视觉效果与剪纸相似。通过显微镜观察表明,此件金

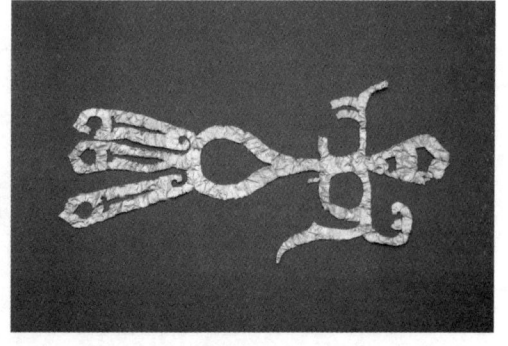

图5 青铜太阳形器　　　　　　图6 三星堆5号坑出土鸟形金饰片

饰系先采用自然砂金热锻成为圆形，再经反复锤揲，后又据相应纹饰模具进行刻划和切割，镂空的纹饰是用某种工具反复刻划而成。整器构图凝练，分割合理，对称匀称，线条简练流畅，极富韵律。内圈的太阳光芒呈顺时针旋转，共有两道，外圈4只神鸟反时针运行，首尾相接，围绕着太阳在飞翔。"十二"和"四"是中国传统文化中常出现的数字，如有十二月、十二生肖、十二天干、十二地支、十二阴历、十二音律；四有可能代表着东南西北四方或春夏秋冬四季等，都反映出古代先民对自然规律的认识。此器将远古人类"金乌负日""日中星鸟"等神话传说生动再现，充满强烈的动感，富有极强的象征意义和极大的想象空间，应是古蜀人深邃的

图7　金沙遗址出土"太阳神鸟"金饰

图8　中国文化遗产标志

哲学思想与宗教观念、非凡的艺术创造力与想象力和精湛工艺水平的完美结合，堪称古蜀国黄金工艺辉煌成就的代表。2005年8月16日，"太阳神鸟"金饰图案从1 600余件候选图案中脱颖而出，成为中国文化遗产标志（图8）。2011年12月，"太阳神鸟"金饰被评选为成都城市形象的标识，这应是它当之无愧的殊荣。

《淮南子·精神训》上说："日中有踆乌，而月中有蟾蜍。"在中国古代的观念中蟾蜍代表阴性。传说蟾蜍还与嫦娥有关，《淮南子·览冥》说："羿请不死之药于西王母，羿妻恒（嫦）娥窃之以奔月，托身于月，是为蟾蜍，而为月精。"这说明，最早在汉代以前，蟾蜍代表月亮的观念已经萌芽和出现。蟾蜍的形象早在黄河流域的新石器时代的彩陶上就有发现，良渚文化中也出现过玉蛙，在三星堆遗址曾发现一件石蟾蜍，金沙遗址中则出土了8件蛙形金

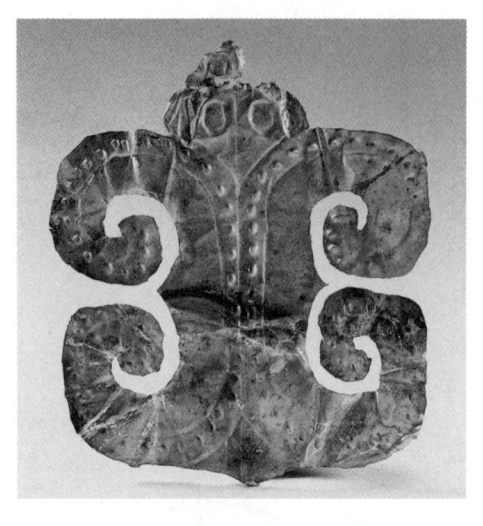

图9 金沙遗址出土蛙形金箔

箔,平均长7厘米、宽6厘米、厚0.1厘米,身呈"亚"字形,头部较尖,双眼圆鼓,背部中间有脊线,腹部随四肢的卷曲曲线外凸,最外侧收作大致对称的尖端。四肢修长,前后肢相对内曲成卷云形,由背脊处延伸至四肢上,再在这道弦纹内饰一排连珠状乳丁纹(图9)。整器造型高度图案化,系以平面的手法塑造出立体的动物形象。制作时先锤揲成片,然后采用剪切技术加工成形,细部的乳钉纹图案应采用錾刻工艺或模压技术。8件蛙形金箔外形、大小基本一致,可能有相应的成形模具。由于其厚度仅0.1厘米左右,单独使用的可能性极小,应该是与其他金器一样附贴在其他器物上作为装饰。在西汉至唐代南方流行的铜鼓鼓面中心多有十二芒的太阳纹,周围也有4只或6只蟾蜍。有学者根据铜鼓鼓面上的太阳、鸟和青蛙图案,推测"太阳神鸟"金箔和蛙形金箔应该是镶嵌于某种器物上的组合图案,即"太阳神鸟"金箔位于中央,周围等距排列4只或8只蛙形金箔(图10)[①]。三星堆、金沙两个遗址都出土与蛙相关的器物,反映出古蜀人对灵蛙的崇拜与宗教习俗。

图10 "太阳神鸟"与蛙形器组合复原图

[①] 孙华、谢涛:《金沙淘珍》,北京大学考古文博学院、成都市文物考古研究所编著,文物出版社,2002年,第29页及扉页。

金杖与金冠——至高王权与威仪的象征

三星堆遗址1号祭祀坑中出土一件黄金权杖，长143厘米、直径2.3厘米、净重约463克（出土时包含部分碳化物，推测其原为木芯）（图11）。金杖上以錾刻工艺刻划出两组图案，每组图案由一个人头像、一支箭、一只鸟、一条鱼组成（图12）。之后在金沙遗址中又发现一件金冠带，直径19.9厘米、宽2.8厘米、厚0.02厘米、重44克（图13）。冠带上大下小，比人头略大一点，同遗址内出土的其他金器一样不能单独使用，应当是附在冠帽上的金带。冠带也系锤揲成形，其上有4组相同的图案，每组图案亦由一个人头像、一支箭、一只鸟、一条鱼组成（图14）。三星堆金杖和金沙金冠带及

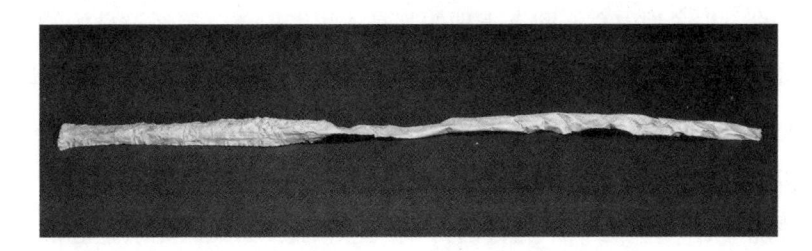

图11　三星堆1号坑出土金杖

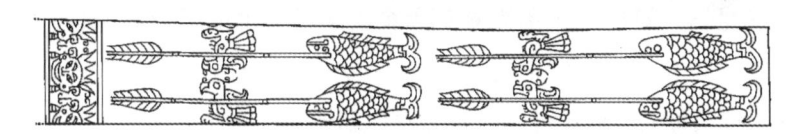

图12　金杖上纹饰线描图

图13　金沙遗址出土金冠带

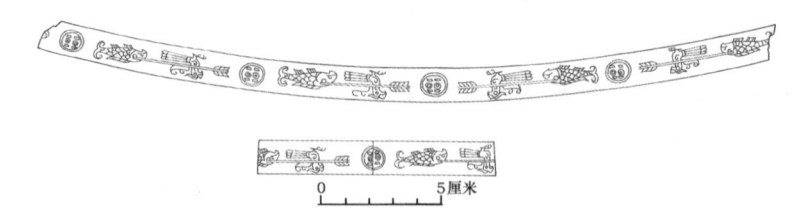

图14　金沙出土金冠带纹饰（线描图）

一件青铜锥形器（锥形器内空，极有可能是一件杖首）上的图案都是由人头、箭、鸟、鱼组成，三者在图案组合、造型、表达内容，包括很多细部刻划上几乎完全相同，且都特别讲究图案的对称性，只是在排列形式上稍有不同而已。三星堆金杖上的图案为双列竖向排列，人头刻划在其上端；而金沙金冠带上的图案是单列横向排列，表面刻有四组相同的图案，整个图案均以正前方的人头像为中心。两者表现的都是人用箭射鱼，箭经过鸟的侧面，箭头深插于鱼头内的情景。有学者认为，图案中的鸟和鱼可能反映了当时古蜀王国中的图腾遗俗，古史说中的鱼凫、杜宇、开明等古蜀王朝很可能都是崇奉鱼和鸟的，更有学者认为这个图案的"鱼、鸟、人"案可能就是代表着古蜀国传说中的"鱼凫王"。到目前为止，这个组合图案只见于金冠带、金杖和铜锥形器（杖首）上，如果说金杖和锥形器犹如古埃及法老的权杖，金冠带就犹如皇冠，这两件金器无疑都象征着至高无上的王权与威仪。《左传》说"神不歆非类，民不祀非族"，金杖、金冠带上图案内容的同一性，也彰显出三星堆遗址与金沙遗址的统治者在族属上的同一性或连续性。

　　三星堆和金沙遗址中还有一些金器也有着与众不同的内容与特点，如金沙出土的鸟首鱼纹金带（图15）上的鱼纹非常独特，其长喙的鸟头与鱼的身

图15　鸟首鱼纹金带

体相结合的形象比较凶猛，与金冠带和金杖纹饰中温驯的鱼形成了鲜明的对比，可能也具有一定的象征意义。两个遗址中还都出土了一些鱼形金箔（也有人称为金叶），其工艺和造型十分相似，皆锤揲成形，呈柳叶形，并饰有鱼刺纹（或为叶脉纹），头端都有用来悬挂的小圆孔（图16）；圆形金箔（图17）也在两地间盛行，一面抛光，一面未经处理，较为粗糙，金箔上有小孔，推测其用于悬挂，作装饰之用。而新发掘的5号祭祀坑则发现巨大的黄金面具、金鸟形饰、大小不等的圆形金箔片、鱼形（叶形）金饰和雕刻精美花纹的象牙器、椭圆形玉器共同组合使用的状态（图18），同时在此坑中已

图16　三星堆出土鱼形金饰

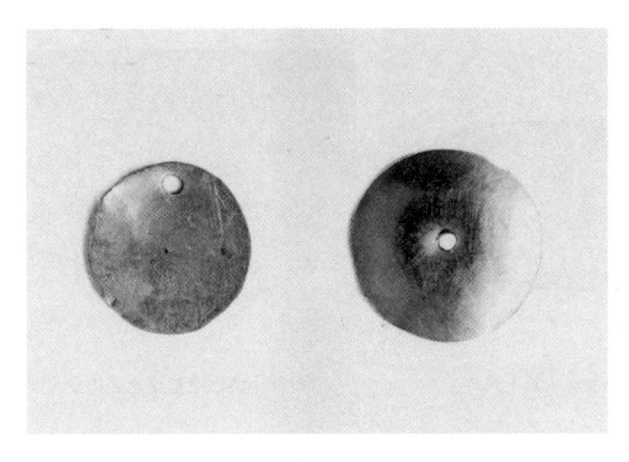

图17　金沙遗址出土圆形金箔

图18　三星堆斜直首玉璋

检测出丝蛋白的痕迹①，因此不禁让人猜想这或许是一件大巫师的祭袍，这些组合的物件均是其上的装饰挂件，如此种推测无误，我们可以想象这一定是一件金玉琳琅、绚彩夺目的华服。

　　根据三星堆8个发掘坑出土金器的初步检测与分析，金器的含金量均在85%—90%，其中包含有金、银、铜等成分，金器的厚度在0.3毫米。金沙遗址出土的金器通过金相检验和成分分析表明，其金箔或金片也均为金银铜合金，含金量在83.3%—94.2%，其厚度一般在0.1—0.2毫米，最厚者在0.4毫米左右。对部分金器表面纹饰线条的加工痕迹及特征进行的显微观察和分析表明，其纹饰多为刻划而成。大部分金器在加工成形后，并未对其表面进行抛光处理，而是根据需要有选择地对个别器物的表面进行抛光，以使其光亮。制作中采用了锤揲、剪切、打磨、錾刻、模冲等多种手法，一些工艺已达到了相当高的水平，许多器物为商代晚期至西周时期黄金工艺技术的代表之作。整体来看，金沙遗址的金器种类在三星堆基础上继续精进发展，创新创造，除"太阳神鸟"金饰、蛙形金箔、鱼纹金带等品种不见于三星堆外，金盒（端）形器（图19）可以说是目前国内见到的最早的金质容器，其很有可能是某种器物端部的装饰。金镂空喇叭形器（图20）、金三角形器（图21）、金几字形器（图22）等也都是首次出土，不见于三星堆和其他考古学文化中，是此时期金器类型中的新品种。

图19　金沙遗址出土金盒（端）形器　　　　图20　金沙遗址出土喇叭形金器

---

① 据三星堆发掘工作队介绍。

图21 金沙遗址出土三角形金饰　　图22 金沙遗址出土几字形金器

　　三星堆和金沙为何有这么多的金器？这些自然砂金又来自哪里？《山海经·中山经》有记"岷山，江水出焉，其上多金玉"，《华阳国志·蜀志》叙载："其宝，则有璧玉，金、银、珠、碧、铜、铁、铅、锡、赭、垩、锦、绣、罽、牦、犀、象……"根据地质的调查证明，金矿在四川盆地西北部和盆地周缘有广泛分布，矿石种类就以砂金为主，矿床层位为第四纪全新统冲击砂砾层。在盆地西、北周缘的大江大河及其支流的河谷地带，尤其是河谷由窄变宽处、转弯处和支流交汇处，往往是砂金富集的地方，如涪江平武古城矿区、白龙江青川白水矿区、嘉陵江广元水磨矿区等。此外，在川西高原的岷江、大渡河、雅砻江的一些地段也有品位很好的金矿分布。这些金矿为盆地内青铜文化的贵重金属工业提供了充足原料。成都平原金器工艺传统和器物的风格与中原地区相近而与西北及北方地区不同，表现出非常强烈的地域特色，说明成都平原的黄金制作工艺都应是在本地制作，但可能又与中原地区存在着某种联系。目前在成都平原尚未发现采用青铜铸造工艺的范铸法制成的金器，也没有发现黄金首饰一类器物。三星堆和金沙黄金工艺上的一些技术如錾刻、镂空、剪切、包裹、粘贴等，在商代北方黄金系统中不见或晚见，说明商周时期成都平原的黄金制品制作工艺与加工工艺在发展水平上应较同时期的中原地区更为发达。

总之，三星堆和金沙遗址出土的金器无论从数量还是种类来说，都是目前我国商周时期出土最为丰富的。这些金器均是金箔或金片，由于太薄，可能大多不能单独使用，推测应是要附着于其他材质的器物上，起烘托与渲染的作用。从三星堆戴金面人头像和金沙部分金器残片背部黏附铜锈的现象表明，古蜀时期具有在贵重的青铜器或其他材质器物上装饰更为珍稀的黄金之文化艺术风尚，这是对质地、对色彩的一种美学追求，也表明黄金制品在古蜀文化中具有极其崇高与珍贵的地位，其价值与意义甚至超过了青铜器，这与此时期西北及北方地区仅以黄金作装饰品、中原地区以青铜为重的价值观念完全不同。

二、斑斓美玉

古往今来，"玉"字在人们心目中都是一个美好而高尚的字眼。人们用"玉"字组成不计其数的词，来表达自己所喜爱的事物。玉器作为中国人特有的一种高层次的文化、观念和情感的载体，具有色泽温润、质地坚硬、美观持久、珍贵稀少之特点，被远古先民视为自然造化之精髓，天地灵气之结聚，是奉献给诸神的圣洁之物。在古代祭祀活动中，玉器成为通天地、礼四方、祀鬼神的社稷重器，亦是统治者权势与地位的物质表征，正人君子美好品德的化身。中国人崇玉、爱玉的习俗已有近万年的历史，所谓"宁为玉碎，不为瓦全""黄金有价玉无价""君子比德于玉"等在我们的生活中仍常被说起。著名人类学家费孝通先生更将之提升到"玉魂国魄"的高度，深刻诠释出玉器在中华文明中的独特地位[1]。三星堆遗址和金沙遗址中均出土了数量巨大、制作精美的玉器，这些玉器共同构架出古蜀玉器的华美篇章，彰显出玉器在古蜀王国祭祀活动的重要地位，也为研究中国玉器加工工艺及中国玉文化发展谱系提供了极其重要的实物资料。

20世纪20年代末期，三星堆遗址燕家院子发现的玉石器有近400件，

---

[1] 费孝通：《中国古代玉器和传统文化》，2001年"玉魂国魄——中国古代玉器与传统文化学术讨论会"开幕式上发言，费孝通主编：《玉魂国魄——中国古代玉器与传统文化学术讨论会论文集》，北京燕山出版社，2002年。

1986年两坑又出土玉器600余件，再加上三星堆遗址中历年发现的玉器及本次6个新坑所出的数量，三星堆玉器的总数已逾千件。种类以几何形玉器为主，主要有：璋、戈、璧、琮、刀、矛、凿、锛、斧、铲、斤、匕、戚形佩、坠饰、环、串珠、管等，缺少像生形玉雕作品。由于受到火烧，玉器表皮多数色泽斑杂，呈现出较为严重的沁蚀现象。玉器多数不透明或半透明，内部色泽以白色和灰白色为主。三星堆大量玉器的出土使人们真正认识到古蜀文化制玉工艺的繁荣与发达。继三星堆之后发展而来的金沙遗址内已有3 000多件玉器，基本全部出土于祭祀活动场所中，种类有琮、璧、环、璋、圭、戈、矛、钺、戚、斧、锛、凿、凹刃玉凿、神人面像、贝形佩饰、镯、环、箍形器、绿松石珠、管、片、镂空饰件、球形器等，玉器均呈现出艳丽的色泽，斑斓的沁色，明显区别于其他地区出土的玉器，内容极其丰富，制作尤为精细。

对三星堆两个器物坑中出土玉器采用红外光谱、拉曼光谱等检测与分析方法，确定大部分为透闪石软玉，另有一部分蛇纹石玉，其他材质有砂岩、板岩、大理岩、白云岩、玛瑙、绿松石等[①]，材质种类较为丰富。金沙遗址出土玉器的检测分析结果表明，玉器材料也是以透闪石软玉为主，玉材内部颜色为白、灰、浅黄褐的基本无色系列，玉器材料的矿物组成单调，颜色平淡，风化强烈，质地疏松且透明度差。质地致密透明度较高的材料很少，但也无明显的色彩[②]。通过数十年对玉料产源地的调查，可以确认三星堆大部分玉器原料主要来自成都平原西北的龙门山一带，大量玉器应该都是就地取材加工而成的作品，因此具有强烈的地域性色彩。三星堆和金沙玉器的加工技术与同时期其他遗址玉器加工手法基本一致，开料主要利用了片（锯）切割技术，有时也采用线切割，但以前者居多；钻孔有实心钻（桯钻）和空心钻（管钻）两种，由单面钻空或双面对钻完成，刻纹多利用旋转的圆盘状工具或尖锐的石英工具手工雕琢，镂空则将打孔与线切割技术结合进行打眼搜雕，玉器的后期打磨、抛光是利用磨石或其他材质物品（如兽皮等）反复碾

[①] 鲁浩、付宛璐、柴珺等：《三星堆遗址出土玉石器的成分检测及相关问题分析》，《故宫博物院院刊》，2021年第9期，总233期。

[②] 王方：《金沙玉器类型及特点》，《中原文物》，2004年第4期。

磨完成，多种技术手段已运用得相当熟练。装饰技法上流行在璋、戈等器物阑部外侧雕琢出繁复的齿牙饰，主要装饰纹样有平行直线纹、网格纹、菱格纹、云雷纹、回字纹、人物纹、山形、船形、璋形、弯钩形（象牙）、手形等，多以细线阴刻技法加工完成。

从玉器出土情况观察，三星堆玉器大多出土于8个祭祀坑中，金沙玉器几乎也都出土于遗址内的大型祭祀活动场所里（表1）。这些玉器制作精美，器上少见使用痕迹，绝大多数的玉器都不是实用物品，而是与古蜀王国重要的宗教祭祀活动密切相关的礼仪性用器。在古蜀王国祭祀活动中，玉器和珍贵的金器、青铜礼器、象牙、丝绸等稀有宝物一起既作为祭祀天地山川、沟通祖先神灵的重要礼物，也是巫觋作法、祈祷和献祭的媒介与工具。两个遗址中巨大的用玉数量，更反映出古蜀人把玉作为沟通天地的灵物，以之祀神、礼神和通神，祈求实现天人合一的自然思想[①]。

表1 金沙遗址各地点出土玉器情况统计表*

出土地点	区域类型	数量（件）	埋藏方式	玉 器 种 类
"梅苑"地点	祭祀区	2018	地层、坑状掩埋	璧形器、璋、戈、琮、钺、圭、矛、剑、刀、斧、锛、凿、凹刃凿、梯形刻槽器、饰件、箍形器、镯、环、珠、管、椭圆形器、牌形器、瓶形器、神人面像、贝形佩饰、球体形器、镂空饰件、美石、磨石、玉料、特殊玉器
"兰苑"地点	居址区	20	地层、灰坑、墓葬	锛、凿、珠、磨石、玉料、残片
"金沙园"地点	居址区	4	地层、灰坑	锛、玉料、残片
"黄忠"地点	居址区	1	地层	凿、锛、残片
"金煜"地点	居址区	23	地层	斧、锛、有领璧形器、戈
"博雅庭韵"地点	居址区	6	地层	锛、凿、璋

---

① 王方：《祀神、通神的金沙玉器》，第四届玉学玉文化国际学术讨论会论文，北京紫禁城出版社，2005年。

(续表)

出土地点	区域类型	数量（件）	埋藏方式	玉 器 种 类
"春雨花间"地点	居址区	1	地层	锛
"罡正"地点	居址区	4	地层	凿、锛、斧、璧形器、玉料
"黄河"地点	墓葬区	8	墓葬、灰坑、地层	串珠、饰品、凿、玉料
"交通局"地点	居址区	2	灰坑、地层	凿、锛
"汉隆"地点	居址区	1	地层	锛

* 2001年2月至2003年12月金沙遗址各发掘点出土玉器情况统计

玉璧与玉琮——礼天祭地的法器

《周礼·大宗伯》中曾记载："以玉作六器，以礼天地四方。以苍璧礼天，以黄琮礼地，以青圭礼东方，以赤璋礼南方，以白琥礼西方，以玄璜礼北方。"其中玉璧就是中国古代极为常见且延续时间很长的一类玉礼器。三星堆祭祀坑与金沙遗址祭祀区中均出土了大量玉璧，并特别流行在内孔周缘两面做出高低不同的突起，这类玉璧被形象地称为有领玉璧，一部分有领玉璧器壁上还流行雕琢出同心圆圈纹（图23a、23b）。金沙遗址出土的一件有领双色玉璧（图24a、24b），直径24.8厘米、孔径6.4厘米、领高2厘米，制作规整，通体打磨抛光。让人惊讶的是，此器出土时竟呈现出阴阳两面不同的色泽效果。向上的阳面呈紫蓝色，上面布满大量黑色、白色沁斑；向下的阴面则呈浅白色，其上分布褐色条状沁斑及大量黑色点状沁斑。玉璧两面的色彩极其斑斓。经矿物专家分析，形成这种效果的原因可能是受光的作用与土壤的影响。因为器物埋藏很浅，其上的覆土很少，甚或其上根本就没有覆土，这样，向上的一面就容易受到阳光照射的影响而形成现在的多彩色斑；而向下的一面因不易受到阳光照射的影响，就保留了这件玉器本身的色泽——浅白色，但玉璧上出现的褐色、黑色斑块则是受到土壤中矿物质的影

图23a 三星堆玉璧环形器

图23b 金沙出土有领玉璧

图24a 金沙遗址出土双色玉璧正面

图24b 金沙遗址出土双色玉璧背面

响而产生的。这个推测在这件玉璧阳面的局部得到证实：这件器物在出土时，有两块美石放置其上，在美石下面就形成了两个白色的斑块，这是因为这两块美石遮挡了太阳光线的照射。这件玉璧阴阳两面不同的色泽恰好诠释了美玉天成的神奇魅力。金沙还出土了一件直径26.4厘米的有领玉牙璧（图25），此器呈中有穿孔的圆环状，孔两面皆有突起，周缘凿出四组齿状突起，每组各有齿状突起5个。该器在有领璧形器周缘开出四组齿状突起的形式却是首次发现，这极可能是金沙本地玉工别出心裁的一种自我创造，因而具有鲜明的地方特色。

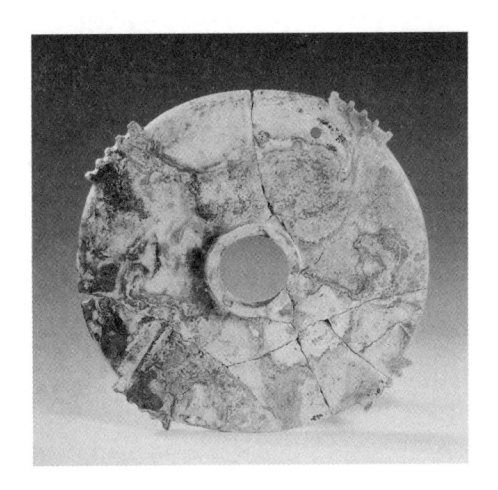

在中国的玉文化传统中，玉琮不仅是权力、等级和财富的象征，还是古代社会王权与神权相结合的政治制度、宗教制度的体现。三星堆与金沙遗址都有玉琮出土。三星堆早年发现的几件玉琮从玉料和形制看与齐家玉琮或山东五莲出土玉琮形态相似（图26）。1号坑内出土一件玉琮是不分节槽的素面琮。新近在3号坑中发现的一件不分节槽玉琮竟刻划有神树纹（图27），显示出本地玉工在利用本地材料模仿齐家式玉琮制作基础上又融入了自身的树崇拜观念。而在金沙遗址出土一件十节玉琮（图28），为质地温润、半透明的青玉。器长方柱体，外方内圆，上大下小，中间贯穿一孔，上下均出射。全器分为十节，每节雕刻有简化人面纹，由阴刻细密平行线纹的长方形横棱表示羽冠，用管钻琢出一大一小的两个圆圈，分别表示眼睛和眼珠。长方形的短横档上有形似卷云纹的几何形图案，表示嘴。在其上射部

图25　金沙遗址出土玉牙璧

图26　三星堆早年发现的玉琮（四川大学收藏） 　　图27　三星堆3号坑出土神树纹玉琮

阴刻一人形符号。该器器表打磨平滑光润，器物制作十分规整。此玉琮从形制、纹饰、琢刻工艺上看都与江苏寺墩3号墓、草鞋山198号墓和上海福泉山40号墓玉琮的风格、纹饰极为相似。从玉质上看，这件玉琮也与金沙遗址出土的其他玉器玉质有显著差别，可以认定其不是本地制作的产品。器表还有较多的无规则划痕，人面纹的羽冠阴线多已不存，系长期盘玩结果，因此推测这件玉琮应是一件典型良渚文化晚期的玉琮，经辗转流传后被古蜀人收藏在自己的王室中，最后在古蜀金沙时期一次极其重大的祭祀活动被埋藏在祭祀区中。

图28 金沙遗址出土十节玉琮

玉璋、玉戈与玉钺——礼仪化的兵器

玉璋——《周礼》中曾记载璋为六瑞之一，是中国古代祭祀活动中重要的礼器，同时也是社会等级与权力的代表。但什么样的器物是璋，文献中没有明确的说明，因此一直以来学术界都存在很大分歧，称呼也很混乱。有牙璋、刀形端刃器、耜形端刃器、骨铲形玉器等多种说法，关于璋的用途，也有祭天、拜日、祈年、兵符等多种观点。玉璋的最早标本出现在公元前2000年左右的山东龙山文化中，其后向西向南扩展。在山东、山西、河南、陕西、四川、湖南、湖北、广东、福建、中国香港及越南等地都有发现。三星堆和金沙是目前全国出土玉璋最多的地区。三星堆玉器中以牙璋的数量最多，造型也最为丰富，其阑部装饰雕琢繁复多样，制作技艺娴熟高超，体现出我国牙璋发展达到的巅峰状态。这些玉璋体形一般大而厚重。长达160厘米以上，厚近2厘米的大型玉璋，开料厚薄均匀，成型十分规整，充分体现出此时期玉器的开片技术已非常发达。大多数玉璋的阑部装饰细腻，除雕琢出突出器身的牙饰外，还在阑上以细密直线阴刻出几组平行纹饰，彰显出在三星堆玉礼器中占有的重要地位。三星堆玉璋从首部形态可分出凹弧首、V

字形首、斜直首三类。凹弧首玉璋形态上与山东龙山文化、陕西神木石峁遗址、二里头文化玉璋相类，但阑部的装饰则从简至繁，有单阑、双阑、多阑等多种形式，阑部齿牙饰又有平行饰、台形饰、兽首饰等，尤其是兽首的表现更是多种多样，极富变化，表现出明显的地域性特征。V字形玉璋在三星堆玉璋占有的数量最大，表现的方法也是多种多样，1号坑出土的一件玉戈器身上刻划有这类玉璋的图案[①]，2号坑中一件斜直首玉璋图案中两山之间也插有这种形制的玉璋，2号坑出土的一件跪坐小铜人像手中还持握着一件这样的铜璋（图29），为我们显示了这类玉璋的使用方法及在祭祀活动中所占有的重要地位。这种形态的玉璋过去不见于国内其他区域出土的玉璋中，应是极具本地特色的玉璋新品种。V字形玉璋的阑饰也是复杂多样。除常见的几种牙饰外，还发展出一种在阑部上下两端作卷云状的牙饰（图30），这种装饰手法仅见于三星堆及后来的金沙遗址中的玉璋上，富有极强的区域文化装饰风格。斜直首玉璋在其他地区很少发现，三星堆出土的这类玉璋平面多呈平行四边形，或一端略收分形成柄，均无阑，有的柄部或下部有穿孔，过去曾有学者称之为"边璋"。这类璋通常在器身中间留出一空白带，在两端阴刻细密的平行线纹和网状纹，还有的在平行线纹间饰以云雷纹。这种装饰技法与风格同二里头文化玉器的装饰风格非常相似。三星堆玉器上的线纹刻

图29　金沙玉镯　　　　　　　　图30　阑部出卷云头牙饰的玉璋

[①] 四川省文物考古研究所编：《三星堆祭祀坑》，文物出版社，1999年，第81页，图四十一.1。

划平直流畅,体现了琢纹技术的成熟,纹饰图案的组成也是丰富多彩。最精美的一件斜直首玉璋出土于2号坑,其器身两面均有相同的以阴线刻划的纹饰。璋中部为一素面带,两端对称分布相同的两幅图案,其上刻划人物、山形、船形、璋形、弯钩形(象牙)、手形、云雷纹、平行线纹等多种图案(图31a、31b)。纹饰排列细密有序,雕刻手法娴熟自然。金沙遗址现已出土玉璋200余件,数量超过全国各地发现玉璋的总和。金沙遗址出土的玉璋通常选料精良,以多色玉为主,有大有小,形态各异,但制作都很规整,加工精细,整器有较高的光洁度。其中一件墨玉质双兽首阑玉璋,玉料质地纯净细腻,阑部装饰较为复杂,两侧对称雕刻出一对立体蹲兽(图32),好似在互相对峙,形象生动,制作精细,器表打磨得极为光滑,复杂的阑部装饰显示出极高的玉器制作工艺。除大型玉璋外,金沙还出土了较多形体极小,但制作加工仍一丝不苟的小型玉璋(图33),平均长度在5厘米左右,出土时多与金器、铜器、象牙等祭祀用品伴存,显为礼仪性用器,但已类似明器,仅具象征性意义。

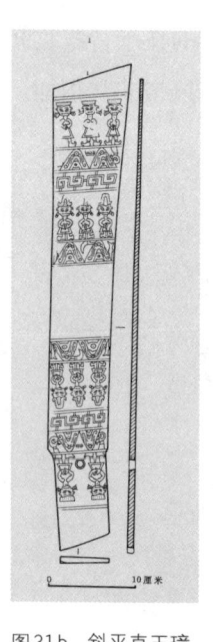

图31a 斜直首玉璋 图31b 斜平直玉璋上的刻纹 图32 金沙双兽玉璋

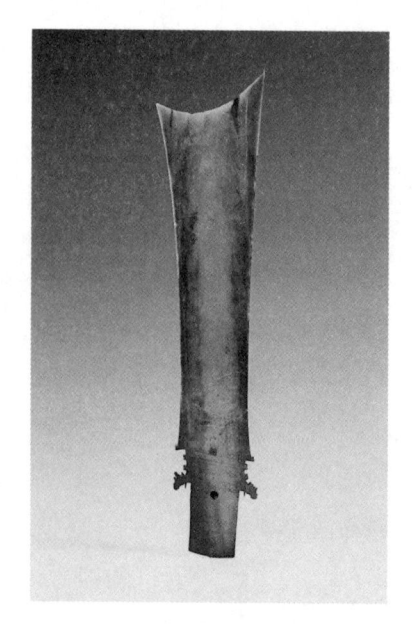

烁玉流金：三星堆·金沙的金玉文化解析 | 97

图33 金沙小型玉璋

玉戈也是三星堆和金沙玉器中的重要品种之一。一般体形宽大，中部较厚，三角形前锋锐利，上下边刃打磨较薄，整体造型与中原地区出土的玉戈相近。有的玉戈上下边刃还各磨出一道凸起的脊线（图34），脊线通常打磨圆滑，过渡自然。还有一类在前端开出深度、大小不同的叉口，形成两个岐峰（似鱼嘴），阑部雕出齿牙饰的玉戈（图35），表现出戈璋合流的趋势[①]。这类玉戈形制特殊，过去不见于国内其他区域，是具有鲜明地域性特色的玉器品种。1号坑中有一件最为特别的玉戈是在开出的叉口上镂雕出一立鸟的形象（图36），表现出古蜀族与鸟的不解之缘。此器器身两面还以阴线刻划出一凹弧首玉璋的图案，更是突出了璋与戈在古蜀族祭祀活动中的重要地位。金沙祭祀区中出土一造型相似的玉戈，叉口上则又是镂雕出一奔兽的形象（图37），可能又是金沙崇虎习俗的一种体现。

玉钺——《尚书·牧誓》记武王讨伐商纣时，"左杖黄钺、右秉白旄以麾"，周天子舞乐中有"执朱干玉戚以舞《大武》"，表明钺是先秦社会中象征君王政治军事权力，体现威武的仪礼性用器。三星堆祭祀坑尚未发现玉

---

① 曾被有的学者形象地称为鱼形璋，但由于锋刃仍呈三角形尖锋状，因此还是应归于玉戈类，故有学者提出可将此类器称为璋形戈。

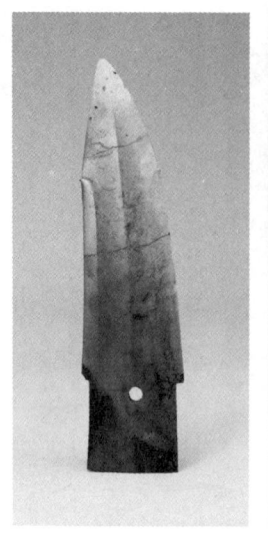

图34 三星堆上下边刃各磨出一道突起的脊线的玉戈

图35 三星堆鱼嘴形玉戈

图36 三星堆立鸟玉戈

图37 金沙遗址出土峰部镂雕一奔兽形象的玉戈

钺，金沙祭祀区中出土了4件玉钺，制作精工，品级极高，表现出其使用者的地位与等级。其中一件兽面纹玉钺，造型如一件梯形石斧，顶部略呈三角形，器物的两面均有对称的纹样在顶部用减地和阴刻结合的技法刻划出一浅浮雕的连体兽面纹，连体兽面纹之下有两条平行直弦纹，使顶部的纹样构成一个相对独立的单元。器身的上部和两侧边分别饰有两组由两根阴刻的平行线纹构成一"冂"形，在"冂"形的两边内侧还分别阴刻有五组对称的卷云纹（图38a、38b）。该件器物的玉材来自四川盆地西部山区，应为本地制作。但其上的兽面纹明显是晚商至西周早期中原地区青铜容器上的典型纹饰，很明显这是受到了中原青铜文化的影响。

图38a　兽面纹玉钺

图38b　兽面纹玉钺局部

礼仪化的工具与装饰品

在三星堆祭祀坑和金沙遗址祭祀区中还出土了大量玉质的斧（图39）、锛（图40）、凿（图41），以及镯环（图42）、珠饰、贝形佩饰、昆虫纹牌饰等装饰品，但基本没有使用过的痕迹，制作精细，打磨光滑。工具类器物主要功能应与祭祀活动、礼制活动相关联。金沙遗址出土大量玉镯、玉环选料特别精细，圆周极其规整，打磨也非常精细，与我们今天所流行佩戴的镯环已无差别。出土的一件玉贝形饰（图43），玲珑晶莹，不仅充分表现出古蜀玉工的精湛技艺和制作水平，同时也为中国传统玉雕动物种类增添了新的内容。另一个玉牌饰（图44）以阳线技法雕刻出变

图39　金沙遗址出土玉斧

图40 三星堆玉锛　　图41 三星堆2号坑出土玉凿

图42 金沙玉环

形的昆虫纹，每道线纹粗细均匀，圆润光洁，在线纹拐弯处更完全不见歧出的痕迹，其纹饰刻划婉转流畅，显示出金沙玉工极高的工艺技术水平。

由三星堆、金沙共同构成的古蜀玉器无论是在玉料的选择、玉器的形制，还是玉器的使用方面都具有鲜明的地域特色与个性特征，区别于同时期其他区域的玉文化面貌。玉器的制作均以自然材料为依托，在此基础之上再进行加工创造，经过开料、切割、钻孔、镂刻、打磨抛光等多道工艺流程，器物的形制规整，打磨抛光也是非常细腻，制作中还常融合多种技巧，熟练运用，精雕细琢，最大限度地凸显了玉器的自然之美、坚毅之美与细润之美。但以三星堆、

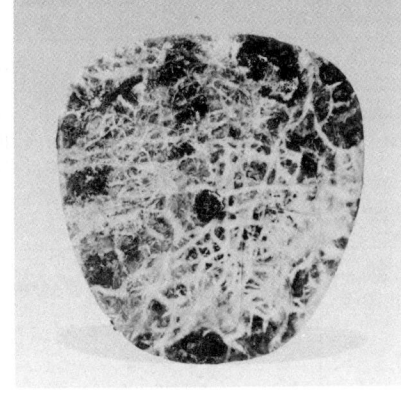

图43　金沙遗址出土玉海贝　　　图44　昆虫纹玉牌饰

金沙为代表的古蜀玉器从器物类型、玉器组合、加工技术及装饰特征等方面都明显继承和保留了许多外来文化因素。这些外来文化因素的植入体现出居于长江上游的古蜀文化与周边地域文化之间一直存在着密切交流与往来。正是这些来自四方八面的玉文化因子在四川盆地成都平原的不断汇聚，古蜀玉器在此基础上不断承袭、吸收模仿、吸纳融合、创新创造、繁荣兴旺，从而为我们勾勒出中国玉文化发展史上的一道"独特而不独立"的绚丽风景。

三、结　语

追溯成都平原用玉的传统，至今不见于新石器时代晚期的宝墩文化中，直至三星堆遗址仁胜村土坑墓中才出现了夏代早中期之际形制特别的玉石器。由三星堆文化中期始，大量制作精美的玉器出现，并成为宗教祭祀活动中重要的礼仪用器，至十二桥文化金沙时期制玉工艺继续蓬勃发展，玉器在当时社会生活中仍扮演着极其重要的角色，并与三星堆玉器一起形成了独具特色的古蜀玉文化特征（表2）。[①] 金器的使用迄今也只见于古蜀文化三星堆和金沙遗址的祭祀活动中就是三星堆和金沙独有的文化面貌和价值取向。近

---

① 王方：《古蜀玉器简论》，《玉文化论丛》，众志出版社，2011年。

表2　古蜀文化对照表

年　代	古蜀文化	中原文化	世界文化
公元前2800年		龙山文化至夏代早期（尧舜禹时代至夏代早期）	印度河流域出现奴隶制城邦（公元前2500年） 古巴比伦王国建立（公元前1894年）
公元前2500—公元前1700年	宝墩文化（蚕丛至柏灌时期）		
公元前1700—公元前1200年	三星堆文化（鱼凫时期）	夏代晚期至商代后期	古代埃及新王国建立（公元前16世纪）
公元前1200—公元前500年	金沙·十二桥文化时期（杜宇时期）	商代后期至春秋时期	古希腊斯巴达国家形成（公元前9世纪末） 波斯帝国建立（公元前550年） 罗马共和国成立（公元前509年）
公元前500—公元前316年	晚期蜀文化时期（鳖灵时期）	战国时期	印度孔雀王朝建立（公元前4世纪）
公元前316年	秦国灭巴蜀		
公元前221年		秦朝建立	

来已有学者对三星堆和金沙的关系，从其文化面貌、知识体系、信仰体系及价值体系等方面进行了论述[①]，三星堆和金沙就是古蜀文化前后相续，一脉相承的两个重要发展阶段。从考古发掘情况看，两个遗址的社会形态都已包括大型建设基址、大型祭祀活动、一般生活区域、墓地、窖穴、陶窑作坊、生产工具、生活用具、装饰品、艺术品和宗教用品等内容，充分体现出其社会已有明显的等级分层，这些内容与大量的金铜玉石器及珍贵的象牙一起构成了一个有效而又庞大的社会礼制体系。两个遗址中大量礼仪用器集中的埋藏，频繁地出现，表明宗教祭祀活动在当时社会的政治生活中占据十分突出的地位，三星堆祭祀坑和金沙遗址祭祀活动专用场所的出现表明古蜀王国中已有较高层次的原始宗教存在，在祭祀坑和祭祀场所内时人以燔燎、瘗埋、血祭和悬祭等方式组成合祭来祭祀天地山川并迎神驱邪；从器物组合与特征

---

① 施劲松：《论三星堆—金沙文化》，《考古与文物》，2020年第5期。

分析，金器、玉器、青铜及象牙等祭祀用品都具有浓厚的巫觋因素特征，它们显然缺乏商周青铜礼器那种强烈的王权意识和地位分层的象征性，而较为突出地表现为"沟通人神"的原始宗教巫术文化的特点，也彰显出古蜀社会"政教合一"根本政治体系。

  岁月的尘沙掩埋了古蜀王国曾经的辉煌，但也为我们保留了三星堆和金沙的精华。3 000年后当这些携带着远古文明的信息，承载着古蜀先民虔诚的信念和对理想的执着追求，凝聚着那个时代文化艺术神髓精气的国之秘宝重器，破土而出呈现在我们面前时，依然散发着卓然耀眼的光华。黄金与美玉，质地不同，性能不同，造型不同，但与铜器、石器、象牙、獠牙、鹿角、陶器等一起埋藏，在古蜀王国的祭祀活动中，被体系化、规范化地集中使用，那神秘的异趣情调，超前的审美意识，对称的纹饰图案，均衡的造型布局，丰富的色彩对比，交相辉映、绚烂夺目、流光溢彩，为我们静静地述说着古蜀先民独特的生存意象与瑰丽奇幻的精神世界，也唤醒了我们对这个远古族群沉睡的历史记忆。

三星堆世界体系

易 华

（中国社会科学院民族学与人类学研究所研究员）

一、青铜时代世界体系（Bronze Age World System）

布罗代尔"长时段"概念和沃勒斯坦"世界体系"理论扩展了人类历史研究视野，提供了全球史研究时空框架。柴尔德《欧洲文明的曙光》宣称欧洲青铜时代文化来自东方："在爱琴海，来自埃及和苏美尔的启迪缔造了一个真正的欧洲文明。"[1]贝尔纳《黑色雅典娜：古典文明的亚非之根》系统论证了希腊文明不仅源自印欧或亚洲，而且可以追溯到古埃及或非洲。[2]

谢拉特发现以犁耕为标志的农耕文化源自西亚，称之为次级产品革命。[3]青铜时代世界体系形成过程也就是家养动物次级产品开发史。车辆运输和骑乘使远距离贸易和互动成为可能，西亚无疑是青铜时代世界体系中心（Core），中亚和欧洲地中海地区较早进入世界体系是外围（Periphery），欧洲大部包括北欧随之加入是边缘（Margin）。次级产品革命是新旧大陆根本

---

[1] 柴尔德：《欧洲文明的曙光》，陈淳等译，上海三联书店，2008年，第285页。
[2] 贝尔纳：《黑色雅典娜：古典文明的亚非之根》，郝田虎等译，南京大学出版社，2020年。
[3] A. S. Sherratt, "Plough and Pastoralism: Aspects of the Secondary Productions Revolution," in *Pattern of the Past: Studies in Honor of David Clarke*, eds. Ian Hodder, Glynn Isaac, and Norman Hammond, Cambridge, UK and New York: Cambridge University Press, 1981; in *Economy and society in Prehistoric Europe*, Edinburgh University Press, 1997, pp.158-198.

区别所在：它不仅造成了青铜时代世界体系，而且孕育了现代世界体系。[1]弗兰克等认为世界体系历史远不止500年，而是5 000年；[2]并且探索了"青铜时代世界体系及其周期"。[3]谢拉特横向考察青铜时代世界体系范围，弗兰克纵向考察世界体系变化，共同认识到西亚及其附近地区5 000年前就开始形成以红铜、锡、铅、青铜和粮食为主要商品的长距离贸易网，构成了一个具有中心-外围关系的上古世界体系。世界体系不局限于经济和政治关系，还可包括科学技术和意识形态方面的联系。

谢拉特也关心上古中国在青铜时代世界体系中的地位，承认中国是一个相对独立自主的文化体系，是旧大陆世界体系中半分离成员（semidetached membership）。他认为互动论者（interactionist）比外来传播论者（diffusionist）或土著自主论者（autonomist）能更好地解释中国青铜时代文化形成与发展。[4]青铜时代世界体系研究已成全球史热点，但主要集中在西亚及其附近地区。[5]中华文明探源工程第一期锁定中原，第二期扩展到了边疆：坚持中国文明本土起源的同时承认外来文化因素。中国新石器时代动物开发主要是获取肉食即初级利用，[6]除了犬可能用于狩猎之外几乎没有发现次级利用证据。[7]青铜时代次级产品革命才影响到中国，改变了东亚文化面貌。顺着谢拉特、弗兰克思路，我们可以证明三代中国是青铜时代世界体系的组成部分。青铜技术和游牧文化是旧大陆古代世界体系形成基础，青铜冶炼铸造技术、牛、羊、马、小麦、大麦、蚕豆、牛耕、马车、毛制品、砖、

---

[1] A. S. Sherratt, "Reviving the Grand Narrative: Archaeology and Long-term Change," *Journal of European Archaeology*, Vol.3 (1995), pp.1–32.

[2] 安德烈·冈德·弗兰克等主编：《世界体系：500年还是5000年？》，郝名玮译，社会科学文献出版社，2004年。

[3] A. G. Frank, "The Bronze Age World System and its Cycles," *Current Anthropology*, Vol.34, No.4 (1993), pp.383–413.

[4] A. S. Sherratt, "The Tran-Eurasian Exchange: The Prehistory of Chinese Relations with the West," in *Contact and Exchange in the Ancient World*, ed. Victor H. Mair, Honolulu: University of Hawaii Press, 2006, pp.30–61.

[5] 刘健：《区域性"世界体系"视野下的两河流域史》，《全球史评论》第二辑，中国社会科学出版社，2009年，第116—127页。

[6] 袁靖：《中国新石器时代获取动物肉食的方式》，《考古学报》，1999年第1期，第1—22页。

[7] 黄蕴平：《动物骨骼数量分析和家畜驯化发展初探》，《动物考古》第一辑，文物出版社，2010年，第1—31页。

火葬、墓道、好战风气、金崇拜、天帝信仰等是青铜时代世界体系共同文化元素。三代中国几乎照单全收，无疑已进入青铜时代世界体系。北非、西亚、中亚既是欧洲的东方，也是中国的西方。青铜游牧文化可以传播到欧洲，没有理由阻止其传入东亚。如果欧洲是青铜时代世界体系边缘地区，中国不太可能在边缘之外。虽然离青铜时代世界体系核心区较远，欧洲和东亚一样是古代世界体系两个巨大边缘区。①

青铜时代世界体系中红铜或青铜冶炼技术基本一致，青铜铸造或锻造工艺因地而异，青铜器物千变万化。大数据统计分析表明，西亚地区青铜冶金发明成功之前经历了一个漫长的红铜时代，5 000年之前，青铜冶金技术开始传播普及到北非、南欧、南亚，近3 000年前才普及到整个欧亚大陆。②

青铜有巨大经济和文化、军事价值，成为跨区域、跨族群、跨时代、跨文化"超级物品"。丹麦考古学家Vandkilde用"青铜化"（Bronzition）来描述青铜技术传播过程，阐释公元前3000—公元前700年间因青铜技术和产品传播导致横跨亚洲、欧洲和非洲北部大范围区域内部互动现象。"青铜化"过程可分为发生、发展、衰落和结束四个阶段，公元前3000年前后在欧亚西部出现以后不断向周围扩散，公元前2000年到达了黄河和长江流域。青铜技术促进了文化流动和经济增长，同时改进了军事技术。欧亚非大区域内技术传播与物品流动是多向的，近距离互动和长距离交流并存，共同促成了区域关联性。③

三星堆是青铜时代高度发达的大遗址，充分体现了世界体系共同性。许多迥异于东亚新石器时代文化传统因素可以在南亚、中亚、西亚甚至东欧、北非、北亚找到源头。段渝以三星堆为出发点系统探讨与古代印度、西亚-北非和东南亚文明的关系，认为南方丝绸之路不仅推动了中外物资如巴蜀丝

---

① 易华：《青铜时代世界体系中的中国》，《全球史评论》第五辑，中国社会科学出版社，2012年。
② Roberts B. W. etc. Development of Metallurgy in Eurasia. Antiquity, 2009. 83(322).
③ Helle Vandkilde.(2016). Bronzization: The Bronze Age as Pre-Modern Globalization. Praehistorische Zeitschrift, 91(1).焦天龙："青铜化"与中国东南青铜时代的文化格局。

绸、海贝、珠饰等贸易，还促进了东西方文化如黄金、青铜艺术等传播与融合。①霍巍从高大青铜立人像所表达的"偶像崇拜"观念，将青铜黄金艺术融为一体的文化风貌，用"权杖"表达权力、威仪，以及"万年之长"古史传世神话四个方面概括三星堆文明与世界上古青铜文明之间存在可比较之处。②王献华从青铜神树、眼睛崇拜、太阳神话等方面也进行过比较研究，提出不同文明之间曾有过交流互鉴。③本文以青铜时代世界体系为大背景考察三星堆文明共同性和独特性，重点考证青铜偶像、黄金贴面或面具、头上顶物、足下翘头靴、金杖、海贝、红玛瑙珠、琥珀、有翼神兽流传路线，系统论证三星堆遗址不仅是中华文明多元一体重要组成部分，亦极大地丰富了青铜时代世界体系内涵。

二、青铜时代世界体系共同性

三星堆遗址是青铜时代世界体系代表性大遗址，不仅标志着东亚进入了青铜时代世界体系，亦系统体现了旧大陆青铜时代文化共同性。青铜人像或神像、脸上贴金或金面具、头上顶物、足下翘头靴、金杖、琥珀、红玉髓珠、海贝、象牙和翼兽均是青铜时代世界体系标志性器物，其源起与传播网络日益清楚，共同交织形成了十分复杂多彩的上古世界体系。

1. 青铜人像或神像

青铜人像或神像最早出现于西亚，4 000年前传播到北非、南亚，4 000年后传播到欧洲、中亚和东亚。西亚两河流域苏美尔、阿卡德、古巴比伦和亚述文明制作了大量泥塑、石雕和青铜人像或神像，形成"偶像崇拜"传统，不仅体现了高超雕塑技术和艺术，亦反映人形神和国王权力崇拜。西亚青铜人像主要见于伊拉克、伊朗、叙利亚和土耳其，4 000年前埃及古王国

---

① 段渝：《南方丝绸之路与欧亚古代文明》，四川人民出版社，2023年。
② 霍巍：《三星堆：东西方上古青铜文明的对话》，《清华大学学报》（哲学社会科学版），2022年第1期。
③ 王献华：《亚欧大陆青铜时代的三星堆文明》，《中国社会科学》，2023年第1期。

时代已经有红铜人物形象，佩皮一世像就是典型代表。后来居上，三星堆遗址出土青铜人像或神像数量之多、规格之高无与伦比，达到了青铜时代世界体系高峰。

4 000年前西亚扎格罗斯山脉两侧均铸造青铜人像，具有神化国王作用。伊拉克尼尼微（Nineveh）出土著名"萨尔贡头像"，高36.6厘米，约公元前2350—公元前2230年，后来被认为是萨尔贡孙子纳拉姆辛头像。（图1a）纽约大都会收藏的出自伊朗苏萨的青铜头像被认为是埃兰国王像。（图1b）"萨尔贡头像"与"埃兰王头像"一样都用低砷低镍青铜材料，同样用失蜡法铸造，头像中空可以安装在身体躯干或者台座之上。铸造技术和艺术表现手法相似，"萨尔贡头像"是两河文明阿卡德王国时期，"埃兰王头像"应该大体同时或稍早。①

古地亚（Gudea，约公元前2144—公元前2124年在位）统治新苏美尔城邦拉格什（Lagash）时期被称为拉格什第二王朝或黄金时代。他热衷于兴建

图1a 伊拉克尼尼微出土阿卡德王国纳拉姆辛青铜头像，高36.6厘米，巴格达伊拉克国家博物馆　　图1b 伊朗苏萨出土埃兰国王青铜头像，高34.3厘米，纽约大都会博物馆

---

① 埃兰青铜头像不是正式考古发掘出土，通过头像面部人类学特征以及头饰判断，这件青铜头像风格归属伊朗埃兰文明。通过CT断层扫描研究发现，头像耳朵是单独铸造。

神庙，留下了很多他本人虔诚姿势的石雕像。收藏在世界各大博物馆的青铜奠基钉是古地亚兴建神庙的实物证据（图2a—2c）。这些人物造型奠基钉头戴尖冠呈跪坐姿态，双手扶着巨大铜钉，所成时代约公元前22世纪。

图2a 古地亚奠基钉，拉格什第二王朝，铜合金，高18.3厘米，1 138克

图2b 古地亚奠基钉，拉格什第二王朝，铜合金，高17.5厘米，克利夫兰艺术博物馆

图2c 古地亚奠基钉，拉格什第二王朝，伊拉克吉尔苏出土，卢浮宫博物馆

芝加哥大学东方研究所收藏了一对伊拉克伊什加里出土古巴比伦王朝四面神像（图3），两者均使用失蜡法铸造，艺术风格相同，男神站立、手握镰刀形斧子，女神坐凳双手握壶，但女神仍略高于男神。男神可能是阿慕洛，

图3 伊拉克伊什加里四面神像：男神16.2厘米（左），女神17.3厘米（右）。芝加哥大学东方研究所

女神是水神像。①亦可能是四方之王王中之王与王后像。

青铜时代世界体系中现存最重青铜人像纳皮尔·阿苏王后无头雕像出自伊朗苏萨，残高1.3米，原高1.8米，重量1.75吨，原重2吨以上。外层铜壳采用失蜡法整体铸造，内部铜芯浇铸大量高锡青铜，内外层之间使用铆钉和夹板连接（图4）。人物形象生动逼真，服饰亦清晰可辨。制作年代公元前13世纪（公元前1340—公元前1300年），其重量是东亚现存最重青铜器司母戊鼎（后母戊鼎）的两倍多，是三星堆最重青铜人像重量的10倍。

图4 伊朗苏萨出土青铜人物像，现收藏于卢浮宫

希拉康波里斯第六王朝第二位法老佩皮一世祭葬庙中出土铜像程式化地显示了他践踏九弓（努比亚和其他外国）的情景。佩皮一世铜像高177厘米，左边可能是他儿子麦然拉铜像，高65厘米，均用红铜锻造锤揲而成，使用铆钉连接。法老处于壮年时期，身体各部位比例协调，左手持权杖，右手握拳，中间缺失部分如留白，形象生动美妙。佩皮一世父子真人等身铜像是在木制框架上锻造而成，局部还覆盖金箔，眼睛用石灰石和黑曜石制成，是古埃及工艺杰作（图5a—5c）。

古代埃及石雕艺术非常发达，埃及法老石雕人像众多，但青铜人像罕见。被称为埃及拿破仑的图特摩斯三世（公元前1479—公元前1425年）狮身人面青铜雕像镶嵌黄金俯卧九弓非常精致，收藏在卢浮宫博物馆。第三中间期第二十二王朝派梅（Pimay）法老（公元前773—公元前767年在位）青铜跪像，高30厘米，现藏于英国伦敦大英博物馆（图6a、6b）。

南亚或印度河流域出上了4 000年前后青铜女性人像。有研究表明，从人体形体看青铜舞女可能源自非洲黑人。最近在另一处哈拉帕文明遗址昌胡达罗发现了非洲与南亚交流的直接证据：非洲5 000年前驯化的珍珠粟（pearl millet）

---

① 安东·穆尔特卡等著：《古代伊拉克艺术》，周顺贤等译，南京大学出版社，2011年，第169页。

图5a—5c 佩皮一世红铜像，古埃及第六王朝，公元前2332—公元前2287年。开罗埃及博物馆

图6a 图特摩斯三世狮身人面青铜雕像，卢浮宫博物馆

图6b 第二十二王朝派梅法老青铜跪像，大英博物馆

和非洲妇女墓葬。不无可能青铜舞女体现了非洲努比亚人（图7a—7c）。[1]

东欧乌克兰加利奇宝藏（Galich treasure）和博罗季诺窖藏（Borodino Hoard）位于伏尔加河流域，1835年发现，被认为是塞伊玛-图尔宾诺风格文物（图8）。

三星堆2号坑出土青铜立人像高达260.8厘米，由台座和人像组成，其中人像高180厘米，重180千克，身体中空采用分段浇铸法嵌铸而成，可能是"群巫之首"或集王权、神权于一身的首领人物（图9a、9b）。这尊"纪念碑"式大立人雕像高鼻梁、深眼眶、大眼睛、大耳朵，可与佩皮一世铜像

---

[1] During Caspers ECL. 1987. Was the dancing girl from Mohenjo-daro a Nubian? *Annali, Instituto Oriental di Napoli*, 47(1): pp. 99–105.

112 | 文化文本 第三辑

图7a、7b 哈拉帕文明青铜舞女人像一对，分别藏于印度国家博物馆和巴基斯坦国家博物馆

图7c 哈拉帕文明青铜跪姿女性像，约公元前2500—公元前1900年，平山郁夫收藏

图8 乌克兰加利奇宝藏和博罗季诺窖藏出土铜像

图9a、9b 三星堆遗址出土青铜像，三星堆博物馆

遥相呼应。身佩方格纹带饰具有表征权威性质，衣服上几组龙纹装饰有独特象征意义。三星堆青铜大立人是同时期最高青铜人物雕像之一，不仅是三星堆博物馆镇馆之宝，亦是禁止出国的国宝文物。

两个三星堆祭祀坑中就出土20件青铜面具，面具两侧上下和额部正中有方孔，原来还应有木、竹或泥质躯干部分。其中2号坑出土的商代晚期纵目人面具是最大面具，高66厘米、宽达138厘米，是当时世界上最高大青铜面具（图10）。3号坑又新出土尖帽青铜人物，容易使人联想到尖帽赛克（图11a、11b）。上述青铜像群具有"偶像崇拜"性质，不仅是三星堆青铜文明显著特点之一，举世瞩目，在古代世界美术史上亦占有重要地位。

图10　三星堆2号坑出土青铜面具　　　　图11a、11b　3号坑出土尖帽立人像

西亚率先出现青铜人像或神像。5 000年前，伊拉克陶制和石雕人像众多，进入青铜时代仍然流行；阿卡德王国时代出现了青铜头像和全身像。古地亚石雕人像精美绝伦，月神庙建筑时广泛用青铜人像奠基。古巴伦时代还有一对男女四面青铜像。西亚或两河流域偶像崇拜传统随着青铜技术传播产生了广泛而深远的影响，北非、南欧、南亚、中亚、东亚均出现了不同样式的青铜人像或神像，人形铜像成了青铜时代世界体系重要共同文化因素之一。

2. 黄金面具或铜像贴金

早于三星堆遗址的青铜人像或神像常见于西亚，偶见于北非、南欧和南亚、中亚，贴金铜像与黄金面具亦然。黄金是金属文明之精华，与青铜相伴传播。三星堆出土了数量众多的青铜头像，少数面上贴金，说明当时古人已掌握了贴金或包金工艺（图12a、12b）。面部贴金并非仅仅为了美观，还有黄金崇拜宗教含义。另外还有包金权杖和黄金面具，都是黄金崇拜的体现（图13a—13c）。

图12a、12b 三星堆出土青铜头像面上贴金，三星堆博物馆

图13a、13b 三星堆出土黄金面具 13c 金面罩，三星堆博物馆

黄金面具这一艺术传统也是在西亚地区最早发现。从公元前3000年到公元前1000年，西亚地区国王和高等级贵族墓葬中流行黄金面具、眼罩和口罩，并将这一习俗传播到北非、南欧、中亚地区。在欧亚古代文明中，青铜人像脸部或身体贴金具有悠久历史。西亚地区不仅人像贴金，一些动物、植物甚至器物上也贴金。乌尔王陵出土黄金与青金石装饰山羊与神树是两河

文明标志物，还有将黄金面具作为丧葬仪式中的"覆面"。古巴比伦时代拉努萨（Larsa）出土一尊站立台座"三羊"青铜造像，三头羊头部皆贴金（图14a、14b）。中亚巴克特里亚曾出土一件怪兽纹青铜斧双头鹰头部和双翼，以及铜斧后部猫科动物身躯也贴金箔（图14c）。覆盖"黄金面具"的动物或人物更具有神秘意义。

图14a、14b 古巴比伦拉努萨（Larsa）出土"三羊"青铜造像，卢浮宫博物馆　　图14c 中亚巴克特里亚怪兽纹青铜斧，纽约大都会博物馆

西亚叙利亚乌伽利特（Ugarit）王国与三星堆王国大体同时，不仅出土了大量青铜器，亦有不少青铜人像或神像，其中部分亦贴有金箔（图15a—15c）。

图15a—15c 叙利亚乌伽利特出土贴金青铜像

略早于乌伽利特的马里王国（Kingdom of Mari）和埃布拉王国（Kingdom of Ebl）亦流行黄金崇拜。巴比伦王朝时期总体上延续了新苏美尔风格，马里宫殿（今叙利亚北部特尔·哈利利）出土雕塑承袭了新苏美尔传统。《女神像》出土于伊拉克南部，可能与伊什塔尔（Ishtar）女神有关。"拉尔萨供养人"半跪雕塑表明青铜工艺发达，采用了手、脸局部包金技术。同时，鎏金技术和嵌金工艺亦已发明，阿富汗出土狩猎者青铜像几乎全身鎏金或包金（图16a—16c）。

立像
铜合金，包金
黎巴嫩Byblos
公元前2000年代早期
贝鲁特文管局藏

半跪的敬拜者像
青铜，局部包金
伊拉克古城Larsa
古巴比伦，公元前1760年
卢浮宫藏

狩猎者像
青铜，包金
阿富汗Kandahar和巴基斯坦Quetta
公元前2000—公元前1800年
私人收藏

图16a—16c　古巴比伦时代流行包金

上古埃及盛产黄金，黄金崇拜源远流长。4 000年前，中王国时期就熟练掌握了铜像嵌金技术；4 000年后，新王国时期进入了真正的黄金时代，图特摩斯三世嵌金狮身人面铜像和图特卡蒙铜像就是最好见证（图17）。图特卡蒙黄金面具更是埃及文明标志。

3. 头上顶物风俗源自南亚、西亚或非洲

头上顶物风俗在非洲流行至今，大量雕塑作品表明古代埃及亦非常流

图17 图特摩斯三世嵌金狮身人面铜像，卢浮宫博物馆

行。中王国第十一王朝麦克特瑞墓中发现25个木俑，大约为真人大小的三分之二，其中多数头顶各式各样物品，参与祭祀或其他活动（图18a、18b）。大量埃及青铜神像头顶太阳（神）增强了诸神的神圣与威严（图19a、19b）。

头上顶物雕塑在西亚亦源远流长，新石器时代陶器中已有体现，青铜时代石器或铜器中更多。头上顶物铜像亦最早见于西亚两河流域（图20）。卡克发（Khafaje）出土礼拜者铜像可以早到公元前27世纪，高55.5厘米。裸

图18a、18b 埃及墓葬出土头上顶物木雕群像

图19a 奥西里斯·伊阿头顶太阳铜像,纽约大都会博物馆;19b 诸神头顶太阳青铜像

图20 纽约大都会博物馆收藏两河流域出土头上顶盒青铜人像

体男人站在托架上,头顶还有一个支架,可能顶着一个尊或罐(图21a、21b)。[1]苏美尔人还流行头顶油罐摔跤活动(图22a、22b)。青铜奠基钉头上顶物是基本定式,乌尔第三王朝乌尔纳姆统治期间(约公元前2112—公元前2095年)尤其盛行(图23a—23c)。这种国王头顶篮或盒形象奠基钉样式,亚述巴尼拔[Ashurbanipal(公元前669—公元前631年在位)]时代再度复兴(图24)。

三星堆出土青铜器头上顶尊形象在东亚十分突兀,在其他青铜时代文化中并不奇怪。1号坑出土铜跪坐人像高14.6厘米,2号坑出土青铜喇叭座顶尊跪坐人像,3号坑出土头上顶尊体量更大,通体高达115厘米(图25a、25b)。1号坑这件青铜人像顶尊是一件商末南方风格大口尊,口沿内部有短柱。

---

[1] 李建群:《古代埃及和美索不达米亚美术》,中国人民大学出版社,2010年,第191页。

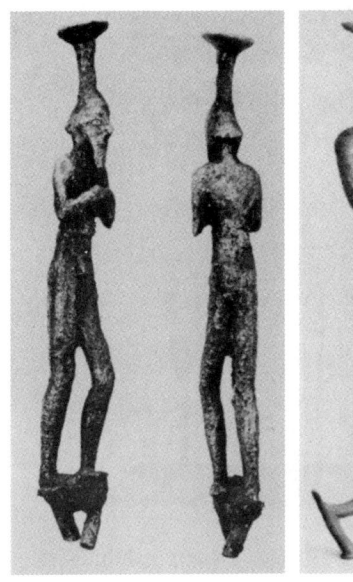

图21a、21b　卡克发出土红铜像，公元前2700年，高55.5厘米，巴格达伊拉克国家博物馆

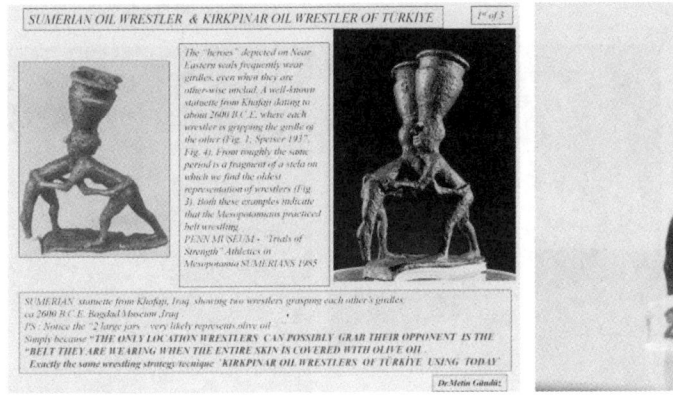

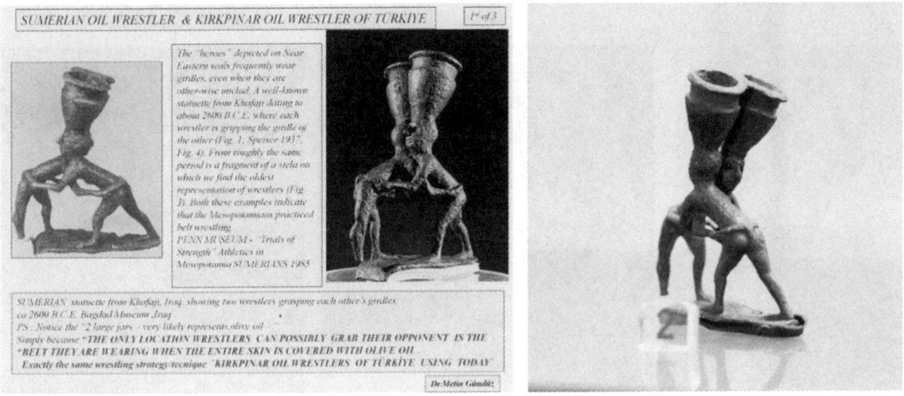

图22a、22b　卡克发出土头上顶罐摔跤青铜像（巴格达伊拉克国家博物馆）

　　三星堆出土顶尊人像大多上身裸露、胸部凸起，女性特征明显。神坛中央位置还有一个更小铜人背着一个罍，跪在半球形凸堆上，可称之为背罍妇。酒、玉还有海贝都可以盛贮在铜尊里作为祭品奉献给神灵，顶尊女或背罍妇和北非埃及女性一样，在祭祀活动中不仅起到搬运作用，亦是顶礼膜拜方式。头顶重器尤其是以跪姿表示尊重，这可能是三星堆人敬拜神灵的标准

图23a 青铜奠基钉头上顶物形象，乌尔第三王朝乌尔纳姆统治期间（约公元前2112—公元前2095年），长27厘米，大英博物馆

图23b 奠基钉人像及附属铭文牌，乌尔第三王朝舒尔吉统治期间（约公元前2094—公元前2047年），长23.2厘米，卢浮宫博物馆

图23c 乌尔纳姆奠基钉，铜合金，高33.5厘米、宽13厘米，现藏于美国纽约皮尔庞特·摩根图书馆（The Pierpont Morgan Library）

图24 国王头顶篮子形象奠基钉，亚述巴尼拔（Ashurbanpal，公元前669—公元前631年在位）

图25a 1号坑顶尊人像高14.6厘米；25b 3号坑顶尊人像通体高达115厘米

姿势。头上顶物习俗罕见于东亚，常见于东南亚、南亚、西亚和非洲，可以确定三星堆头上顶物文化来自南方丝绸之路。

4. 翘头靴

翘头靴与靴文化来自内亚或西亚。东南炎热，有履有屐有鞋，但不流行靴，东亚早期靴文物见于大西北地区，可以追溯到中亚或西亚。

8号坑内出土了一件工艺复杂的青铜神坛，其上有多个造型独特的铜人（图26a、26b，图27）。王仁湘仔细观察发现这些铜人穿着翘头靴："从上往下看，跪在神兽上的铜人、抬着神兽跪在云台上的四力士，都是穿着翘头靴。而在四力士间分坐的四铜人，也穿着翘头靴，两靴左右相对，靴尖向上翘起。还有坛台中央跪着的背罍人，似乎也穿着翘头靴子。"（图28）[①]联想

图26a、26b　8号坑出土铜人翘头靴

---

① 微信公众号"器晤"。

图27 青铜神坛顶端青铜持鸟立人像，尖靴突出　图28 8号坑新出土祭坛底座倒立人像亦穿翘头靴（王仁湘）

起1号、2号坑那件顶尊人器座跪立的顶尊者正是穿着翘头靴，还有几件跪立小铜人也都是穿着这样的翘头靴（图29a、29b）。

图29a 1号坑出土跪坐铜人　29b 2号坑出土跪立铜人及线图

郭静云注意到山西柳林高红村八亩垣遗址出土青铜靴形器与赫梯古城卡内什（Kanesh）出土青铜靴形酒杯的联系，首都哈图莎石刻雕像赫梯国王苏庇路里乌玛二世和十二神（英雄人物）亦着翘头靴（图30a、30b）。公元前13世纪晚期赫梯Mera国王Tarkummuwa白银印章和公元前1050—公元前850年赫梯卡尔凯美什（Carchemish）王宫石刻人鹫神像亦可见翘头靴。（图31a—31d）[①] 美国大都会艺术博物馆收藏有赫梯或亚述尖头陶靴（图32），大英博物馆收藏赫梯金护身符亦显示着翘头靴（图33）。人神均着翘头靴，确实是赫梯传统文化（图34a、34b）。

图30a　山西柳林八亩垣遗址出土铜靴形器，高6.3厘米，现藏山西省博物馆
30b　赫梯古都卡内什出土公元前19世纪赫梯王靴形酒杯，现藏安卡拉安那托利亚文明博物馆（Museum of Anatolian Civilizations, Ankara）

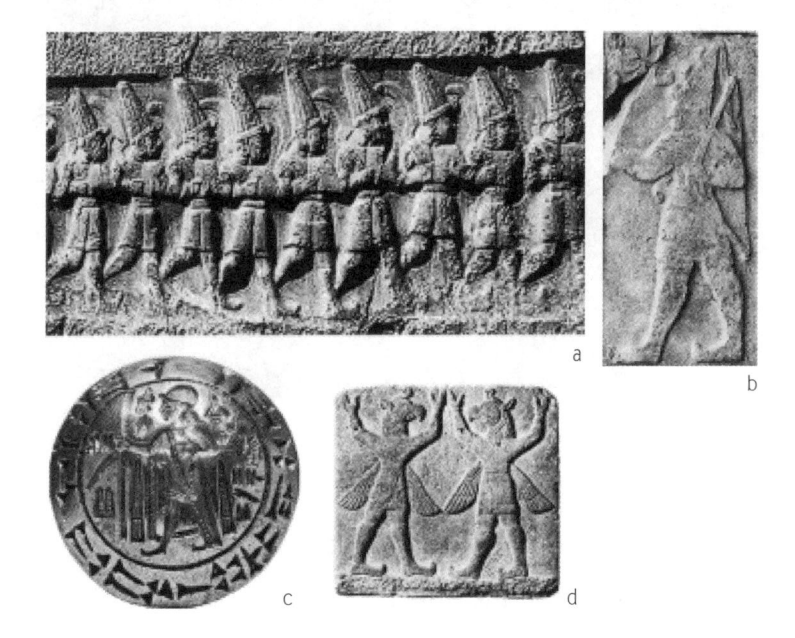

图31a　哈图沙庙墙上的十二位神像（局部），公元前18—公元前17世纪；31b　赫梯首都哈图沙（Hattusa）石刻；31c　赫梯Mera国王白银印章，现藏于巴尔的摩沃尔特斯艺术博物馆（Walters Art Museum, Baltimore）；31d　人鹫神像：赫梯卡尔凯美什（Carchemish）王宫石刻（公元前1050—公元前850年），高123.5厘米

[①] 郭静云：《从历史"世界化"的过程思考中国翼兽的萌生》，《民族艺术》，2020年第3期。

图32 赫梯或亚述尖头陶靴，美国大都会博物馆

图33 赫梯金护身符，大英博物馆

图34a 伊朗，布鲁克林艺术博物馆，罗宾·马丁收藏
34b 山丹博物馆，路易·艾黎收藏

  从西亚到东亚不仅有青铜靴形器和石雕、铜铸翘头靴，还有陶制靴形器。乐都县柳湾墓地出土陶靴高11.6厘米，底长14.3厘米。1973年青海省大通县上孙家寨马家窑文化墓出土陶器上面一人足上可见上翘头靴。甘肃玉门市火烧沟四坝文化遗址出土一件人形陶壶，脚上穿着一双上翘靴子。
  靴确是内亚高寒地区发明创造的生活必需品。游牧民大多生活在寒冷高原或北方地区，冬天踩雪夏天蹚河还得骑马，靴子保暖方便骑马。新疆罗布泊铁板河楼兰墓地出土保存完好的近4 000年前女性干尸，脚上穿着一双兽皮靴。阿尔卑斯山奥茨冰川中发现约5 000年前的"冰人"，脚上同样穿着兽皮靴。"北方皮靴，南方草屐。"南部潮湿炎热地区先人无须穿皮鞋抵御寒冷，埃及还出土了拖鞋或凉鞋，但上古埃及、两河、南亚地区雕塑大多是赤足。因此，三星堆青铜人像或神像翘头靴传统不太可能来自南亚、东南亚或东亚，只会来自中亚、西亚或内亚高寒地区。同时，我们注意到三星堆遗址高大的青铜人像或神像是赤足，来自南方或东亚可能性更大。

历史时期流行过样式不同的尖头或翘头鞋，英语称为克拉科（Cracow），法语称为波兰那（Poulaine），有"来自波兰"之意。王仁湘还注意到三星堆小铜人大多有络腮胡和翘头靴。《史记·大宛列传》记载："自大宛以西至安息……其人皆深眼，多须髯。"唇边是"髭"，下颌是"须"，腮边是"髯"，统称"胡子"，与"胡人"相关。胡人与胡子又和靴有相关性。羌族继承了三星堆人翘头靴传统，称之为云云鞋或云云如意鞋。云云鞋是羌族人喜庆日子里穿的一种自制布鞋，鞋尖微翘，鞋底较厚，鞋帮上绣有彩色云纹图案，故有"云鞋"或"勾尖布鞋"之称。羌绣"云云鞋"云纹栩栩如生，有腾云驾雾升天之意。

5. 金权杖

竹杖、木杖或筇杖常有，金杖不常有。三星堆遗址出土黄金杖举世罕见，唯有图坦卡蒙墓出土金杖可与之媲美。埃及新王国时期图坦卡蒙墓葬出土了多根包金权杖，西亚亦有使用权杖传统，在石雕和青铜雕像中有体现，但保存至今完好的权杖并不多见。埃及旧王国时期佩皮二世和新王国时期图坦卡蒙手握权杖堪称经典姿势。西亚古巴比伦（公元前19世纪—公元前17世纪）出土过手握权杖的银质像，一些石碑上权杖亦清楚可见。

三星堆遗址1号祭祀坑中出土黄金包裹木质或竹质杖体，残长约150厘米，黄金重达500克。金箔纹饰图案二端并列三个头戴宝冠、耳佩大环的人头像，各由一支箭、一只鸟、一条鱼组成。黄金"神杖"或"王杖"在东亚传统文化中不同寻常，但在上古世界体系中就很正常。三星堆金杖与西亚、埃及权杖相似,图案描绘胜利者功勋或叙述家国故事,三星堆金杖很可能是吸收和采借了近东权杖文化因素而制成。

权杖英文称之为"Mace"或"Scepter",原来是工具或兵器,象征着王权与宗教权威。西亚不少帝王、国君、部落酋长、军事首领、宗教祭司、长老及精英贵族等人物手执权杖,留下了众多权杖头(图35a、35b)。李水城收录了二千余枚来自西亚、中亚、南亚、北亚、北非、欧洲、美洲考古出土或传世的权杖头,早期多为石质,后多用青铜或黄金等贵重金属制造,出现了鸟首、人首、兽首、几何形首等多种样式的权杖头。[①]

图35a 古巴比伦银质雕像:手持权杖/法杖;35b 埃及新王国十八王朝图坦卡蒙左手握金权杖

6. 象牙

三星堆遗址出土象牙之多亦创世界纪录。青铜时代各大文明古国均有象牙制品出土,三星堆出土完整象牙最多,亦有少量象牙制品。此次发掘3号坑和4号坑象牙较为集中,这些象牙可能是从外地流传到四川。金沙遗址发

---

① 李水城:《耀武扬威:权杖源流考》,上海古籍出版社,2021年。

现了幼象骨骸，或许成都本地古代亦有大象生存。青铜时代东亚和东南亚、南亚及非洲均有大象生存，伊懋可将大象的退却当作中国环境变迁的指标，大象在东亚上古文化史上具有根本象征意义。[①]云南和东南亚、南亚大象众多，三星堆出土象牙来自南方丝绸之路的可能性很大。

7. 海贝

新石器时代晚期海贝就进入了东亚，甘青川地区马家窑文化遗址中就有海贝出土。进入青铜时代海贝风靡东亚，上百处遗址中出土海贝成千上万。三星堆1号祭祀坑出土460多件器物有海贝124枚；2号坑出土1 300多件器物（青铜器735件，金器61件，玉器486件），以及4 600多枚天然海贝，包括一串三联铜贝。1号坑中海贝发现在坑底和青铜头像里，2号坑中海贝在坑底和龙虎尊里。这种现象与云南江川李家山和晋宁石寨山滇墓中出土海贝情况相似。三星堆海贝主要有三种：环纹货贝、货贝和虎斑宝贝（Cypraea tigris），其中环纹货贝最多，货贝较多，虎斑宝贝最少。这些海贝应当大多来自印度洋。[②]云南和四川毗邻意味着两地某些文化上的交流，与此同时，西北而来的可能性同样不能排除。印度洋周边地区东非、西亚、南亚青铜时代均有使用海贝传统，海贝亦是青铜时代世界体系共性之一。

8. 红玛瑙珠

三星堆遗址出土了4颗红玛瑙珠，红玛瑙珠是青铜时代标志性珠宝，亦是青铜时代世界体系存在的见证。红玛瑙珠6 000年前就出现在黑海西岸瓦尔纳古墓，4 000年前已经出现于印度河流域，哈拉帕和摩亨佐达罗遗址有大量出土，昌胡达罗是加工制造中心。在两河流域乌尔王墓更加集中，个别已经进入埃及。印度河谷先民发明了红玉髓珠硬钻打孔、蚀花、加温变色三

---

① 伊懋可：《大象的退却：一部中国环境史》，梅雪芹等译，江苏人民出版社，2014年。
② 杨斌：《海贝与贝币：鲜为人知的全球史》，社会科学文献出版社，2021年。

大高精尖技术,是上古世界珠子制造中心,影响到两河、尼罗河流域和爱琴海、黑海及中亚地区,也会对东亚产生影响。周代红玛瑙珠大量涌现,进入了珠玉并重时代。中国境内红玛瑙珠出土情况特别是大西北地区连续分布,三星堆出土红玛瑙珠也就顺理成章(图36a、36b)。

图36a、36b 三星堆遗址2号坑出土红玛瑙珠(赵培 三星堆博物馆)

肉红玉髓是青铜时代最硬最艳最时髦的红色宝石,与之相配的是黄金、青金石、绿松石和玉石。欧洲红玉髓珠子见于新石器时代晚期或红铜时代,保加利亚瓦尔纳遗址出土了多达32个面或16棱红玉髓珠子(图37);[1]红玉髓珠与黄金结合做成的项链或串饰也已经出现。[2]亚洲红玉髓珠最早见于印度河谷美赫尕尔(Mehrgarh)新石器时代晚期到红铜时代的遗址。[3]人类不约而同地使用红玉髓珠,青铜时代各大文明均流行。两河流域乌尔王陵发现了大量红玉髓珠,绝大部分来自印度河流域;红玉髓长管珠从印度河谷进口或者印

---

[1] Kostov, R. I., Pelevina, O. Complex Faceted and Other Carnelian Beads from the Varna Chalcolithic Necropolis: Archaeogemmological Analysis. *Proceedings of the International Conference "Geology and Archaeomineralogy"*. Sofia, 29–30 October 2008. Sofia: Publishing House St. Ivan Rilski, 2008, pp.67–72.

[2] Verena Leusch, et al.. Chalcolithic Gold from Varna — Provenance, Circulation, Processing, and Function. In Metals of Power — Early Gold and Silver. Tagungen des Landesmuseums fur Vorgeschichte Halle, Band, 11/1 2014.

[3] Jonathan Mark Kenoyer. Ancient Cities of the Indus Valley Civilization. *Journal of Ancient Civilizations*, 1998, pp.147–151.

度河流域工匠携带原料在两河流域城市加工制造。① 埃及珠宝制作工艺发达，镶嵌工艺尤其先进，亦流行红玉髓珠，但只有个别蚀花珠和长管珠辗转来自印度河流域。②

中国三代常见红玛瑙珠大致可分两类：盘珠和管珠。盘珠可分天

图37 保加利亚瓦尔纳墓出土6 000年前红玛瑙珠（Olga Pelevina）

然孔、琢击孔、研磨孔，管珠又有直筒形、鼓形、竹节形之分。三星堆出土4颗红玛瑙珠中有两颗管珠和两颗盘珠，管珠长短不一，盘珠形状有异。红玛瑙和红玉髓无论在矿物来源、物化属性、颜色、制作工艺等都非常接近。（图38a、38b）③《管子·国蓄》中有珠起于赤野之说，明确提出珠玉为上币："玉起于禺氏，金起于汝汉，珠起于赤野，东西南北距周七千八百里。水绝壤断，舟车不能通。先王为其途之远，其至之难，故托用于其重，以珠玉为上币，以黄金为中币，以刀布为下币。三币握之则非有补于暖也，食之则非有补于饱也，先王以守财物，以御民事，而平天下也。"《汉书·西域传》记载罽宾国出产"珠玑、珊瑚、虎魄、璧流离"。红玛瑙珠西来有文献依据。

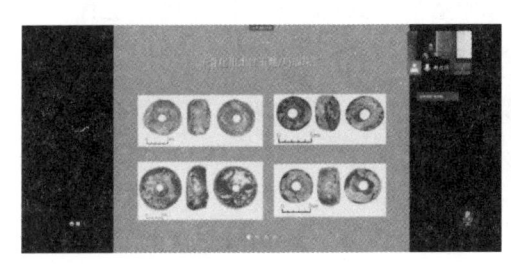

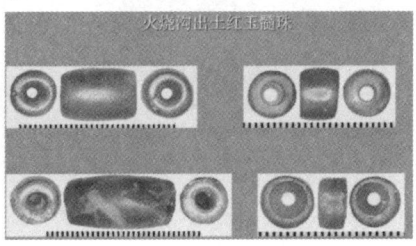

图38a 酒泉干骨崖遗址出土红玛瑙珠；38b 火烧沟遗址出土红玉髓珠（艾婉乔）

---

① Jonathan Mark Kenoyer. Trade and Technology of the Indus Valley: New Insights from Harappa, Pakistan. World Archaeology, 29, 262−280, 1997.
　S. A. Parpola, et al.. The Meluhha Village: Evidence of Acculturation of Harappa Traders in late Third Millennium Mesopotamia. Journal of the Economic and Social History of Orient, 20, 129−165, 1977.
② Nia Xia. Ancient Egyptian Beads. Beijing/Berlin/: Social Sciences Academic Press (China) and Springer-Verlag Berlin Heidelberg, 2014.
③ 李胜荣主编：《结晶学与矿物学》，地质出版社，2013年，第188页。

红玛瑙珠与加工技术源自南亚印度河流域，青铜时代传入东亚，仿造亦随之开始，河西走廊酒泉干骨崖遗址发现了仿制红玛瑙珠作坊。[①]西周时代，红玛瑙珠融入了主流文化，与东亚传统玉文化结合成了周代文明特色和标志。旧大陆青铜时代，珠子制造技术传播与珠子贸易就形成了网络，是古代文明交流与发展的重要标志。

9. 琥珀

三星堆出土琥珀是目前已知东亚最早标本，中国琥珀制品出现明显晚于欧洲。欧洲有"琥珀之路"（Amber Road），青铜时代琥珀流行于欧洲、西亚和北非。迈锡尼遗址发现了来自波罗的海琥珀珠，埃及法老图坦卡蒙胸饰包含来自波罗的海琥珀，叙利亚卡特纳皇家陵墓中发现琥珀数量众多。琥珀从波罗的海到南欧、西亚、北非，继续传播到中亚、东亚。中国先秦鲜见"琥珀"一词，三星堆出土琥珀非常突兀，标志着琥珀文化已经进入了东亚（图39）。西汉陆贾《新语》记载"琥珀"，《神农本草经》写作"虎魄"，《隋书》泛称"兽魄"。此外还有"育沛""遗玉""顿牟""江珠"之称。琥珀不仅可能来自北方丝绸之路，亦可能来自南方丝绸之路。

图39 三星堆出土琥珀，三星堆博物馆

10. 有翼神兽

郭静云从历史"世界化"的过程思考中国翼兽来源，发现青铜时代族群流动大背景下中国地区开始出现西亚带来的器物，其中就包括出自三星堆2号祭祀坑一对用作神坛座似独角翼尾怪兽（图40）、3件见于关中地区殷末

---

① 北京大学考古文博学院等：《酒泉干骨崖》，文物出版社，2016年，第118、289、322—332页，彩版二〇、二一、二二。

周初宝鸡石鼓山墓和西安张家坡墓出土带翼牺尊。苏美尔时期诸神造型尚未见带翅膀形象，阿卡德帝国和巴比伦帝国才用翼狮和翼牛表达诸神生活在天上的意思。哈拉帕文化晚期印章上只见独角牛形象，三星堆独角兽不像牛反而像马属动物，意味着其经甘肃或青海来自中亚草原地带（图41a、41b）。历史走向世界化的时代并非斯基泰时代才开始，应溯源至公元前二千纪，即驾马战车技术涵盖整个古文明世界之际。①

图40　三星堆2号祭祀坑出土的神坛K23∶296，残高53.3厘米

---

①　郭静云：《从历史"世界化"的过程思考中国翼兽的萌生》，《民族艺术》，2020年第3期。

图41a、41b　三星堆出土尾翼神兽

三、讨论与结语

1. 三星堆是青铜时代世界体系代表性遗址，在东亚定居农业文化的基础上多方面吸收欧亚大陆青铜时代新文化，不仅证明东亚是青铜时代世界体系有机组成部分，而且表明东亚已经是青铜时代晚期文化中心，丰富了青铜时代世界体系。三星堆遗址中诸多新文化因素来自西北或西南，分子人类学亦表明四川盆地人群主要来自西北，亦来自西南和长江中游或中原。[①]

三星堆位于东亚不仅连贯东西而且联通南北。三星堆出土器物造型想象力、制作工艺等反映出当时社会组织复杂程度和精细程度达到了世界领先水平。新王国时期埃及和赫梯王国是青铜时代世界体系核心，彼此共享"国际化风格"高等级符号系统，其中包括"神树""英雄擒兽"和"翼兽"等形象。三星堆青铜神树体现鸟蛇母题贯彻欧亚大陆。两河流域阿卡德帝国泥板文书记载埃塔纳神话反映鸟蛇母题：上面老鹰下面蛇，本来和平相处，后来发生了争斗。吉尔迦美什史诗也讲到一棵神树或宇宙树叫胡鲁普树，涉及鸟

[①] Le Tao, et al.: Ancient genomes reveal coexistence of demic and cultural diffusion in the development of Neolithic mixed millet and rice farming in southwest China,《古基因组揭示中国西南地区新石器时代粟稻混合农业流行与文化传播的共存发展》。

蛇母题。鸟蛇或鹰蛇是古代埃及文化核心主题，同样鸟蛇或龙凤在三星堆亦有生动体现。比三星堆年代晚一些的阿尔泰山脉巴泽雷克（Pazyryk）古墓所见"神树"形象也有鸟蛇组合。①

李旻提出"高地龙山社会"（highland Longshan society）概念解释"三代"文明形成："从太行山脉直到西部高地地区的广大地区内彼此联系、多孔状存在、杂糅而流动的各个龙山社群，包括与黄土高原北部的老虎山文化、山西中部的杏花村文化、关中盆地的客省庄二期文化、西部高地一带的齐家文化、晋南盆地的陶寺文化等相关联的社群。"这个框架由三个彼此交叉的文化互动区构成，即史前中国文化互动区（Prehistoric Chinese Interaction Sphere）、欧亚草原带和西伯利亚北亚文化互动区（North Asian Interaction Sphere），以及中亚文化互动区（Middle Asian Interaction Sphere）。"高地龙山社会"吸纳三大文化互动区符号、技术与文化传统，为中国"三代"王权传统成型提供了必要的物质和符号准备。②"高地龙山社会"实际上就是"齐家诸文化"，三大相互作用圈交叠之区系统吸收了中亚和北亚文化传统，已经进入了青铜时代。东部龙山诸文化仍然是玉帛古国时代相对单纯定居农业文化，三星堆文化正是齐家文化高级阶段。齐家文化与三星堆文化无鼎少鬲，显现出与龙山传统明显区别。三星堆遗址出土青铜器羊与牛纹饰突出，在遗址中还发现了牛、羊与羊蛋白质遗存，证明牛羊已经是三星堆社会重要家畜，不仅具有饮食价值亦具有精神意义。青铜之路或丝绸之路是三星堆新文化因素主要来路。

三星堆文明吸收青铜黄金文化的同时亦可能输出丝绸和笻杖，埃及底比斯出土丝绸就是一个输出的例子。法国学者波雅尔（Philippe Beaujard）将印度洋作为联通亚非欧的文明通道，公元前16世纪开始，印度洋地区已经存在一个由埃及新王朝发动而形成的海上贸易和文化交流网络。从红海经阿拉伯海到印度次大陆再到东南亚沿海航线，构成海上通道，形成了青铜时

---

① 王献华：亚欧大陆青铜时代的三星堆文明，《中国社会科学》，2023年第1期。
② 李旻：重返夏墟：社会记忆与经典的发生，《考古学报》，2017年第3期。

代"季风带海上文化互动区"（Monsoonal Oceanic Interaction Sphere）。"季风带海上文化互动区"和"东亚文化互动区"交叠于三星堆，也正处于"半月形文化传播带"西南端。三星堆带有异域风情的符号系统正是与外部世界交流互鉴的结果。[1]3 000年前，埃及新王国时座椅、马扎已经完善，三星堆神坛中突然出现坐姿，坐具可能是马扎或胡床。中原传统坐姿是跽坐或席地而坐，而垂足坐姿的出现可能与埃及新王朝有关。饶宗颐注意到《蜀王本纪》中帝王世系共十二世，从开明上到蚕丛竟有三万四千岁："我们看巴比伦的古史，曾经遇一个洪水时代，洪水以前的帝王在位，每人有万年之长，历八王而有二十四万年。"这种暗合之处不妨假定西亚文化往蜀身毒道传来，将近东巴比伦一些历史神话渗入古蜀人的古史系统。[2]和顶礼崇拜风俗一样来自南方丝绸之路。

　　三星堆衰落与西亚为中心的青铜时代世界体系崩溃大体同步。卡叠什大战标志着埃及新王国和赫梯王国进入了巅峰状态。公元前1177年前后西亚或地中海世界青铜时代世界体系崩溃。[3]东亚三星堆文化没落与西亚"青铜时代晚期崩溃"（Late Bronze Age Collapse）大体同步，证明青铜时代确实形成了东西互动世界体系。

　　2. 三星堆遗址不只是有8个器物坑，而是一个贯穿三代持续上千年的青铜时代巨大遗址。三星堆遗址从新石器时代末期到青铜时代商周之际延续达1 500年，可以分为早、中、晚三个时期。第一期是宝墩文化（公元前2500—公元前1700年），第二期是三星堆文化（公元前1700—公元前1200年），第三期属于十二桥文化。三星堆王国族群构成多元，除了原先生息在成都平原新石器时代族群外，还有从黄河上游、中原地区和长江中下游地区迁徙而来的族群。公元前3000年成都平原还是潮湿阴暗的丛林，没有长期定居的聚落。马家窑文化时代西北山区族群和长江中游族群不约而同进入平原成为最初开发者。公元前2500年以后，一些大型聚落开始修筑城墙，成

---

[1] 王献华：亚欧大陆青铜时代的三星堆文明，《中国社会科学》，2023年第1期。
[2] 饶宗颐：《西南文化创世纪：殷代陇蜀部族地理与三星堆、金沙文化》，上海古籍出版社，2010年。
[3] 埃里克·H.克莱因：《文明的崩塌：公元前1177年的地中海世界》，贾磊译，中信出版社，2018年。

都平原进入了古城林立"玉帛古国"时代。到了公元前1700年左右，三星堆地区吸收多族人群和先进文化，综合创新成为成都平原或四川盆地唯一王国。三星堆古城占地三百余万平方米，涉及12平方千米，是当时中国也是世界最大遗址之一。三星堆古城城墙夯筑而成，局部砌有土砖，亦是东亚夯筑传统与西亚南亚砖砌技术的结合。三星堆遗址最高处青关山一号大房子F1平面呈长方形，坐西北朝东南，残长约64.6米、残宽约15.7米，面积超过千平方米，是大型建筑基址。[①]

三星堆遗址集夏商周三代文化之大成，亦是东亚青铜时代典型代表。陶盉、绿松石铜牌、琮璧（有领玉璧）、圭璋、玉戈、石磬、龙、凤、虎、龟体现了三星堆夏文化特性。青铜时代正是中华文明形塑时期，三星堆对于中华文明形成和发展起到了非常重要的作用。众多不同发型或冠饰青铜人像表明三星堆是一个多民族或多族群复杂社会。三星堆出土青铜人像发型明显分成两个群体——辫发和笄发。其中辫发者占大多数，但表现宗教仪式场所的组合铜像中却全都是笄发。很有可能辫发者掌握着世俗权力，而笄发者掌握着神权。（图42a、42b）[②]

图42a、42b　三星堆出土青铜人像不同发型

---

① 《四川广汉三星堆遗址青关山一号建筑基址的发掘简报》，《四川文物》，2020年第5期。
② 孙华：《三星堆遗址与三星堆文化》，《文史知识》，2017年第6期。

齐家文化与二里头、三星堆遗址都有夏文化标志性器物鸡彝或陶盉和绿松石铜牌。邹衡认为陶盉是夏文化标志性器物鸡彝。二里头文化之外出土陶盉最多的是齐家文化和三星堆遗址。三星堆遗址出土陶盉众多，器形和质地比二里头更加古朴（图43a—43d）。绿松石铜牌天山北路林雅、齐家、三星堆、二里头遗址均有出土。孙华曾提出三星堆文化的人群可能通过甘青地区南下三星堆，因为甘肃天水出土绿松石铜牌体现了两地文化共同性。（图44a、44b）[①]

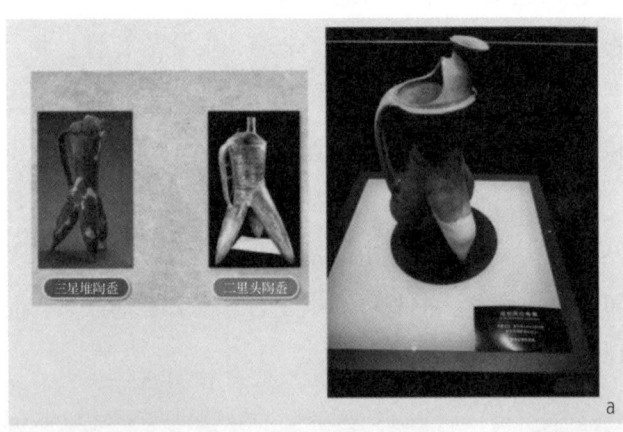

图43a—43d　三星堆出土陶盉

---

① 孙华：三星堆国家的结构和特征，《中国社会科学》，2023年第1期。

图44a、44b　三星堆出土绿松石铜牌与天水博物馆收藏绿松石铜牌

　　磬是华夏正声标志性乐器，始于大禹或夏代，盛行于三代，一直影响到当代。喇家遗址征集、出土石磬是大禹时代或夏代石磬代表，发现者王仁湘称之为黄河磬王，实际上亦是王者之器。金沙遗址出土了更大石磬，原始古朴，可称长江磬王。三星堆遗址8号坑又新出土了大量石磬残片，可拼接成一件大体呈圆角长方形石磬，长1米、宽52厘米、厚4厘米（图45）。石磬和铜铃是玉振金声原始形态，见于齐家、二里头、三星堆文化，正是华夏正声的体现。

图45　三星堆8号坑出土特磬

　　龙、凤、虎、龟四灵亦见于三星堆。3号坑出土造型新颖独特的青铜器，主体是一个昂首挺胸四肢着地的猛兽形象，头上有犄角，爪类似于龙，但尾巴却又像鸟，可能是"龙凤合体"（图46a、46b）。三星堆先民有鸟、龙、牛、羊、虎、鱼等多种图腾崇拜，3.96米高的青铜神树就体现了鸟、龙崇拜，也就是"龙凤呈祥"，可能与部落联盟有关（图47a、47b）。三星堆文化是华夏文明典型代表。

图46a、46b　三星堆青铜神树上的龙与凤

图47a、47b　三星堆出土龙与凤

3. 三星堆文化来自四面八方又自成一体，创造青铜时代文化独特典范。作为一个整体，三星堆遗址在青铜时代世界体系中独一无二，绝不是某一文明复制或移植。三星堆遗址出土文物显示进入了青铜时代王国时代，社会文化体系十分复杂又独具特色，吸收了多方面人员与文化因素，是综合创新的结果。已经确认禁止出国的4件国宝级文物举世罕见，还有新出土青铜祭坛和青铜网格玉龟更是举世无双，充分体现了三星堆文化独创性。

三星堆青铜神树众多，独树一帜。同时代其他文明中有神树，但未见如此众多青铜神树，高大的青铜神树是三星堆先民一大创作。三星堆神树有扶桑太阳和凤龙形象，乘龙升天与乘日升天信仰相辅相成。《山海经·海外东经》："汤谷上有扶桑，十日所浴，在黑齿北。居水中有大木，九日居下枝，一日居上枝。"《山海经·大荒东经》："大荒之中，有山名曰孽摇頵羝，上有扶木,柱三百里,其叶如芥。有谷曰温源谷,汤谷上有扶木。一日方至,一日方出,皆载于乌。"《淮南子·地形训》:"扶木在阳州,日之所曊。建木在都广,众帝所自上下,日中无景,呼而无响,盖天地之中也。若木在建木西,末有十日,其华照下地。"

三星堆遗址2号坑出土玉璋通长54.5厘米,发掘简报中称为"玉边璋"。器身图纹如此丰富,应是王者之器,堪称玉璋之王,是夏代圭璋制度见证(图48a、48b)。《周礼·冬官·考工记》:"大璋、中璋九寸,边璋七寸,射四寸……天子以巡守。"三星堆玉璋远大于九寸大璋、中璋,且有与众不同纹饰:器身图案呈上下对称布局,山峦上部均有圆圈象征着太阳,圆圈两旁有云气纹表现"山陵之祭"。目前出土夏代牙璋数以百计,这件三星堆牙璋是禁止出国的顶级国宝文物。

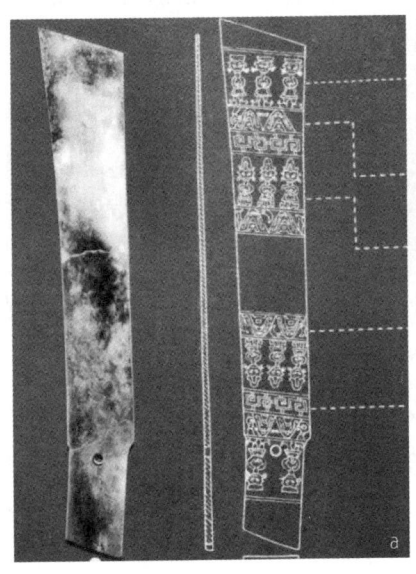

图48a 三星堆2号坑出土玉璋 48b 2号坑出土持璋跪立铜人

高度复杂青铜祭台亦是三星堆人另一大创作。其他文化中有土祭台或石祭台,尚未发现能与三星堆祭台比肩的高大复杂的青铜祭坛。无比高大复杂的祭坛也应该是禁止出国的顶级国宝文物。

青铜网格玉龟形器空前绝后又举世无双,无疑亦是三星堆文化传统独特标志。7号坑器物层之上象牙层数量多、保存也较好,器物层主要以小型青铜器和大量玉石器为主,其中最重要器物就是"龟背形网格状器"。铜与玉纠缠结合意味着东亚本土玉帛文化与外来青铜文化相融而结晶,体现了众多华夏文化因素:龟、龙、玉帛、金铜……《今本竹书纪年》引《宋书·符瑞志》尧在位七十年:"乃有龙马衔甲,赤文绿色,缘坛而上,吐《甲图》而去。甲似龟,背广九尺,其图以白玉为检,赤玉为柙,泥以黄金,约以青绳。检文曰'闿色授帝舜'。言虞当受天命,帝乃写其言,藏于东序。""龟甲、白玉、黄金、青绳",尧舜禅让时"河图洛书"描述与三星堆出土龟背形网格器若合符节。三星堆二期文化很可能是夏末商初时迁入成都地区的夏遗民与当地土著居民相结合创造的文化遗存,王权交接象征物青铜网格玉龟形器被舜传给禹,又被禹后人带入蜀地。

　　世界青铜文明主要存在三种形态:以人像为突出特征的东地中海青铜文明、以武器为代表的亚欧草原青铜文明和以容器为核心的中国青铜文明(或称为东方青铜文明)。三星堆显然集西亚青铜人(神)像与东亚青铜容(礼)器之大成,但缺乏亚欧草原青铜兵器。复杂青铜祭台与埋藏坑空前体现了三星堆文化之复杂与独特。三星堆并不是局部单一文明,而是多源合一复合文明。三星堆文化不是单纯的古蜀文明,而是系统吸收了欧亚大陆青铜时代新文化因素,也全面继承了东亚定居农业文化玉帛古国精神,综合创新形成了独特辉煌的三星堆文明,举世瞩目,不久将会列入世界文化遗产名录。

　　全球史的核心理念是互动,不同人群相遇之后相互影响,小地方与大世界互动。某个地区的发明创造可以在世界范围内引起连锁反应,中心与周围是直接互动,中心与边缘是间接互动。石器时代人类靠两足行走近距离接触互动是主要形式,青铜时代车辆和骑乘的发明与普及使长距离互动成了人类日常活动。海洋和山脉不能阻止人类迁徙和交流。帕米尔高原西边或中亚与西亚之间有青金石之路,东边或中亚与东亚之间有玉石之路,沟通东西的是青铜之路。洲际互动在青铜时代已蔚然成风。牛羊往来,骏马奔驰,麦浪滚滚,欧亚非三洲之间并无明确分界线,旧大陆已形成连续互动的世界体系。

　　三星堆人继承了万年东亚定居农业文化玉帛古国精神,也吸收了5 000

年青铜游牧文化活力，创造了独特的三星堆文明。演化和传播是人类文化发展的两种主要形式。演化缓慢，以量变为主；传播迅速，常常引起质变。中国新石器时代6 000多年发展缓慢，漫长而和平；进入青铜时代明显加速、日趋复杂，战争或改朝换代不断重演。传播论和进化论并不总是对立的，传播亦是文化进化的动力或方式，只有将两者结合的互动论才能阐明三代文化的起源与发展。青铜时代东亚代表性遗址三星堆亦是世界体系关键遗址。世界体系中心与外围是相对的，因时而变，且可有多个中心。所谓四大文明古国实质上是青铜时代世界体系的四个中心。青铜时代早中期，中国处于世界体系边缘，晚期三星堆遗址和殷墟遗址一样表明东亚成了世界体系中心之一。

三星堆山川祭祀乐舞形态考

黄维敏

（四川省社会科学院研究员）

1986年8月，在三星堆2号器物坑中出土了一件玉璋，编号为K2：201—4。整个玉璋长54.2厘米、宽6—8.8厘米、厚0.8厘米，正反两面线刻相同的四组八幅图案，单面四组图案分为相对的上下两组，图案之间用带状几何云雷纹相隔。玉璋图案包括16座山、22个人像、8只牙璋、4只象牙，还有其他一些难以辨识的图案。根据玉璋图案的内容，专家称其为"祭山图"。玉璋反映出三星堆时期古蜀人存在山崇拜信仰，[1]赵殿增认为三星堆玉璋祭山图所祭的神山，应当是西北方的岷山[2]，高峻雄伟的岷山是古蜀人祖先神灵所居之地，古蜀人遥祭岷山，向祖灵祈告保社稷山川平安。古蜀先民将祭山仪式刻画在玉璋上，为我们保留下了具有细节与画面感的仪式场景，历3 000多年历史而鲜活生动如初（图1）。

一、古蜀国的山川崇拜信仰

山川崇拜信仰在文明早期十分盛行，盖因先民生活在一个被山川包围的环境，"夫山，草木生焉，鸟兽蕃焉，财用殖焉，生财用而无私为焉，四方

---

[1] 张肖马：《三星堆古蜀王国的山崇拜》，《考古与文物》，2010年第5期，第44页。
[2] 赵殿增：《三星堆祭祀形态探讨》，《四川文物》，2018年第2期，第63页。

皆伐焉，每无私予焉，出云气以通乎天地之间，阴阳和合，雨露之泽，万物已成，百姓以享受"[1]。山川既是先民赖以生存的自然地理环境，又为他们提供必要的生产与生活资料，还以其深沟险壑护佑人类保一方平安。同时山与天地相通，阴阳交感和合以致云行雨施，气象万千变幻莫测，使初民不由得产生敬畏与崇拜之心，认为山川住着冥冥中的神灵，掌握着人类的生杀予夺。换言之，先民的山崇拜信仰主要源于山所拥有的"自然力""社会力"和"神力"三种因素，并经历了由具象的自然神崇拜到抽象的鬼神崇拜的发展过程。

考古材料与先秦文献中不乏山川祭祀的遗存与记载，大汶口莒县灰陶尊的日月山三形一体符号，暗示新石器时代黄河流域已有山川崇拜迹象[2]，甲骨文中也出现过"十山""五山""三山"，陈梦家、常玉芝等人已有相关研究。[3] 殷墟卜辞中有大量祭祀河神的内容[4]，也有很多祭山求雨内容。从文献记载来看，山川崇拜的历史更为久远，《毛诗正义·崧高》曰："尧之时，姜氏为四伯，掌四岳之祀，述诸侯之职。于周则有甫、有申、有齐、有许也。"孔颖达正义："崧者，山形竦然，故为高貌"[5]，崧即高大的山，相传尧之建官，立四伯主四时四方之岳，姜氏则为四方王官之伯，主掌四岳之祭祀，述其岳下诸侯之职，如德配岳神之意，则岳降神护佑其子

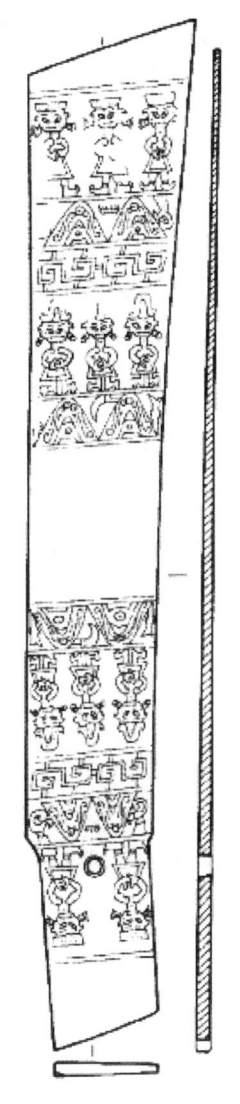

图1 三星堆玉璋祭山图

---

[1] 刘殿爵、陈方正主编：《香港中文大学中国文化研究所先秦两汉古籍逐字索引丛刊经部第五种尚书大传逐字索引》，商务印书馆，1994年，第29页。
[2] 关于大汶口陶文研究颇多，相关综述可参看范正生：《大汶口陶符与将军崖岩画考释》，山东大学硕士学位论文，考古学及博物馆学专业，2008年。
[3] 陈梦家：《殷虚卜辞综述》，中华书局，1988年，第594页；常玉芝：《商代宗教祭祀》，中国社会科学出版社，2010年，第159—162页。
[4] 姚孝遂主编：《殷墟甲骨刻辞类纂》，中华书局，第465—466、488—496页。
[5] （汉）毛亨传，（汉）郑玄笺，（唐）陆德明音义：《毛诗传笺》，中华书局，2018年，第247页。

孙，使之历代有国，到周之世，则有甫、有申、有齐、有许四国掌祭四岳，这四国都为姜氏之后代苗裔。尧之世建立了由姜氏四伯祀四岳的制度，并一直延续传承至周，可见早在尧之世，山川祭祀即已被纳入王权之中，具备了制度化、政治化的功能。三星堆玉璋上的祭山图，刻画精美、构图严谨、仪轨完备，显示古蜀国的山川祭祀同样具有规范化的特征，其背后理应有一套完备的制度设计，昭示着古蜀国日渐成熟的礼乐文明。

祭祀必乐舞，最早的祭祀和巫术活动都是伴随着音乐、舞蹈一起进行，祭祀乐舞作为祭祀仪式的组成部分被用于"通神""娱神"，先民用音乐、舞蹈去与天地日月、山川鸟兽、祖先神灵相交感，以表达禳灾、祈福、保平安的愿望与意图。三星堆玉璋刻画的山川祭祀图，自然也伴有乐舞，但玉璋祭山图上有限的信息无法提供祭祀乐舞的表现形态，我们只能借助考古材料和先秦文献记载，在比较的文化视野中对其进行想象性的场景还原。

二、玉璋的"祀与戎"功能

三星堆"祭山图"的发生时期，据朱乃诚考证，其上限不超过二里岗文化时期，下限应在殷墟二期后段之前，玉璋施刻时期约在公元前1300—公元前1200年之间。① 由此，我们可据玉璋上有限的图像资源，与年代相近的商周时期的山川祭祀做比较。

首先，祭山图刻于玉璋之上，玉璋本身即提供了明确的符号信息资源。璋是古代重要的礼器之一，多用于祭祀山川，《周礼·典瑞》记载："璋邸射以祀山川，以造赠宾客。"② 璋作为礼器经历了一个发展过程，早期牙璋单纯用作祭祀山川，后来曾被用作武器，大约距今3700年前后，中原牙璋才转化为宫廷礼仪重器和王权象征，被赋予"祀与戎"的政治宗教功能，将神权与王权融为一体，此一时期也正是三星堆文化兴盛的时期。据朱乃诚考证，三

---

① 朱乃诚：《三星堆祭祀坑出土"祭祀图"牙璋考》，《四川文物》，2017年第6期，第53页。
② （汉）郑玄注，（唐）贾公彦疏，（清）阮元校刻：《十三经注疏·周礼注疏》，中华书局，2009年，第1678页。

星堆牙璋起源于中原,是夏时期兴起、流传的一种器物,成都平原三星堆遗址出现的牙璋,可能是夏部族的一支辗转西迁的结果。①如果此说成立,那么三星堆玉璋与中原夏文明有内在的承续,同样具有"祀与戎"的礼器功能。

其次,三星堆玉璋属于牙璋、边璋,按周代礼制,"牙璋以起军旅,以治兵守"。②牙璋用于与军事活动密切相关的山川祭祀,玉璋大小的规格与祭祀的山川大小、祭祀事情的重要性相匹配,郑玄注《周礼·玉人》:"天子以巡守,有事山川,则用灌焉,于大山川,则用大璋,加文饰也。于中山川,用中璋,杀文饰也。于小山川,用边璋,半文饰也。"③小山川祭祀用边璋,表明祭祀的事情不十分重要。三星堆玉璋按其规格,可能是用于小山川的祭祀,祭祀的事情应当为小型军事活动。

最后,祭山图上的牙璋、象牙也昭示了军事象征意义。三星堆玉璋祭山图单面上下两组图案的下层,山的外侧刻有8个牙璋,两山之间悬4枚弧形象牙,牙璋与象牙,也在昭示祭山仪式与军事活动之间的关系。玉璋与战争相关自不待言,值得探讨的是,祭山图中4枚象牙的文化象征意义,象牙在三星堆出土器物的祭祀场景中多有出现,稍晚的金沙遗址也同样出土了一枚肩扛象牙纹玉璋,刻画了两组头戴高冠、着长袍、跪坐、肩扛象牙的人像,该图案与三星堆玉璋"祭山图"颇类似,被认为可能是象牙祭祀活动的一种方式。④象牙祭祀在殷商时期的遗址中也有发掘,但都是被做成首饰和装饰品,不像三星堆和金沙遗址大量出土,且保持原样未有加工。关于象牙在祭祀中的宗教文化意涵,学者多有研究,叶舒宪教授认为,象牙是最初被初民筛选出的通灵辟邪圣物,俄罗斯桑吉尔的墓葬考古中两个戴大量象牙珠的孩子是当时社会祭祀用的祭品,与三星堆祭祀坑里所发现的成吨的象牙祭品功能,构成了隔代的对应,而俄罗斯墓葬中出土的象牙,可能用来代表长矛。⑤

---

① 朱乃诚:《三星堆祭祀坑出土"祭祀图"牙璋考》,《四川文物》,2017年第6期,第54页。
② (汉)郑玄注,(唐)贾公彦疏,(清)阮元校刻:《十三经注疏·周礼注疏》,中华书局,2009年,第1678页。
③ 同上书,第1996页。
④ 张擎:《金沙遗址出土的两件文物介绍》,《南方文物》,2007年第2期,第131页。
⑤ 叶舒宪:《三星堆祭祀坑新发现丝绸及象牙的文化意义——"玉帛为二精"三续考》,《艺术考古与艺术史》,2021年第4期,第82页。

此说可以解释象牙和玉璋在三星堆祭山图中同时出现的意义，其战争和军事的指向不言而喻。古蜀之地盛产大象，《山海经·中山经》记有"岷山，江水出焉……其兽多犀、象，多夔牛"[①]。大象为陆地最大动物，体形庞大，力量惊人，很有助于打仗，能够禳灾保平安，很可能在三星堆文化时期被用于战场。后象牙被刻画在玉璋上，作为战争和军事的图腾符号，也体现了三星堆山川祭祀所具有的独特文化意涵。

由此可见，三星堆玉璋的祭山图，与军事活动密切，按其规格与图案上内容，可能是在一场小型的军事活动前，用以祭祀小山川所用，与中原玉璋的礼器功能所具有的文化意涵遥相呼应、一脉贯通。

三、商周时期的山川祭祀乐舞形态

祭祀必伴以乐舞，乐舞的起源大致可以追溯至新石器时代初期，祭祀乐舞与军事活动天然地联系在一起。格罗塞在《艺术的起源》一书中说道："除了战争以外，恐怕舞蹈对于原始部落的人是唯一使他们觉着休戚相关的，同时也是对于战争的最好准备之一，因为操练式的舞蹈有许多地方相当于我们的军事训练。"[②]军事乐舞在先秦文献又被称为"干傩""干舞""干戚舞""大武舞"等。《山海经·中山经》曰："干傩，用兵以禳，祈，璆塞舞。"[③]"干傩，置鼓。"[④]郭璞注"傩者，持盾武傩也"[⑤]。干舞，即持盾而舞，并以鼓击乐相配合。《山海经·海外西经》记载了一则神话："刑天与帝争神，帝断其首，葬之常羊之山，乃以乳为目，以脐为口，操干戚以舞。"[⑥]《韩非子·五蠹》中也记载了虞舜时代曾用"干戚舞"打败古代的三

---

① 袁珂校注：《山海经校注》（卷五）"中山经"，巴蜀书社，1992年，第189页。
② ［德］格罗塞著：《艺术的起源》，蔡慕晖译，商务印书馆，1984年，第170—171页。
③ 袁珂校注：《山海经校注》（卷五）"中山经"，巴蜀书社，1992年，第195页。
④ 同上书，第163页。
⑤ （晋）郭璞传，（清）郝懿行笺疏：《山海经笺疏》，齐鲁书社，2010年，第4861页。
⑥ 袁珂校注：《山海经校注》（卷七）"海外西经"，巴蜀书社，1992年，第258页。

苗部落，"（舜）乃修教三年，执干戚舞，有苗乃服"[①]。刑天的"干戚之舞"在神话意蕴中是战争之神生命不息、顽强抗争的精神表征，舜用干戚舞打败三苗，则是用战争巫术慑服敌人，体现了干戚舞在文明早期更具有神权和巫术融合的文化特性。

干戚舞在夏商周经历了从巫舞功能向宗庙功能的演变，成为集巫术乐舞与宗庙山川祭祀于一体的仪式，干戚（盾牌和斧头）亦从实战功能的兵器演变成具有象征意涵的礼器，所谓"形兵实礼"也。夏代乐舞据说名为《九辩》《九招》《九脚》《九歌》等，也就是万舞[②]，殷墟卜辞显示商代已将干戚舞用于祭祀，且舞具不局限于盾牌和斧头，还有戈、钺等兵器[③]。《史记·殷本纪》记："汤自把钺以伐昆吾，遂伐夏桀。"钺与武舞即密切相关，商代武舞已形成一定的步伐规则："三伐。五伐。十伐。"[④]据称《大濩》是商汤以武力征服天下后所形成的乐舞名称，《诗经·商颂·那》描述商王祭祀先祖时演奏《大濩》，群起作"万舞"时的礼乐之盛："猗与那与，置我鞉鼓，奏鼓简简，衎我烈祖。……庸鼓有斁，万舞有奕。"[⑤]在鼓声中，殷人跳起万舞（干舞），显示商代干舞已将音乐、舞蹈、祭祀融于一体，并有严格规范，宗庙祭祀乐舞的诸多特征。

周代乐舞吸收了夏商时代的乐舞，建立了严格规范的乐舞礼制，"把祭祀仪典的宗教精神扭曲和重构成温柔敦厚的礼乐精神"[⑥]，形成了集乐、舞、歌于一体的规范化的宗教礼制，并将其作为规范社会政治、军事、文化的重要组成部分。周代乐舞称《六舞》和《小舞》，所谓《六舞》，乃"六代之乐舞"，即黄帝、尧、舜、夏、殷、周的乐舞，分别为歌颂黄帝的《云门》《大卷》、尧的《大咸》、舜的《大磬》、禹的《大夏》、商汤的《大濩》、武王的《大武》。《小舞》是周代巫师用来教育"胄子"的，同时也具备一定的祭祀

---

① 王先慎：《韩非子集解》，中华书局，2013年，第86页。
② 陈梦家：《商代的神话与巫术》，《燕京学报》，1936年第20期，第536页。
③ 李绍华：《〈周礼〉小舞考述》，《音乐与表演》，2021年第3期，第149页。
④ 郭沫若，胡厚宣：《甲骨文合集》，中华书局，1982年。
⑤ （宋）陈旸撰，《乐书》点校卷第七十四商颂，中州古籍出版社，2019年，第346页。
⑥ 郭英德：《世俗的祭礼》，国际文化出版公司，1988年，第21页。

功能。"大乐师掌国学之政,以教国子小舞,凡舞有帗舞,有羽舞,有皇舞,有旄舞,有干舞,大人舞。"①《小舞》使用的是非正式的祭祀场合,与王国的"祀与戎"军政大事关系不大,主要用于祭祀宗庙山川社稷先祖的乐舞是《六舞》,其中明确用于山川祭祀的是《大夏》:"乃奏蕤宾、歌函钟、舞大夏,以祭山川。"②干舞(兵舞)也用于祭祀山川,"舞师掌教兵舞,帅而舞山川之祭祀"③而《六舞》中的《大武》是典型的干舞、兵舞,从具有实战功能的巫术乐舞演变而来,成为一种具有规范表演仪式的祭祀舞蹈。商周时期之所以将军事活动与祭祀山川联结,是因为山川艰险坚固,可以抵御外敌,为国家提供安全屏障,王氏昭禹曰:"兵舞干舞也,山川为国阻固,故以干舞之,干之言扞也。"④在高山大川前举行军事祭祀仪式,一是为了祈愿战争胜利国家平安,二是祈愿获得强大的力量和防卫。

商周乐舞规范化、制度化有如下三个特征。

一是舞有大小、文武之分

周代乐舞有大小、文武之分,不同等级和规格的乐舞有不同的舞容,关于大小舞的区分,贾公彦疏曰:"大司乐所教是大舞,乐师所教者是小舞。"⑤"正祭用大舞,祈请用小舞。"⑥即大舞是大司乐所教,用在正式的祭祀场合;小舞是乐师所教,用在向神祈愿的场合。大小舞在舞容形态上的区分:"文舞之大,用羽、籥;文舞之小,则有羽无籥,谓之羽舞。武舞之大,用干、戚;武舞之小,则有干无戚,谓之干舞。"⑦大文舞用羽籥,大武舞用干戚,小文武只用羽,小武舞只用干。《大夏》便是典型的大文舞,《大夏》又叫《夏籥》,执旄羽帗以舞,以颂赞禹治水的功绩。《左传·襄公二十九年》

---

① (汉)郑玄注(唐)贾公彦疏(清)阮元校刻:《十三经注疏·周礼注疏》,中华书局,2009年,第1713页。
② 同上书,第1703页。
③ 同上书,第1553页。
④ (清)秦蕙田撰,方向东、王锷点校:《五礼通考》(卷四十六)"吉礼",清文渊阁四库全书本,第939页。
⑤ (汉)郑玄注,(唐)贾公彦疏,(清)阮元校刻:《十三经注疏·周礼注疏》,中华书局,2009年,第1701页。
⑥ 同上书,第793页。
⑦ (元)脱脱等撰:《宋史》卷一百二十九志第八十二乐四,中华书局,1985年,第3019页。

记载"季札观乐",吴公子季札在鲁国看见《大夏》舞,赞叹道:"美哉!勤而不德,非禹,其谁能修之!"①"勤而不德",即是颂赞大禹勤劳为民却不居功的美德。《大武》则是执盾牌和斧头的干舞、兵舞,《礼记·明堂位》云:"朱干玉戚,冕而舞《大武》",郑注:"朱干,赤大盾也。戚,斧也。"②《大武》手执红盾玉斧跳的祭舞,以展示周武王克纣时的雄壮威武气势。

二是舞与不同的乐器相配

依典籍所载,乐舞在演奏中要配以"鼗鼓钟磬祝敔"之类器乐,《礼记·乐记》云:"钟鼓管磬,羽籥干戚,乐之器也。"③其中祭祀乐舞中常用鼓、磬、籥,《礼记·明堂位》:"土鼓蒉桴苇籥,伊耆氏之乐也。"④这几种乐器以土、石、竹、苇草等自然材料制成,原始古朴,传承久远,是来自上古炎帝神农氏的乐器,商周时期分别与文、武舞祭祀仪式相配。武舞用鼓,鼓声宏壮激昂、气势磅礴,能够鼓舞士气震慑敌人,《周礼·地官》:"鼓人掌教六鼓、四金之音声。……以雷鼓鼓神祀,以灵鼓鼓社祭,以路鼓鼓鬼享,以鼖鼓鼓军事,以鼛鼓鼓役事,以晋鼓鼓金奏。"郑注:"大鼓谓之鼖鼓,鼓长八尺。"⑤即军事祭仪所用为八尺大鼓。文舞祭祀仪式则用磬、籥;磬为石质乐器,《尚书·舜典》载"(夔)击石拊石,百兽率舞"使"八音克谐,无相夺伦,神人以和"⑥。巫师夔所敲击的"石"便是磬,磬与钟合奏,发出庄严、低沉、悠远之宫声,能够沟通神人,弥伦天地,营造祥和肃穆的气氛。《礼记·乐记》云:"石声磬磬以立辨,辨以致死,君子听磬声则思死封疆之臣。"孔颖达疏:"磬声能和,故次钟也,言磬轻清响矣,叩其磬则其声磬磬然

---

① 郭丹等译注:《左传·襄公二十九年》,中华书局,2018年,第1476页。
② (汉)郑玄注,(唐)孔颖达正义,(清)阮元校刻:《十三经注疏·礼记正义》,中华书局,2009年,第3126页。
③ 同上书,第3230页。
④ 同上书,第3317页。
⑤ 同上书,第1552页。
⑥ (汉)孔安国传,(唐)孔颖达等正义,(清)阮元校刻:《十三经注疏·尚书正义》,中华书局,2009年,第276页。

矣。"①磬声清越、明亮，余韵悠长，具有使人明辨的乐德，编磬在宗庙祭祀、宗族盛宴等大典时与编钟一起合奏，发出"既和且平，依我磬声"的金石之声。大文舞《大夏》所用乐器为"籥"，"籥如笛，三孔"②。籥是类似笛子的三孔竹制乐器，根据杨荫浏先生的《中国古代音乐史稿》考证，"籥"仿编管吹奏乐器之形，可能是后来排箫的前身。③"籥"发出"蕤宾之午，函钟之未"的宫声，具有中正、和平、庄严的声音之德。

三是舞有严格的步伐队列人数

周时干戚之舞程序很规范，对舞者步伐都有严格要求，不得愆越。《牧誓》曰："不愆于六步、七步，乃止，齐焉。……不愆于四伐、五伐、六伐、七伐，乃止，齐焉。"④《礼记·乐记》"驷伐"郑注："驷当为四，武舞，战象也。每奏四伐，一击一刺为一伐。"⑤乐舞表演人数也有明确规定，《左传·隐公五年》："九月，考仲子之宫，将万焉。公问羽数于众仲。对曰：'天子用八，诸侯用六，大夫四，士二。夫舞所以节八音而行八风，故自八以下。'公从之，于是初献六羽，始用六佾也。"⑥按乐舞祭祀的等级，天子用8人一佾，共八佾64人，诸侯六佾36人，大夫四佾16人。在整齐有序的舞蹈动作和鼓、磬声中，人与神相感相通，即《周颂·执竞》谓"钟鼓喤喤，磬管将将，降福穰穰"⑦是也。

---

① （汉）郑玄注，（唐）孔颖达正义，（清）阮元校刻：《十三经注疏·礼记正义》，中华书局，2009年，第3341页。
② 同上书，第3317页。
③ 杨荫浏：《中国古代音乐史稿》，人民音乐出版社，2004年，第25页。
④ （汉）孔安国传，（唐）孔颖达等正义，（清）阮元校刻：《十三经注疏·尚书正义》，中华书局，2009年，第389页。
⑤ （汉）郑玄注，（唐）孔颖达正义，（清）阮元校刻：《十三经注疏·礼记正义》，中华书局，2009年，第3343页。
⑥ （宋）吕祖谦：《左氏博议·隐公五年》"隐公问羽数于众仲"，浙江古籍出版社，2017年，第26页。
⑦ （汉）郑玄笺，（唐）孔颖达疏，（清）阮元校刻：《十三经注疏·毛诗正义》，中华书局，2009年，第1270页。

四、古巴蜀地区的乐舞形态

从三星堆目前的出土文物来看，疑似乐器的包括石磬、铜鼓、铜璧、青铜鹰形铃、花蒂形铃、兽面铃、各种铜牌形响器等。2021年5月30日，三星堆8号祭祀坑内出土了一件形似喇叭的铜器，其边缘穿孔，中间有朱砂填涂，旁边还发现了一件铜铃。考古发掘人员推测，这件形似喇叭的器物，或许是一只铜鼓，8号坑同时还出土了一件大石磬。鼓和磬都是最原始古老的乐器和礼器，与巫术祭祀乐舞分不开，联系三星堆玉璋祭山图，笔者据此推测，8号坑出土的铜鼓和磬，极有可能为文、武舞的军事祭祀仪式所用。石磬、铜鼓的出土也表明，古蜀国具有与商周时期同根同源性的乐舞礼制，用周代的礼乐制度为参照，可对古蜀国祭山仪式中的乐舞形态进行想象性的场景还原。

三星堆时期乐舞有文、武之分，玉璋上刻画的祭山图，比较符合文舞的特征，使用乐器应当是磬。22个人物，头戴冠冕，耳戴套环，神态端庄，呈跽式静立，关于这22个人物的身份，有学者认为是祭司，笔者认为应是祭礼仪式中掌磬的磬师，自然也担当了祭司之职。《周礼·春官宗伯》记："磬师，中士四人，下士八人，府四人，史二人，胥四人，徒四十人。"郑玄注："磬师，掌教击磬击编钟。"[①] 巧合的是，周代祭祀击磬的磬师数刚好也是22人，与三星堆祭山图上的人数完全一样，二者之间似有某种遥远的联系。文舞的祭祀仪式不似武舞那样，有面对高大山川才能表现出的磅礴雄壮气势，文舞以颂赞祭告祖灵为目的，或用于小型军事活动，祭祀于小山川之前以祈愿和平。

三星堆遗址没有发掘出武舞祭祀形态的出土物，但商周时期古巴渝之地流行一种类似"武舞"的乐舞，叫作"巴渝舞"，可为还原三星堆武舞形态提供一种参照。巴渝舞发源之地在今阆中渠水一带，此地多山，是古巴地土

---

① （汉）郑玄注，（唐）贾公彦疏，（清）阮元校刻：《十三经注疏·周礼注疏》，中华书局，2009年，第1626页。

著民族板楯蛮的居所，板楯蛮以善用板楯得名，板楯即木盾，是战争武器，足见其民性彪悍，骁勇善战。相传殷商时期，巴人曾助周武王伐纣，并用巴渝舞战胜了殷人，获得了战争胜利，此事迹记载于《华阳国志·巴志》中："周武王伐纣，实得巴蜀之师，著乎《尚书》。巴师勇锐，歌舞以凌殷人倒戈，故世称之曰：武王伐纣，前歌后舞也。"[1]巴渝舞"前歌后舞"，帮助武王打败商纣，可想而知是极具战斗威力的乐舞，其舞容应与周代《大武》相近，甚至《大武》很可能吸收了巴渝舞的表演形态，合理猜测周武王见证了巴渝舞的强大实战威力，于是命令乐师吸纳巴渝舞的表演精髓，从而创作了《大武》。

西汉时期巴渝舞又显威力，帮助汉高祖打败了秦国，深得汉武帝喜欢，"高祖喜观其舞，故有巴渝之乐，……乃命乐人习之，所谓巴渝舞也"[2]。成为伶人的表演舞蹈，并有一整套辞曲相配，《古乐府·巴渝乐府》记曰："巴渝本舞名，即鞞舞也。……按舞曲四篇：一曰《矛渝》，二曰《安弩》，三曰《安台》，四曰《行辞》，其辞既古，莫能晓其句读。"[3]鞞舞，一作鼙舞，"执鞞鼓而舞，故名"。舞曲有矛渝、安弩、安台、行辞四种，其歌词古奥无人能晓其意，从字面意思来看，应当是持矛和弓弩表演的舞蹈，伴奏乐器则是激越雄壮的鼓。在铜鼓声排山倒海的伴奏下，古代巴人跳着粗犷的原始野性舞蹈，以鼓舞士气威吓敌人。

巴渝舞在商周时期的原始形态，可通过西南地区遗存的一件铜鼓图加以还原，闻在宥在《古铜鼓图录》中所载的开化铜鼓，大约出现于公元前7世纪云南滇中至滇西一线，鼓面主晕为一队羽人舞图案，舞者羽冠长裙，左手执盾牌，两侧各有铜鼓两面，沙锣一架，击鼓者四人，击锣者二人。从乐舞表演所用道具来看，羽毛、盾牌、斧钺和铜鼓，都是《周礼》所记"大武舞"的要素。图案上舞者四人一列，共计四列，即四佾16人，与周代大夫

---

[1] （汉）常璩、刘琳：《华阳国志》，巴蜀书社，1984年，第21页。
[2] （汉）班固著，（唐）颜师古注，（清）王先谦补注：《汉书补注》"西域传第六十六下"，商务印书馆，1959年，第5550页。
[3] （宋）郑樵撰，《通志二十略》"清商曲 七曲"，中华书局，1995年，第904页。

等级相当，少数民族的邑侯里君属于大夫等级，乐舞人数符合礼制规定。巴渝舞也属于蛮夷乐舞，按周代礼制，舞者人数也应当为16人。

三星堆8号坑出土的鼓，表明古蜀国同样有气势强大的武舞，其表演形态可与同为巴蜀之地的"巴渝舞"相参证，随着三星堆发掘工作的不断推进，或许会让我们有幸见证到古蜀国武舞的形貌。

综上所述，三星堆玉璋祭山图，与乐舞相伴生，有军事祭祀的目的，在小型军事活动之前，以乐舞仪式祭祀山川，在庄严、和平的磬声伴奏声中，面向祖灵所自的岷山，祈愿安全、和平，获得战争胜利，或者歌颂战争功绩。玉璋祭山图与商周时期流行于巴地的巴渝舞，分别体现了"文舞"与"武舞"的仪式特征，表明古巴蜀地区亦拥有本土的乐舞文化，且具有严格规范的表演仪式，与商周的礼乐制度遥相呼应，与中原文明之间具有内在的承续性与共通性。

重生、变形与转换：
三星堆龟背形网格器符号的神话认知[*]

王 倩

（扬州大学文学院）

一、引 言

龟背形网格器是三星堆遗址7号祭祀坑2021年出土的青铜器文物，出土后引起了各界的密切关注。龟背形网格形器呈长方形，上下对称，其中一侧还有合页与插销，用来闭合。该器物中间为椭圆形，中部隆起，周边为矩形边框，四角向外伸出四个龙头，其中一个残缺。青铜网格及玉器表面均有大量纺织物残余。两条青铜条带穿过网格和玉器（图1）。尤其值得注意的是，该网格状青铜器里面包裹着一块青绿色的玉石，相当于一个裹着丝绸的精巧铜盒里装了一块美玉。后期清理中还发现了一颗小的绿色玉石。在网格状器表面，还有明显的铜片附着痕迹及丝织品的残存。在网格状器背部侧面露出的部位，发现了泥土中有大块黄金器物。这个形状独特的龟背形网格器出土后引起了社会各界的关注，但因该器型极为独特，以往出土文物中并无发现类似的造型，加之缺乏文字资料，学术界关于该青铜器的研究尚不多见。

---

[*] 本文为江苏高校哲学社会科学研究重大项目"中国与希腊的文明起源神话比较研究"（编号：2020SJZDA132）阶段性成果。

重生、变形与转换：三星堆龟背形网格器符号的神话认知 | 155

　　本论文探讨的主要问题是：三星堆龟背形网格器究竟是什么？该问题涉及三个层面的小问题：一、龟背形网格器的出土情境是什么样的？这方面的考察包括7号坑出土文物的生成时间、数量、类型、物理位置，龟背形网格器在7号坑中的具体出土位置，以及它与其他出土文物之间的关系。这部分内容旨在考察龟背形网格器的物理属性，确定其在7号坑中的具体位置与作用。二、龟背形网格器蕴含了何种神话认知与信仰？这方面的探讨意在考察龟背形网格器的符号建构与神话信仰之间的内在关联，主要包括构成龟背形网格器的龟与龙两种神话形象，以及青铜、黄金、玉石、丝帛这四种物质。本部分重点探讨龟与龙在神话信仰中具有的导引亡灵升天的作用，以及青铜、黄金、玉石与丝帛这四种物质与生命不朽之间的认知关联。三、龟背形网格器的功能是什么？该层面的考察主要确定龟背形网格器具有的象征宇宙天圆地方的空间结构，以及导引亡灵升天继而获得不死生命的象征性作用。在探讨过程中，论文还探讨了玉帛信仰在中国的发生时间，青铜与黄金认知发生的时间，以及玉帛信仰对龟背形网格器具有的理念性塑造作用。

图1　三星堆龟背形网格器
（图片来自四川在线，摄影：记者吴晓铃）

二、龟背形网格器的出土情境

从词源学来看,"情境"一词最先见于语言学,逐步被文学和艺术研究借用,索绪尔符号学大行其道之后,情境更是广泛地融入各个学科之中。在词源意义上,情境指文辞的连缀、关联和环境,意指词汇的表达方式。本文所探讨的情境性原则意义上的情境,实际上是从情境考古学借用过来的一个术语,它是考古学者解读器物意义的重要尺度。情境考古学的倡导者考古学家伊恩·霍德(Ian Hodder)这样定义情境:"每个客体同时存在于多个相关的尺度中,因此,一旦资料存在,则一个关联和对比的丰富网络可以用于建立意义的解释。围绕着任何客体变化的相关尺度的总和可以定义为客体的情境。我们试图赋予意义的客体x的相关情境就是按以上方式形成显著模式的客体x的所有相关资料。考古学意义上对情境的更精确的定义就是'相关环境的总和',所谓'相关'指的是客体的显著关系,就是可以用来定义客体的意义的必要关系。"[①] 本论文采用考古学意义上情境来解读龟背形网格器与7号祭祀坑内其他器物之间的关系,进而解读龟背形网格器本身的蕴含。

三星堆迄今共计发掘出8个祭祀坑,7号祭祀坑只是其中之一。早在1999年,在1号和2号祭祀坑发掘之后,考古学者依据地层关系和器物类型的断代方式就对其进行了断代:"1号祭祀坑器物埋藏的下限不会晚于殷墟二期,上限不会早于殷墟一期,应在殷墟一期之末与殷墟二期之间。"[②] 关于2号坑的时间,考古学者同样有明确的断代:"2号祭祀坑的器物埋藏的年代应在殷墟二期至三、四期之间,上限早到殷墟二期偏晚阶段,下限延续至殷墟三、四期。"[③] 其他祭祀坑的时间段分别如下:"3号坑埋藏行为所发生的时间落在公元前1117—公元前1012年之间的概率是95.4%,落在公元前1109—公元前1016年之间的概率是68.3%;4号坑埋藏行为所发生的时间落在公

---

① [英]伊恩·霍德、司各特·哈特森著:《阅读过去》,徐坚译,岳麓书社,2005年,第160页。
② 四川省文物考古研究所编:《三星堆祭祀坑》,文物出版社,1999年,第429页。
③ 同上书,第432页。

元前1187—公元前1180年之间的概率是1.4%，落在公元前1126—公元前1016年之间的概率是94.1%，落在公元前1115—公元前1054年之间的概率是68.3%；6号坑埋藏行为所发生的时间落在公元前1201—公元前1019年之间的概率是95.4%，落在公元前1125—公元前1054年之间的概率是68.3%；8号坑埋藏行为所发生的时间落在公元前1117—公元前1015年之间的概率是95.4%，落在公元前1111—公元前1020年之间的概率是68.3%。而根据这些研究结果，初步可以判断三星堆所发现的几个埋藏坑形成年代处于商代晚期，形成时间大致相当。"① 以上年代断定并未涉及7号祭祀坑，主要是由于7号坑碳十四数据样品保存状况不好，到目前还没有获得足够的数据。

不过我们可以从其他祭祀坑与7号坑的关系，大致判定7号祭祀坑的时间。学者施劲松指出："从8座祭祀坑的位置、方向、规模及埋藏物的相似程度等来看，可以发现祭祀区可能有统一规划，8个坑的位置或有意为之；各坑的遗物风格大同小异，并且1号与4号、2号与3号、5号与6号、7号与8号似两两成组。此外，至少2号、3号、7号、8号坑的器物可以拼合，迄今已有青铜神坛、屈体鸟身人像、顶尊人像、大型神树等实现了跨坑拼合。"② 按照这种说法，那么可以推测7号坑埋藏物与8号坑埋藏物的时间大致差别不大，即应该在商代晚期，距今3 200年至3 000年。这样看来，龟背形网格器的埋藏时间也应该在上述时间段内，它与7号祭祀坑内其他文物的埋藏应该时间大致一致。

那么，7号坑内出土的文物有哪些呢？考古学界目前尚没有系统公布7号坑内的文物情况，但我们可以从相关的报道中得知大概的情况。从相关的媒体报道中可知，7号祭祀坑的走向为西北—东南向，与6号和8号坑的走向一致。7号坑的构造较为简单，直接在填土之下掩埋象牙和薄片状为主的金

---

① 此为北京大学考古文博学院教授吴小红2023年11月16日在四川广汉举行的"三星堆遗址考古多学科综合研究成果研讨会"会议上发布的最新研究成果。具体参见吴晓铃、吴梦琳：《北京大学教授吴小红：三星堆8座祭祀坑年代相当，为商代晚期形成》，四川在线，2023年11月16日。

② 此为中国社科院考古研究所副所长施劲松2023年11月16日在四川广汉举行的"三星堆遗址考古多学科综合研究成果研讨会"会议上发布的最新研究成果。具体参见吴晓铃：《三星堆可能是青铜时代的一个知识中心和神性中心》，四川在线，2023年11月16日。

器、铜器和玉石器。"K7（就是7号坑——作者按）出土706件，包括铜器383件、金器52件、玉器140件、石器1件、象牙62件、其他68件。"①后面又有媒体报道说象牙数量为180根，较前面报道数量有所增加。②从7号坑出土的文物来看，铜器、象牙、玉器、玉器与金器的数量较多，而丝绸的数量较少。四川大学考古文博学院教授黎海超指出，"7号祭祀坑的特点是玉器多、小型的青铜器多。玉器包括成捆的长条状玉凿、三孔玉璧形器、玉斧、玉瑗等。铜顶璋龙形饰、青铜立人、铜铃等青铜器虽然小件，但却精巧。其中一件不到10厘米长的青铜凤鸟，尾羽根根分明，是体现古人高超铸造技艺的杰作"③。值得注意的是，7号坑内出土的青铜器器物中还包括大量薄如纸片的形态各异的青铜薄片，每一层铜片都薄如枫叶，方方正正一大摞，叠压在一起。它在7号坑东北角提取出土，近临龟背形网格状器。除此之外，7号坑内还出土了一件"薄如叶"的青铜器，青绿色的铜锈上，依稀可见黑色彩绘花纹。由此可见，7号坑内的青铜器不论是数量还是造型，在同一坑器物中都是比较醒目的。从目前官方公布的信息来看，7号坑内出土文物的位置，文物之间的出土关系尚不能明确，因此我们无法确定龟背形网格器在7号坑内的具体位置。不过有一点可以明确，龟背形网格与薄纸状的青铜器之间的物理位置比较密切。

按照考古学关于情境的定义，情境还包括考古文物符号在器物自身中的物理位置。因此，下面我们要转向龟背形网格器自身及其结构。从外形上看，龟背形网格器自身的造型极为独特。龟背形网格器长61厘米、宽57厘米，体量颇大。这件青铜器造型为外方内圆，方形的四角各自有一龙头，而中心隆起的龟背则呈圆形。这种外方内圆的造型与现实中乌龟的外形有些相像，只不过少了一只伸出的龟头。龟背形网格器的形状将其与龟、龙这种神话形象关联起来，似乎龟与龙存在某种密切的关联。如果将龟背形网格器抽

---

① 何利权、晋辉：《三星堆考古继续上新：7、8号坑埋藏文物丰富，很多见所未见》，《澎湃新闻》，2022年6月13日。
② 惠小勇、肖林、童芳：《三星堆考古又上新，文物层层叠叠铺满祭祀坑》，《新华每日电讯》，2021年9月10日，第008版，第1页。
③ 惠小勇、肖林、童芳：《三星堆上新：为中华文明多元一体再添新证》，《新华每日电讯》，2022年6月14日，第008版，第1页。

象化，我们实际上就得到了一个外方内圆的复合型图形。如果将龟背形网格器反过来看，则可以将其视为一辆由四条龙拉着的车子，车子中间放置的则是一块青绿色的玉石。从物质的构成来看，龟背形网格器虽然是青铜质地，但它里面包裹的则是玉石，外面还有丝绸残留，器物里面还有黄金残留。这就表明，龟背形网格器与黄金、玉石及丝绸之间具有密切的关联，它们之间必然存在某种观念或认知上的联系。这样看来，龟与龙，青铜、黄金、玉石与丝绸，上述这些看似毫无关系的神话形象与物质，全部通过龟背形网格器而被关联起来。在这个意义上，要彻底理解三星堆人关于神话形象与物质的认知，就必须回到三星堆人生活的时代，借助于他们的神话认知与信仰，来解读龟背形网格器背后蕴含的思想。

三、龟与龙：永恒与升天的神话认知

龟背形网格首先呈现的是龟背形状，因此我们也可以把这个青铜器视为一个龟甲器或龟形器。从龟甲器的历史来看，三星堆出土的龟背形网格器应该不是首次出现的青铜龟甲器。三星堆2号祭祀坑中出现了32枚龟背铜饰物。实际上在早于三星堆的中国早期文化中，以龟甲形式出现的考古文物最多的应该是玉器，同时出现的还有石质、陶质的龟甲器。这些龟甲器在新石器时代就已经出现，并且以"海岱为中心，相对集中地分布于辽河、海岱、长江下游三地"[1]。这些地区中较为著名的龟甲器是辽东红山的龟甲器，凌家滩的龟形器，反山的龟形器，大汶口的龟形器。凌家滩一共出土了2件龟形器，其中一件外形与三星堆龟背形网格器比较相近，即为内圆外方的一件龟形器，通常被视为玉版（图2）。从时间上看，"凌家滩遗址的时代距今约5 300年，正当原始社会后期稍早阶段"[2]。而三星堆遗址7号坑出土的距今

---

[1] 谷娴子：《从辽河到太湖——史前中国东部玉路初探》,《宝石和宝石学杂志》（中英文）, 2022年第6期，第32页。
[2] 李修松：《试论凌家滩玉龙、玉鹰、玉龟、玉版的文化内涵（代序）》，载安徽省文物考古研究所编：《凌家滩文化研究》，文物出版社，2006年，第1页。

图2　凌家滩遗址龟形玉版①

3 200年至3 000年,比凌家滩遗址晚了2 000年左右。这也从另外一个层面说明,龟背形网格器的外形并不是孤立的,它与新石器时代龟形器,尤其是龟形玉器之间在外形上有着久远的历史渊源。

　　上述这些地方出土的龟甲器主要用于占卜,为上层社会精英使用的通灵工具,也是与其他奢侈品同时出土的礼制用品。"根据出土龟甲器遗址的先后时间来看,龟甲器的传播主要有两条路线,首先是以贾湖为中心向东西方的传播,然后是以海岱区为中心向南北方的传播。"②龟形器的出现意味着新石器时代先民关于龟的神话认知与信仰,并且这种认知很大程度上是在上层社会内部进行的。具体说来就是,"各地社会上层为了获取远方的珍稀物品和神圣知识以宣示自己超越本地民众的特殊能力,努力开展远距离交流,形成连接各主要文化区的社会上层远距离交流网,交流的内容包括象牙等稀有材料,但更主要的是原始宇宙观、天文历法、高级物品制作技术、权力表达方式、丧葬和祭祀礼仪等当时最先进的文化精粹"③。在这种情况下,以龟形器为载体的龟神话信仰与认知是当时各个文化共同体内共享的知识。学者李新伟认为,辽河流域的红山文化的龟崇拜应该是从南方传来的,大汶口文化

---

① 图片来源:安徽省文物考古研究所编:《凌家滩文化研究》,文物出版社,2006年,彩版二,图1。
② 郝艺乔、王小健:《龟甲器:中国文明起源研究中一个被忽略的文化要素》,《大连大学学报》,2021年第2期,第50页。
③ 李新伟:《共识的中国、理想的中国和现实的中国——苏秉琦"中国"形成理念的新思考》,《南方文物》,2020年第4期,第4页。

可能是新时期时代灵龟崇拜相关的知识与仪式的传播中心。[1]

　　龟背形器承载的神话认知与信仰乃是，龟是连接人类与神明的使者，它可以将上天的意图通过各种方式传递给人类。之所以如此，大致有如下两种原因：一是龟的外形接近古代的宇宙观。"龟有圆圆的穹拱形的背甲和宽平的腹甲。这与古代中国人认为天是圆拱形、地是平的这个想法有所关联。"[2]这种认知的结果就是龟被视为通神的媒介，龟形器由此也成为沟通人神的神圣工具，甚至龟的符号与图像也成为沟通人神的象征性符号。二是龟的寿命比较长，成为不死或永恒的象征符号。"在现代物理学正确解释宇宙以前，人们推想宇宙是永恒不灭的，这样联系起来，龟很容易与宇宙相提并论。"[3]在这种认知理念下，龟就与宇宙相关，龟形符号在一定程度上也成为不死和永恒的象征符号。因此我们看到，商代的甲骨文多半刻画在龟甲上，就是因为商人相信龟能通神，刻画在龟甲上面的文字是神明给商代统治者的神谕。为了达到通神的目的，商人还用龟形玉器，甚至在青铜器上刻画龟或龟形纹来达到通神意图。

　　对于三星堆而言，龟形青铜器并不是在7号坑首次出现，较早出现龟形青铜器的是2号祭祀坑。三星堆2号祭祀坑中出现了32枚龟背铜饰物（图3），尽管这类器物大小不一，但形状基本相同。很有可能这些龟背形挂饰被用在仪式之中，用来沟通天地。较之于龟背形网格器，这些龟背铜饰物的形状与龟的外形更为相近。这就表明，三星堆的龟背形器物不是单单出现在7号祭祀坑中。我们从三星堆最新的研究通告中得知：一方面，三星堆部分青铜器与彭州铜矿关联性较大，部分铜料可能来自四川彭州地区；另一方面，三星堆容器类与非容器类青铜器残留泥芯在微观结构、化学成分等多个角度体现出的差异性，应与产地不同相关，因此三星堆青铜器可能存在多个铸造地。祭祀坑出土青铜器根据形制和风格特征，可分为本地特点非常鲜明的面

---

[1] 李新伟：《中国史前玉器反映的宇宙观——兼论中国东部史前复杂社会的上层交流网》，《东南文化》，2004年第3期，第72页。
[2] 艾兰著：《龟之谜：商代神话、祭祀、艺术和宇宙观研究》，汪涛译，商务印书馆，2010年，第132页。
[3] 同上书，第134页。

图3 三星堆2号祭祀坑中出土的龟背形挂饰①

具、人头像、大立人像、神树等基本不见于三星堆以外地区的非容器类器物，以及大口尊、罍和瓿等器型的青铜容器，这类器物广泛分布于长江中下游地区，与中原地区的商文化也有紧密联系。②我们不好断定龟背形网格器的铜料来源及其塑造地。但可以判定，龟背铜饰物与龟背形网格器很有可能受到中原商代文化龟神话信仰的影响。

7号坑龟背形网格器的四角各有一条龙，这四条龙只有龙头，没有龙身，可见器物强调的是龙在四角作驱动力的作用。整体看来，三星堆龙的形象很多，1号祭祀坑与2号和8号祭祀坑中都有龙形器或饰物出现。龟背形网格器上面的龙头与1号祭祀坑中出现的铜龙有些相近（图4）。这同时也表明，三星堆7号坑中的龙头并不是孤立的，而是与其他祭祀坑中的龙头互相呼应。也就是说，三星堆出土了众多龙形器物与龙形饰物，或者是龙纹，其中尤以青铜器上的龙形形象为多。这些龙形器有的攀爬在青铜权杖的上部，1号和

---

① 图片来源：四川省文物考古研究所编：《三星堆祭祀坑》，文物出版社，1999年，第301页，图一六六。
② 王嘉、王茹懿：《三星堆多项成果"上新"：三星堆遗址考古多学科综合研究成果研讨会举行》，《成都日报》，2023年11月17日，第6版，第1页。

重生、变形与转换：三星堆龟背形网格器符号的神话认知 | 163

8号坑出土的权杖上的龙头就是这种类型；有的攀爬在青铜神树上，属于青铜神树的一个部分，1号坑中的青铜神树上的龙就是如此；还有的是青铜器物上的龙纹或者是龙形装饰物，如8号坑铜立人手中所持的龙形饰物。上述这些龙形器物或龙纹表明，三星堆人关于龙的认知是多样化的，龙的形状也是多样化的。上述各种龙形青铜器、饰物与龙纹的功能各不相同，但很多具有沟通天地的作用。[①]

三星堆人关于龙的器物与龙纹并不是最早的，在此之前的新石器时代，中

图4 三星堆1号祭祀坑中的铜龙头[②]

国其他文化遗址中早就出现了龙形器物与龙纹，并且形成了一个龙的文化认知共同体。新石器时代的龙形器以蜷体龙为主，主要分布于西方北辽河流域和南方长江下游地区。上述地区中，辽河流域的红山文化以玉猪龙为代表，太湖地区的崧泽文化晚期与良渚文化早期以兽龙纹与龙形小玉器为主，而龙形小玉饰主要见于太湖地区的良渚文化晚期。[③]这些蜷体龙首尾相连，象征死而再生，生命因此生生不息。在此基础上的神话联想就是，龙是死者亡灵升天的工具，它能够载着亡灵高升到不死世界。在长沙子弹库出土的战国时期的楚帛画中，墓主人乘着一条飞龙升天，龙的上方还有一个圆圆的车盖（图5）。车子是方形的，车盖是圆形的，以此象征天圆地方的宇宙论。这样，坐在龙车中就等于坐在了宇宙的中心，大宇宙与小宇宙就完全合在一起。[④]

[①] 孙华：《三星堆人的神圣动物：三星堆埋藏坑动物元素铜像的初步分析》，《江汉考古》2023年第3期，第76—77页。
[②] 图片来源：四川省文物考古研究所编：《三星堆祭祀坑》，文物出版社，1999年，第526页，图7。
[③] 谷娴子：《从辽河到太湖——史前中国东部玉路初探》，《宝石和宝石学杂志》（中英文），2022年第6期，第33页。
[④] 王倩、萧兵：《神话学与文学人类学：萧兵先生访谈录》，《神话研究集刊》，2023年第9辑，第14页。

四川彭州出土的东汉时期画像砖中的三龙拉着一辆车在云中飞翔（图6）的场景有力地阐释了这种认知。甚至在特殊的认知语境下，龙是神明的坐骑。因此，《九歌》中的《东君》在描述太阳神出行的场景是"驾龙辀兮乘雷，载云旗兮委蛇"①。在商代晚期的中国，各个文化区域内频繁进行宇宙论与神话认知的交流，上层社会因而会共享这些属于知识范畴的宇宙论。此时的三星堆也是文化交流区之一，它很有可能接受了在长江流域或者是中原商代的宇宙论中关于龙的认知理念，因而创造了这种形态不一的龙形器或者龙纹，龟背形网格器中的龙只是他们认知的表现之一。

图5　长沙子弹库楚帛画御龙升天图②

图6　四川彭州汉画像砖中龙拉车画像③

① 屈原：《九歌》，人民文学出版社，1963年，第4页。
② 图片来源：湖南博物馆。
③ 图片来源：《中国画像砖全集》，编辑委员会编：《四川汉画像砖》。四川美术出版社，2005年，第134页，图178。

四、玉帛与铜金：转换与变形的神话认知

三星堆龟背形网格器涉及如下几种物质：玉石、丝绸、青铜与黄金，其信仰也分别是这四种物质。龟背形网格器中间包裹的是一块玉石，其他的东西都是在为这块玉石服务。因此从这个意义上来说，龟背形网格器所强调的应该是玉石。从时间上来看，玉石信仰出现于旧石器时代，其他的物质出现于新石器时代，因此在这四种相关的物质的信仰中，玉石信仰是最古老的。"在我国史前文化中，玉石器圣物登场的时间是距今1万年前后，帛即丝绸圣物则是7 000多年至5 000多年间发生的，而黄金、青铜等金属冶炼产品则仅为三五千年的传统。"[①]进一步来说，玉石信仰和帛的信仰实际上是中国特有的，而青铜和黄金这两种信仰是从域外传入中国的。玉石、青铜与黄金信仰，这三类信仰实际上同属于石头信仰，而丝绸信仰可以视为蚕信仰。玉石、丝绸、青铜和黄金这四种信仰，归结为两种信仰，即关于石头的信仰和关于蚕的信仰。为方便起见，下文将关于石头的信仰和关于蚕的信仰分别加以说明。

从本质上说，玉石、青铜与黄金这三种物质其实都来源于一种东西，那就是石头或矿石。从生成的空间来看，石头主要来源于地球与外太空。外太空的固体碎片降落到地面会成为质地坚硬的陨石。在进入地面前，这些外太空固体碎片以极快的速度和大气层中的气体摩擦并发生相互作用，由此产生巨大的热量，最后变成球粒陨石和分异型陨石。地球内部的岩浆经过凝固冷却也会变成石头，但不同情境下会形成岩浆岩、变质岩和沉积岩三种类型的岩石。对于古人而言，这两种情况下石头的形成过程都是非常令人震撼的，尤其是岩浆岩。岩浆岩又称火成岩，是由岩浆喷出地表或侵入地壳冷却凝固所形成的岩石。在岩浆岩形成的过程中，多数会伴随着剧烈的地震或者火山

[①] 叶舒宪：《三星堆祭祀坑新发现丝绸及象牙的文化意义："玉帛为二精"三续考》，《民族艺术》，2021年第4期，第83页。

爆发，由此会带来巨大的灾难。对于前科学时代的人类而言，石头的形成是一个非常神圣和恐怖的过程，因此他们对于石头保持一种非常谨慎而神圣的态度。

在古代不少地区与民族的信仰中，地球是一位有生命的母亲，她生育了万物。这种地母信仰在世界各地都普遍存在，甚至在旧石器时代的古代欧洲就普遍存在。[①] 在这种地母信仰中，岩浆是大地母亲的血液，石头是大地母亲的骨头。在这种背景下，由岩浆而来的石头就是神圣的，因为它是大地母亲的骨头。由此而转换的思维就是，大地母亲是万物之源，作为大地母亲的石头是大地母亲的一个部分，因此石头就像大地母亲一样可以生育万物。大地母亲是不朽的神明，因此石头也是不朽的。这种关联性思维最后形成的神话认知就是，石头可以像大地母亲一样生育人类，也像大地母亲一样不死。在这样一种神话认知情境下，石头是不死与再生的象征符号理念背后的一种事实就是，石头因为坚硬、粗粝而持久，"它的伟力、它的静止、它的体积，以及它奇特的外形与人类绝无共性；它们同时表明存在着某种外形炫目的、可怕的、富有吸引力的，以及颇具威胁的事物。它以其崇高、坚硬、形状和色彩，使人类直面某种与他所属的世俗世界判然有别的实在和力量"[②]。正因为石头的这种属性，它象征了持久、永恒、不朽与不死，乃至于再生。在这种神话认知的基础上，石头就成为神圣之物，它是人类与神明之间沟通的桥梁。这种石头作为通神桥梁在世界各地的宗教与神话信仰中都普遍存在。在这种认知的基础上，自旧石器时代到新石器时代的中国，玉石就一直被作为神圣的物质而出现在各种仪式性场合中。这样的案例实在太多，我们不再一一列举。下面我们要看看青铜、黄金与石头信仰之间的内在关联。

石头种类繁多，那么作为两种矿物质——铜矿和金矿，它的本质也是石

[①] Marija Gimbutas, *The Living Goddesses*, Berkeley: University of California Press, 1999; Marija Gimbutas, *The The Goddesses and Gods of Old Europe, 6500–3500 BC: Myths and Cult Images*, Berkeley: University of California, 1982.

[②] ［美］米尔恰·伊利亚德：《神圣的存在：比较宗教的范型》，晏可佳、姚蓓琴译，广西师范大学出版社，2008年，第206页。

头。在此基础上，由铜矿石和金矿石转换而来的青铜和黄金也是神圣的，它既可以沟通天地，也可以带领亡灵进入一个不死的世界。在由矿石到金属的冶炼过程中，要经过一个非常特殊的由火转化高温的熔化过程。在神话认知中，火是一种生命转换的推进剂。①其中的原因非常简单，因为金属都是由矿石经过火的高温加工而获得的。由矿石到金属的这个过程是从固体到液体再到固体的过程。在某种程度上，可以把金属冶炼过程中物质形态的转换看作是物质在几种不同的生命形式之间自由灵活转换的象征。这其实也是一种生命的变形和生命的变态，更是生命自由的转换。因此在这样一种认知的基础上，青铜与黄金，甚至是由青铜或黄金制成的器皿也成为生命的变形和不死的象征。

  从时间上看，欧洲铜矿的开采始于今天的巴尔干半岛，"到公元前4500年，在塞尔维亚的鲁德纳格拉瓦，已经出现了开采铜矿的活动"②。中国青铜器的出现要晚于这个时间，最早的中国铜刀是在现甘肃东乡区出现的，现藏于中国国家博物馆，时间是距今5 000年。三星堆7号祭祀坑龟背形网格器的出土时间是距今约3 000年，此外还有商代的青铜器。欧洲的青铜冶炼技术是如何传到中国并传到三星堆的，这是一个非常复杂的问题。伴随着青铜器青铜冶炼技术的传播，关于青铜的神话认知也就传播到了中国。这也就意味着三星堆关于青铜的神话认知比欧洲晚得多。换一句话说，三星堆关于青铜器及其神话认知并不是植根于中国的文化大传统。与此类似的是关于黄金的起源和黄金的神话认知。彼得·詹姆斯、尼克·索普的研究表明，世界上最早的黄金器物源自今天的保加利亚，时间是公元前5千纪后半期。而亚洲黄金器物的起源始于苏美尔，时间是在公元前2500年左右。③中国最早的金器出现在现在的甘肃玉门火烧沟的四坝遗址墓葬中，它是一枚金耳环，时间

---

① ［美］米尔恰·伊利亚德：《熔炉与坩埚：炼金术的起源和结构》，王伟译，陕西师范大学出版社，2019年，第139页。
② ［英］彼得·詹姆斯、尼克·索普著：《世界古代发明》，颜可维译，世界知识出版社，1998年，第434页。
③ 同上书，第303—304页。

距今 3 600 年左右。①在三星堆 1986 年出土的文物中，有一根黄金权杖。而甘肃的河西走廊很早就出现了权杖头这类器物。"这不是黄河文明的原创，而是西亚通过中亚向远东施加影响的结果。"②结合二者可知，三星堆的黄金冶炼技术，以及关于黄金的神话认知，应该是从西亚通过河西走廊的四坝文化传到三星堆的。这样看来，三星堆黄金的认知并不是起源于中国，而是源自欧洲与西亚。

三星堆的 3 号、4 号与 7 号祭祀坑都出现了丝绸，可见丝绸在三星堆的地位非常特殊。丝绸是一种物质，但是丝绸的前身是蚕，因此关于丝绸的认知本质上是关于蚕的认知。为什么呢？"从生物学角度来看，丝绸不同于一般的纺织物，它由蚕吐丝结茧而成，因此蚕在其中起到了关键作用。通常而言，蚕在其短暂的生命历程中，先后经历了卵、蚕、蛹、蛾这四个不同阶段。在此过程中，上一个生命阶段的结束皆为下一个生命阶段的开始，也是生命在不同存在形式之间的转换。这种生命循环与再生的特征由此赋予蚕神秘的属性，也因此受到人们的崇拜，由蚕而成的丝绸与帛也成为不死与再生的象征符号。对于蚕的这种特殊的生命转换阶段的崇拜，人们将蚕吐出的丝作为生命不死、转换或者永恒的象征。"③蚕的这种有规律的生命运动与变化是周而复始的，也是一代代不断延续的。"从经验观察来看，丝，都是由桑叶加蚕食的两类生物运动而变化出来的。变化如果是一次性的，那就意味着死亡和终结。正因为变化是周期性的，是循环往复的，所以变形的过程就意味着加入生命的永恒运动，变为不死，即永生。"④在这种对于蚕和丝绸转换关系的认识基础上，古蜀国古老文化记忆中"蚕丛及鱼凫，开国何茫然"这样的描述就非常容易理解了。中国的关于丝绸的神话认知起源于距今 7 000 年，三

---

① 甘肃省文物考古研究室所、吉林大学北方考古研究室编著：《民乐东灰山考古：四坝文化墓地的揭示与研究》，科学出版社，1998 年，第 93 页。
② 甘肃省文物考古研究室所、北京大学考古文博学院编著：《河西走廊史前考古调查报告》，文物出版社，2011 年，第 437 页。
③ 王倩：《玉帛为二精：汉画像石连璧纹的神话编码与认知》，《神话研究集刊》，2023 年第 8 辑，第 28 页。
④ 叶舒宪：《三星堆祭祀坑新发现丝绸及象牙的文化意义："玉帛为二精"三续考》，《民族艺术》，2021 年第 4 期，第 88 页。

星堆丝绸距今3 000年左右。三星堆人如何接受比它早的丝绸认知及缫丝技术，这是一个很复杂的问题。我们可以肯定的是，丝绸的信仰及蚕的神话的认知源于中国，它比后来的青铜及黄金的认知至少要早3 000年。

这样看来，玉石、丝绸、青铜及黄金这四种物质叠加在一起所构成的龟背形网格器是四种物质的认知和信仰的集合。在这四种物质的神话认知中，其中玉涉及的是不死与重生，丝绸、青铜和黄金新的认知涉及的是生命的变形与转换。这四种物质的神话认知本质上是关于生命的重生、变形乃至转换的问题。四种物质的叠加是四种神话理念的叠加，通过这种不断的变形、转换与循环，就达到了生命不朽的象征意图。从时间上看，玉石信仰要早于丝绸信仰，而这两种信仰都是中国本土的信仰，比外来的青铜和黄金信仰要早得多。因此我们可以断言，三星堆龟背形网格器反映的四种物质信仰中，玉帛是本土的，青铜与黄金是外来的，前者的生成时间比后者要早得多。

五、结　语

基于以上论述，我们得出三点结论：一、龟背形网格器要表达的神话理念乃是，亡灵借助龙车升天，抵达位于宇宙中心的天界之后，在天界获得不死的生命，然后自由变形并转换生命形态。二、三星堆龟背形网格器本质上是一种显圣物。它既反映了三星堆人关于龟、龙这两种神话形象的信仰，又折射了三星堆人关于玉、帛、铜、金这四种物质的神圣认知。龟背形网格器折射的龟和龙的信仰源于中原地区，而天圆地方和驭龙升天的神话理念也与中原地区有着密切的关联。三、龟背形网格器是三星堆人为亡灵准备的升天飞工具。这种工具有两种象征作用：首先，指导亡灵驾驭飞龙到达位于宇宙中心的天界；其次，在生命循环过程中，帮助亡灵在各种形式的生命状态之间自由变形与转换。这种特殊的生命理念并不是三星堆特有的，而是与三星堆周围的文化有着非常密切的关联。这样看来，三星堆7号祭祀坑出土的龟背形网格器不是什么特别奇怪的东西，而是三星堆先民用来帮助亡灵升天的工具。它是以玉帛、龟与龙为主体的神话信仰，与外来的青铜、黄金神话信仰相互结合的产物。这也从另一个侧面证明了中华文明实际上是一个包容各种文明的共同体，中华传统文明具有包容一切外来文明因素的凝聚力。在包容中成长发展并且强大，这就是中华文明特有的特征。

象齿焚身：三星堆象牙为牺的文化探讨

刘思亮

（上海交通大学神话学研究院研究员）

一、引 言

　　三星堆1号、2号、3号祭祀坑均发掘出土数量不等的象牙，尤其2021年新公布的3号祭祀坑中更是发掘出土120余根形态完整的象牙，重新将象牙与古蜀国祭祀、信仰等研究推上学术热点。三星堆祭祀坑出土数量如此庞大的象牙，是以往国内考古遗迹中所未有的，围绕着古蜀文化、象牲为牺、齿牙艺术与信仰等热门话题，有必要做进一步的探讨与研究。

　　我们知道，三星堆古蜀文明存在的时间较长，其早期文明略等于晚商到西周早期，与甲骨文时代大约同时，围绕着象牲为牺与信仰这一话题，我们可以将殷商祭祀文明与新出土的三星堆文明进行对比研究，在一定程度上能凸显二者之间的联系与差异，对于揭示古蜀文明的特质，或有一定帮助。

　　《左传·成公十三年》载成肃公受脤不敬，刘康公据此发表言论："吾闻之：民受天地之中以生，所谓命也。是以有动作礼义威仪之则，以定命也。能者养之以福，不能者败以取祸。是故君子勤礼，小人尽力。勤礼莫如致敬，尽力莫如敦笃。敬在养神，笃在守业。国之大事，在祀与戎。祀有执膰，戎有受脤，神之大节也。"[1]可见在上古举必有则，动必有仪，虔诚祭祀

---

① （清）阮元校刻：《春秋左传正义》，中华书局，2009年，第4150页。

与审慎兵戎被看作是国家最大的两件事。早期社会中,由于受神圣信仰与神话观念的驱动,先民创造的文明遗迹中,自然无可避免地处处凸显出神话信仰的影子。尤其在殷商文化中,出土卜辞展示的无事不占的社会现象,与"殷人尚鬼"的文献证据若合符节,让人们对殷商文化有了更为深入的认知。在与甲骨文约同时期的三星堆祭祀遗迹中,同样表现出较强的巫鬼与神圣信仰,伴随着多个祭祀坑及众多文物的出土,古蜀文明的神秘面纱被渐渐揭开。

三星堆1号、2号祭祀坑为20世纪80年代科学发掘而为世人所知,近期另外3个祭祀坑发掘的信息陆续被媒体公布,引起较大关注和反响。综合几次发掘我们知道,1号祭祀坑内除了420余件铜器、黄金器、玉器、石器、陶器等外,还出土骨器残片10件、象牙13根、3立方米左右的烧骨碎渣,以及较为完整的海贝62枚。[1] 2号祭祀坑中所出遗物有序叠压在一起,分上、中、下三层:"靠近坑底主要是小型青铜器物、饰件、玉戈、玉璋、石戈等。""坑的中间一层堆放的全部为青铜器,主要有青铜立人像、人头像、人面具、兽面具、罍、尊、太阳形器、眼形器、大型神树等。""坑最上层是60余根象牙散乱地堆置在青铜器上。"(图1)[2] 学者根据遗迹叠压,并结合实际清理情况分析认为:"器物是按一定的先后次序掷入坑内的。首先掷入的

图1 2号祭祀坑象牙出土情况[3]

---

[1] 四川省文物考古研究所编:《三星堆祭祀坑》,文物出版社,1999年,第19页。
[2] 同上书,第157—158页。
[3] 四川省文化厅文物处、四川省文物考古研究所、广汉市文化局编:《三星堆祭祀坑出土文物选》,巴蜀书社,1992年,第6页。

是海贝、玉石、礼器、青铜兽面、凤鸟饰件、小型青铜杂件和青铜树枝树干等。这些遗物大多夹杂在炭屑灰烬里，并留下了明显的烟熏或火烧的痕迹。其后投入的是大型的青铜容器和青铜立人像、人头像、人面具、树座等。最后堆放象牙。"[1]这些器物的有序叠压情况，说明该祭祀坑的埋藏乃是古蜀人有意为之，与祭祀仪礼有较大关系。根据媒体最新报道，新发掘的6个祭祀坑中，编号为3、4、5的3个坑中，也均发现象牙，尤其3号坑上层遗迹中，更是密密麻麻摆放有120余根完整的象牙。而残碎的象牙断、象牙尖更是能以吨计，可见当时祭祀规模之盛。7号、8号坑正在清理填土，大概也有望出土一定数量的象牙。

二、殷墟祭祀坑埋牲情况

相较于国内其他考古遗址而言，这种大规模的象牙祭祀遗迹尚属首见。我们可将三星堆祭祀情况与殷墟做一个对比，通过共时的对比，各自文化的差别和联系会更加凸显。到目前为止，殷墟科学发掘所知的祭祀坑已数以千计，仅钻探发现的王陵祭祀坑就有2 200余座，宗庙附近的祭祀坑也有130余座，当时祭祀的频繁程度可想而知。在数量众多的殷墟祭祀坑中，较多是以人为牺牲进行掩埋的，这类祭祀坑"可分长方形和方形两类。长方形坑一般长约2米、宽约1米、深2米左右。方形坑的长宽在0.6—1.5米，浅者不到1米，深者3米余。方形坑内只埋人头骨。埋人的坑中人骨架有身首全躯的，也有身首分离的，亦有单埋躯体或人头的，其中以无头躯体葬最多"[2]。其中所埋人牲的数量多寡不一，全躯葬者，多者11人，少者1人；无头躯体葬者，埋1—12人不等，以埋8—10人为多；埋人头者，每坑中3—39个人头骨不等。而被砍头或肢解者均为男性，女性及儿童者均为全躯者。[3]除了以人牲为祀外，还有以大量动物为祀者。王陵区祭祀坑中所

---

[1] 四川省文物考古研究所编：《三星堆祭祀坑》，文物出版社，1999年，第158页。
[2] 杨宝成：《殷墟文化研究》，武汉大学出版社，2002年，第98页。
[3] 同上书，第98—99页。

埋动物涉及马、牛、羊、猪、狗、猴、狐、河狸、鹰、象等。其中又以埋马牲的遗迹最多，这在甲骨卜辞里边反而是不常见的，甚至有一个祭祀坑埋马之数达37匹之多。①1976年，王陵区东区祭祀坑编号为M217的坑中发现埋人骨一具及鸟5只，这种鸟大概是鹰，并伴随有鸟架一起出土。②还有以猴子为牲者，早年安阳考古队发掘出土两具猴子骨架，后在抗战西迁过程中遗失。③

殷墟鲜以象牙为祀，即便是象牲祭祀坑，也比较少见。完整的象坑，在殷墟大概仅3处。其中王陵区西区东南部编号为M35的坑中埋1象1猪，象脖上系铜铃，侧卧，前肢体下侧卧一小猪，与象四肢相对④。另外，两个象坑也出在安阳殷墟王陵区西区，每个坑中都有一头象。其中一个象坑长3.1米、宽5.7米、深4.6米，内埋小象一头；另一个编号为M1400号的象坑，坑长5.2米、宽3.5米、深4.25米，坑内也埋象一头，该象头朝北，紧靠象背处有一人骨架，俯身，据推测为象奴。⑤王宇信、杨宝成两位先生专就此象坑有过讨论，认为："其中之象体高1.6米、身长2米，门齿尚未长出，说明是一匹幼象，很可能是自繁的；而且这匹幼象身上还系有一铜铃，这又说明它是一匹已经驯化的小家象。象这种动物，成熟期甚迟，二十五年到三十年始产子，每五六年生育一次，越九十年平均产六子，哺乳期约两年。在甲骨文里和考古发掘中有小象存在，说明商代一定会有更多的成象供人役使。"⑥从这三个出象的祭祀坑遗迹，我们看不出商人以象祭祀的行为存在何种神圣性。尤其象与象奴同葬的行为，大概是因为祭主生前喜好象戏表演，死后以象及训象师同葬的目的是将这项娱乐带到另一个世界，继续

---

① 高去寻述，杨锡璋译，秦健民校：《安阳殷代王室墓地》，《殷都学刊》，1988年第4期，第18页。
② 安阳亦工亦农文物考古短训班、中国科学院考古研究所安阳发掘队：《安阳殷墟奴隶祭祀坑的发掘》，《考古》，1977年第1期，第26页。
③ 高去寻述，杨锡璋译，秦健民校：《安阳殷代王室墓地》，《殷都学刊》，1988年第4期，第19页。
④ 按：该区域所出动物祭祀坑有40座之多，除30座为马坑外，其余10座各埋狗、羊、河狸、猴子等，所埋猴子脖子上也系有铜铃，该猴应当是已被驯服了的。如此看来，该祭祀坑所埋脖上挂有铜铃的大象大概也属于驯兽，并非一般意义上的祭牲。
⑤ 高去寻述，杨锡璋译，秦健民校：《安阳殷代王室墓地》，《殷都学刊》，1988年第4期，第19页。
⑥ 王宇信、杨宝成：《殷墟象坑和"殷人服象"的再探讨》，载胡厚宣等著《甲骨探史录》，生活·读书·新知三联书店，1982年，第476页。

延续这种娱玩罢了。这种以训象殉葬的方式,不能作为殷商象殉的代表,只能算个例。总之,殷墟不太用象作为祭牲,甲骨卜辞中也鲜有以象作为祭品。

三、卜辞所见商人猎象及祭祀用牲情况

当然,需要说明的是,殷墟范围内有象应该是确定无疑的,从甲骨卜辞中也能得到证实。商王常举行田猎活动,而在所获猎物中,就有关于获象的记载,下略举数例以作说明。

(1)辛未王卜,贞:田𠭰,往来亡灾。王占曰:"吉。"隻(获)象十,雉十又一。(《合》37364 黄类)

(2)乙亥王卜,贞:田丧,往来亡灾。王占曰:"吉。"隻(获)象七,雉卅。(《合》37365 黄类)

(3)丁亥王卜,贞:王田喜,往来亡灾。敦隹百卅八,象二,雉五王占曰:"吉。"隻(获)象七,雉卅。(《合》37367 黄类)

(4)……〔隻(获)〕狐十、麂……脰一,𪊨一,象……雉十一。(《合》37368 黄类)

(5)……王卜,贞:田梌,往〔来亡灾〕。王占曰:"吉。"兹御。……百卅八,象二。(《合》37372 黄类)

(6)辛巳卜,贞:〔田〕□,往来亡〔灾〕。禽隻……一,象一。(《合》37373 黄类)

(7)壬午卜,贞:王田梌,往来亡灾。隻(获)隹百卅八,象二。(《合》37513 黄类)

(8)……今夕其雨……隻(获)象。(《合》10222 典宾)

(9)于癸亥省象,赐日。一。(《合》32954 师历间)

以上(1)—(7)条卜辞皆为黄类卜辞,时代大约在帝辛、帝乙时,

即商代最后第二、第三帝王时期①。晚商时候田猎活动更频繁,所以甲骨文获象卜辞也多集中在这个时候。上举卜辞所记获象数量多寡不一,多者如卜辞(1)获象十头;少者如辞(6)获象一头。获象地点均在商王狩猎区内,丧、曹、桑、棷等地名多次出现在田猎卜辞中,是商王围猎的固定场所。其中,曹地是卜辞中所见商王狩猎最频繁的地区,有175条卜辞占卜到此行猎,另外丧地也有83辞,棷有59辞。②并且从获象卜辞来看,多伴随猎获数量众多的雉、麋、狐等,当是采取多人围猎的方式,大规模的猎杀行为。其中第(8)条为典宾类卜辞,时代当在武丁中、晚期③,比黄类卜辞早。第(9)条属于师历间卜辞,时代大概属于武丁中期,比卜辞(8)时代略早。该条卜辞是占卜"省象"会不会变天,"省"即视察、巡查、巡省之类意思。如《殷虚文字乙编》8461号:贞:勿乎省牛于多奠(甸)。又《合集》11170号:丙寅卜,壳贞:王往省牛。又《合集》11180号:贞:勿往省牛。又《合集》2171号:丙寅卜,壳贞:王往省牛于敦。还有视察黍的卜辞,如《合集》9612:贞:王勿往省黍。所以辞(9)很有可能就是商王到狩猎区巡视大象的饲养情况的(当然,也不能排除"象"为地名的可能),那么苑囿区的象有可能是有意放在其内供商王围猎用的,平时当有专人负责管理和饲养,甚至有的象还被人工驯服,供人娱乐和劳作用。甲骨文"为"字作🐘,象以手牵象之形。文明社会以来,象就成为陆地上最大的哺乳动物,它们以脾气暴躁、群居、力量大、身体健硕等特点为人类所畏惧,凡是能驯服大象并为其所用的人,自然是拔萃有为之人。《吕氏春秋·古乐篇》亦载:"商人服象,为虐东夷。周公遂以师逐之,至于江南,乃为三象,以嘉其德。"④看来饲养和驯服野象,大概是殷商由来已久的文化和技能。

　　卜辞中虽有猎象记载,可惜辞例不多,所猎之象也多出现在固定的苑囿范围之内。据统计,《甲骨文合集》《小屯南地甲骨》《英国所藏甲骨集》《东

---

① 黄天树:《殷墟王卜辞的分类与时代》,台北文津出版社,1991年,第275—297页。
② 杨升南:《商代经济史》,贵州人民出版社,1992年,第266页。
③ 黄天树:《殷墟王卜辞的分类与时代》,台北文津出版社,1991年,第44—45页。
④ 许维遹:《吕氏春秋集释》,中华书局,2009年,第128页。

京大学东洋文化研究所藏甲骨文字》《怀特氏等所藏甲骨文字》《天理大学附属天理参考馆所藏甲骨文字》《苏德美日所见甲骨文集》七种书共著录甲骨53 583片，其中田猎卜辞共3 376片[①]，而所卜获象者仅十余片。此外，在数以千片的田猎卜辞中，以获鹿、兕、豕、雉等为多，这些动辄数以百计被擒获的猎物，毋庸置疑是本土所有的。但鲜见猎获的大象，是否为本土所有，笔者尚心存疑虑。看来，殷商王城附近，或者说距离王城不远的田猎区内有大象固然是事实，但这些象群是殷墟本土象群，还是所谓"南来"的贡物，仍有继续讨论的余地。

此外，在殷商各类祭祀类卜辞中，也很少使用大象作为祭牲。在商人心目中，上帝是至高无上的神，掌握着人世间的一切福祸休咎，诸如风、云、雨、雷、雹、雾、雪、霜、旱等气象皆归上帝主宰，听候上帝调遣，此外，四方之神、年成好坏、战争胜负等也都归上帝所主宰。但即便是祭祀这至高无上的上帝之神，所用牺牲也无非牛、羊、豕、犬及羌，暂不见以象为祀者。

自然神也是殷民虔诚崇拜的对象，诸如风、雨、云、日、山川、河流、四方等。如常玉芝先生便认为："由祭祀四方神的卜辞可以看到，商人对四方神要比风神、云神、雨神重视。由前面的论述可以看到，商人祭祀风神时所使用的牺牲主要是犬、豕、羊小牲畜，偶尔才用到大牲畜牛（一牛），最多时一次用三羊、三犬、三豕，共九只牲品，用单一的牲品时一次最多用九犬、九豕。祭祀云神时所使用的也是小牲畜豕、羊、犬，一次用牲最多时是六豕加六羊。商人祭祀雨神就要比对风神、云神重视多了，不少时候是用人牲，但多用的是女性，其他牲品还有羊，有时还特别选用经过特殊饲养的羊，还特别选用白羊、黄羊，偶尔也用牛作牲品。但商人对祭祀四方神就显得更为重视了，他们祭祀四方神时也多用人牲，并且是用羌人作为牺牲，其他牲品也多用大牲畜牛，用小牲畜时数量也比较大。……这种情况说明在商人心目中，四方神的地位要比风神、云神、雨神高，这也可以间接说明四

[①] 杨升南：《商代经济史》，贵州人民出版社，1992年，第261页。

方神是操纵着风神、云神、雨神的。"①所以无论在上帝祭祀或者稍次上帝一个等级的四方神的祭祀中，均未出现象牲的使用情况。就一般情况而言，人牲最珍贵，其次就是大牲牛，再次是羊和豕。而在文明社会中，象无疑是陆地上最大的哺乳动物，依据常理，其作为牺牲也当是异常珍贵的，但未出现在高等级的神灵祭祀中，不禁让人怀疑其在殷商控制范围内的数量。而牛作为人类驯养的动物中体格最大者，数次出现在高等级的上帝和四方神的祭祀中，就显得较为合理。而在祭祀诸如山川等时，就仅用羊、豕（豚），连牛都鲜见使用。

商人对土地神的重视程度也很高，用牲也均是羌人、牛、羊、豕、犬等，用牲数量也比较大，比如江苏铜山县丘湾商代社祀遗址清理出人骨20具，人头骨2个，狗骨12具。②郑州商城东北部商代北城墙东段发现埋石坑，以埋石为中心分布着烧土坑2个、殉狗坑8个，殉狗数量达100余只。③但是依旧没有发现以象为祭牲的记载及考古遗迹。

以象为牲在卜辞中仅一见，如下：

（10）□□〔卜〕，方（宾）贞：……以象出〔于〕且（祖）乙。（《合集》8983　宾三）

卜辞（10）属于宾三类卜辞，大概为祖庚时代遗物。④贞卜事项为要不要用象来侑祭祖乙。祖乙为殷商先王之一，乃中丁之子，卜辞又称其为祖乙、高祖乙、中宗祖乙等。在关于祖乙的祭祀礼中，用牲数量确实也比较多，如：

（11）丁□〔卜〕，□〔贞〕：……乙……且（祖）乙三十羌……

---

① 常玉芝：《商代宗教祭祀》，中国社会科学出版社，2010年，第115页。
② 南京博物院：《江苏铜山丘湾古遗址的发掘》，《考古》，1973年第2期。
③ 河南省文物考古研究所：《郑州商城（1953—1985年考古发掘报告）》（上），文物出版社，2001年，第493—505页。
④ 黄天树：《殷墟王卜辞的分类与时代》，台北文津出版社，1991年，第65—89页。

卯……(《合集》314 典宾)

(12)甲午卜,贞:翼(翌)乙未业于且(祖)乙羌十人,卯宰一业(又)一牛。(《合集》324 宾出)

(11)(12)两条卜辞,分别以30羌、10羌1牛1特殊圈养的羊来祭祀祖乙,不可谓礼义不隆重。但是根据常玉芝等的研究我们知道:"商人对祖乙很少用牢来进行祭祀,这一点就不如先王大乙,更不如先公上甲。"[①]大乙即成汤,是商朝的建立者,其地位之尊隆可想而知;而上甲则是殷商第一位以天干为庙号的祖先,大概是一位对商代制度建设有过重要贡献的人,也是商代祭祀中享有崇高礼节的先王。而无论大乙或是上甲,都未见以象为牲进行祭祀的情况,这种现象只能说明象牲似乎又不是那么重要,或者因为缺乏足够的大象作为周祭之用,所以用象并未形成制度。

还有一条卜辞可以从侧面证明殷商王朝范围之中的大象可能来自贡赋。如下辞载:

(13)戊辰卜:雀不其以象。十二月。一 二

戊辰卜:雀以象。一 二

戊辰卜:雀不其〔以象〕。一

戊辰卜:雀以象。一

己巳卜:雀取马。以。

己巳卜:雀以猱。十二月

己巳卜:雀其不以猱。(《合集》8984 宾一)

(13)为宾一类卜辞,时代当在武丁中期。[②]该版龟甲反复占问雀要不要贡纳象、马、猱等动物(这些动物也不一定为雀地所产,由雀地或雀氏经办

[①] 常玉芝:《商代宗教祭祀》,中国社会科学出版社,2010年,第269页。
[②] 黄天树:《殷墟王卜辞的分类与时代》,台北文津出版社,1991年,第60页。

亦可）。早期名、姓（氏）相因，古人又常以地望为姓，以姓氏为名。所以雀既是地名，又是武丁时期一位地位隆宠的大臣。根据与雀相关的其他占辞可知，雀"不仅能够主导大型战役，并参与以祈雨为主的各种祭祀活动，事实显示，雀深受武丁倚重，在戎祀之外大量参与了许多王室事务，宾组卜辞中充斥其任劳王室之身影"①。甚至有学者认为，这位地位隆宠的大臣雀即是文献中所见的武丁时期的名臣傅说。②但无论雀之身份如何，对于贡象的记录确实不容置疑，并且反复占问，既反映出王朝京畿之地少象，需要靠方国贡入的事实；反复占问，又显示出王朝对象的需求及渴切。这种贡纳上来的象，多半也是充实苑囿，供商王田猎之用，而不会用在祭祀之中。

总而言之，象作为文明社会以来最大的哺乳动物，却并未进入殷商社会的常祀文化中，在商人的周祭（五种周而复始的祭祀方式）中，基本未见以象为牲者。虽然殷商墓葬也出象尊、象牙雕等物件，但对象的喜好更多停留在美术与工艺的层面，象尊等工艺品亦多高度写实，象的形象未被抽象和神化，殷墟王陵祭祀坑所出训象与象奴，更说明象的娱乐性似乎远远超过其神圣性。殷商人对象的这种态度，或许与殷墟周围象群不多（苑囿中的象群或来自方国贡赋）有关，不足以支持他们进行周而复始的繁复的祭祀行动③，所以未形成统一的信仰模式。另外，从殷商的用牲情况看，羌牲与经特殊圈养过的牛羊等，显然规格更高。卜辞中有用"牢""宰"为牲者，地位都比用"牛"用"羊"者高。姚孝遂先生曾举《春秋·宣公三年》"春王正月，郊牛之口伤，改卜牛，牛死，乃不郊"云："郊祭之牛，必须用经过特殊圈养之牛，而且还得通过'吉卜'的仪式。这种专供祭祀之用的牛，如果或死或伤，甚至可以作为停止祭祀的借口。……根据卜辞反映的情况，殷人称

---

① 张惟捷：《殷商武丁时期人物"雀"史迹研究》，《"中央"研究院历史语言研究所集刊》，第八十五本第四分，2014年，第739页。
② 林小安：《殷王卜辞傅说考刍议》，《古文字研究》，中华书局，2012年，第113—119页。
③ 按：殷人对于祭牲的品类、毛色、牝牡都有严格的制度和要求。首先要有足够牺牲备选，而象的人工繁育既不可能在殷商时期实现，此外围捕和贡纳象群的成本又过高，根本无法满足大规模、经常性的祭祀活动。所以，当高度成熟的祭祀制度与本地数量少，且贡纳成本过高的大象之间产生矛盾时，肯定是选择自动舍弃大象作为祭牲的行为，而非打破传统的礼仪制度。

普通的牛为牛……羊的情况也相同，不赘述。牛经过特殊饲养之后，则称为'牢'。作为祭牲，用'牢'要比用'牛'隆重。"①而羌人则是通过频繁战争所获取的战俘，献羌行为中同时暗暗隐含着对祖先夸伐功业的意思，所以殷商人在选牲时，同时包含着敬慎与夸耀的想法。

四、三星堆象牙为祀行为背后的文化探讨

上文我们花费了较大的篇幅来讨论殷商祭祀中用象的情况，目的是为了与同时期的三星堆文化做一个对比。与殷商文化不同，在三星堆古蜀文明中，有大量用象的行为，这种行为背后的原因，很值得进一步探究。上文已经介绍过，三星堆文化遗存中，基本每个祭祀坑都出象牙，其中1号祭祀坑出象牙12根，2号祭祀坑出象牙60余根，3号祭祀坑则出完整象牙120余根，而残碎的象牙断、象牙尖更是能以吨计。古人取象牙的手段很简单，首先将象猎杀，然后将牙取下，他们尚无法掌握取牙并活象的技能。②所以，坑内至少每两根象牙的出现，就代表着一头大象的死亡。供奉象牙就意味着供奉大象，古人无法把60余头整象陈肆于案俎之前以供神灵（也无法将60余头大象驱赶至祭坛前集体屠杀），只能选择牺牲最具代表性的部位陈设。如周代太牢之礼，也多只取牛、羊、豕之头，用羌牲也多取其头（殷墟王陵区祭祀坑多处发现只见头颅不见躯体的人牲，多者以数百计）为祭。甚至有只取齿、牙、角为祭，以代全牲的祭俗。如2号祭祀坑即出土虎牙三枚，"均残，经修复复原，牙尖因被铜锈侵蚀而呈碧绿色。压根部有一穿孔"③。以角为献牲的习俗，更是至今还保留在不少少数民族的祭礼之中。如"羌族祭山的主

---

① 姚孝遂：《"牢""宰"考辨》，《古文字研究》第九辑，中华书局，1984年，第33—34页。
② 在古人的认知当中，活象身上取得的齿牙最上乘，死象次之，山中所见象群自然脱落的陈牙则最次。所以李时珍《本草纲目·兽部·象》引《真腊风土记》云："象牙，杀取者上也，自死者次之，蜕于山中多年者下矣。"见李时珍著，刘衡如、刘山永校注：《本草纲目》，华夏出版社，2011年，第1852页。又古代常以象牙为文玩之宝，亦多喜好所谓"血牙"，即活象上所取之牙。由此看来，三星堆所出象牙，大概也都是活象身上所取。
③ 四川省文物考古研究所编：《三星堆祭祀坑》，文物出版社，1999年，第417页。

要祭品是羊。祭祀时，人们牵羊来到村寨后山的'神林'里（'神林'据说是山神的居所），先举行'领牲'仪式：将酒灌入羊的耳中，如羊发抖则表示山神已领受，即杀羊祭神，然后将羊角放在安有白石的塔顶长期供奉"[1]。毫无疑问，象牙是大象身上最具代表性，也最神圣的部件，而献牲的目的，无非就是将古人认为最好的物品，或是牺牲身上最精华的部位敬献给神灵，以达到取悦神灵而获得庇佑的目的。象作为文明社会以来陆地上最大的哺乳动物，其神圣性不言而喻。首先，其坚固、洁白又富有力量的齿牙是陆地上独一无二的，最大的象牙能长到 3 米余，重量可达百余千克，所以无可厚非地就成为许多民族心目中不可多得的珍宝。这种珍贵性既来自象牙本身的独特、高洁、神秘及不可侵犯性，同时也来自人类征服这种大兽而取得齿牙的不易性和由此获得的自豪感，献祭同时包含对神灵进行力量的夸耀，是许多民族献祭中的共有心理（殷商祭祀中的献羌也是同样道理）。[2] 另外，从出土象牙长度、质量等看，多属于成年亚洲象的象牙，看来古蜀先民在象牙品质的选择方面，如同殷商先民选牲一样，是具有一定标准的。

由于大规模的象群早在数千年以前便已南退，离开了黄河文化圈，所以在中原文化中并未建立起深厚的信仰基础，所以早期典籍中对于象及象牙的记载更多停留在战略物资即武备耗材上，没有更多关于信仰的文献可征。这种情况下，我们或可借用民族志的材料，帮助我们弥补一些早已缺失的认知。众所周知，大象属于热带、亚热带丛林雨林气候下生存的大型动物，自古以来，其种群在南亚、东南亚雨林中分布范围较广，这些地区因此也就形成了较为浓厚的象文化信仰。如在古印度，大象是雷雨之神——因陀罗的坐

---

[1] 刘亚虎：《荒野上的祭坛：中国少数民族祭祀文化》，北京出版社，2000 年，第 72 页。
[2] 按：世界人民对于珍稀齿牙的狂热追求，似乎有一定的相似性。如欧洲海洋民族对独角鲸长齿的喜爱，甚至到达痴迷的地步。他们相信这种独角鲸长牙具有神圣功能和超强魔力，为此其价格也极为昂贵，几乎成为身份和权力的象征。据传，在 16 世纪英国女王伊丽莎白曾经收到过一根价值高达 1 万英镑的独角鲸长牙，在当时这 1 万英镑几乎可以修建一座完整的城堡；而奥地利君主恺撒·卡尔五世为了得到两只独角鲸长牙，曾经不惜倾尽所有，致使国库出现巨额亏空；在维也纳，欧洲最古老的王室——哈布斯堡王室曾经用一根长牙制成了象征至高无上皇权的节杖，并在上面镶满了钻石及红、蓝、绿等多种宝石。与象牙崇拜相似，这种痴迷一方面来自独角鲸这种生物的奇特及其对该种齿牙的神圣信仰，同时也包含着战胜海洋、抗击波涛的力量的炫耀。毕竟在古代，要在浩茫烟波中捕获一头独角鲸而取下其齿牙，也是极为困难的一件事。

骑；也是湿婆行使统治权力时使用的名字；大象的威力能使人祈求的东西都能得到。在暹罗湾、老挝、柬埔寨，白象寓意带来雨水和丰收，他们认为大象头上顶着一块宝石，宝石闪耀着雷电的光芒。在吴哥、梅奔东部，尤其在巴功，也可以看到大象的形象，它象征王权中心对各地区的辐射与统治。在古印度，大象还是知识的象征，印度象头神即是知识的代表。佛教对象的崇敬，也是始终如一，"大象的象征意义，经常被运用在佛教的表达形式中：释迦牟尼生母摩耶王后就是根据一头小象孕育了佛陀。大象在此起着天使的作用"[1]。大象笨重、硕大的身躯与健硕敦厚的四肢，这种特别的外在形象也会给人造成特别的联想，比如在印度和西藏，大象如同公牛、乌龟、鳄鱼及其他动物，均是起着支撑世界的作用：世界基于大象的脊背之上，许多佛教雕塑的基座也都以象为形象，即是对象支撑作用的神秘信仰。"而在非洲，按照巴乌莱河地区的信仰，大象象征着力量、富强、长寿与智慧。"[2]归纳起来，大象与权力、愿望、雨水、丰收、神力、天使等美好的意象联系在一起，对我们认知三星堆象牙为祀的行为，也颇有启示作用。

　　这些信仰的基础，大多是依据大象外在和内在的特性做的联想和延伸，所以或多或少存在一些共性的东西。在三星堆古蜀文明早期，其地气候湿润，降雨量充沛。据竺可桢研究认为："在新石器时代晚期，竹类的分布在黄河流域是直到东部沿海的……我们可以假设，自5 000年前的仰韶文化以来，竹类分布的北限大约向南后退1°—3°纬度。如果检查黄河下游和长江下游各地的月平均温度及年平均温度，可以看出正月份的平均温度降低3℃—5℃，年平均温度大约降低2℃。"[3] "在近五千年中的最初二千年，即从仰韶文化到安阳殷墟，大部分时间的年平均温度高于现在2℃左右。一月温度大约比现在高3℃—5℃。"[4]所以，其所处时期犀兕成群、虎象逐驰的情况是完全可能存在的，即便在高纬度的殷商王朝，其苑圃中都存在大象，何况

---

[1] 《世界文化象征辞典》编写组：《世界文化象征辞典》，湖南文艺出版社，1994年，第131—132页。
[2] 同上书，第132页。
[3] 竺可桢：《中国近五千年来气候变迁的初步研究》，《考古学报》，1972年，第1期，第17—18页。
[4] 同上书，第35页。

更低纬度的古蜀国。大象这种动物本身就喜欢湿热雨林气候，因为只有这样的环境才能充分保证它们能获取充足的食物、水源和适宜的栖息场所。毫无疑问，三星堆祭祀坑中数量众多的象牙，就是就地获取。因为大量出产犀、象等动物，所以南方自古就有向中原王朝贡纳齿、角的义务。如《周礼·地官·角人》载："角人掌以时征齿角凡骨物于山泽之农，以当邦赋之政令。"郑玄注："山泽出齿角骨物，大者犀象，其小者麋鹿。"[1]又《国语·楚语下》王孙圉答赵简子问云："楚之所宝者……又有薮曰云连徒洲，金木竹箭之所生也。龟、珠、角、齿、皮、革、羽、毛，所以备赋以戒不虞者也。"韦昭注："龟，所以备吉凶。珠，所以御火灾。角，所以为弓弩。齿，象齿，所以为珥。皮，虎豹皮也，所以为茵鞬。革，犀兕也，所以为甲胄。羽，鸟羽，所以为旍。毛，牦牛尾，所以注竿首。"[2]直到春秋战国时期，长江沿岸还有大量犀、象群体的繁衍和分布。

　　三星堆古蜀民之所以以象祭祀，除了当地象群数量巨大，足供采猎外，其特有的理念和与信仰大概也是行为驱使的原动力。笔者认为，以象祭祀或与大型祈雨仪式之类相关。由于材料有限，我们只能借助出土实物与零星传世文献等作简单的蠡测和勾勒。

　　根据考古报告我们知道，三星堆2号祭祀坑出土A型玉璋四件，共分为两亚型——Aa及Ab型。一件Ab型编号为K2③：201—4的玉璋上雕刻有精美图案（参见图2、图3）。"两面纹饰相同，图案分前、后两幅相对称。每幅又以带状云雷纹分隔为上下两段。上、下段图案均以人居上，其下为山，人与山之间用平行线分隔。两山为一组。下段山上有云气纹和⊙形符号。'⊙'应代表日。两山之间悬一弯钩状物，弯钩基部似有套。两山外侧各立一璋。璋的型式与2号祭祀坑出土玉璋相似，射本部有齿。下段山上跪坐三人，各戴穹隆形帽，帽上有刺点纹，耳饰为两环相套，着无袖衫，短裙，双手揖于腹前。上段两山外侧有两手握拳按捺于山腰上，可能和'黎抑下地'

---

[1] 阮元校刻：《周礼注疏》，中华书局，2009年，第1613页。
[2] 徐元浩：《国语集解》，中华书局，2002年，第526—527页。

(《国语·楚语》)的传说有关。两山之间有船形符号，船中似有人站立。前幅上段山上站立三人，后幅上段因处在较狭窄的邸部只容二人，各戴平顶冠，冠上有两排刺点纹，耳饰为铃形，着无袖衫，短裙，双手揖于腹前。"[1] 正如报告者所言，这幅图案表现的应该是当时实际的祭祀场面。所谓两山间所悬弯钩状带有套函的物品即是象牙，玉璋、象牙之类，在此均是献祭的祭品。玉璋采取插放形式，象牙倒悬，或是"缨祭"之类的雏形[2]。而画中祝祷和祭祀的对象应该就是山川与河流，山形明晰可见，不言而喻，山上云气缭绕，山顶有"⊙（日）"形标识；而两山之间之所以绘制舟形，其实是为了表现河流。显而易见，祭品——璋、牙之类是献给山川和河流的。而古人向山川与河流献祭时，多是为了求雨。在古人的信仰世界中，山川河流均是司雨之神，图中高山、云气、烈日、河流，这些意象共同指向的就是雨水。甲骨文中，向山川及河流祈雨的卜辞也非常多，可以从侧面证明山川祭祀与祈雨的关系。下试举数例以作说明。

（14）庚午卜：其又于洹，又（有）雨。(《合集》28182　无名组）

（15）〔庚〕戌卜，虎勿帝于瀧，雨。二三。(《合集》14363　典宾类）

（16）王其又于滴，才（在）又石燎，又（有）雨。

即川燎，又（有）雨。

王其乎（呼）戍舞盂，又（有）雨。吉。

叀（惠）万舞盂田，又（有）雨。吉。(《合集》28180　无名组）

（14）—（16）条卜辞均是向河川祈雨的卜辞，其中"洹""瀧""滴"均是河流的专名。这一类向河川献祭而祈雨的卜辞尚且很多，无法一一胪列。此外，商人向山川祈雨的占辞也很多。如：

---

[1] 四川省文物考古研究所编：《三星堆祭祀坑》，文物出版社，1999年，第361页。
[2] 按：上古祭祀仪礼中，常以悬挂、缨绕等方式呈现玉器之类与祭牲同祀，见于战国楚地所出包山楚简、望山楚简及《山海经》祭山礼部分，详参拙作《〈山海经·五藏山经〉校笺》，复旦大学2019年博士学位论文。

图2 三星堆2号祭祀坑所出Ab型玉璋[①]　　图3 Ab型玉璋图案局部图

（17）癸子（巳）贞：其燎十山，雨。(《合集》3323　历二)

（18）其皆取二山，又（有）大雨。

　　　……皆㞢又（有）大雨。(《合集》30453　无名组)

（19）……其燎□山，又（有）大雨。吉。(《合集》30454　无名组)

（20）其桒（禱）年二山、🌱于小山，汎豚。

　　　二山眔🌱惠小宰又大雨。(《合集》30393　无名组)

（21）其🌀于小山有大雨。(《合集》30456　无名组)

（22）壬午卜，桒（禱）雨燎🌀。(《合集》30457　师组)

（23）壬午卜，🕺奏山，晌南，雨。

　　　己丑卜，舞羊，今夕从雨，于庚雨。

　　　己丑卜，舞羊，庚从雨，今允雨。(《合集》20975　师肥笔)

[①] 四川省文物考古研究所编：《三星堆祭祀坑》，文物出版社，1999年，第361页。

(24）丁酉卜，★燎山，羊、晦豕，雨。（《合集》20980正　师肥笔）

以上皆是向山川祈雨的卜辞。陈梦家认为："以上各辞，凡祭山都与雨有关，祭山所以奉年，是极显然的。……古人因见山兴云雨，相信山与雨有一定的关系，故祭山所以祷雨。"[1]所论甚允。

至于山前上下两排穿戴短裙、揖手胸前的人形，一排作跪坐形，一排作双脚分开踏立之形。两排人形除了站、跪之姿及冠饰、耳环之别外，手型、表情、穿戴等基本无异。四川省文物考古研究所以为"可能和'黎抑下地'（《国语·楚语》）的传说有关"。窃以为其说不可征。与其说与"黎抑下地"有关，不如说两排人形，一排表示跪坐祷祝，祈求山川、河流之神庇佑；另一排人形则表示踏跳舞蹈，以舞祭祷山川。古代祭山、祭河礼仪中，祷祭、舞祭均属于常用的仪式，上举卜辞中，（20）（22）便是向山川进行祷告的占辞，其中（20）是为了获得好的年成，（22）则是为了求雨；而（16）（23）皆涉及舞祭，（23）还涉及奏祭，甲骨文中有大量辞例可至此舞蹈和音乐是祭祷山川求取降雨的常祭的认识，传世文献中以奏乐和舞蹈的方式祈雨的例子也不胜枚举。此外，燎祭也是祈雨中普遍使用的祭祀方式，即将祭品置于燔柴之上进行烧烤，以此歆享神灵，求取庇佑。三星堆祭祀坑所出器物和祭品多有灼烧的痕迹，大概就是祈雨燎祭之后留下的痕迹。

如果以上假设和分析不误的话，以象牙求雨的行为背后，大概包含着象与雨水直接某种原逻辑的信仰在其中。从上举其他国家和民族对大象的信仰来看，这种将象与雨水建立联系的信仰具有一定的相似性。上文我们论述到，在古印度，大象是雷雨之神——因陀罗的坐骑；在暹罗湾、老挝、柬埔寨，白象寓意带来雨水和丰收，他们认为大象头上顶着一块宝石，宝石闪耀着雷电的光芒。而在三星堆文化遗迹中，又以象牙祭祷山川，以求取降雨。从这个意义上而言，在早期的南亚、东南亚地区，对象有着极为相似的信仰认知。这种认知大概来源于古人对象群的仔细观察和长期探索。在古人的世界中，因为没有资讯社会以来过于纷扰的信息干扰，古人所能接触和认知的

---

[1]　陈梦家：《殷虚卜辞综述》，中华书局，1988年，第596页。

时空有限，使得他们有足够的时间和心思去关注身边的自然事物，即所谓的"近取诸身，远取诸物"。首先就大象的习性来看，他们过着群居生活，食量惊人，为了生存每只成年象每天要摄入两百升左右的水以维持生命，所以大象常群居于水源处不远。又因为大象体型硕大，常年生活在热带、亚热带地区，天气炎热，为了散热，它们常喜欢于水中嬉戏，其修长的鼻子能快速汲水而上，又喷洒而出，形成自动降温的淋浴设备；加之热带丛林之中，蚊虫肆虐，这种嬉水行为能驱赶蚊虫、溺死寄生虫等，达到保护自身的作用。另外，根据现代科学研究我们知道，大象是利用次声波交流和探寻事物的，它们又具有超强的记忆，能通过发射次声波轻松地寻找到百里以外的水源。大象的这些习性对于长期仰观俯察自然的先民来说，可谓了然在胸，这些习性很容易指示人们将其与水、与雨建立起一定的联系。这样一来，高度相似的信仰在信息闭塞的上古时代，竟同时出现在印度、在暹罗湾、在老挝、在柬埔寨，又在古蜀国的三星堆文化中，就不足为奇了。

大象与水、与雷雨相关的这种信仰，在传世文献中也能寻访到蛛丝马迹。《周礼·秋官·壶涿氏》载："壶涿氏掌除水虫，以炮土之鼓驱之，以焚石投之。若欲杀其神，则以牡橭午贯象齿而沈之，则其神死，渊为陵。"孙诒让云："此盖古方术家所传驱杀水神之法。《说文·象部》云：'象，南越大兽，长鼻牙，三年一乳。'又《齿部》云：'齿，口龂骨也。'《牙部》云：'牙，壮齿也。'案：齿牙骨亦通称，故象齿《司尊彝》《缮人》注谓之象骨。牡橭为木，恐入水不得沈，故必贯象齿而沈之。必用牡橭、象齿者，其义未详。"[1] 看来孙诒让对于使用象齿以杀死水中作孽的罔象之类的原逻辑，已是不得而知。首先象齿为大象格斗的主要武器，其力量能折木推土，无坚不摧；又因为大象与水的紧密关系，基于这些认识，古人便将震慑水怪、杀死水神的神圣力量赋予象齿之上了。

文献中大象又与雷声产生了神秘的联系。如李时珍《本草纲目·兽部·象》（下）引王安石《字说》云："象牙感雷而生文，天象感气而生文，故天象亦用此字。"又引《南越志》云："象闻雷声则牙花暴出，逡巡复没。"[2]

---

[1] 孙诒让：《周礼正义》，中华书局，2015年，第3537页。
[2] （明）李时珍著，刘衡如、刘山永校注：《本草纲目》，华夏出版社，2011年，第1851页。

李时珍又引陶弘景云:"凡夏月合药,宜置象牙于傍;合丹灶,以象牙夹灶,得雷声乃发光。"[1]象牙与雷声的这种神秘关系,大概也渊源有自,可能就来自早期象与水、象牙(象牲)与祈雨的认知与信仰,只是到了后来这种信仰越传越邪,被人们进一步"歪曲"罢了。

五、结 语

全文拉杂布达,从三星堆祭祀坑中的象牙说起,又将三星堆象牙为祀的情况与同时期的殷商文化做了比较,我们可以得出如下认识:第一,武丁时期卜辞有卜问雀方要不要贡象,帝乙、帝辛时代的田猎卜辞中有商王获象的记载,殷商京畿附近的苑囿中有少量的大象,但是数量应该不大。因为数量少、种群小,所以象并未作为牺牲进入殷商周祀之列,殷商基本不以象牲祭祀(仅祖乙一例除外)。殷人对大象这种生物似乎并无太浓厚的神圣信仰,王陵区祭祀坑所出殉象大概是供贵族生前娱乐所用。商人对象的认知比较写实,无论象尊、象牙雕刻均停留在工艺品、奢侈品阶段。第二,以象牲、象牙祭祀应该属于古蜀先民的区域性文化,古蜀地区大量分布的象群为大规模祭祀提供了可能,所用象牙皆就地取材。第三,象牙大概经常被用作祭祀山川时的贡品,献祭的目的是为了求雨。三星堆2号祭祀坑出土的Ab型玉璋上的祭祀画面为我们提供了图像学上的证据,而甲骨卜辞中向山川、河流祈雨的记录间接为我们提供了文字材料上的依据。第四,古人基于象群的一些特殊习性,在很早的时候就构建起象与雷雨、象与水等信仰联系,后世文献中"象牙感雷而生文"之类的认知,大概是上绍旧知,又稍有"歪曲"。总之,三星堆古蜀民的祭祀文明独树一帜,有一些信仰和习俗是为古蜀先民所独有的。古蜀民以数量惊人的象牙为祭的行为令人叹为观止,其背后深藏的文化基因和密码,仍值得继续关注和深入研讨。

---

[1] (明)李时珍著,刘衡如、刘山永校注:《本草纲目》,华夏出版社,2011年,第1852页。

古蜀再生神话研究

林科吉

（四川省社会科学院神话研究院研究员）

一、"建木西"：古蜀山川地理特征及其神话想象

自古以来，距离川西平原数百上千里的岷江上游的巨大山峰常年积雪，冰雪之水冲刷着沿河两岸，也裹挟大量泥沙滚滚而下，慢慢填平了低洼沼泽之地。彭邦本曾提出，从距今约200万年的旧石器时代早期的巫山人，到旧石器时代晚期的资阳人、筠年人和铜梁县张二塘、资阳县鲤鱼桥、汉源县富林、攀枝花市回龙湾等遗址，反映出当时人类栖息生活的地点一般位于盆地周边或者盆地之内的山地丘陵近水的小山或山坡上。这种情况直到新石器时代早、中期仍未根本改变，因为由岷江、沱江水系冲积而成的川西平原，位于盆地底部，古时沼泽河流密布，长年积水而不宜栖居，直到新石器时代晚期，距今4 500年至3 700年的宝墩文化诸史前聚落涌现于川西平原。[①] 古蜀原住民经过了漫长的等待和试探，才由丘陵山坡下到原隰地带，直到遍布于整个盆地。还有专家指出，成都平原海拔较低，在440—750米范围内，从今天的灌县到郫县再到成都一线，原是岷江江水的正中冲击线，由于这条线泥沙堆积，陆地增高，江水即从两边分流[②]。古蜀先民与江河湖泽打交道的

[①] 彭邦本：《上古蜀地水利史迹探论》，《四川大学学报》，2007年第6期。
[②] 罗开玉：《成都城的形成和秦的改建》，《成都文物》，1989年第1期。

过程中，积累了丰富的智慧，长期的渔猎、种植，导江开渠，最终使这片沮洳之地变成了天府之国。

江河之水是生命之源，它的源头更被视为神圣之地。在古人的想象中，大江大河的源头应在高山之巅，这里与天相接，是人、神交通的必经之路。宋代诗人胡寅写道："河出昆仑墟，江出岷山底。"（《寄张赵二相三首》其一）在华夏文明史上，江、河同样神圣，也同样激发着文人的想象力。明朝之前，典籍中单独所称的"江"多指长江，且古人视岷江为长江之正源，因此，岷江上游的山川就获得了显著的人文地理特征和浓厚的神话想象品质。

似乎人人都知道"河出昆仑"，但江源（岷江）所出之山在哪里呢？虽然《山海经·中山经》记有"岷山，江水（即岷江）出焉……其上多金玉"[1]，但是神话传说中，江、河发源之地的高山还是有些混淆。《山海经·海内西经》记载："海内昆仑之虚，在西北，帝之下都。昆仑之虚，方八百里，高万仞。"郭璞云"盖天地之中也"[2]。一些学者认为"昆仑"即指今四川西部的岷山。[3]《淮南子·地形训》云："昆仑之邱，或上倍之，是谓凉风之山，登之而不死。或上倍之，是谓悬圃，登之乃灵，能使风雨。或上倍之，乃维上天，登之乃神，是谓太帝之居。"[4]郦道元《水经注》云："三成为昆仑丘，《昆仑说》曰：'昆仑之山三级，下曰樊桐，一名板松；二曰玄圃，一名阆风；上曰增城，一名天庭，是谓太帝之居。'"[5]"太帝"居于"昆仑之虚"，说明这里是天地相连相通的地方，是世界的中心。如果"昆仑之虚"即岷山，则可推论出岷山即为"天下之中"。

《山海经·海内南经》记曰："有木，其状如牛，引之有皮，若缨，黄蛇。

---

[1] 袁珂：《山海经校注》，上海古籍出版社，1980年，第156页。
[2] 同上书，第295页。
[3] 按：研究巴蜀古史的学者如蒙文通、邓少琴等持此观点。见蒙文通：《略论〈山海经〉的写作时代及其产生地域》，《巴蜀古史论述》，四川人民出版社，1981年，第161—162页。邓少琴：《邓少琴西南民族史地论集》，巴蜀书社，2001年，第498页。另见贾雯鹤：《昆仑原型为岷山考》，《四川大学学报》，2009年第2期。
[4] 张双棣撰：《淮南子校释上》（增订本）卷四《地形训》，北京大学出版社，2013年，第451页。
[5] （北魏）郦道元注，王国维校注：《水经注校》，台北新文丰出版公司，1987年，第1页。

其实如栾，其木若蓲，其名曰建木。在窆窳西弱水上。"[1]按华夏的宇宙神话，"建木"当是宇宙树，它立于天地之中。有学者提出，"建木"所在之地，可能属于川西平原。[2]另外，《海内经》云："西南黑水之间，有都广之野，后稷葬焉。爰有膏菽、膏稻、膏黍、膏稷。百谷自生，冬夏播琴。鸾鸟自歌，凤鸟自舞；灵寿实华，草木所聚；爰有百兽，相群爰处。"郭璞云："其城（即都广——引者）方三百里，盖天下之中……"[3]"都广"和"广都"之名，研究古蜀史的学者倾向于认定为同一个地方，[4]而典籍中记载："广都县，本汉旧县，隋仁寿元年避隋炀帝之讳，改为双流县。"[5]双流的地势明显要高于现今的三星堆和金沙所在地，确为古蜀先民较早开发和居住的地方。

从上面引文可以看到，太帝所居的"昆仑之虚"应该位于天地之中，而建木立于天地之中本就无可怀疑，"都广"也在天地之中，但是，昆仑之虚是否即岷山？建木是否位于川西平原？这些都需要存疑。而且我们还应诘问："广都"与"都广"、"都广"与"都广之野"是否为同一个地理名称、指的是同一个地方？[6]

这些疑问似乎动摇了岷江源的神圣性，因为当岷江源不在昆仑之虚、建木不在川西平原、广都不是都广，古蜀之地也就不是天下之中，或者天下之中就不在川西平原的某个地方。但是我们又要追问，是否因此古蜀之地就失去了神圣性？是否唯有建木所在的"天下之中"才具有起死回生的神奇力量呢？

---

[1] 袁珂：《山海经校注》，上海古籍出版社，1980年，第279页。
[2] 刘复生：《"都广之野"与古蜀文明——古蜀农耕文化与蚕丛记忆》，《中华文化论坛》，2009年第11期。
[3] 袁珂：《山海经校注》，上海古籍出版社，1980年，第445页。另，或云"其城方三百里，盖天下之中，素女所出也"十六字原本为正文，乃传抄过程中脱入郭注。参见蒙文通：《巴蜀古史论述》，四川人民出版社，2019年，第176—177页。
[4] 按：持此观点者，蒙文通颇具代表性："都广即是广都，今四川双流县，在四川西部。都广既是'天下之中'，正说明《大荒经》以下五篇也是以四川西部为'天下之中'。""……《山海经》全书三个部分所说的'天下之中'，都与中原文化所说的'天下之中'迥不相同。它所指的是巴、蜀、荆楚地区或者只是巴蜀地区。"蒙文通：《巴蜀古史论述》，四川人民出版社，2019年，第176—178页。
[5] （唐）李吉甫撰，贺次君点校：《元和郡县图志》卷三二，中华书局，1983年，第770页。
[6] 按：很多人可能忽略了一个关键点："其城方三百里，盖天下之中……"一句中，该"城"严格意义上应指"都广"，而非"都广之野"。

据《淮南子·地形训》所载："扶木在阳州，日之所曈。建木在都广，众帝所自上下，日中无影，呼而无响，盖天地之中也。若木在建木西，末有十日，其华照下地。"①扶木—建木—若木，构成了太阳巡回和天地交通的结构模型，也勾勒出古代华夏神话地图的大致轮廓，这三个地方都是宇宙空间中的神圣之地，这里人神交通，都有起死回生的神奇功能。《山海经·大荒西经》中有关于氐人国的记载，其原文曰："有互人之国。炎帝之孙，名曰灵恝。灵恝生互人。是能上下于天。"王念孙校改"互"作"氐"②。从神话学的角度看，他的校改不能说没有道理，③氐人"能上下于天"，原因在于其独特的地理位置，氐人所处之地与建木所在地具有某种结构性关联。据《海内南经》记载："氐人国在建木西。其为人人面而鱼身，无足。"④《大荒西经》又载："有氐人之国……有鱼偏枯，名曰鱼妇。颛顼死即复苏……"⑤氐国之人人面鱼身的奇怪形状，他们能"上下于天"，颛顼在此能死而复活，是因为这里即"建木西"。同时，在古代神话地理的版图上，"都广之野"与建木也存在结构性关联，《海内经》云：后稷葬于"都广之野"，《淮南子·地形训》则说"后稷垄在建木西，其人死复苏……"⑥也就是说，"都广之野"和"后稷垄"都应在"建木西"。看来，"都广"与"都广之野"并非同一个地方，如果说"都广"是建木所在地，那么"都广之野"即应在"建木西"，也就是在都广之西了。

总而言之，若木、氐人国、后稷垄、都广之野都位于"建木西"，应该在同一个方位，或即同一个区域，甚至是同一个地点，而且这几个地方与建木所在地一样，也都是能让人起死回生的神圣之地。

我们无法证实"建木"是否在川西平原，也无意论证"昆仑之虚"是否

---

① 张双棣撰：《淮南子校释上》（增订本）卷四《地形训》，北京大学出版社，2013年，第451页。
② 袁珂：《山海经校注》，上海古籍出版社，1980年，第415页。
③ 按："互人"有可能指长有甲壳的因而能在水中生存的人。《周礼·天官冢宰第一》："鳖人掌取互物。""互物"指有甲壳类的动物如龟鳖之属。郑康成注，陆德明音义，贾公彦正义：《周礼注疏》，吉林出版集团，2005年，第85页。
④ 袁珂：《山海经校注》，上海古籍出版社，1980年，第280页。
⑤ 同上，第442—443页。
⑥ 张双棣撰：《淮南子校释上》（增订本）卷四《地形训》，北京大学出版社，2013年，第493页。

即为岷山,但是"建木西"在古蜀之地应该是大概率事件。原来,人死后之所以要沿江上溯,求得复活或者成为神仙,这跟古蜀作为"建木西"的地理位置密切相关。

而且,《山海经·海内经》载:"黄帝妻雷祖,生昌意,昌意降处若水,生韩流。韩流……取淖子曰阿女,生帝颛顼。"①郭璞云:"《世本》云:'颛顼母濁山氏之子,名昌僕。'郝懿行云:'《大戴礼·帝系篇》云:"昌意娶于蜀山氏之子,谓之昌僕氏,产颛顼。"'郭引《世本》作濁山氏,蜀,古字又通濁,又通淖,是淖子即蜀山子也……"②可以看出,颛顼跟氐人国、若水、蜀山都有密切关系,也正因为此,他才获得"死即复苏"的待遇。而《太平御览》载:"蜀王之先名蚕丛,后代名曰柏濩,后者名鱼凫。此三代各数百岁,皆神化不死,其民亦颇随王化去。王猎至湔山便仙去。今庙祀之于湔。时蜀民稀少。后有一男子,名曰杜宇,从天堕止朱提。有一女子,名利,从江源地井中出,为杜宇妻。宇自立为蜀王,号曰望帝。治汶山下邑郫,化民往往复出……"③传说中的古蜀确乃神奇之地,此地能获得"建木西"的神话地理位置,而且神人辈出,这背后一定跟蜀地的山水所激发的神话想象有关。

二、"西征":古蜀神话中死而再生的复活之路

在华夏神话传统里,人死后灵魂是要上天的。民间习俗中每个家庭在年节祭祖时都要拜托先人的"在天之灵"保佑全家。在兄弟民族的祭祀仪式中,这一观念表现得更为明显:"自入殓始,每天早中晚各敲一次铜鼓,通知天神派使者迎接死者上天。"④但是升天之路在哪里?电影《红高粱》中九儿死去,其子高喊:"娘,娘,上西南,宽宽的大路,长长的宝船",似乎死

---

① 袁珂:《山海经校注》,上海古籍出版社,1980年,第442—443页。
② 同上,第444页。
③ (宋)李昉等:《太平御览》卷888,中华书局,1960年,第3944页。
④ 蒋廷瑜:《铜鼓与丧葬礼仪》,四川大学博物馆、中国古代铜鼓研究学会编《南方民族考古》第三辑,四川科学技术出版社,第54页。

者之灵既要走旱路还要走水路，不过这应该只是一个模糊的想象性描述。王充在《论衡》里试图细究升天之路，论及"升天之人，宜从昆仑上"时产生了疑问："天之与地皆体也，地无下，则天无上矣。天无上，（上）升之路何如？穿天之体，人力不能入。如天之门在西北，升天之人，宜从昆仑上。淮南之国，在地东南，如审升天，宜举家先从（徙）昆仑，乃得其阶；如鼓翼邪飞，趋西北之隅，是则淮南王有羽翼也。今不言其从（徙）之昆仑，亦不言其身生羽翼，空言升天，竟虚非实也。"[1]看来王充也承认人死后灵魂应该升上昆仑山（再从这里升天），他纠结的只是具体的方式和路径。

《王氏合校水经注》卷三十三引来敏《本蜀论》云："荆人鳖令死，其尸随水上。荆人求之，不得。令至汶山下复生，起见望帝。"[2]跟颛顼复活再生故事一样，鳖令的故事也相当于同类故事的地方版本，作为"地方性知识"的鳖令故事一方面具有相应的类型学特征，同时又将地方文化的信息透露出来。鳖令故事将其复活的地理路线描述得十分清晰，事实上解答了王充《论衡》里的疑问，那就是死而复生的艰难历程既不是翻山越岭、爬上远在西北的"昆仑"，也不是身生双翼，直接飞向那上与天齐的高山之巅，而是走水路。鳖令溯江而上，到汶山即得以复苏，说明此山乃神圣之地，堪比昆仑。

死后化生的故事类型中还包括鲧的传说，言其死后化为黄熊，入于羽渊，然后复活。屈原对此疑惑不解，在《楚辞·天问》里追问道："阻穷西征，岩何越焉？化为黄熊，巫何活焉？"[3]屈原的疑问与王充是相同的，鲧死后其尸身要向西翻越重重高山，直到"昆仑"（或古蜀神话中的"汶山"），怎么做得到？鲧化为黄熊后，[4]巫师又把它变回一个大活人，怎么做得到？楚国王室皆为熊姓，对熊图腾自然有高度认同，所以屈原特别关注黄熊变人这

---

[1] （汉）王充撰、黄晖校：《论衡校释》卷七《道虚篇》，中华书局，1990年，第319页。
[2] 李炳海：《巴蜀古族水中转生观念及伴生的宗教事象》，《宗教世界研究》，1995年第1期。按：汶山即岷山。
[3] 按：唐兰于1937年在《古史辨》第七册发表《天问"阻穷西征"新解》，涉及化熊还是化能的问题，指出能即熊字，后人以为"能"为三足鳖者误也。《归藏·启巫》为黄龙，龙为能音之转，是神话又谓鲧化为黄熊为巫所活。见吕思勉、童书业编《古史辨》第七册，海南出版社，2005年，第683页。
[4] 按：《拾遗记》卷二载："鲧自沉于羽渊，化为玄鱼。"（前秦）王嘉：《拾遗记》，中华书局，1981年，第3页。

个关键节点,此不待言。但我们重点关注"西征"这一关键词,说明屈原时代荆楚广大区域里流行的祭祀仪式和相关习俗中,也认可同一个宇宙图式,就是死者灵魂要一路西行才可求得复活。

神话故事中的英雄之旅,往往会遇到一位出自水中的女性。《蜀王本纪》载:"后有一男子,名曰杜宇,从天堕止朱堤。有一女子名利,从江源井中出,为杜宇妻……"① 这个故事中的杜宇在另一传说中化为子归鸟,表明他是天上的或能够上天的神,而朱利既然能从江源而出,显然具有水神和鱼神的属性,他们的结合相当于天父地母或鸟鱼之媾和,正是典型的神仙眷侣,该故事也强调了古蜀人是神的后裔②。《四民月令》载:"十一月,冬至之日,荐黍、羔,先荐玄冥于井。"玄冥即水神③,朱利与玄冥应具有同样的水神的神格。《山海经·海内经》:"西南黑水之间,有都广之野,后稷葬焉……有木,青叶紫茎,玄华黄实,名曰建木,百仞无枝,上有九欘,下有九枸……"郭璞注曰:"其城方三百里,盖天地之中也,素女所出也。"④ 这里的"素女"应该也是水神。素女在"都广",朱利在"江源",鱼妇在"氐国",玄冥在井,她们都具有起死回生、化育众生的本领。相应地,如果死者在去往黄泉国的旅程中遇到水神的拯救,自然就会复活。

作为古代巴蜀神话系统中的重要组成部分,颛顼、鳖令和鲧的再生神话,与仰韶文明所代表的中原再生神话叙事或者《山海经》中其他同类再生神话故事相比较,具有共同的类型特征,那就是人死后化生为水中动物,方可获得再生。但巴蜀神话道出了明确的方位和地点,既显示了故事背后的整个宇宙图式,而且其"在地性"特征也十分明显,因此也具有更加生动鲜明的色彩。

---

① (汉)扬雄撰,张震泽校注:《扬雄集校注》,上海古籍出版社,1993年,第244页。
② 按:或以为"江源"即今之双流区,而且开明氏的都邑,史籍也有记载为广都(即双流)的。参见张建世:《试论铜鼓船纹》,《四川文物》,1988年第6期。
③ (汉)崔寔原著,石声汉校注:《四民月令》,中华书局,1965年,第71页。
④ 袁珂:《山海经校注》,上海古籍出版社,1980年,第445页。

三、"鱼复"：古代巴蜀再生神话中鱼的神奇作用

郭璞《玄中记》："天下之多者，水也。浮天载地，高下无不至，万物无不润。"①古人对水产生了一种"迷思"，因为它一方面表现出向低处流淌的物理性质；另一方面却又会出现于最高的山巅，俗话说"山有多高，水有多高"；它还会变成云雾升上高空，再变成为雨滴从天而降，水降到哪里，哪里就会出现生机勃勃的景象；当它变成霜雪覆盖大地，就意味着来年的丰收；溪流汇成江河，浇灌两岸的土地，带来恒久的丰饶。甲骨文中经常提到对"河"神的祭祀，"河"的地位不亚于四方风神，显示了在商代的农耕文明中对水的重视。

江河对人类的馈赠还有数不清的鱼类。摩尔根提道："鱼是人类最早的一种人工食物，人类有了鱼类食物，才开始火的利用及大规模的迁徙。"②人类总是沿着江河流域而迁徙，一个重要原因就是鱼类提供了食物保障。中国台湾雅美人最常见的食物是块根类作物和鱼类，鱼类分为季节性与非季节性两种，其中在春天洄游至兰屿的季节性鱼类，被认为平常与天神同住于天界，只有在春天才从天上下来，以供雅美人捕食，而季节结束后又回到天界，因此在他们看来洄游鱼类是神圣的。③而川江沿流因喀斯特地貌而多有洞穴，里面的阴河与泉水经常有鱼涌出。清咸丰《开县志》记载，车河上游官渡河至白马泉仅30多千米的河段，就有鱼泉20多处。巫山县城附近有一石洞，每年打春雷下春雨时节，水位上涨鱼直往外跳。④史载今重庆奉节县境内有"鱼復城"，是西周时的"鱼復国"故地，后也叫"鱼复"，其得名缘由为：山下有丙穴，常以春末游渚，冬初入穴，因嘉鱼洄游而得名。⑤作为先楚集

---

① 尹策：《〈玄中记〉研究》，云南大学硕士论文，2011年。
② 摩尔根：《古代社会》，商务印书馆，1987年，第20页。
③ 余光弘：《雅美人食物的分类及其社会文化意义》，"中央研究院"民族学所集刊，第76期，第21—42页，1994年，第24页。
④ 陶灵：《川江传统捕鱼方法》，《红岩春秋》，2018年第12期。
⑤ 李炳海：《巴蜀古族水中转生观念及伴生的宗教事象》，《宗教世界研究》，1995年第1期。

团首领的颛顼，当是在巫山以东逝世，那里有高阳山、高阳溪的地名，该地有丙穴鱼泉，其中嘉鱼的冬藏春出，遂演化为颛顼变形为鱼而转生的神话[①]。

在长江流域，经常会有大量的鱼类从海洋洄游至特定的水域产仔，这种现象或许给了古人一种启示，即水中生物可以通过向上游溯洄的方式获得再生。俗话说"世上有，戏上有"，看来神话中鳖令之所以逆流而上，并非完全是人类凭空想象，而是有现实的根据。

古代典籍中所载再生神话故事值得仔细分析。《山海经·大荒西经》云："有鱼偏枯，名曰鱼妇。颛顼死即复苏。"[②]《淮南子·地形训》曰："后稷垅在建木西，其人死复苏，其半鱼，在其间。"[③]双棣按："……又《大荒西经》云：'有鱼偏枯，名曰鱼妇。颛顼死即复苏。'郭璞注云：'《淮南子》曰："后稷垅在建木西，其人死复苏，其半为鱼。"盖此谓也。'郭璞引《淮南子》文与今本稍有不合。今本'半'下似亦当有'为'字。"[④]这个神话故事完全可以对应于仰韶文明的考古图像，如姜寨、半坡等地出土的人面鱼纹彩陶图案，据考查，绘有人面鱼纹的仰韶彩陶盆，多是作为婴幼儿的瓮棺葬具，相当数量的器物底部或顶部凿有小孔[⑤]。一般认为，这样的小孔是供死者灵魂出入而设的。这类图像中人面和鱼构成的奇特造型，很好地注释了典籍中死而复生的神话叙事，并且呈现了具体的情景，有助于我们更好地、更完整地理解这一经典神话原型。上述《淮南子·地形训》的那段话中，"半"是一个关键词，是"半鱼"还是"半人"呢？《大荒西经》云"有鱼偏枯"，当然是指"半鱼"，《淮南子》云"其人死复苏，其半为鱼"，显然是偏重"半人"而言。其实，这里更可能描述的是半人半鱼的合体，表现了亦生亦死、方死方生的状态，正如袁珂对"鱼妇"之名的阐释："或以其因风起泉涌、蛇化为

---

① 李炳海：《〈山海经〉江汉沿岸的冢陵传说及楚族的自川入鄂——兼论楚文化与巴蜀文化的关联》，《江汉论坛》，2011年第7期。
② 袁珂：《山海经校注》，上海古籍出版社，1980年，第416页。
③ 张双棣撰：《淮南子校释上》（增订本）卷四《地形训》，北京大学出版社，2013年，第493页。
④ 同上书，第510页。
⑤ 黄冉：《〈鹳鱼石斧图〉图像研究》，江苏大学硕士论文，2016年。

鱼之机，得鱼与之合体而复苏，半体仍为人躯，半体已化为鱼。"①

另外，如果考虑到鱼作为帮助死者穿越死亡之海或黄泉大水的"灵媒"，及其为死者升天所起到的导引作用，我们还可以有另外的断句方式："后稷垅在建木西，其人死复苏其半，鱼在其间。"鱼作为地下水中亡灵之国的居民，它们是一个群体，共同帮助死者复活，类似于巫咸带着他的巫师团队一起助人复活的情景。

总之，综合典籍上的记载，我们可以得出这样的神话叙事：人死后先是化生为鱼，然后由鱼再转生为人；或者，在鱼的帮助和导引下，穿过黄泉大水而获得再生。

古蜀文明的考古实物中，鱼是不可忽视的存在。三星堆和金沙的金射鱼纹图像屡被提及，自不必说，三星堆2号坑还出土了不少金皮鱼，②却常常被人忽略。古蜀之地金子比青铜和玉石更为稀缺，只有极其重要的圣物才用金箔做成，可知鱼在其观念中的崇高地位。实际上，包括巴蜀荆楚在内的整个长江中上游地区，都有鱼崇拜的信仰。大溪遗址（在原四川巫山境内，距今6 000年）M3的墓主人口中含有两条大鱼③。出土于湖南长沙战国楚墓的人物御龙帛图为我们描绘了一幅引魂升天的生动景象：人物乘坐龙形船，船下水中有一鱼，而船尾上停驻一只鸟④（图1）。说明巴蜀荆楚之地确实存在一种悠久的再生神话信仰，这个图像中鸟代表天空，鱼代表

图1　战国人物御龙帛画线描图（自周连华《古代鱼图像的信仰内涵与表现形态研究》）

---

① 袁珂：《山海经校注》，上海古籍出版社，1980年，第417页。
② 陈显丹：《三星堆遗址一、二号祭祀坑发掘日记》，西安半坡博物馆、三星堆博物馆编《史前研究》，陕西师范大学出版社，2007年，第509页。
③ 林向：《大溪文化与巫山大溪遗址》，《中国考古学会第二次年会论文集》，文物出版社，1980年。
④ 周连华：《古代鱼图像的信仰内涵与表现形态研究》，山东艺术学院硕士论文，2015年，第30页。

水界，龙则穿行于二者之间，表现了死而复生的完整图景，并以当时人能够理解的方式呈现，这显然可以视为鳖令再生神话故事的异文，也可视为鳖令神话原型的变形。

从上引《山海经》《淮南子》等典籍，以及考古证据和民俗资料都可以看出，人死变鱼是再生的前提条件。由于跟鱼类的亲密关系，古代巴蜀人民与华夏其他地区的先民一样，将人类自身的生命与鱼类的生命紧密联系起来，从而产生了相关神话想象，并成为华夏再生神话的元叙事。

四、跨界：古蜀再生神话中的"两栖类"动物

此处所称"两栖类"动物，当然不是现代动物学意义上的分类概念，而是用如维科所谓"诗性的类"之含义。① 北宋经学家邢昺指出，《尔雅》之《释鱼》篇"释其见于经传者，是以不尽载鱼名，至于龟蛇贝鳖之类，以其皆有鳞甲，亦鱼之类，故总曰'释鱼'也"②。这种分类透露出悠久的神话思维方式和原始分类观念，其所言"龟蛇贝鳖"，皆可算是跨越水陆的"两栖类"神话动物③。

《山海经·海内经》云："流沙之东，黑水之西，有朝云之国、司彘之国。黄帝妻雷祖，生昌意，昌意降处若水，生韩流。韩流擢首、谨耳、人面、豕喙、麟身、渠股、豚止，取淖子曰阿女，生帝颛顼。"④ 这里明确记载了昌意—韩流—颛顼为祖孙三代，但也有另外的说法，如郭璞所引《大戴礼·帝系篇》所云，昌意娶于蜀山氏之子，直接生下了颛顼。⑤ 颛顼能够"死即复

---

① 按：关于"诗性类概念"，维柯写道："人类的最初创建者都致力于感性主题，他们用这种主题把个体或物种的可以说是具体的特征、属性或关系结合在一起，从而创造出它们的诗性的类。"维柯著：《新科学》(上)，朱光潜译，安徽教育出版社，2006年，第286页。
② (晋)郭璞注，(宋)邢昺疏：《尔雅注疏》，上海古籍出版社，2010年，第506页。
③ 按：贝类动物跟龟鳖之属一样，也属于水陆"两栖类"动物，古人称为"貍物"。《周礼·天官冢宰第一》注云："貍物，龟鳖之属自薶藏伏于泥中者。"郑康成注，陆德明音义，贾公彦正义：《周礼注疏》，吉林出版集团，2005年，第85页。
④ 袁珂：《山海经校注》，上海古籍出版社，1980年，第442—443页。
⑤ 同上书，第444页。

苏"，如前文所述，是因为在其复苏过程中得到了鱼（或鱼妇）的直接帮助，除此之外，可能还跟其出生于神圣帝王世家有关。其始祖为黄帝，黄帝号有熊氏，熊是能够出入于水中的动物；其父韩流虽外形怪异，但可以看出其基本构形很接近于猪，而猪也是喜水塘泥淖的动物。①熊与猪皆可称得上水陆"两栖类"动物，它们都有穿越两界的能力，对远古人类来说，这是令人惊异的本领。

神话学显示，古人想象中的世界大多分为上中下三层，也就是天空、陆地和水的世界，这可能是远古人类最重要的"原始分类"观念之一了。天空属于长翅膀、有羽毛的动物，水中属于无足但身披鳞甲的动物，陆地属于有足而善奔跑的动物，它们各自在其领域中活动，想要"越界"是相当困难的。其实这里面有一个人类中心主义的视点，即人不能飞翔于天空，也难以生存于水中，他们自己只能在地上蹒跚而行，所以非常羡慕空中的飞鸟和水里的游鱼。人类自己难以逾越的界限，有些动物却能自由穿越，尤其人们身边的那些两栖动物，它们下水能游，上岸能走，具有水陆通吃的本领。

在考古发掘中，三星堆遗址范围曾出土一件石质雕刻的蛇形器，被称为"蛇鹰阴阳形器"，三星堆2号坑出土了多件残断铜蛇。金沙遗址出土了多件石盘蛇，公布的一件石蛇呈盘曲的S状，使用彩绘的方式描出圆形的黑色眼眶和瞳仁，用朱砂涂绘眼珠、口部和头颈②。与太阳神鸟同时出土的，还有7件"金蛙形饰"，用金片镂成，外廓压出成行的小点，表示蛙身上的凸斑（图2）。③叶舒宪先生提及早年参观三星堆

图2　金沙蛙形金箔（杨骊提供）

---

① 按：徐南州曾撰文提出，擢首就是首挺拔、耸立；谨耳就是葫芦形的耳朵；豕喙就是大嘴巴；麟身即文身的花纹为鱼鳞状；渠股即是腹股沟深陷、臀部突出的形状；豚止即若猪蹄。徐南州:《古代蜀人是怎样得名的》，徐南州《古巴蜀与山海经》，四川人民出版社，1985年。
② 黄剑华:《古蜀金沙》，四川文艺出版社，2022年，第254—255页。
③ 冯广宏:《金沙"太阳神鸟"文化解读》，《西华大学学报》，2007年第1期。

博物馆时，曾拍到一张照片，一只石雕的蛤蟆趴在一只石龟旁，石蟾蜍栩栩如生，背上带有一个个精心雕刻的圆点状疙瘩。①

古蜀神话传说中化熊、化龟（鳖）的故事大量存在，而考古发掘中出土了大量的蛙（或蟾蜍）、蛇等"两栖类"动物形象，它们都属于能够死而复活的神话动物。其实，上文提到的人面猪形的韩流形象，在远古神话的分类中，也应算作龟、蛇、鳖的同类。而且，这个神话动物家族还应包括一个重要成员——"龙"。根据早期中国神话的观念，龙为"鳞虫之长"，是水生动物的老大，它能毫无障碍地穿行于水陆两界。《海外西经》云："龙鱼陵居在其北，状如狸，即有神圣乘此以行九野。一曰鳖鱼，在夭野北……"（句中的"鲤"被后世讹传为"狸"）②"龙鱼"已经超越了水中生存的鱼，可以离开水界登上陆地而"陵居"，可以作为神人的坐骑。③三星堆出土的著名的青铜神树上，除了9只鸟儿外，还有一条头朝下似乎准备下潜的龙（或蛇），至今还没有人能够说清这一形象到底意味着什么（图3）。我们可以做出一个大胆猜测，如果此树是神话中的"若木"的话，那么这条长有脚爪的神龙，因其可以自由穿梭于陆地和水中，这时正准备负载着树上的某一只太阳鸟，潜入地下黄泉大水，穿越到东边的"扶木"。④

对水陆"两栖类"动物的崇拜，当然不是古蜀先民的专利，如仰韶文化、石岭下文化遗址彩陶鲵鱼图

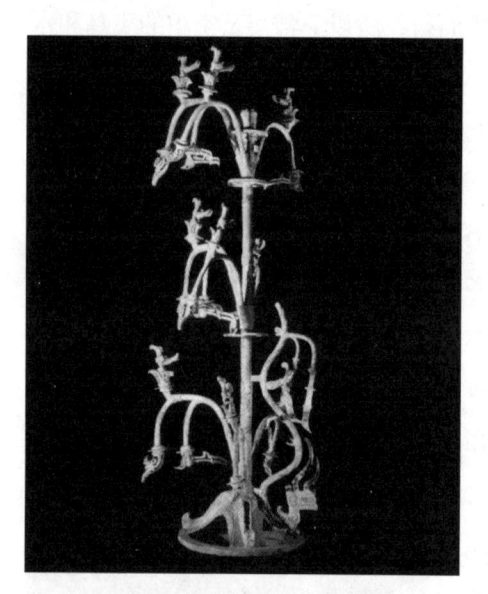

图3 三星堆青铜神树（杨式：《修复三星堆青铜神树》，《东方收藏》，2010年第01期）

---

① 叶舒宪：《绵竹的蛤蟆与三星堆的蟾蜍像——人文救援笔记之三》（未刊稿）。
② 袁珂：《山海经校注》，上海古籍出版社，1980年，第224页。
③ 按：蛟龙还能飞上天空，实际上最终成了能够打通海陆空三界的最为神圣的动物。
④ 按：有学者认为青铜神树是扶桑、建木、若木的综合形象，展现了独特的古蜀地域文化。樊一：《三星堆寻梦》，四川民族出版社，1998年，第95页。

案，陶寺遗址出土的龙山文化彩陶盘上盘屈的蛇纹图案。凌家滩玉器中的动物形象除鹰、凤、蝉、兔、虎之外，也包括龟、猪、龙，这些动物基本出土于大墓中。① 青蛙蟾蜍的崇拜，更是遍布华夏大地。② 但是，川西平原这片热土生长发育出众多的神话动物形象，而"两栖类"的动物特别集中，显得格外突出，或许跟此地的山川地理、植被土壤等自然条件有关。这片"沮洳之地"沼泽遍布，给"两栖类"动物提供了理想的生息繁殖场所，也对古蜀先民的生存和居处方式带来重大影响。据《太平御览》引《华阳国志》（佚文）记载："秦惠王十二年，张仪、司马错破蜀，克之。仪因筑城，城终颓坏。后有一大乌龟从硼而出，周行旋走。乃依龟行所，筑之乃成。"③ 川西平原由于到处都是冲积而成的松软沙壤，房屋与城池的修建会面临基础松动垮塌的问题，乌龟无法待在深水中，只能在浅滩岩岸处生存，当人们无法知道土中和水下的情形时，神龟就会提供帮助。此故事提供了一个典型的个案，表明古蜀原住民为何对"两栖类"动物特别关注，体验特别深，特别加之以丰富的神话想象。

  一个民族的神话提供了观察世界的独特视角，表现出独特的想象方式，并呈现出带有鲜明民族文化特色的神话学特征。作为我们民族的总体的"神话学"，是由华夏各族和各地区的神话共同参与、共同构成的，并没有"中心"与"边缘"之分。古蜀及整个巴蜀荆楚地区因独特的山川地理，激发了再生神话想象，既呈现了华夏再生神话叙事的总体形态，同时又带有极其精彩的情节和生动的色彩。

---

① 安徽省文物考古研究所编：《凌家滩玉器》，文物出版社，2000年，第6页。
② 按：叶舒宪先生曾撰文，由辛店文化陶罐上的蛙—太阳图式、兴隆洼文化的蟾蜍石雕，以及甘肃马家窑、辛店文化的蛙纹陶器、三星堆石蟾蜍、广西出土的西汉六蛙铜鼓等，联系到红山文化中的顶蛙女神形象，说明华夏大地自古就存在蛙神崇拜。叶舒宪：《蛙神八千年》，《寻根》，2008年第1期。
③ （宋）李昉编纂：《太平御览》第4册，中华书局，1985年，第7页。

鱼凫神话原型探释

王万里[1] 公维军[2]

（1 四川大学文学与新闻学院讲师；2 江苏大学文学院讲师）

一、引　言

"鱼凫"是古蜀的一代王朝，因文献记载有限而近乎渺茫，在历史长河中若隐若现。早在一千多年以前，李白就写下"蚕丛及鱼凫，开国何茫然"（《蜀道难》），表达出面对尘封已久的巴蜀古史的无限感慨。

根据文献所载，（笔者按：蚕丛、柏灌、鱼凫）"此三代各数百岁，皆神化不死"（扬雄《蜀王本纪》），可知"鱼凫"是一个氏族名，并非指某一位蜀王，这种说法在学界几成共识。目前争议较多的是"鱼凫何为"的问题，是"鱼凫（名词）"[1]，或是"鱼（名词）+凫（名词）"[2]，还是"鱼（动词，意为养）+凫（名词）"[3]？总的看来，这些看法背后或多或少都带有将神话"还原"到

---

[1] 这种说法将"鱼凫"看作一种鸟。具体是什么鸟则有不同的看法：任乃强认为鱼凫是鱼老鸹，鱼凫族就是因驯养鱼凫捕鱼而得名，参见《四川上古史新探》，四川人民出版社，2019年，第77页。蒙默等认为鱼凫是鸬鹚，参见《四川古代史稿》，四川人民出版社，1988年，第17页；还有小野鸭说、鱼鹰说、野鸭说、鸬鹚说等，参见唐元昭《三星堆图腾新解》，巴蜀书社，2015年，第214—220页。此外还有野鸭说、鲑鱼说、蛇鱼说等，参见陈志学在《鱼凫文化符号的内涵与要素研究》一文中的总结，载《鱼凫文化论》第二辑，巴蜀书社，2021年，第55—56页。
[2] 孙华认为"鱼"和"凫"分别指鱼氏和凫氏两个氏族，二者合为"鱼凫族"。参见《蜀人渊源考》，《四川文物》，1990年第4期。胡昌钰、蔡革的《鱼凫考——也谈三星堆遗址》（《四川文物》，1992年第S1期）也持有类似看法。
[3] ［日］古贺登：《古代长江流域文化和日本——从巴蜀和日本的建国传说所看到的》，载《四川岷江上游历史文化研究》，四川大学出版社，1996年，第1页。谭继和：《鱼凫文化新探》，载《鱼凫文化论》第二辑，巴蜀书社，2021年，第3—9页。

为"历史"的实证方法论色彩。特别需要提及的是，三星堆遗址发现的金权杖、金沙遗址发现的金腰带均装饰有以鸟、鱼为核心元素的图案，被解读为鱼、鸟两大部落氏族相互斗争并不断融合的演化表征[①]，成为坐实上述第二种说法的实物证据。这种实证取向的研究方法源自一个重要的学术传统，就是王国维1925年在清华大学讲演时提出的"二重证据法"，即倡导一种兼用"纸上之材料"及"地下之新材料"[②]解决历史问题的史学新方法，在认识论和方法论意义上均有其合理性和有效性。需要注意的是，这种方法很难说明"图腾"问题，对此，张光直先生早就有过交代：确定图腾先要确定氏族组织，建立图腾—氏族、其他图腾—其他氏族的密切关系，所以在中国考古学上要想证明图腾的存在是很困难的。[③]同时，这种方法在研究神话的时候，很容易落入"对应"和"反映"的窠臼中，而忽视了神话想象本身的灵性和诗性。况且，记述巴蜀古史的《华阳国志》本身就因作者常璩深受中原正统史观和儒家教化思想而惨遭删削，顾颉刚先生直斥"全不认识神话、传说之本来面目"[④]。这就提醒我们，要将实物考证和人文阐释结合起来，不可偏废。说到这一倡导，就要提及改革开放以来作为一门交叉学科的文学人类学的学术贡献——基于历史学、考古学、人类学、神话学、思想史等学科整合的基础提出"四重证据法"[⑤]，坚持"物证优先""文物实证与文化阐释结合"等原则，对于突破文字文献的小传统，探索中华文化大传统，发掘中华文明根性具有重要的方法论意义。

本文将运用文学人类学的理论和方法，结合历史文献和考古发现，兼顾实物考证和人文阐释，进一步解读"鱼凫"神话的叙事及其内涵，揭示"鱼凫"背后深藏的鸟崇拜的文化大传统，以及鱼鸟共现背后的神话原型，在古蜀文明、中华文明乃至世界文明的多重视野中理解"鱼凫"神话的文明史意义。

[①] 张伦：《古蜀鸟崇拜研究》，《北京社会科学》，2019年第6期。
[②] 王国维：《古史新证》，清华大学出版社，1994年，第2—3页。
[③] 张光直：《考古人类学随笔》，生活·读书·新知三联书店，2013年，第117—118页。
[④] 顾颉刚：《论巴蜀与中原的关系》，四川人民出版社，2019年，第11页。
[⑤] 叶舒宪：《人类学转向：新文科的跨学科引领——以李泽厚、杨伯达、萧兵、王振复为例》，《学术月刊》，2022年第8期。

二、鱼凫神话与成都平原考古

20世纪以来中国考古学的发展，既有实证方法的引入，也有新材料的发现，在学术界引发了"重写学术史"[①]的反思，反映出考古学对中国传统学术产生的根本性影响。

四川地区考古学起步较早，20世纪二三十年代揭开了后来震惊中外的广汉三星堆遗址考古的序幕，经过多次调查和发掘，1987年正式以"三星堆文化"[②]命名，是百年中国考古最为重大的发现之一。三星堆遗址之后，成都平原陆续发现鱼凫村遗址、十二桥遗址、金沙遗址等先秦遗址、墓葬上百处，初步建立起成都平原从相当于中原龙山时期到战国末期这一时期的先秦考学文化序列：宝墩文化—三星堆文化—十二桥文化—上汪家拐文化[③]，能够为《尚书》《史记》《汉书》《后汉书》《华阳国志》等文献中巴蜀的相关记载提供对读材料，对于巴蜀古史重建、中华文明探源以及中外文明早期交流等研究具有重要价值。

从分期上说，要区分三星堆遗址和三星堆文化的分期。1987年，《广汉三星堆遗址》报告将三星堆遗址分为三期，时间大约从新石器时代晚期[④]延续至相当中原夏、商时期，报告同时提到三星堆一区上层大量出现细泥尖底杯、尖底罐等器物[⑤]，所以实际上是将三星堆遗址分为四期。孙华则将三星堆遗址分为一、二、三期，第一期以泥质陶为主，第二期以夹砂陶为主，可进一步细分为3段，3段均出现鸟头把勺，第三期以尖底罐、尖底盏等新器

---

① 李学勤：《走出疑古时代》，辽宁教育出版社，1995年，第16页。
② 四川省文物管理委员会、四川省博物馆、广汉县文化馆：《广汉三星堆遗址》，《考古学报》，1987年第2期。
③ 江章华、王毅、张擎：《成都平原先秦文化初论》，《考古学报》，2002年第1期。
④ 新石器时代的重要存在证据之一是大石建筑物遗存，这在成都平原有多处分布。郑德坤在《四川古代文化史》一书中列举了多处墓石遗迹、独石遗迹、列石遗迹等，当地人用很多地方传说来解释。参见《四川古代文化史》，巴蜀书社，2004年，第34—44页。
⑤ 四川省文物管理委员会、四川省博物馆、广汉县文化馆：《广汉三星堆遗址》，《考古学报》，1987年第2期。

类为主，可细分为两段，只有第二期才是"三星堆文化"①。江章华等进一步明确，三星堆遗址分为三期，第一期以泥质灰白陶为主，第二期以大量的夹砂褐陶为主，鸟头把勺较为典型，第三期变化较大，出现大量的尖底器②。赵殿增则认为，三星堆遗址经历了距今4 800—4 000年的三星堆一期文化（遗址第一期）、距今4 000—3 200年的三星堆文化（遗址第二、第三期）、距今3 200—2 600年的十二桥文化（遗址第四期）三个阶段③。总的来看，三星堆遗址分期主要以月亮湾、三星堆Ⅰ—Ⅲ区的材料为依据，不同的看法其实都已经认识到三星堆遗存的内部复杂性，早期上接宝墩文化，中间层属于三星堆文化，最上层则属于后来的十二桥文化。

结合巴蜀古史脉络，学界根据三星堆文化大量出现的鸟头把勺和鸟形装饰而将三星堆文化认为是鱼凫族统治时期的遗存④。笔者认同这一观点，除上述出土遗存中多有鸟元素这一证据之外，历史传世文献也可为证。《华阳国志·蜀志》记载："鱼凫王田于湔山，忽得仙道，蜀人思之，为立祠。"⑤揭示出蜀族直到鱼凫时期才居于湔山。"湔山"在今天都江堰境内，紧邻成都平原。童恩正的《古代巴蜀》一书也认为湔山在今天的灌县境内，邻近还有彭山县的鱼凫山、温江县的鱼凫城，同时书中也勾勒了"在鱼凫的时代，蜀族逐渐向东南方向的成都平原发展"⑥的史迹。当时的成都平原还是一片泽国，鱼凫族为捕捞之便而迁居到山下平原的丘隆高地，逐步拓展，开拓成都平原。任乃强认为，这从地理和社会发展的一般规律的意义上看完全说得通。⑦

---

① 孙华：《试论广汉三星堆遗址的分期》，《南方民族考古》第五辑，1993年，第10—24页。
② 江章华、王毅、张擎：《成都平原先秦文化初论》，《考古学报》，2002年第1期。
③ 赵殿增：《三星堆祭祀活动的基本架构：神坛、神庙、祭祀坑》，《四川文物》，2022年第5期。
④ 肯定这一观点的看法占多数，主要有赵殿增：《三星堆考古发现与巴蜀古史研究》，《四川文物》，1992年第S1期；胡昌钰、蔡革：《鱼凫考——也谈三星堆遗址》，《四川文物》，1992年第S1期；高大伦：《古蜀国鱼凫世钩沉》，《四川文物》，1998年第3期；唐远昭：《三星堆图腾新解》，巴蜀书社，2015年，第213页；黄剑华：《从三星堆到金沙——中华文明的惊世发现》，中华书局，2021年，第18页等。冯广宏《三星堆遗址鱼凫说质疑》（《四川文物》，2002年第5期）一文从图像器型、文献学、年代学等角度提出反对意见，可作参阅。
⑤ 刘琳：《华阳国志校注》，巴蜀书社，1984年，第181页。
⑥ 童恩正：《巴蜀的古史》，四川人民出版社，1979年，第60页。
⑦ 任乃强：《四川上古史新探》，四川人民出版社，2019年，第78页。

蒙文通也持类似观点，他在《巴蜀古史论述》一书中指出，由岷山河谷发展到成都平原，是蜀的历史先后之迹。[①]这就意味着蜀族直到鱼凫时代才进入成都平原，逐步建立早期国家。因此，笔者认为三星堆遗址应当为鱼凫氏遗存。

需要指出的是，十二桥遗址、金沙遗址在考古文化学序列上都属于十二桥文化，也发现有大量的鸟形器和鸟形图像，是从三星堆文化"脱胎而来"[②]，说明三星堆文化中的"鱼凫"文化并未立即消失，而是被后来的文化所沿袭。换言之，三星堆遗址与之后的金沙遗址、十二桥遗址等，均与"鱼凫"问题有着密切的关联，都是我们解开"鱼凫"之谜的重要考古依据。

三、鱼凫神话与鸟崇拜

尽管"鱼凫"一词在理解上有很大的争议，但都不可否认"鱼凫"和"鸟"存在密切关系，再结合成都平原考古发现的鸟元素，可以说明鱼凫一族的鸟崇拜问题。

三星堆遗址中间文化层出现了集中的鸟头把勺，说明鸟存在于鱼凫氏的日常生活。日常生活之外，鸟也进入了鱼凫族的信仰世界。三星堆1号祭祀坑出土了装饰有鸟纹饰的金杖，还有射部呈现为鸟形的玉璋[③]，另外三种分别是鱼嘴形叉刃、宽大的叉口形、圆弧单面刃。金器、玉器（石头）都带有坚硬的属性，在古人观念中都是具有神力而能够获得永生的器物，所谓"玉亦神物也"（《越绝书·记宝剑》）。鸟元素出现在神圣器物上并非偶然，而是鱼凫族鸟崇拜的一种物质表征。2号祭祀坑出土的器物无论是种类还是数量，都比1号坑丰富，比如八鸟四牛尊的牛头上和相邻两牛头之间各铸一只做浮游状的鸟，还有类似形制的三鸟三羊尊，以及青铜凤鸟饰、小型凤鸟饰、鸟

---

① 蒙文通：《巴蜀古史论述》，四川人民出版社，2019年，第88页。
② 朱章义、张擎、王方：《成都金沙遗址的发现、发掘与意义》，《四川文物》，2002年第2期。
③ 陈德安、陈显丹：《广汉三星堆遗址一号祭祀坑发掘简报》，《文物》，1987年第10期。

形饰，从形象来看，这些鸟"头上都有冠、钩喙，尾上翘"[1]。此外，两棵青铜神树的树枝上立有神鸟，青铜人身牌饰上的五只鹳鸟，还有青铜神坛顶部的人面鸟身神、四周立着的展翅飞翔状的四只神鸟、底部两只神兽的鹰眼、青铜面具上的鸟形元素等。[2]由此可见，与鱼凫族信仰世界和神圣空间有关的重要器物上都有鸟形器物、鸟形图案或鸟形纹饰。而这些器物所在的两处祭祀坑也能从侧面作为证明。虽然学术界称之为"祭祀坑"，但由于目前缺乏文字资料，实际上尚无定论。祭祀说认为是"燔燎"祭天、"瘗埋"祭地、"悬庪"祭山等祭祀活动的遗存；另有墓葬坑和火葬墓说，认为是蜀王非正常死亡而举行火葬仪式的遗存；还有盟誓遗迹说、鱼凫王朝灭亡说、不详宝器掩埋说、窖藏说等。[3]无论是哪种观点，基本的出发点在于器物坑中的出土器物贵重而神圣，所以才会被用来祭祀山川或者随葬最高统治者等。

将两处器物坑结合起来看，金器和青铜器都是金属，属于青铜文明；玉器是石头，属于更早的新石器时代，它们的出现是有先后序列的。正如叶舒宪所强调的：

> 在文字、城市、青铜器三者都没有出现于东亚的情况下，玉文化却率先出现于北方地区，并且随后在辽河流域、黄淮流域和长江流域的广大的范围里长期交流互动，逐渐形成中原地区以外的几大玉文化圈，最后汇聚成华夏玉礼器传统，同后起的青铜器一起，衍生出文明史上以金声玉振为奇观的伟大体系。因此，我们可以认同前辈学人的主张，在从新石器时代到青铜时代的文明发生普遍谱系中，为华夏文明增加一个处在中间过渡阶段的"玉器时代"。[4]

玉器、金器、青铜器都是古代社会极具神圣性的器物，一般只有社会统

---

[1] 二陈：《广汉三星堆遗址二号祭祀坑发掘简报》，《文物》，1989年第5期。
[2] 唐敏、李翱枭：《三星堆之眼》，西南财经大学出版社，2021年，第62—133页。
[3] 三星堆两坑的性质说法争论参见岳南：《天赐王国：三星堆与金沙遗址惊世记》，商务印书馆，2012年，第289—322页。
[4] 叶舒宪：《探寻中国文化的大传统——四重证据法与人文创新》，《社会科学家》，2011年第11期。

治阶层和祭司大巫才能掌握。鸟在这些器物上的出现，且几乎都处于"上—下"纵向空间中的"上"方，与天上的神祇同在，或者说鸟本身就是"神"，体现出一种高维的神圣性。这就说明在鱼凫族中存在着古老的鸟崇拜现象，族名"鱼凫"可以作为一种反映。[①] 从文献来看，典籍所载周成王大会诸侯时，"氐羌以鸾鸟"（《逸周书·王会解》）。这里的"氐羌"，就是"氐地之羌"，即"低地之羌"。童恩正先生据此认为这是氐羌分化以后，其中一支进入成都平原的确证[②]。也就是说，进献鸾鸟的就是当时成都平原上生活的部落。再明确一点讲，就是"蜀人以文翰"（《逸周书·王会解》）。因此，结合考古文物、历史文献和族名，可以看出鱼凫氏确实有鸟崇拜的文化传统。

既然鱼凫族存在鸟崇拜的文化传统，那么他们究竟崇拜一种什么鸟呢？是鱼老鸹、鸬鹚、鱼鹰、野鸭、锦鸡中的一种或是几种吗？笔者认为，这里的"鸟"其实是一个"种"而非"类"的概念，就是泛指翱翔于天的"鸟"，而非专指某一类"鸟"。从三星堆出土陶器来看，鸟的形象并不一致，明显呈现出时间线上的前后变化（图1）。这就说明，不能以某一种"鸟"来框定地方部落中的鸟崇拜，同时也提醒我们只有跳出那种"还原论"的实证式思维，才能领悟远古时代鱼凫族鸟崇拜现象背后带有诗性和灵性特征的神话思维。

在古人眼中，仰观于天，俯察于地，最直接的空间体验是：天高高在上，人立于下方的大地。那么在下的人和高高在上的天怎么取得联系呢？溯及神话时代，大致有两种方式：一种是想象人类中某些个体能够飞升上天，一种是想象人攀上那些高耸入云的地点。[③] 所以，能够在空中自由翱翔的飞鸟成为神话想象最直接的来源。它们自由飞升于天地之间，在先民看来既是天上的神祇，也是天人之间的信息中介者，于是就出现了鸟崇拜。鸟崇拜几乎广布于先民社会和原住民社会，比如三星堆遗址之后的金沙遗址中也出土了两件饰有鸟喙、兽首、有翼的鸟兽图案的残玉璧；[④] 在良渚文化中出土有

---

① 如果单从族名来看，那么柏灌、鱼凫、蒲卑也都与鸟有关，如何看待其关系？这是另一个问题。可参阅张伦：《古蜀鸟崇拜研究》，《北京社会科学》，2019年第6期。
② 童恩正：《巴蜀的古史》，四川人民出版社，1979年，第57页。
③ 叶舒宪：《玉石神话信仰与华夏精神》，复旦大学出版社，2019年，第92页。
④ 周志清：《金沙遗址玉器上之"有翼神兽"形象》，《成都文物》，2017年第4期。

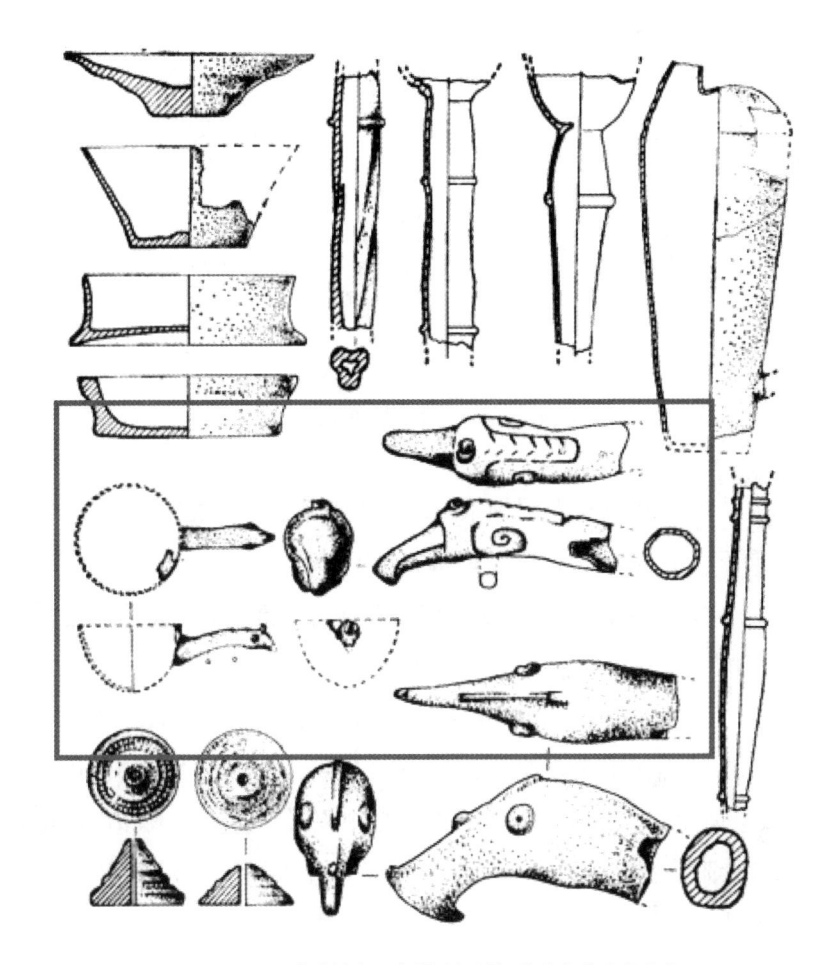

图 1　三星堆遗址出土陶器（矩形框为本文作者标注）

（采自四川省文物管理委员会、四川省博物馆、广汉县文化馆：《广汉三星堆遗址》，《考古学报》，1987年第2期）

装饰着飞鸟形象的陶器、鸟形玉，还有形状类似三星堆遗址中神鸟站立在青铜神坛上的玉器等，不仅在浙江的杭州湾地区和江苏的环太湖地区多有发现，在上海青浦的福泉山遗址良渚文化文物中也是批量地出现（图2）；[①]鸟崇拜同样也存在于欧亚大陆、南北美洲和澳洲原住民社会和文化中，这充分体现出鸟崇拜是一种具有世界普遍意义的现象。

[①] 叶舒宪：《创世鸟神话"激活"良渚神徽与帝鸿——兼论萨满幻象对四重证据法的作用》，《民族艺术》，2019年第2期。该文还提出"创世鸟"的观念，结合文献和考古材料，发掘潜含在长三角史前文化鸟崇拜中的创世鸟观念，值得参阅。

图2　良渚文化的玉鸟和玉璧、玉琮上的"鸟立神坛"类图像
（采自张明华：《良渚文化论坛》，中华文化艺术出版社，2003年，第145页）

实际上，鸟崇拜是与太阳神崇拜结合在一起的，再进一步说，飞鸟就是太阳的象征。金沙遗址发现一件"四鸟绕日饰"金器[①]，内层为一圈齿状光芒，外层由四只形状相同、按照逆时针循环方式排列的鸟组成，这种形制不见于之前的三星堆遗址，是鸟与太阳结合最好的例证（图3）。从文献视角看，所谓"日中有踆乌"（《淮南子·精神训》），高诱注"踆"犹"蹲也"，即"三足乌"。"日中有三足乌"（《论衡·说日》），这表明我们的文化就是用"三足乌"象征太阳。在跨文化比较的视野中来看，古波斯人和古埃及人都用飞鹰象征太阳，古赫梯人用有翼形象象征太阳，中美洲印第安人用乌鸦象征太阳。为什么世界上这么多的民族在其文化中都要选择鸟象征太阳呢？这是因为原始初民看到太阳在天空运行，有如飞鸟在空中翻旋，所以在神话思维中很容易也把太阳看作由鸟所负（金乌负日），甚至太阳本身就是长有翅膀的鸟类，在天空中有规律地循环运动。"太阳是一只鸟"的思维在鱼凫神话中也能找到对应，三星堆遗址中两件青铜神树的枝头上立有神鸟，如果依据"汤谷上有扶桑，十日所浴，在黑齿北。居水中，有大木，九日居下枝，一日居上枝"（《山海经·海外东经》），那么，站立在树枝上的神鸟自然就可以理解为太阳了。

[①] 成都市文物考古研究所：《成都金沙遗址Ⅰ区"梅苑"地点发掘一期简报》，《文物》，2004年第4期。

图3 四鸟绕日饰
(采自成都市文物考古研究所:《成都金沙遗址Ⅰ区"梅苑"地点发掘一期简报》,《文物》,2004年第4期)

总的来看,三星堆遗址出现的鸟头把勺、祭祀坑贵重器物上出现的鸟形器、鸟图像和鸟纹饰,几乎全方位地出现在鱼凫氏族的日常生活和信仰世界中。这足以说明,在创造了辉煌的三星堆文明的鱼凫一族中流传着鸟崇拜和太阳崇拜的古老文化传统。之所以李白发出"开国何茫然"的感慨,是因为这些文化信息均因文献的缺失、变形或者删削而隐没在历史长河中。如今,我们正是在结合考古、历史和人类学的材料,找回"鱼凫神话"背后失落的文明信息,看到隐伏在历史中的古老文化传统。

四、鱼凫神话与"鱼鸟共现"

从"鱼凫"这一族名上看,是由"鱼"和"凫"两部分共同构成的。按照一般的理解,自然会将"鱼"和"凫"理解为以两种动物为图腾(totem,指的是有亲属关系的动物或植物)的两个部族。这种"对应"和"反映"的研究思路恰恰是对充满想象和诗性的原始思维的遮蔽。笔者认为,鱼凫一族(也可扩大到整个蜀族)当主要以鸟为崇拜对象,上文已经阐述清楚。至于"鱼"与"鸟"的出现,实际上是源自鱼凫族民在日常生活的俯仰之间、在信仰世界的圣俗之间创造出来的一组对举关系,即鸟:鱼=天:地=上:

下。从根本上说，这其实是原始神话思维的产物。这种思维远非实证方法和还原思维所能解释清楚的，必须结合人文阐释。

本部分将以三星堆遗址出土的金权杖为例，结合金沙遗址出土的金腰带来阐释"鱼鸟共现"的问题。先将考古报告对这两件器物的描述摘录如下：

（1）三星堆遗址1号祭祀坑中的金杖（图4）

用纯金皮包卷而成，出土时已压扁变形。杖的上端有46厘米长的一段平雕纹饰图案。图案分三组，最下一组为两个前后对称的人头，人头戴冠，耳垂饰三角形耳坠，人头前后上下各有两周线纹，人头间用勾云形纹饰相隔。上面的两组图案相同：下方为两背相对的鸟，上方为两背相对的鱼，鸟的颈部和鱼的头部压有一穗形叶柄。出土时，金皮内侧存炭化木痕。在距杖头端约20厘米处，出土一穿孔的铜龙头饰件，由此推测此杖可能原为一柄金皮木芯铜龙头杖。长142厘米、直径2.3厘米。[1]

（2）金沙遗址中的射鱼纹带（图5）

圆环形，直径上大下小，出土时断裂为长条形。纹饰錾刻在金带表面，由四组相同图案构成，每组图案分别有一鱼、一鸟、一箭和一圆圈。直径19.6—19.9厘米、宽2.68—2.8厘米、厚0.02厘米。[2]

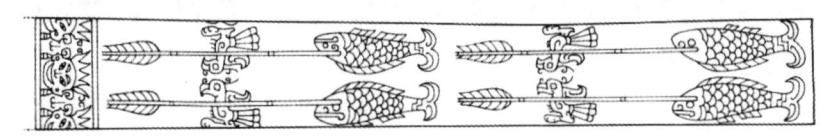

图4　出土于三星堆遗址1号祭祀坑的金权杖图案纹饰

（采自四川省文物考古研究所：《三星堆祭祀坑》，文物出版社，1999年，第60页）

图5　出土于金沙遗址的射鱼纹带

（来自成都市文物考古研究所：《成都金沙遗址Ⅰ区"梅苑"地点发掘一期简报》，《文物》，2004年第4期）

---

[1] 陈德安、陈显丹：《广汉三星堆遗址一号祭祀坑发掘简报》，《文物》，1987年第10期。
[2] 成都市文物考古研究所：《成都金沙遗址Ⅰ区"梅苑"地点发掘一期简报》，《文物》，2004年第4期。

大概人们看到金权杖图案的第一印象便是以"鱼—鸟"对应"鱼—凫",正如林向在1986年第一次看到纹饰图案时就脱口而出:"这不是鱼(鱼图像)、凫(鸟图像)、王(人头图像)吗?!"[①]从直观的视觉经验来看,这种对应是没有问题的。但是如果将之进一步还原为历史上两个图腾部落,则是值得怀疑的:第一,如果按照这种部族斗争并融合的说法,那么三星堆遗址中就应该有大量的鱼形器和鱼形像,但考古的结果是少之又少,[②]根本无法与鸟形器和鸟图像出现的数量和规模相比;第二,如果"鱼"代表的是另外的族群,而且是还未完全融合的部族,又怎么会出现在以"鸟"为图腾的氏族部落的神圣器物上?虽然没有完全的证据反对历史还原论的思路,至少可以看出该说有进一步的讨论空间。

针对这一问题,笔者认为金杖上的"鱼鸟共现",是鱼凫族神话思维的产物。所谓"神话思维",在列维-斯特劳斯看来就是一种紧邻"感性直观"的"具体性科学",[③]即直接面对直观经验,进而建立一个有序的分类空间。"它是一种直观形式的有限的感觉空间,它总是把非空间的事初统合于自身,同时也把时间范畴统合于自身。在前后左右上下等个别的空间位置中总是充填的具体的直观内容。"[④]这就说明,神话思维一方面强调"空间意识",用"空间"理解"非空间"的存在;另一方面在"空间"中填充具体的直观事物,这构成人们理解世界的一种方式。具体来看,"鸟"作为鱼凫一族崇拜的对象,具有崇高的意义,出现在金权杖上是一种图腾式高维神圣性的象征;"鱼"的出现则并非对应某一以"鱼"为图腾的部族,而是在神话思维作用下所构建出的与"鸟"相对存在的又一种神圣性,二者相互对立同时相互贯通,构成先民把握世界的一种方式,进而创造了一个完整的、神圣的纵向

---

① 林向:《说"鱼凫"——文献记载与考古发现的相互印证》,载《长江文明》第七辑,河南人民出版社,2011年,第13页。
② 《广汉三星堆遗址》和《广汉三星堆二号祭祀坑发掘简报》中不见其踪,《广汉三星堆遗址一号祭祀坑发掘简报》中仅两件:一件射部为鱼嘴形叉刀的玉璋,一件就是金权杖。《成都金沙遗址Ⅰ区"梅苑"地点发掘一期简报》中数量有所增加,也仅有7件:鱼纹带1件、射鱼纹带1件、鱼形饰3件、鱼形器2件。
③ [法]克洛德·列维-斯特劳斯著:《结构人类学》,张祖建译,中国人民大学出版社,2006年,第20页。
④ 叶舒宪:《神话思维再探》,《文艺理论研究》,1992年第1期。

空间。也就是说,"鱼鸟共现"在很大程度上是鱼凫先民的一种思维产物。

对于远古先民来说,高不可攀的天和深不可达的水既是充满无限神秘的空间,也是带来无限想象的空间。他们仰观于天,想象着能够像天上的飞禽一样自由飞升。当他们俯察于地,面对汪洋泽国,同样会产生像水中的游鱼一样自由穿行的愿望,所以"上天"和"入地"(潜渊)就是人们的普遍想象。以此为基础,神话思维时代的人们创造出两种基本的表达方式:第一,以具有"上天"和"潜渊"本领的动物各自对应,比如三星堆遗址金权杖上的鱼鸟图案;第二,将两种特质集中起来创造一个既能上天也能潜渊的神,比如希腊神话中的太阳神阿波罗就有这样的能力,"赫利俄斯或者阿波罗驾驶的马车在白天穿越天穹,在晚上静静地渡过地下之河,返回东方"①。这一问题,早在20世纪80年代末,叶舒宪先生运用比较神话学阐释"夔一足"与"三足鸟"之间关系的问题时就已谈道:

> 因为太阳白昼运行在天上,夜间则进入海底或地下,所以在神话思维中的太阳神只具有飞鸟的特征还不够,还须具备"潜渊"或"入地"的本领,这便是龙蛇之类爬行动物的专长了。②

如果说"鸟"是人们想象自己达于"天(上)"的一种凭借,那么"鱼"就是他们想象自己达于"地(下)"的另一种凭借。所以,与"上天—鸟"相对的,就是"潜渊—鱼"了。简单来说,就是空中鸟,水中鱼。后世常说的"鱼雁(鸟)传书"强调的就是鸟在空中穿越,而鱼在水里穿越,古典诗歌中的"蓬山此去无多路,青鸟殷勤为探看"(李商隐《无题》)、"长江不见鱼书至,为遣相思梦入秦"(韦皋《忆玉箫》)等诗句就是极佳例证。

恰恰鱼凫一族当时面对着一个极为现实的问题:成都平原当时还存有大面积的水域。根据环境考古的成果,距今4 500—2 500年这一时期是一个灾

---

① Jacquetta Hawkes, *Man and the Sun*, New York: Random House, 1962, p.169.
② 叶舒宪:《帝王与太阳——"夔一足"与"玄鸟生商"神话今释》,《晋阳学刊》,1989年第4期。

变气候期，洪水暴发是世界性的，成都平原也一样，这一时期恰恰相当于巴蜀古史中的柏灌、鱼凫、杜宇时代。①也就是说，先民所面对的是一个洪水到来就变成一片泽国的成都平原。当大水限制着他们的日常生活时，其内心自然会产生出能够像游鱼一样在水中自由穿行的愿望。这是一个基于现实出发的考量，但这并未触及问题的本质，"鱼鸟共现"出现根本上说是在神话思维的驱动下，"鱼"成为与"鸟"在空间上具有相对意义的神圣性存在。

这里所讨论的"鸟"和"鱼"已经不再是简单的两种动物了，而是具有神圣性的"神鸟"和"神鱼"，它们共同构成了一组二元性质的对举关系。关于鱼的神话意义，公维军、孙凤娟曾依靠文献典籍、考古文物、图像等多重证据，借助金芭塔丝的"女神文明论"发掘出《山海经》中"鱼妇神话"的原型，就是一位能够庇佑并指引死者安全抵达不死神仙世界的鱼女神，又是一位让逝者灵魂回归其母腹进而实现生命再生的鱼女神。②需要指出的是，鱼还是"阴"的象征，因为在古人看来，地是悬浮在水上的，所以地下世界就是黄泉，游鱼能够贯通天地进而实现永生，这样看来"鸟—鱼"的对举关系还意味着"阳—阴"的对举关系。

实际上，"鱼鸟共现"现象并不只在三星堆遗址出现。许多早期文化遗址都有类似现象，比如距今约 7 000 年的仰韶文化从半坡类型（"水鸟衔鱼纹"细颈彩陶瓶）、史家类型（鱼鸟组合图像）到庙底沟类型（"鹳鱼石斧"图）都出现了"鱼鸟共现"的图像，③辽宁红山文化一座玉器墓中出土的陪葬

---

① 刘兴诗：《三星堆的故事——古蜀文明探秘之旅》，四川辞书出版社，2021 年，第 40—41 页。
② 公维军、孙凤娟：《〈山海经〉"鱼妇"神话原型考释》，《贵州社会科学》，2017 年第 1 期。
③ 学界对于这类图像的认识和阐释有不同的看法，基本可以分为两种：第一，石兴邦认为仰韶文化的半坡类型与庙底沟类型分别属于以鱼和鸟为图腾的不同部落氏族（《有关马家窑文化的一些问题》，《考古》，1962 年第 6 期），赵春青沿着这一思路发掘出从"鱼鸟争斗"到"鱼鸟相融"的画面转变背后族群关系演进的历史线索（《鱼鸟共融图试析》，《南方文物》，2016 年第 4 期）；第二，与此相对的是，李默然则提出鱼可能代表冥界和重生（《半坡"人面衔鱼"图案再分析》，《江汉考古》，2020 年第 1 期），这一观点较为契合笔者的思路。更进一步，李新伟结合萨满式宗教观分别阐释了鱼、鸟的萨满教意义，并与三星堆文明等做了比较，最后提出"化生"的信仰传统（《仰韶文化庙底沟类型彩陶的鱼鸟组合图像》，《考古》，2021 年第 8 期）。本文则认为，鱼和鸟在古人看来都是有着重要神话意义的原型，更是以二元对立关系为普遍特征的神话思维的产物。

玉器中同时出现鸟形玉和鱼形玉，[1]浙江良渚文化遗址中也出土鸟形玉、鱼形玉等精品玉器。[2]这些都可以理解为李伯谦先生所说的"动物助神类神器"，即"现实生活中经过萨满的神化而被萨满奉为神灵，玉人、玉鹰、玉鸟、玉鹗、玉龟、玉鱼等，都属于助神类玉神器"[3]。此外，山西天马—曲村遗址北赵晋侯墓地发掘了一座春秋早期的102号墓，有由玉鱼、玉鸟分别和玛瑙珠组成的串饰4组，出于土椁室西侧，伴出有玉刀形器2件；玉璜1件，出土于椁室南侧5号铜鼎之下。[4]

除了上述考古证据之外，"鱼鸟共现"传统也有大量的图像证据。汉代一个重要的文化现象就是汉画像石的出现，仅就其中一类题材"泗水捞鼎"图[5]来看，目前所见41幅图像中就有7幅"鱼鸟共现"图像，鱼在水中（下），鸟在空中（上），其意义都是帮助墓主人的灵魂顺利升天。中国是诗歌王国，古典诗歌中也不乏类似表达，早在《诗经》中就有"鸢飞戾天，鱼跃于渊"（《诗经·大雅》），以天地为背景，上天入地，使人有了强烈的空间感。[6]"鱼鸟"并置的诗句有"江湖政共丹心老，鱼雁全如绿鬓疏"（程巨夫《寄阎子静唐静卿》），还有"几曾见寄书的颠倒瞒着鱼雁了"（王实甫《西厢记》），直到近代以后还有"鹰击长空，鱼翔浅底，万类霜天竞自由"（毛泽东《沁园春·长沙》）等，形成漫长的文化传统。

可见，"鱼鸟共现"其实是神话思维的结果，并由此形成了中国文化史上一个巨大的文化传统。"鱼—鸟"的对举关系，可以与俯—仰的日常经验、上—下的空间观、天—地的宇宙观等其他层面产生同态关系，可表述为：

仰：俯＝天：地＝鸟：鱼＝上：下

---

[1] 方殿春、刘葆华:《辽宁阜新县胡头沟红山文化玉器墓的发现》,《文物》,1987年第4期。
[2] 王明达:《浙江余杭反山良渚墓地发掘简报》,《文物》,1988年第1期。
[3] 李伯谦:《中国古代文明演进的两种模式——红山、良渚、仰韶大墓随葬玉器观察随想》,《文物》,2009年第3期。
[4] 徐天进、孟跃虎、李夏廷、张奎:《天马—曲村遗址北赵晋侯墓地第五次发掘》,《文物》,1995年第7期。
[5] 笔者注:"泗水捞鼎"图表现的秦始皇东巡天下，在彭城一带打捞禹鼎而不得的故事，故事的完整表述最早见于《史记·秦始皇本纪》。这一题材集中出现在西汉中期到东汉末年，主要分布于山东、江苏、河南、四川等地，目前所见41幅图像，其意义极为特殊。
[6] 张晶:《"鸢飞鱼跃"与中国诗学中的审美理性》,《北京大学学报》,2018年第4期。

需要指出的是，在金权杖和金腰带的图案上，鱼鸟之间还有一根所谓的"羽箭"，这是怎么回事呢？笔者认为，穗形叶柄是一种贯通和转换的象征，它的出现起到联结有对立关系双方的作用，进而构建起一个结构分明又可以相互转化的意义空间。而部分学者将之理解为"羽箭"，纯属是基于部族争斗的假设而引发的一种文化误读。早在考古报告中就已说明，"下方为两背相对的鸟，上方为两背相对的鱼，鸟的颈部和鱼的头部压有一穗形叶柄"，所以这其实就是一个起到联结作用的"穗形叶柄"，而不是具有攻击性的"羽箭"。那么其意义是什么呢？根据列维-斯特劳斯的结构主义神话学阐释，一方面，二元对立关系是人类思维的普遍特征；另一方面，更重要的是，二元关系并不只是简单的对立关系，这是被庸俗化的"二元关系"。实际上，列维-斯特劳斯始终没有忽视对立关系中间的连续性平面与调和项，他通过"中介项"和"三联体"实现"对立项"之间的转化：

> 我们可以假设两个看来彼此难以过渡的对立项，两者首先被两个接受第三项即中介项的等值项所取代；然后，极点上的两项之一和那个中介项被一个新的三联体所取代，以此类推。①

经过推换之后，我们就能够在对立关系的结构中找到转换的可能。"穗形叶柄"这种转换的可能，起到上下贯通的作用，在秩序井然的结构之外找到联结和变化的可能性。

三星堆发现的金权杖上同时出现神鸟、神鱼两种神性动物，自然引出有关金权杖功能和性质的问题。②笔者认为，金权杖首先是王权的象征。金属、玉石、青铜等稀有资源在任何一个社会中往往都被权力阶层所占有和控制，这种占有和控制本身就是以"再现"（representation）的方式对权力的确

---

① [法]克洛德·列维-斯特劳斯著：《结构人类学》，张祖建译，中国人民大学出版社，2006年，第240页。
② 有关这一问题，张曦在《三星堆金杖外来文化因素蠡测》一文中梳理出"蜀王通神的法器"说、"金杖为法杖"说、"金杖代表王权、神权、财权的权杖"说、"灵杖"说等。详参张曦《三星堆金杖外来文化因素蠡测》，《四川文物》，2008年第1期。

认和强化，因此，金权杖包括金腰带都象征着王权。这与当时中原的文化传统形成很大差异。夏商周三代是以"九鼎"为象征，相传为夏禹收九牧之金所铸，[1]具有"不爨自沸，不投物，物自出"[2]的神性，所以"鼎迁"既是权力流动的预兆，也是权力合法性的确证。很明显，三星堆遗址的金权杖是另外的传统。一般来说，权杖的传统发源于距今万年的近东地区，包括安纳托利亚、两河流域和黎凡特南部。目前所知最早的权杖发现于死海西岸一个洞穴中，铜权杖头和铜权杖近400件。根据李水城先生的考察，他认为权杖为近东地区先民首创的文化特质，自西而东传入中国，并被夏商周三代的社会高层所接纳，深化这一领域的研究将是早期东西文化交流的新课题。[3]这一认识揭示出三星堆文明中以金权杖为权力象征的传统根源于东西文明交流史上近东地区的文化传统，并且构成从近东到远东的一个完整板块，凸显出三星堆文明之于中外文明交流史的重要意义。其次，金权杖还是神权的象征。神鸟、神鱼的"共现"，不仅揭示出金权杖本身作为神具有的极高神圣性，而且还会强化这种神圣性，相当于伊利亚德所讲的"显圣物"[4]，即当神圣表征自己的时候，显圣物会在其所在空间中造成的一种裂变和区隔，体现出一种非实在性的对立，神圣性越强，断裂和区隔也就越明显。金属、玉石等稀有资源可以说是天然的显圣物，它们的出现就意味着神圣空间的展开，所以金权杖和金腰带都是一种神权的象征。

总的来看，笔者认为金权杖是王权和神权的结合，鱼凫氏族的首领既是掌握部落世俗权力的蜀王，同时也是掌管部落祭祀天神的大祭司。进一步讲，这就是上古社会"王巫一统"的传统。相传颛顼氏"绝地天通"以后，一改人人祭祀、家家作巫的局面，"命南正重司天以属神，命火正黎司地以属民"（《国语·楚语下》）。此后，民神分列，不得随意相通，必须依靠专门的巫觋充当中介，由此王就成了最大的巫，既是"政治领袖"，也是"群巫

---

[1] （汉）司马迁撰，（宋）裴骃集解，（唐）司马贞索隐，（唐）张守节正义：《史记·孝武本纪》，中华书局，2013年，第465页。
[2] （汉）王充：《论衡校注》，上海古籍出版社，2013年，第170页。
[3] 李水城：《中原所见三代权杖（头）及相关问题的思考》，《中原文物》，2020年第1期。
[4] ［罗马尼亚］米尔恰·伊利亚德著：《神圣与世俗》，王建光译，华夏出版社，2002年，第2页。

之长"[①]。既"巫"又"王",说明鱼凫氏族的首领实现了事神权力的集中和垄断。

综合来看,"鱼"为什么出现在金杖上的问题也能够解释了——一方面,这是以二元关系为普遍特征的人类思维的产物,目的是构成一个包举"上—下""天—地""俯—仰"等关系的完整意义空间;另一方面,金权杖是鱼凫社会中象征着王权和神权的宝器,必须以"鸟鱼共现"的完整空间的神圣性强化金权杖的神圣性。三星堆遗址中的系列考古都可说明,鱼凫族是以飞鸟为崇拜对象的部落,在神话思维的作用下,他们创造出"鸟—鱼"结构来对应"仰—俯""上—下""天—地",也包括"阳—阴"等关系,进而完整表达出他们对于周遭世界和宇宙的观念。而中间的穗形叶柄则是一种贯通和转换的象征,是在一个已经形成分明对立关系的结构中找到相互调和与转化的可能,使得意义空间不仅完整,而且能够流动。这种完整的意义空间是最具有神圣性的,当神权和王权结合的金权杖需要纹饰图案的时候,自然就要将最完整也是最神圣的意义空间绘制上去,这就有了今天我们所看到的金权杖和金腰带上的图案。

五、比较神话学视野中的鱼凫神话

诞生于19世纪时期的神话学发展至今,始终有一个"世界"眼光。尽管这个世界是一种带有欧洲中心主义意味的"欧洲—东方"式[②]的世界,我们仍然可以从中受到启发,在比较神话学的视野中看待"鱼凫神话"及其文明史意义。

首先,"鱼鸟共现"同样广泛地存在于其他人类文明传统中。比如,在美国加州南部的加布里埃利诺(Gabrielino)印第安人部落中,鸟和(剑)鱼是Shumash族神话中最为重要的两种动物,也是当地岩画艺术的重要表现

[①] 陈梦家:《商代的神话与巫术》,《燕京学报》,1936年第20期。
[②] 王倩、尹虎彬:《从语义比较到文明探源——论比较神话学的近代转向》,《江西社会科学》,2009年第6期。

对象，而且在他们举行哀悼仪式时，往往会同时举行一种鹰舞（eagle dance）和一种鱼舞（swordfish dance），标志着整个仪式的高潮。这背后起作用的是古老的萨满传统，鸟和鱼被认为是具有飞行和潜水能力的极其强大的超自然生物，与巫术、灵魂盗窃和萨满教治愈能力有关，都是帮助萨满达到迷狂状态的精神助手。[1]萨满可以借助它们进入神祇与精灵共在的奇幻世界。这种萨满传统从石器时代就已在欧亚大陆广泛流行，与神话思维一样都是非科学式的把握世界的思维方式，今天仍然可以在欧亚大陆、美洲大陆和大洋洲陆地等环太平洋地区看到活态的或者考古的遗存。比如，在太平洋西南部小岛马拉库兰（Malakulan）土著人的岩画艺术中，鸟、鱼图像的共现是一个最大的特征，同样是因为当地的萨满传统将鱼和鸟看作萨满的恍惚和通神状态的中介[2]。在西伯利亚地区雅库特人（Сахалар）的萨满观念中，萨满进入状态以后的结果就是变成某种鸟类或鱼类。我国北方地区的满族以鸟类为神灵，萨满神帽上神鸟数量的多少标志着萨满资历和神力的高低，长江流域良渚文化中神徽上的巨型羽冠图像，这似乎可以揭示出史前时期一个"环太平洋文化圈"的存在[3]。

萨满思维与神话思维一样，都是一种把握世界的神秘思维方式，由此看到的就是一个万物共生互通的世界。正如色音先生所说，（萨满教哲学的类比性）遵循的是"互渗原则"，认为世界万物之间都是互渗的，事物和事物之间只要存在着相似性都可以比喻成是同一个东西。[4]关于这一点，美国研究萨满教的学者鲍尔泽也有过分析，她在研究鸟类与萨满象征主义理论时提出两个关键概念：精神调节的助手（as helper spirit-mediators）和灵魂或灵

---

[1] David S. Whitley. *Shamanism and rock art in far western North America*, Cambridge Archaeological Journal, 1992, 01.

[2] Robert J. Wallis. *The bwili or "flying tricksters" of Malakula: a critical discussion of recent debates on rock art, ethnography and shamanisms*. Journal of the Royal Anthropological Institute, 2002, 04.

[3] 叶舒宪：《创世鸟神话"激活"良渚神徽与帝鸿——兼论萨满幻象对四重证据法的作用》，《民族艺术》，2019年第2期。

[4] 色音：《论中国少数民族萨满教哲学的滥觞——关于一种民间思想的哲学人类学探讨》，《宗教学研究》，1999年第3期。

魂显现（as souls or souls manifestations）。①借助于这一分析框架，可以看到包含鸟类、鱼类等萨满动物在萨满观念中的重要意义——既是萨满通神的凭借，也是萨满通神的结果。结合这种观念来看，三星堆遗址中金权杖和金腰带纹饰所展示的正是一个以鸟、鱼的对立和转化所建构起来的，包含人（图像）的神话世界。在这一问题上，如果将以巴蜀文化为代表的西南地区与萨满教文化传统结合起来研究清楚，那么，或许能够对我国萨满学研究起到重要的推进作用。

再进一步说，鱼凫一族流传着鸟崇拜的文化传统，植根于整个欧亚大陆的女神文明之中。"女神文明"研究首推德国考古学家金芭塔丝，她曾经针对比较神话学代表人物杜梅齐尔的社会三重功能（神圣、体力与丰产），指出应该将第三个"丰产"功能转移给古欧洲的女神。②基于此，她发现了新石器时代在欧洲和小亚细亚（古安那托利亚）地区广泛存在的"女神文明"和一套非常复杂的象征系统，其中就包含有"鸟形象和鸟女神"：

> 鸟类形象使新石器时代艺术中反复出现的大量动物都黯然失色。世界各地的许多神话都讲到世界如何开始于一只卵。显而易见，鸟卵作为一种生命之源，肯定传达着强烈的象征意义……鸟类体现着健康、多产和好运，所有这些对于生命的维系都是重要的。③

这一论述揭示了鸟类对于欧洲大陆先民日常生活和信仰世界的重要象征意义。比如，在俄罗斯卡累利阿东部发现了石器时代雕刻，在奥涅加湖岸边的前寒武纪基岩上大型天鹅雕像④，这些考古学的证据还有很多。

---

① Marjorie Mandelstam Balzer. *Flights of the sacred: Symbolism and theory in Siberian shamanism*, American Anthropologist, 1996, 02.
② Marija Gimbutas. *The Language of Goddess*, London: Thames and Hudson, 1989, p.xvi.
③ 马丽娅·金芭塔丝著：《女神文明：前父权制欧洲的宗教》，叶舒宪译，《湘潭大学学报》，2007年第2期。
④ Kristiina Mannermaa. *Powerful birds. The Eurasian jay (Garrulus glandarius) and the osprey (Pandion haliaetus) in hunter-gatherer burials at Zvejnieki, northern Latvia and Yuzhniy Oleniy Ostrov, northwestern Russia*. Anthropozoologica, 2013, 02.

为什么要将"鱼凫神话"与女神文明联系起来呢？这是因为鱼凫时代蜀族可能是一个母系氏族。讨论这一问题之前，首先要面对的是，诞生于欧洲的文明理论，能否应用于华夏文明进程中的未解或难解之题？是否会产生削足适履的不适感？对此，在国内大力推介金芭塔丝"女神文明"论的文学人类学研究者认为，鉴于韩国开国神话的主人公檀君由熊母所生，日本历史有女王卑弥呼统治的时代，中国的黄帝"姬"姓、炎帝"姜"姓皆从女，正所谓"姬姜从女王"，而且"姓"字亦从女等系列事实，毋庸置疑，东亚远古曾经存在漫长的女神信仰时代。[1]在此基础上，根据史料记载，"时朱提有梁氏女利，游江原。宇悦之，纳以为妃"（《华阳国志》），之后方有杜宇称帝。为什么会在杜宇王蜀的之前记载"梁氏女利"呢？常璩并未交代清楚。再参照"望帝者，杜宇也，从天下。女子利，自江源出，为宇妻，遂王于蜀，号曰望帝"（郦道元《水经注·江水》），所谓"（杜宇）从天下"，显然说明他并非蜀族，而是和蜀族梁氏女利婚配而王蜀。任乃强先生据此认为，"蜀族自蜀山氏至鱼凫氏，皆母系氏族"[2]。由此可见，大量出现在三星堆遗址中的鸟形器、鸟图像和鸟元素，都将"鱼凫"的神话原型共同指向一位能够维系生命、通天通神的神圣鸟女神。

六、小结:"鱼凫"神话原型为鸟女神

叶舒宪先生强调，将每一个神话整体作为一个"能指"，放置到它所发生的文化和语义背景之中，从该神话与该文化意识形态的联系中去译解其"所指"。[3]对于鱼凫神话而言，常璩所写《华阳国志》，受到中原文化和正统史观的影响，一方面将巴蜀史纳入中原上古史的框架，另一方面则是强行解释或者削弱神话和口传的性质，对我们今天理解巴蜀古史造成了很大的困扰。所以，我们只有立足于文化大传统和文明史新视野，借助于四重证据法

---

[1] 祖晓伟、叶舒宪:《红山文化"勾云形玉器"为"鸮形玉牌"说——玄鸟原型的图像学探源续篇》,《民族艺术》,2009年第4期。
[2] 任乃强:《四川上古史新探》,四川人民出版社,2019年,第88—89页。
[3] 叶舒宪:《中国神话哲学》,陕西人民出版社,2005年,第64页

这一立体释古方法论才能予以正确释读。成都平原考古遗址中所见诸多鸟形器物、图像、纹饰，足以说明鱼凫氏族流传着鸟崇拜的文化传统。这是一个具有普遍意义的文化现象，在古老的萨满教文化传统中，鸟类和其他萨满动物一起作为萨满通神的中介，也是萨满通神的结果。在欧亚大陆"女神文明论"的视野中，"三星堆出土的这种人首鸟身鸟爪雕像，以及同时出土的众多铜鸟和铜鸟头造型，显而易见可以视为史前女神崇拜传统的延续"[1]，所以将"鱼凫"的神话原型还原为一位既能维系生命，又能通天通神的神圣鸟女神，是符合逻辑的。

借助"鱼凫神话"这一个案，笔者试图在神话研究方法论上强调，神话研究有必要将实证的传统和阐释的传统结合起来，偏于任何一方都不能完整地理解神话。因为神话一方面来源于客观世界，是"自然力加以形象化"[2]的产物；另一方面，神话也是人类思维的产物，"核心在于灵性思维"[3]，可以包举天地万物，建构宇宙整体。因此，理解和释读神话必须兼顾文本和情境，兼及实证和阐释。只有跳出这种"还原"的思路，才能理解三星堆遗址金权杖和金沙遗址金腰带上的纹饰图案，它并不是来源于现实生活中鱼氏族（鱼图像）、鸟氏族（鸟图像）、王（人头图像）的一一对应，而是神话思维的产物，是以"鱼"对"鸟"而构建起秩序分明同时可以贯通转化的完整意义空间，对金权杖和金腰带本身起到强化神圣性的作用。同时，"鱼鸟共现"的传统在后世延续下来。透过多重遮蔽，我们才能看到这些文化表征背后的"神话思维"，进而能够更好地理解久远的文化大传统。

---

[1] 叶舒宪：《第四重证据：比较图像学的视觉说服力——以猫头鹰象征的跨文化解读为例》，《文学评论》，2006年第5期。
[2] 中共中央马克思恩格斯列宁斯大林著作编译局编译：《马克思恩格斯文集》第2卷，人民出版社，2012年，第711页。
[3] 徐新建：《神话文本：从天地创生到万物显灵》，《文化文本》第一辑，商务印书馆，2021年，第24页。

下编

通天与"唱和":宝卷宣卷说唱大传统探赜①

李永平

(陕西师范大学文学院教授)

一、引 言

雅斯贝尔斯曾经指出,在经历了史前和古代文明时代之后,在公元前500年左右的时期内,和公元前800—公元前200年的精神过程中,在世界范围内集中出现了一些非凡的事件,这就是轴心时代。在中国,孔子和老子非常活跃,中国所有的哲学流派,包括墨子、庄子、列子等诸子百家都出现了。和中国一样,印度出现了《奥义书》和佛陀,探究了从怀疑主义、唯物主义,到诡辩派、虚无主义的全部范围的哲学可能性,从而使得这一时期成了世界历史的"轴心"。从那以后,人类有了进行历史自我理解的普遍框架。②

笔者认为,儒学所代表的理性化方向,让巫史传统的根基上发展出注重现实生活的特色思想,而不注重"超越"现实的"观念世界"。所谓突破必须要有对自身文化传统的根本性悬置和反思,即自反性反思。这需要有对前轴心时代文化的对立、反抗、断裂和突变;需要严格的逻辑体系的建立;需要对自身认识能力的质证;需要科学及科学精神的建立(技术还是实用理性的体现,且恰恰是反科学的);需要有形而上的宗教精神。中国这个美学秩

---

① 本文系国家社会科学基金重大项目"海外藏中国宝卷整理与研究"(17ZDA266)阶段性成果。
② [德]卡尔·雅斯贝尔斯:《论历史的起源与目标》,李雪涛译,华东师范大学出版社,2018年,第8页。

序观念的"关联性思维"(correlative thinking)①、逻辑上的"类推思维"(葛瑞汉)、文明演化的"连续性文明"②,在雅思贝尔斯所谓的"轴心时代",的确产生了有社会影响的学者,但是其权威性远没有超越世俗王权。如果轴心时代只是指一个思想孕育的特殊时段,中国的"轴心时代"应该是没有问题的。但是,轴心时代并不必然意味着"哲学突破"。就这一点即使最有影响的学者,也不能免俗。甚至会把"哲学突破"之类的纯粹外来的理论话语,套作成中国历史和中国思想固有的重大事实。

从事实出发,陈来认为中国思想更多地趋向此世和"人间性",与其说是"超越的"突破,毋宁说是"人文的"转向③。叶舒宪教授对"轴心时代

---

① 对于"关联性思维"这个概念,郝大维、安乐哲在文中明确说"出处不详"(第201—202页)。他们在一个很长的注中列举了葛兰言、卡西尔、李约瑟、亨德森、史华兹、费耶阿本德和葛瑞汉的研究,认为"迄今为止,对关联性思维所做的最成熟的哲学探讨是葛瑞汉的《理性与自发性》"。在这部书中,葛瑞汉所提出的"类推思维"这个术语,在他后来的著作中被称作"关联性思维"(第202页)。在郝大维与安乐哲看来,"关联性思维"的内涵主要有以下几点:一是,关联性思维强调类推思维:"它建基于必然是随意的类推过程,这种过程是以联系与区别这两者为前提的",而这种"联系产生于人类对其周围环境发出的有意味的反应"(第204—206页)。二是,与习惯于因果思维的人相反,进行关联性思维的人所探讨的是"在美学和神话创造意义上联系起来的种种直接、具体的感觉、意识和想象。关联性思维主要是'平面的',因为它将各具体的、可经历的事物联系起来考察而不诉诸某种超世间(supramundane)维度。关联性思维模式不假定现象与实在的分离,因为它认为对一个有着单一秩序的世界的经验并不能确立一种本体论标准"(第205页)。三是,"关联性思维对逻辑分析的相对冷漠意味着,可以与意象和比喻联系起来的模棱两可性、模糊性及不连贯性被带入更正式的思维活动中。与看重单一性的理性思维模式截然不同,关联性思维由意义联想进到意象群,而这些意象群又被视为最终可解析成更为基本的组成部分的有意义的复合体。基于关联性思维的概念是意象群,在其中,复杂的语义联想能够相互发生作用,从而产生丰富的、无限模糊的意义。因此,单一性是不可能的。美学联想支配了逻辑上前后一致的需要"(第209页)。四是,与关联性思维相宜的思辨模式是"情境化艺术"(ars contextualis),它与"普遍化本体论"(ontolojia generalis)、"普遍化科学"(scientia universalis)相区别。"艺术化情境的一个突出特点是关于场域(field)关系的假设。一反传统哲学的部分/整体模式,情境化艺术使用了场域/焦点模式。这意味着相互关联的意义是由一个充满潜在意义的场域中的诸焦点构成的,而这些潜在意义又是向不断变化着位置的焦点开放的。"(第214页)五是,场域"是各相互关联之要素的源泉。导致有意义关联的参与行动牵涉到对一场域意义所作的共构性集中(compositional focusing)"(第218页)。参见安乐哲:《和而不同——中西哲学的会通》,温海明等译,北京大学出版社,2009年。
② 张光直先生的研究可作参考:张光直认为,比较中国、雅典、苏美尔文明之后,中华文明是唯一的连续性文明,以二希为代表的文明是一个破断的文明,是文明发展的一个分岔、一个例外。中国文明存在长期"连续性":人类与动物的连续、地与天之间的连续、文化与自然的连续。参见张光直:《美术、神话与祭祀》,郭净译,生活·读书·新知三联书店,2013年,第130—138页。
③ 陈来:《古代宗教与伦理:儒家思想的根源》(增订本),北京大学出版社,2017年,第5页。

说"空降中国学界的全过程进行知识谱系的考掘，通过这五个站点，不同学者观点的交锋，让我们体会出中国"哲学突破"说的牵强之处：

第一站，发源地。德国社会学家马克斯·韦伯和哲学家雅斯贝尔斯。第二站，美国社会学家帕森斯。第三站，美国汉学家史华兹。其早期文章为《古代中国的超越》，后期代表作《古代中国的思想世界》。第四站，美国的华裔学者代表人物：余英时、杜维明、许倬云等。第五站，国内学者。他们紧跟着第四站的美国华裔学者新儒家代表们，将"轴心时代"说、"哲学革命"说或"科学革命"说推向一个新高潮。[①]

以此为契机，我们深入到中国说唱大传统内部，解读"和""相和""唱和"文化传统，获知中国文化的内在特性，给"哲学突破说"的检讨提供一个案例。

二、"相和"的形制、意义

从文献记载看，"唱和"的前身——"相和"是一种非常古老的演唱方式。《诗经·周颂》首篇《清庙》是祭祀文王的"登歌之辞"，其歌唱特点是一人领唱，三人应和，钟鼓备而不用，弦瑟迟而浊，"既备乃奏，箫管备举。喤喤厥声，肃雝和鸣。先祖是听"[②]。从战国时期宋玉《对楚王问》中关于《下里》《巴人》"国中属而和者数千人"，《阳阿》《薤露》，国中属而和者数百人"[③]的记载来看，战国时的楚国相和的歌唱方式已经非常流行了。相和歌同样是汉代的流行歌曲，所谓"汉世街陌讴谣"，被采入宫廷之后经过乐官的加工"渐被于管弦"，即"相和诸曲"，在魏晋时又被升格雅化为"清商正声，相和五调伎"的清商乐。[④]

相和是唱和逐疫文化大传统的重要一环。相和可以分为人声相和、击节

[①] 叶舒宪：《"神话中国"vs"轴心时代"："哲学突破"说及"科学中国"说批判》，谭佳主编《神话中国：中国神话学的反思与开拓》，生活·读书·新知三联书店，2019年，第28页。
[②] 《毛诗正义》，十三经注疏整理委员会编《十三经注疏》，北京大学出版社，2000年，第1562页。
[③] （梁）萧统编：《昭明文选》卷四五，上海古籍出版社，1986年，第1999页。
[④] （宋）郭茂倩编：《乐府诗集》卷二六，中华书局，2017年，第549页。

相和、歌吹相和、弦歌相和、丝竹相和等。①《尚书大传》舜禅让给禹时,俊乂百工相和而歌《卿云》:"卿云烂兮,糺缦缦兮,日月光华,旦复旦兮。"②《诗·郑风·萚兮》:"萚兮萚兮,风其吹女。叔兮伯兮,倡予和女。"③其中所表现的显然是相和的唱奏方式。《周礼·鼓人》有"鼓人掌教六鼓、四金之音声,以节声乐,以和军旅,以正田役,……以灵鼓鼓社祭,路鼓鼓鬼享"④。沈约《宋书》中的记载:"《但歌》四曲,出自汉世,无弦节作伎,最先一人唱,三人和。……相和,汉旧歌也。丝竹更相和,执节者歌。"⑤可以说,"丝竹更相和"是"和"的典型形式。

从基本声调结构模式出发:刘勰有意识地强调平仄相间用之,使高低、长短、缓急等不同的声调在一句之内音韵尽殊,认为协调声调的最高境界是"和"。从音声顿挫角度说,"异音相从谓之和,同声相应谓之韵"⑥。从中国文学演变看,《文心雕龙》概括提出"声文"一说:"故立文之道,其理有三:一曰形文,五色是也;二曰声文,五音是也;三曰情文,五性是也。五色杂而成黼黻,五音比而成韶夏,五性发而为辞章,神理之数也。"⑦从大传统看,宝卷宣卷仪式中的"和佛"正是《文心雕龙》中所谓的"声文"。"声文"也不仅仅停留在语言文字的音调、节奏的协调所带来的抑扬顿挫的音乐性美,更重要的是以音声相和、唱和、逐疫的文化传统。

人类学家格尔茨将文化视为是具有公开性、象征性和系统性的意义结构,实际上就是将文化视为文本来理解。正是人们的社会行动在互动过程中建构出意义,行动与行动之间的连接、交换、互动形成"文化文本"(Culture as Text)。不过这些文本并非用文字写成的,而是用具体的行动写成。⑧因此,对某一行动或文化现象意义的解读应以行动者的仪式为中心,

---

① 柯利刚:《相和、相和歌、清商三调、清商曲》,《乐府学》第八辑。
② (南朝宋)范晔:《后汉书》,中华书局,1965年,第1720页。
③ 《毛诗正义》,十三经注疏整理委员会编《十三经注疏》,北京大学出版社,2000年,第355页。
④ 《周礼注疏》,十三经注疏整理委员会编《十三经注疏》,北京大学出版社,2000年,第371—373页。
⑤ 《乐志》,(南朝梁)沈约:《宋书》卷二一,中华书局,1974年,第603页。
⑥ 周振甫:《文心雕龙注释》,人民文学出版社,1981年,第365页。
⑦ 同上书,第346页。
⑧ Clifford Geertz. *The Interpretation of Culture: Selected Essays*, New York: Basic Books, 1973, p.10.

并将它放在原来的脉络中来解读，解读的方式就是文学人类学一派主张的"再语境化""整体的观点"。关于文化文本的"再语境化"途径，首先以回归本土为"深度阐释中国文化新知识的前提"①，将它放在前文字"大传统"的语境中，揭示出这些由不熟悉的对象联结起来的认识线索。文化的语境化或再语境化，成为引导"文化文本"深度诠释而非过度诠释的有效方法。

基于上述思考，把"唱和"这样一个文化传统放在更为久远的大传统中，从文献和考古材料出发，探讨演变的中间环节及其背后的功能机制，将有特殊的意义和价值。

三、相和与故事讲唱中的人类学

无论是乐器与声腔相互配合，诗歌押韵步韵相互唱和，还是接音、帮腔彼此呼应，学界一般注重"和""唱和""和佛"的艺术性与文学意义。宝卷是文化文本，宝卷的传抄、刻印、宣卷等活动具有明显的社会功能。"和佛"虽然有佛教讲唱传统的沾溉，但从更为古老的传统看，宝卷"和佛"除佛教产生和流播的影响之外，笔者认为它与"唱和"一样是中国古代"相和"传统的分支。根据唱和的功能划分，"和"及"唱和"存在一个从神圣到世俗的演变过程。"相和""和佛"仪式是唱和传统的神圣阶段的遗留，文人诗词唱和是相和的世俗形态。概括来说，"相和"属于口头讲唱传统，其中一支发展为文人书面隔空应酬、次韵，逞才使气的唱和交际活动。这种诗词隔空唱和，是口头唱和传统书面化的产物，目的是达到"群体成员间的相互慰藉"②。

关于"唱和"，梳理从《后汉书》到《朝鲜王朝实录》的资料，郑元祉教授认为"唱和就是通过众人的嘴驱赶疫鬼和恶鬼的方法"③。"相和""唱

---

① 叶舒宪:《文化文本:一场认知革命》，李继凯、叶舒宪主编《文化文本》第1辑，商务印书馆，2021年，第7、14页。
② 田甘、刘向宏:《异地唱和:群体的认同与巩固——浅论北宋超然台唱和的群体意义》，《武陵学刊》，2019年第2期。
③ [韩]郑元祉:《中韩傩礼逐疫机制的生成与运作》，朱恒夫、聂圣哲主编《中华艺术论丛》第21辑《戏曲学术前沿动态专辑》，上海大学出版社，2018年，第227页。

和"源于上古驱赶厉鬼和恶疾的傩仪活动。《周礼·夏官》记载方相氏驱疫："方相氏蒙熊皮，黄金四目，玄衣朱裳，执戈扬盾，帅百隶而时傩，以索室殴疫。"①《后汉书·礼仪志》有：

> 先腊一日，大傩，谓之逐疫。其仪：选中黄门子弟年十岁以上，十二以下，百二十人为侲子。皆赤帻皂制，执大鼗。方相氏黄金四目，蒙熊皮，玄衣朱裳，执戈扬盾。十二兽有衣毛角。中黄门行之，冗从仆射将之，以逐恶鬼于禁中。夜漏上水，朝臣会，侍中、尚书、御史、谒者、虎贲、羽林郎将执事，皆赤帻陛卫，乘舆御前殿。黄门令奏曰："侲子备，请逐疫。"于是中黄门唱，侲子和，曰："甲作食凶，胇胃食虎，雄伯食魅，腾简食不祥，揽诸食咎，伯奇食梦，强梁、祖明共食磔死寄生，委随食观，错断食巨，穷奇、腾根共食蛊，凡使十二神追恶凶，赫女躯，拉女干，节解女肉，抽女肺肠，女不急去，后者为粮。"因作方相与十二兽舞。欢呼，周遍前后省三过，持炬火，送疫出端门。②

按照传统分类，唱和分为歌唱时此唱彼和；指音律相合；互相呼应、配合，以诗词相酬答。学术界部分学者从诗歌本身的艺术角度评判，认为唱和的作用主要集中在抒情，唱和诗形式大于内容，艺术水平不高。③但是，从唱和传统的渊源上看，唱和传统有着独特的社会功能。黄仕忠收集整理大量的唱和文献资料，认为历史上的唱和存在传承性，"和"与《楚辞》的"乱"，汉魏相和大曲的"艳""趋"，吴声西曲的"和""送声"都是众声和唱，它们是唱和的不同表现形式。同时，唱和是戏曲帮腔的渊源。

李调元《剧话》对弋阳腔的帮腔传统实录如下：

---

① 《周礼注疏》，十三经注疏整理委员会编《十三经注疏》，北京大学出版社，2000年，第971页。
② （南朝宋）范晔：《后汉书》，中华书局，1965年，第3127—3128页。
③ 马东瑶：《苏门酬唱与宋调的发展》，《文学遗产》，2005年第1期。

弋阳腔有"向无曲谱,只沿土俗,以一人唱而众和之,亦有紧板、慢板"。王正祥谓"板皆有腔",作《十二律京腔谱》十六卷。……凡曲藉乎丝竹者曰"歌",一人发其声曰"唱",众人成其声曰"和",其声联络而杂于唱和之间者曰"叹"——俗谓"接腔"。[①]

但是帮腔不是弋阳腔的独创。帮腔形式可以上溯到先秦,而且汉魏六朝,代相递存,从无断绝。迄于唐宋,一唱众和的形式更加普遍,并且与戏曲在形成之初即已结下不解之缘。[②]唐代之前歌曲中有"啰哩嗹"作为和声,密宗把它看成咒语。饶宗颐先生收集资料,证明金元戏文《董西厢》,明代《白兔记》《金钗记》都有"啰哩嗹"作为帮腔。莆剧把这三个字作为下词尾的和声,是全体合唱,据说是七煞曲中的"打讹"亦即是"打和"。福建莆田婚礼演线偶剧,有所谓"北斗戏"。在最后的田元帅净棚,唱"啰哩嗹"咒语,目的在于"趋吉避凶"。[③]

通过对古老唱和传统的分类,笔者认为,一类唱和是世俗社会中人与人之间相互酬唱和韵、支持应答、展示才情、同声相求的一种方式;另一类是在神圣空间的集体场合,由一人领唱,其他人跟唱、联唱。前一种类型是后一种类型的世俗形态,而后一类唱和类型则更为古老。在巫术仪式或宗教活动中,领唱、联唱、跟唱这一唱和形式具有唤起群体能量逐疫禳灾、社会动员功能。

从《后汉书》《新唐书》等相关内容可以看出集体逐疫禳解办法:以集体有节奏地唱和祝祷,调动机体能量守望相助、分担压力,或者复沓威胁性的咒语驱除鬼神。追溯在巫术仪式和宗教活动中的唱和,在古俗之中,打鬼、逐疫、开路的方相氏领唱,振子(侲子)们跟着和唱,是这类唱和的原初形态,其中包含着唱和仪式的原初形态。伴随着驱逐疫鬼的12神和呼叫

---

① (清)李调元:《剧话》卷上,中国戏曲研究院编《中国古典戏曲论著集成》第八册,中华书局,1959年,第46页。
② 黄仕忠:《和、乱、艳、趋、送与戏曲帮腔合考》,《文献》,1992年第2期。
③ 饶宗颐:《南戏戏神咒"啰哩嗹"之谜》,《梵学集》,上海古籍出版社,1993年,第209、219页。

着11鬼的名字进行驱赶。驱赶恶鬼的12神分别为甲作、胇胃、雄伯、腾简、览诸、伯奇、强梁、祖明、委随、错断、穷奇、腾根,被神抓住的恶鬼分别为凶疫、魅、不祥、咎、梦、寄生、观、巨、蛊等。可以看出,在驱赶恶鬼时,神与所驱赶的疫鬼比例大致接近。

概括文献记载的早期的唱和传统,我们认为,中国民间的逐疫禳解唱和、相和大传统是佛教讲唱、和佛传统的原初形态。泛声、和声之法汉魏六朝乐府已经有使用,不限于佛曲,道曲也是如此。按照饶宗颐先生的研究:"和声之兴,汉时之声曲折,实其萌芽。……唐词和声之例见皇甫松《竹枝词》六首,即以'竹枝''女儿'为和声。元李冶《敬斋古今黈》记广宁乐工歌《渭城曲》,起二句及末二句于第四字下,以'剌里离赖'为和声。金时道曲,如王喆《全真集》中之《捣练子》,每阕末皆用'哩啰凌、哩啰凌'六字为和声。"[①]

从理论上看,在涂尔干认为,与"神圣—世俗"对应的是"集体—个人",个人的行为具有世俗性,一旦上升到集体仪式,就具有了神圣性。神圣性在某种意义上代表了社会的权威及其价值,也标明了社会等级体系的膨胀,而在这个体系之外的个人只能敬畏和被占有。包括个人的成年礼仪在内,仪式是由禁忌、苦行仪式和表现仪典混合而成。个人通过集中苦修生活、学习社会规范才能成为社会成员。它通过集体仪式的形式将纯粹受苦和特权确认赋予了价值权威,这种社会事实被视为个体获得宗教品质的考验,于是无形中也合理化了社会的特权体系。

四、考古材料中的唱和—通天大传统

孔子信奉的天命,所谓"祭如在,祭神如神在""人而无恒,不可以做巫医",毋庸置疑是有神论的。中国连续性文明体现在考古上,唱和—通天的材料更为充分。在巫史传统中,对天命的掌握无疑具有决定意义。如何卜

---

① 饶宗颐:《敦煌曲》,《饶宗颐二十世纪学术文集》卷八,中国人民大学出版社,2009年,第487页。

知天命，这主要集中为祭祀仪式，而祭祀活动催生了礼乐文明、礼仪传统、祭祀群体。因此，中国文化传统中，对天神所在的向上的空间充满着神秘感。问天、祭天、通天不仅是古代中国的核心仪式，也是核心哲学命题"天人合一"的巫术宗教背景。与天的礼物交换——通过祭祀换取现实利益，成为现实世界各个阶层的精神愿景。

（一）向上空间"天文"成为"人文"至高无上的、不可企及的"宪章"

《史记》卷一《五帝本纪》载帝舜之摄政云：于是帝尧老，命舜摄行天子之政，以观天命。舜乃在璇玑玉衡，以齐七政。历代史书中的五行志专讲灾异、祥瑞，其基本理论是天人感应——政治昏暗则见灾异，政治修明则呈祥瑞。其中还包括大量天文、历法和星占有关的内容，古人天学的范畴包括此后的史书之中，天文、律历、五行三志往往置于各卷前列。二十五史中十八史有志，兹将此十八史中天文、律历（如律与历分开则只列历）、五行三志的情况列表一览如下，三志先后仍按各史原顺序：

《史记》：历书　天官书；《汉书》：律历志　天文志　五行志；

《后汉书》：律历志　天文志　五行志；《晋书》：天文志　律历志　五行志；

《宋书》：历志　天文志　符瑞志　五行志；《南齐书》：天文志　祥瑞志　五行志；

《魏书》：天象志　律历志　灵征志；《隋书》：律历志　天文志　五行志；

《旧唐书》：历志　天文志　五行志；《新唐书》：历志　天文志　五行志；

《旧五代史》：天文志　历志　五行志；

《新五代史》：司天考；《宋史》：天文志　五行志　律历志；

《辽史》：历象志；《金史》：天文志　历志　五行志；

《元史》：天文志　五行志　历志；《明史》：天文志　五行志　历志；

《清史稿》：天文志　灾异志　时宪志；

《尚书·尧典》全文不过440字，其中谈尧之政绩约占一半篇幅，谈帝尧为政的225字中，关于天学事务竟占了172字，即76%。[①]

天之所在、天命所在的"上"的向度，意味着神圣、光明、永生。初民无不对"上"充满着执着的追求，虔诚地渴望向上走、向上升，以至通天。无论是中国本土祈盼修炼飞升的道牧，还是国外渴望入天堂的基督教；无论是公元前3000年的埃及金字塔和苏美尔天文台，还是公元前2000年的巴比伦通天塔；无论是中国神话的扶桑、建木，古印度神话的宇宙树，古埃及神话的"天树"，苏美尔和亚述的"生命之树"，北非腓尼基的太阳圣树，西亚米坦尼的通天太崛种树，还是北欧神话的"尤克特拉希尔"神木；无论是象征天的玉璧，还是象征通天桥的玉璜，无不如是。

隐蔽的上帝天神（为巫留下了位置），也是社会道德宪章之根，并自然成为王朝更替逻辑中的"气数"或"天命"。

西周早期的《天亡簋》（又称《大丰簋》）所记可谓是神灵祖先祭祀与神圣王权之间的关联。该器内底铸铭文8行78字，记录了3 000多年前周武王姬发伐纣灭商后在周庙"天室"举行的一次祭祀大典，祭告感谢上帝和列祖列宗特别是其父文王的护佑，终于灭商成功，取得祭祀天上神帝的祭祀权，确立了周王天下的统治地位。"〔乙〕亥，王又大豊，王凡三方。王卒祀于天室，降，天亡又。""王又（有）大豊"，"豊"字从二"玉"，和"豐"字从二"丰"不同。"大豊"即"大礼"，指隆重的典礼。这里的"大礼"，即随后叙述的"王凡三方"及"祀于天室"等。

（二）古代，通天和获知"天命"的使命，落在萨满及其代理人手中

"萨满"（Shaman）在满-通古斯语中，意为"巫师"（或谓具"晓彻"意，能知道"神旨"）。是神、人联系的中介，有能力沟通神、人与鬼魂世界。它没有什么成文经典，没有规范的组织、寺庙，也没有统一的宗教仪轨。核心观念是"万物有灵"，自然界灾变、人间的祸福，均与各种神鬼作用有关。

[①] 江晓原：《天学真原》，上海交通大学出版社，2017年，第27—30页。

在萨满崇拜中，认为宇宙可分上、中、下三"界"，每界又可分三层。这是萨满宇宙观的主要核心。上界七至九层为天堂、为神之所居，最高权威的神灵居于最上层；中界是人与动物所在；下界为阴间，是鬼魂居所。以女真、满、赫哲等通古斯语族群的信仰为例：上界为天界，又称火界、光明界，分为三层，天神、日、月、星辰、风、雨、雷、电等神之居处，众多的动物神、植物神以及各氏族远古祖先英雄神，也可以高居于九天上界的金楼神堂之中；中界亦分为三层，是人类、禽鸟、动物及其他弱小精灵繁衍的世界；下界为土

图1 玉巫人（牛河梁第十六地点4号墓出土）

界，又称地界或阴界，也分为三层，是地母巴那吉额母、司夜众女神及恶魔居住、藏身之处。在地界中，也有人生活，有恶魔，也有好人，只是它的季节、昼夜，与人世间相反。只有萨满才有能力可以沟通三界。

王炳华调查发现，罗布淖尔荒原上孔雀河下游青铜时代的古墓沟墓地，时代在距今3 800年前，墓地上满溢神秘韵味的太阳形，实际是古墓沟人遵循萨满崇拜的规则，认真构筑的神居之处，是祈祝古墓沟氏族中重要人物升入天庭的图示[①]。

前往神灵的居所，要经过天门。神话观念中的天门在文献、地名、仪

---

① 古墓沟墓地，全面发掘，只见42座墓葬，可能是一个氏族群体的公共葬地。其中，有六座墓葬，沙穴墓室四周，为七圈列木构成的圆形，更外为四向散射的列木，似若光芒。参观者称其为"太阳墓"。自1979年发掘至今，对这六座男性葬穴为什么会有如此神奇的图案？太阳墓都是环绕着七圈列木，而不是六圈、八圈？这"七"圈中的"七"，究竟有着什么寓意？"七"，又为什么和太阳形图像联系在一起？这反映着古墓沟居民当年一种怎样的心态？传达着怎样一种信仰？发掘结束30年来，始终未有比较具体的说明。但清楚触目的太阳形图像，以及一个带有神秘意味的密码——数字"七"，确实是可以和萨满崇拜中的天、神、神居之处相联系：七层圆圈、光芒四射的光线，构成一目了然的太阳形。太阳神，没有疑问，是众神之中居于最重要地位的神灵，是人与生命的源头。由此可以推论：古墓沟人构筑的太阳形图像，是萨满崇拜宇宙观的表现，天界在"七"层以上，是神居之处。它是可以和七层以上为天界的概念互相发明，互相印证的。青铜时代的古墓沟人，在他们精神世界中，核心信仰确实应是萨满崇拜。王炳华：《新疆考古中所见萨满崇拜》，引自《欧亚学刊》第十辑。

式、考古材料中比比皆是。《山海经·大荒西经》中就有"天门"条,曰:"大荒之中,有山名曰月山,天枢也。吴姖天门,日月所入。"①其认为"日月山"为天的枢纽所在,而"吴姖天门"作为"日月山"的主峰,则是太阳和月亮降落的地方。其中不乏反映出一种古人对于天地联系和日月运行的想象。而"天门"则被联想为日月出入的空间所在。"天门"一词在现存文献中最初出现于老子的《道德经》之中。《道德经》第十章言:"天门开阖,能为雌乎。"②战国时期,屈原的《楚辞》中也广泛展开了对于"天门"的想象,《离骚》《九歌》中都大量描绘有关于"天门"的瑰丽神话。如《楚辞·大司命》中言:"广开兮天门,纷吾乘兮玄云"③,描绘了主宰生死的天神大司命推开天宫之门,乘云而行的图景,将"天门"进一步与神仙生活联系在了一起。

20世纪80年代,重庆巫山东汉墓出土14块鎏金铜牌,其中5件上都标有"天门"二字,所绘人物坐于门阙中央,背后皆生有羽翼,充分展示了墓主人升天的神话信仰,这是集体无意识的原型编码。④

距今3 500年前后,小河墓地上丛丛列列之立木,给人的逻辑启示就是:这丛丛列列、高耸入天的立木,无疑就是萨满崇拜中的"神杆",是人神沟通的天梯。在虔信萨满的古代民族进行天祭仪式时,必须立神杆。

图2　重庆巫山县出土的东汉鎏金铜牌饰标本A3,
　　　门阙中央玉璧,上书"天门"

---

① 袁珂:《山海经校注》,北京联合出版公司,2013年,第339页。
② (魏)王弼注:《老子道德经注校释》,楼宇烈校释,中华书局,2008年,第23页。
③ (宋)洪兴祖:楚辞补注,中华书局,1983年,第68页。
④ 具体参见重庆巫山县文物管理局、中国社会科学院考古研究所三峡工作队:《重庆巫山县东汉鎏金铜牌饰的发现与研究》,《考古》1998年第12期,第77—86页。

鹿石也是萨满崇拜的表现，祈求着死者灵魂可以由此石柱进入天堂。这里的石柱，如交通宇宙三界的"宇宙树"，也同于前面提到过的"神杆"，是可以让萨满神上天入地的阶梯。其上刻划的形象是萨满神的象征。鹿石流行于南西伯利亚、蒙古高原、阿尔泰山地，石柱上的鸟首鹿身图像，则与萨满崇拜中的鹰、鹿神崇拜有关。"布里亚特人相传，与神鹰交配过的女子，是人类最初的萨满"，"萨满最早来自一支能通人语的大鹰"。通古斯人、雅库特人的传说中，他们的祖先萨满为神鹰之后裔。[①]

叶舒宪把河南灵宝西坡大墓背后，仰韶先民在葬仪行为中，通过宗教神话想象创造出的无字天书一类的墓葬象征结构，其宗教隐喻功能，和5 000年前配合宗教建筑大金字塔而一同出现在尼罗河畔的用古埃及象形文字书写的《亡灵书》相类比，认为其背后的神话观念，是如何引导死者的魂灵升入天国。西坡大墓的二元象征编码结构视为中国版无字的"亡灵书"。和古埃及的太阳船神话母题对应，史前文化和早期文明的葬礼图像叙事中常见的升天工具有车和船两类。[②]

文字最早不是记录语言的，而是记录一种意念，是沟通人和神之间关系的一种象征符号。文字的作用是以通神明之德，以类万物之情。甲骨文"告"，常用作祭名，指某种仪式行为。如告火、告水、告龙、告麦，人间所有和天象、收成有关的大事都需及时上告天神祖灵。华夏早期，"告"的行为被书写文明改制为圣书神话，有所谓"告命"即天书的典故。命——自《周易》就有表现，特指上天垂告下民的文书。

王先谦《尔雅义疏》："格于皇天，格于上帝。"《史记·燕世家》"格"俱作"假"。经典所以格多作假者，假格声同。故《士冠礼》注"今文格为嘏，嘏假声同……"格、假、嘏等关键词语间有互通关系，源出于同样的宗教神话观念，其差异是同类萨满教、巫教行为在不同汉语方言区之间的表达差异。以宗教神话观看，在训诂学上能够打通式理解的词语，还能得到神话学

[①] 王炳华：《新疆考古中所见萨满崇拜》，引自《欧亚学刊》第十辑。
[②] 叶舒宪：《玄玉时代：五千年中国的新求证》，上海人民出版社，2020年，第139页。

的打通式理解。

萨满巫师作法通神的方式是凭灵、脱魂。凭灵：格的主体是神鬼祖灵，方向是自上而下。脱魂：格人脱魂通神，沟通上下的主体是自己，方向是自下而上。假：假扮、扮演，萨满通神活动与戏剧中演员相似。"神明假我身，我为神奔走。"嘏：嘏辞，仪式上扮演神灵的演员们代神发言的话语（多为青铜利器铭文记载）。在口头言说性的祭礼上，主持仪式者（工祝巫卜等）代表主人（早期通常为王）向假扮为受祭之神的"尸"发

图3　三星堆通天祭祀中的巫祝

言，称为"告""祝""祷"；反过来他们还要代表尸即神像发言，将神的福佑之意传达给主人，称为"嘏""嘏辞"。2022年6月，三星堆3号坑发掘出一件特殊青铜器，其双手合十，头戴高耸的羽冠，可知其正在通神的恍惚状态。

在传统中医学上曾有过治病不用药而只用语言的方法，叫"祝由"。《祝由十三科·序》说："有疾病者，对天祝其由，故名祝由科。"《素问·移精变气论》也载："古之病，惟其移精变气，可祝由而已。"（注：由，从也，言通祝于神明。）祝通神后，祝的语言就具有法术和能量，神遂人愿，病从神意，痊愈。巫、祝既是一种通神角色，又是该角色的神圣言说。①

文字是出于沟通人神的需要而出现的，那

图4　红山文化中的巫祝

---

① 叶舒宪：《文学人类学教程》，中国社会科学出版社，2010年，第187—214页。

么"著于竹帛"的文章自然带有神性。最早的文章制作者应该是巫、祝、史这些人。史官的职责就是读书、作书、藏书。"读书"的"读"是有声音的诵读，不是一般的读。"乐语"需要经过专门的训练，只有世袭的"史""祝""巫"等才有掌握的资格。"作书"就是著于竹帛，"藏书"就是把这些典籍藏起来。"作书""藏书"是通过神圣的仪式完成的。

在祭坛上的古歌唱和，解读神灵的意志，以期达到禳灾、祈福的目的，是文学原初重要的功能之一。早期社会巫师、萨满通常都承担医生的职责，巫师通过咒语使患者康复，社会环境"洁净"。巫师在举行仪式或为人治病时都佩戴面具，观察者们认为，巫师在治病或应付被看成是由人类恶行招致的灾难时，尤其需要佩戴面具。如果爱斯基摩人社会生活的准则遭到破坏，巫师就戴上面具，和有关的神灵商谈，或向他们祈求。巫师还有义务创作在宗教典礼上演出的欢乐舞蹈，并制作舞蹈者佩戴的面具，这些舞蹈的目的是使人类与神灵世界间趋于和谐。

五、宣卷"佛头"与早期文化传统中的萨满

在世界范围内，萨满具有祭祀和通灵的法力。张光直认为，"在古代中国，萨满处于其信仰和礼仪体系的核心，天地的贯通构成了这种论述的主要内容"[1]。原始的萨满经验构成了所有文明的基础的情况下，中国比西方更接近于天地相通的神圣状态。

不是所有的传统民族都用"萨满"这一通称，在古英语中就是以"巫医"（witch doctor）概括萨满的魔法知识和治疗及改变境遇的能力。张光直先生认为，环太平洋是早期萨满文化带，其中不少适用于早期中国文明。商周两代祭器上面的动物形象，战国《楚辞》萨满诗歌及其对萨满升降的描述，对走失的灵魂的召唤，这一类的证据都指向位于天地贯通的古代中国信

---

[1] K. C. Chang, "*Ancient China and Its Anthropological Significance*," In Archaeological Thought in America, ed. C. C. Lamberg-Karlovsky, Cambridge, Eng.: Cambridge University Press, 1989, p.164.

仰和仪式体系的核心的古代萨满教"[1]。

古代乐官大抵以巫官兼摄，早期中国的礼制典籍保存了丰富的大祝及男巫、女巫等萨满式任务沟通人神的活动记录。《尧典》有："诗言志，歌永言，声依永，律和声，八音克谐，无相夺伦，神人以和。夔曰：'於，予击石拊石，百兽率舞。'"[2]《周礼·春官》载，"大灾，及执事祷祠于上下神示"。郑玄注"执事，大祝及男巫、女巫也。求福曰祷，得求曰祠，譌曰'祷尔于上下神示'"[3]。当发生日蚀、月蚀、山陵崩等非常之变时，由"小宗伯"率领"执事"向神祇祈求免灾。巫祝在祭神仪式中，注重与神灵沟通时所使用的言辞。《周礼》将巫祝分为大祝、小祝、丧祝、甸祝、诅祝、司巫、男巫、女巫等类别，对每个官职所应该掌握的言辞有详尽的规定："小祝掌小祭祀，将事侯禳祷祠之祝号，以祈福祥，顺丰年，逆时雨，宁风旱，弥灾兵，远辠疾。大祭祀，逆齍盛，送逆尸，沃尸盥，赞隋，赞彻，赞奠。凡事，佐大祝。"[4] "诅祝掌盟、诅、类、造、攻、说、禬、禜之祝号。作盟诅之载辞，以叙国之信用，以质邦国之剂信。"[5]

上古时，有些歌手甚至兼为巫酋，或者巫酋也能成为歌手。这跟华夏—汉族上古乐师多出自巫师基本一致。刘师培认为"掌乐之官，即降神之官。三代以前之乐舞，无一不源于祭神"[6]。《周礼·大师》记载："大祭祀，帅瞽登歌，令奏击拊，下管播乐器，令奏鼓鼗。大飨亦如之。"[7] 其中位列首要的即是祭礼。

宋元以后的民间傩仪，除用巫师扮方相、神鬼之外，有的还请释家充当沿门逐除者。康保成先生发现，广西合浦县，在"跳岭头"（即驱傩）时，有所谓"文巫""武巫"之称。"武巫"用童子戴面具装扮，"文巫"即是身

---

[1] [美]张光直：《美术、神话与祭祀》，郭净译，生活·读书·新知三联书店，2013年，第134—135页。
[2] 屈万里：《尚书集释》，中西书局，2014年，第27页。
[3] 《周礼注疏》，十三经注疏整理委员会编《十三经注疏》，北京大学出版社，2000年，第583页。
[4] 同上书，第792—794页。
[5] 同上书，第807页。
[6] 刘师培：《舞法起于祀神考》，《国粹学报》，1907年第4卷，第29页。又见《刘师培辛亥前文选》，生活·读书·新知三联书店，1998年，第9页。
[7] 《周礼注疏》，十三经注疏整理委员会编《十三经注疏》，北京大学出版社，2000年，第719—720页。

披袈裟的僧人。到"散坛"前一天,"文巫""武巫"俱到阖境民家,揭去以茅草装扮的人形,并给以符箓,名曰"颁符"。四川南川县,每年二月,乡人便集资延僧侣道士,诵经忏,作清醮,会扎瘟船,逐家驱疫,名曰"扫荡",以乞一年清吉,亦周官方相氏傩礼之意。①

在宋、金的文献资料中,由通神的萨满式人物唱"哩啰"的文献记载有多处。洪迈《夷坚志》卷十三"九华天仙"条有:

> 绍兴九年,张渊道侍郎家居无锡南禅寺,其女请大仙。忽书曰"九华天仙降"。问为谁?曰"世人所谪巫山女者是也"。赋《惜奴娇》大曲一篇,凡九阕。……其第九曰《归》,词云:"吾归矣,仙宫久离。洞户无人管之。专俟吾归。欲要开金燧,千万频修已。言讫无忘之。哩啰哩。"②

饶宗颐先生认为,"这是乩仙扶乩出的大曲,绍兴时,巫山神女唱哩啰,后来人们祀灌口神清源祖师亦唱啰哩,似乎宋时唱啰哩之俗,特别流行樊西川"③。

与郑振铎"宝卷是'变文'的嫡派子孙"④不同,车锡伦先生认为,"宝卷的渊源可以追溯到唐代的俗讲",同时也承认,"宝卷产生,从历史文献中至今没有找到直接的证据"⑤。在这方面日本宝卷研究专家泽田瑞穗,关于古宝卷的构成及其与一般忏法书的观点非常有启发意义:

> 与其说宝卷继承数百年前业已消失了的变文,倒不如说宝卷直接继承模拟了唐宋以来经过各个时代平行地传承并制作的科仪、忏法体裁及其演出法,进而将它改造成面向大众或加进某一教门的教义,插入南北曲调,增加

---

① 转引自康保成:《傩戏艺术源流》第2版,广东高等教育出版社,2005年,第29—30页。
② (宋)洪迈:《夷坚志》第1册,何卓点校,中华书局,1981年,第292页。
③ 饶宗颐:《南戏戏神咒"啰哩嗹"之谜》,《梵学集》,上海古籍出版社,1993年,第214页。
④ 郑振铎:《中国俗文学史》第十一章《宝卷》,东方出版社,1996年,第479页。原文云:"然后来的'宝卷',实即'变文'的嫡派子孙,也当即'谈经'等的别名。"
⑤ 车锡伦:《中国宝卷研究》第一章《宝卷概论》,广西师范大学出版社,2009年,第2页。

音乐歌曲性。其演出就是所谓的"宝卷"。①

忏法是佛教念经拜佛忏悔罪孽的做法。忏法的产生很早，据《释氏稽古略》称，中国最早制作忏法的是南朝梁武帝。宋元时期，尤其是元代忏法很流行。杭州妙觉智松柏庭在至元四年（1338）的《慈悲道场忏法序》中说："近世士民，每遇障缘，多沐胜因赐灵验，以之灭罪，罪灭福生，以此消灾，灾消吉至。济度亡灵者永脱苦沦，解释冤尤者即离仇对。真救病之良药，乃破暗之明灯，及利群生，恩沙沾界，论其功德，岂可称量。"救世、救苦、劝善这也是众多民间教派以宝卷相号召的原因。②泽田瑞穗所列举的科仪、忏法具有特殊的结构和辞章，并规定了佛教礼赞仪式的脚本。宝卷中以《金刚科仪》为代表的宝卷和《古佛天真收圆结果龙华宝忏》等科仪、宝忏类宝卷起源更为古老，罗祖频频引证。明末清初大量出版发行的混元弘阳教相关经典，名称多种多样，有宝卷、宝经、真经、妙经、宝忏等，但实际上宣唱诸佛菩萨之名、祈求灭罪消灾的忏法书即科仪书占绝大多数。可以说从侧面反映了宝卷与灵宝忏法之间的联系。刘祯在《中国目连文化》一书中借鉴了泽田瑞穗的说法，并以元代中期的《佛说目连救母经》和《慈悲道场目连报本忏法》为例，论述了其演化为北元时期的《目连救母出离地狱升天宝卷》的过程，指出其对目连宝卷形成的意义，认为文学性的宝卷是由宗教性的忏法演变而来的："《升天宝卷》的形成过程说明，宝卷是宗教忏法、科仪与文学（韵文）结合、俗化而直接产生的。"③这种因缘，使宝卷具有浓厚的宗教思想和宗教意识，甚至于后来将明清时期流行的科仪、忏法直接归入宝卷类中。④认为宝卷来自宗教忏法、科仪，无疑是极具创见，而且可能更符合事实。车锡伦先生在分析南宋释宗镜编写的《金刚科仪》的形式特征时，也指出："从这部'科仪'的形式上看，它是佛教'忏法'和俗讲'讲经'相结合

---

① ［日］泽田瑞穗：《增补宝卷研究》，范夏苇译，国书刊行会，1975年，第33页。下同。
② 宝卷与宗教的因缘，使它在明清时代成为封建社会特殊道门中人宣扬教义的工具，如白莲教、弥勒教、八卦教、弘阳教、大乘教等，都把宝卷作为宗教结社和秘密结社的经典而加以创作。
③ 刘祯：《中国目连文化》，北京时代华文书局，2015年，第214—217页。
④ 如《销释金刚科仪》《太上玄宗科仪》《三味水忏法》《佛说弘阳慈悲明心救苦宝忏》《混元弘阳血湖宝忏》等。

的产物。"①

忏法"请僧忏礼",有一套规定的仪式和相应的动作,这种仪式和动作与戏剧演出关系较密。但是随着宝卷的演变,"宣"即讲唱意识不继强化,以音声主导的"忏"法动作仪式性逐渐萎缩、消解。放下早期宝卷的忏法仪式传统不论,单就"佛头"一词的产生看,"佛头"一词最早出现的明代天启年间《禅真逸史》第五回"大侠夜阑降盗贼,淫僧梦里害相思"推断,②至迟在明代天启年间已有"佛头"之名。从文化传统看,"佛头"是流落民间的大祝,他们是宣卷仪式的执事(领唱人)。当时的佛头主要是由僧尼担当,为法会的组织、主持者。在中国文化传统中,巫师、萨满、傩、私娘(师娘)、阴阳是代理向神灵祷祝的民间神职人员。车锡伦先生论及常熟宝卷中一种特殊的宝卷——私娘卷,提及多年前田野调查中的收获,写道:

> 这类巫婆在江浙地区,除了自身请神灵附体,为信众施法,也同其他民间信仰活动"结合"。如苏北地区的"香奶奶"(又称"仙姑娘""后堂"),她们与同为"巫"的香火童子结合,为找上门来问难的香众、信士"下判",其中解厄的"判词",便有请香火童子做各种相应的"会"……(过去苏北"香火神会"中的)"香火童子",必须"卖身",才能通神。③

吴方言地区的靖江、常熟是宝卷做会仪式保留较为古老的地区,西北宝卷的做会仪式仅在洮岷地区较为典型。常熟地区做会的私娘大多写成"师娘",也叫"看香火""仙人""寄娘"。这些遗存至今的私娘要发扬自己所凭

---

① 车锡伦:《中国宝卷研究》第一章《宝卷概论》,广西师范大学出版社,2009年,第28、29页。
② (明)清水道人:《禅真逸史》,华夏出版社,2015年,第50页。
③ "私娘"这类人物属"巫"。在中国古代,巫有男女,即"巫觋"。这类人物在现当代中国各地仍普遍存在,俗称为"巫婆""神汉"。他们的特点是具有"通神"(请神)的法术(巫术),请来的各路神仙鬼怪附体,现身说法,为信众解决疑难;指示用各种"方法",治病消灾、保佑平安,等等。车锡伦:《有关宝卷研究的几封通信》,《常孰理工学院学报》,2020年第3期。

依的神灵，于是有私娘请讲经先生编写专讲该神灵的宝卷。在中国台湾中部或台湾北部地区，道士为"红头道士"，而佛教徒则将其称为"乌头师公"。台湾北部与台湾中部地区的道教徒将道家称为"双教"，因为他们不仅实行道教仪式也实行葬礼仪式。女性死亡时举行"打血盆"仪式，男性死亡会举行拜香山的仪式。在这个仪式中，有四个佛教祭司。两个人分别坐在两张桌子的顶端，背诵着"香山宝卷"。第三张桌子放在另外两张桌子上，放在祭司中间。在这张桌子的顶部，放着一块精神牌匾。当仪式开始时，另外两名佛教僧侣假扮金童和玉娘子，表演部分香山宝卷。①

图5 现代江苏靖江做会讲经摆放的"龙牌"

民间执事在任何关乎人类禳解救助的仪式中是必不可少的，从世界范围，亚洲和北美及其他地区（例如印度尼西亚）的案例可以提供参证，这些地区萨满总发挥着对环境的禳解和对病人的治愈职能。罗马尼亚比较宗教学家伊利亚德认为"追寻病人逃亡的灵魂，捕获灵魂并将其带回，使身体恢复生机"②。在英格兰，精通魔法、疗愈、占卜业务的人通常被当作术士（cunning folk）或智者，在研究欧洲以外的传统社会时，学者将这类人称为"药师"（medicine men or women，特别是北美地区）或"巫医"（witch doctors，特别是非洲）。在非洲说英语的地区，最近常把他们称为"传统的

---

① Ch'iu K'un-li,. *MU-LIEN "OPERAS" IN TAIWANESE FUNERAL RITUALS*, Ritual Opera, Operatic Ritual: "Mu-lien Rescues His Mother" in Chinese Popular Culture. Edited by David Johnson. Berkeley, Calif.: Chinese Popular Culture Project. 1989, pp.105-117.
② ［美］米尔恰·伊利亚德（Mircea Eliade）：《萨满教：古老的入迷术》，段满福译，社会科学文献出版社，2018年，第182页。

疗愈师"（traditional healer），尽管治疗并非他们的全部功能。①

法国萨满教学家R. N.哈玛勇从社会和文化的视角探讨萨满教仪式的医疗功能，认为集体的力量在仪式中获得重新整合。他指出："在以萨满教为中心的观点中，有一点被忽视了，即萨满教这个集体深藏着参与萨满教实践的愿望。每次治病都会成为集体活力的恢复和欢悦。"②萨满治疗仪式提供了集体文化意识与个人独特感受相容的环境，病人利用不断被集体重复的仪式，回归集体（文化），将自己放置到真实存在的传统之中，以放弃的姿态迎接挑战。仪式创造的病人与文化资源对话环境可以使病人产生学习性的理解和开悟，病人的恐惧感、无助感由此可能得到减缓或消失。③

归根结底，萨满教作为一种原始宗教形式，与其他宗教一样，是一种虚幻的意识形态。人们借助这种宗教形式与超我的力量沟通，以便获得自我认知和自我构建。在这样的过程中，神的代言人——萨满通过各种设备与手段来构建出一种"真实感"，在想象与幻象的层面获得视、听及心绪的满足。于是所有的人，正如镜像阶段的婴儿一样，完成了"误认"的过程，即把"幻象"当成了真实。治疗仪式上吟诵的咒语并非简单地期望或叙述事情的发生，而是咒语本身在"实现某事"（does something）。这种话语力量只有通过巫师在正确的时空情景下说出，才被认为是有效的。④换言之，具体的仪式语境赋予咒语以力量。

萨满就是通过神圣的行动，将人的这种潜力传达给所有人。在中国早期，群体跟随"侲子"或者"童子"（南通的童子戏）发出的节奏鲜明的唱和声，无论是在戏剧表演还是在说唱中呈现，无论是讲述族群过去的英雄史诗，还是叙述个人的出神、启蒙仪式或治疗的过程，"萨满的声音都满载着

---

① ［英］罗纳德·赫顿：《巫师：一部恐惧史》题记，赵凯、汪纯译，广西师范大学出版社，2020年，第8页。
② Roberte N. Hamayon, Stakes of the Game: Life and Death in Siberian Shamanism, 1992, Diogenes No.158, p.69.
③ 孟慧英、吴凤玲：《人类学视野中的萨满医疗研究》，社会科学文献出版社，2015年，第219—220页。
④ Signe Cohen. Memory, Desire, and "Magic"：Smará in the Atharvaveda Religions Vol.11, Iss.9, (2020): 11.

这种永恒符号的频率,彰显着最古老的神圣的特征"①。在同气相求中,和佛群体通过集体仪式有了群体相互依赖感,彼此扶助,心理得到了依赖和满足,即相信通过"类萨满"仪式的举行,不仅可以使病人与"造成疾病"的因素建立"对话和交流"关系,参与宣卷的人,群体唱和,同气相求,守望相助、彼此呼应,群体颉颃的精神能量,塑造神圣空间、超度亡魂、祓禊污染的意义非同寻常。

在日常生活中,萨满巫师存在的首要目的是预防魔鬼的侵害和医治疾病。长期受西方文学观念影响,宝卷被理解西方冲击中的再造传统"民间说唱或曲艺",宣卷"和佛"的声音诗学机制、编创诗学、代言机制受到遮蔽。神必须戴上"面具"或者托人间的代言人——巫觋(领唱)来传达天意,所以在宝卷编创和"宣卷"的背后还有"代圣立言"的神话叙述传统②。

巫史传统的理性化使巫君和巫师们的上通天神传达神意,人间化、道德化为国君——"天道的我使者"承担天命、天道、天意的历史使命感和神圣责任感。在李泽厚看来,儒学所代表的理性化方向,让巫史传统的根基上发展出注重现实生活的特色思想,而不注重"超越"现实的"另个世界"。由于超越首先是需要外在超越,另外需要超越世俗生活的形而上反思,最后需要对自身认识的反思。

六、祭坛歌声与宝卷唱和

中国文化传统中的"太保",一直是庙祝、巫师一类宗教职业者的俗称。《诗·小雅·楚茨》云:"先祖是皇,神保是飨。"《楚辞·九歌·东君》云:"思灵保兮贤姱。"按照王国维的研究,认为灵保、神保都是尸的异名,"屈原见俗人祭祀之礼、歌舞之乐,其词鄙俚,因为作《九歌》之曲。古之所谓巫,

---

① [美]简·哈利法克斯:《萨满之声:梦幻故事概览》,叶舒宪主译,陕西师范大学出版总社有限公司,2019年,第27页。
② 李永平:《神授天书与代圣立言:宝卷来源的人类学解读——以〈香山宝卷〉为中心的考察》,《民俗研究》,2012年第6期。

楚人谓之曰灵"。并认为他们都是些原始歌舞演员。

王国维认为，巫之事神，必用歌舞，《说文解字》："巫，祝也，女能事无形，以舞降神者也。象人两褒舞形，与工同意。是古代之巫，实以歌舞为职，以乐神人者也。商人好鬼，故伊尹独有巫风之戒。及周公制礼，礼秩首神而定其祀典。官有常职，礼有常数，乐有常节，古之巫风稍杀。然其余习犹有存者，方相氏之驱疫也，大蜡之索万物也，皆是物也。故子贡观于蜡，而曰'一国之人皆若狂'，孔子告以'张而不弛，文武不能'。"[①]

延续到今天，僮子会跟傩祭的关系非常密切。但是流传至今的僮子会，所主持的影响最大的一些祭祀活动，却一律叫"做会"，这和宝卷讲经仪式的称呼完全一致。僮子做会，有开耕会、青苗会、太平会等，这就跟古代的春社、秋社有些相像了。吴方言区宝卷宣卷人参与最多的是民众家庭中的民俗信仰活动，如拜寿求子、小儿满月周年、结婚闹丧、节日喜庆、结拜兄弟、遭灾生病、新房落成、家宅不安等，民家均可请宣卷人来"做会"宣卷（或称"讲经"）。请做会的人家称作"斋主"，做会宣卷即在斋主家设的"经堂"（或称"佛堂"，即民居正房的客厅，平时亦设有"菩萨台"，供奉家堂和神像）中进行。经堂中设"供桌"（即菩萨台）和"经桌"（方桌，供宣卷人及"和佛"的人坐）。这种做会宣卷的仪轨是：开始焚香点烛唱《香赞》，报愿、请佛唱《请佛偈》（许多宝卷文本开头有"先排香案，后举香赞"，即指此仪式）；结束时要进行"上茶""散花解秽""念疏表（或称"疏头"）""送佛"等仪式，并唱相应的仪式歌。中间也根据斋主的要求做各种祈福禳灾仪式并演唱相应宝卷，如"拜寿"（唱《八仙庆寿宝卷》《男延寿卷》《女延寿卷》等）、"度关"（唱《度关科》）、"安宅"（唱《土地卷》或《灶王卷》）、"破血湖"（唱《血湖卷》或《目连宝卷》）、"禳顺星"（唱《禳星宝卷》或《顺星宝卷》）、"斋天"（唱《斋天科仪》）、"请十王"（唱《请王科仪》，即《十王宝卷》）等。

苏州地区的宣卷先生奉道教的斗姆正神为祖师，并普遍做"拜斗顺星"

[①] 王国维：《王国维文学论著三种》，商务印书馆，2001年，第58—59页。

法事，为人消灾解厄，与道士相似，实际操作则佛、道混杂。顺星（或作"禳星"）时唱《顺星宝卷》（或作《禳星宝卷》《退星宝卷》），所请的神有：如来、弥陀、药师、玉皇、观音、势至、文殊、普贤、玄天、三官、三茅、六十甲子、南斗六司、北斗七星、十二宫辰、二十八宿、南极长生、当生太岁、护法韦陀等，把民间信仰的重要神佛都请来了。具体的"禳解"，开头是："天罗星、地网星（按，以上是灾星），奉请紫微星君来退解，释迦文佛保延生；天关星、破军星，奉请文曲星君来退解，弥勒尊佛保延生；罗计星、气孛星，奉请龙德星君来退解，药师七佛保延生……"（据民国二十一年孔耀明抄本《禳星宝卷》）。笔者在苏州地区张家港和昆山等地调查，宣卷人在荐亡法会上演唱的《地狱宝卷》，乃是明末还源教的《销释明证地狱宝卷》，说明它的发展也受到明清民间教派的深远影响。①

许多吴越神歌作品，不但在文学体裁样式上跟宝卷十分相似，也是有说有唱，韵散交替出现，甚至在题材内容上也有某种因袭的关系。比如赞神歌《卖鱼观音》《大香山》《妙英》三种，分别移植自《鱼篮宝卷》《香山宝卷》《妙英宝卷》，从中不难看出吴越神歌与宝卷之间的联系。②

图6　赞神歌赕佛祭坛上的神码

---

① 车锡伦：《中国宝卷研究》，广西师范大学出版社，2009年，第221—222页。
② 顾希佳：《祭坛古歌与中国文化——吴越神歌研究》，人民出版社，2000年，第343页。

唐代以后道教斋醮科仪得到了更大的发展。《道藏》中收入的斋醮即有金箓、黄箓、玉箓等几个大类。此外，如上清、洪恩、正一、灵宝、清微、净明等科仪，还有各种灯仪，也都是道教的祭祀仪式。唐朝的文人也热衷于斋醮，很喜欢舞文弄墨，为人撰写醮词、斋词、祷词、祭文、忏文。在《道藏》中，有一部《灵宝无量度人上经大法》共七十二卷，就收入了大量的咒语、符箓、幡、诀、印、告文。另有一部《太上三洞神咒》，共十二卷，也收有600多种咒语，有的用来召神、请神、迎神，有的用来祈雨、祈晴、起雷、运雷，有的则据说可以治病祛祟。内容之庞杂，简直难以想象。

咒语是语言巫术，符箓则是将这种巫术变成文字或某种图形、符号。道教使用符箓，也达到了登峰造极的地步。符箓派道士把民间的符和谶纬家的图谶结合在一起，符上往往还要加盖一种"印"，使它更加具有某种权力的象征。这种做法也影响到吴越神歌，比如太保书的敲木梢祭仪，太保先生会拿出一张加盖了"雷霆都司"大印的"劝土文书"来交给病家。据说有了这张文书，鬼魅就不敢再来骚扰了。僮子会写疏，也要在疏上加盖"张天师印"，有的还要再画上一种符号，其实也是一种符箓。①

图7　道教摧毁病魔符

宝卷延续了上述音乐传统，但是为了与官府的查禁相周旋，在一些宝卷中颂圣替代了颂神。宝卷中，赞颂的神灵有玉皇大帝、二郎神、十殿阎君等。还有敬仙内容的如《八仙谱》《金花仙姑经》《韩湘子哭五更》《金花仙子哭五更》《三仙里》《仙家采花词》等。《香山观世音宝卷》中的卷首：

讲开一部《观音卷》，胜到灵山了愿心。宝卷初卷开，拜请佛如来。

---

① 顾希佳：《祭坛古歌与中国文化——吴越神歌研究》，人民出版社，2000年，第351页。

树从根上起,花从叶里开。宝卷初卷开,诸佛降临来。大众齐和佛,降福又消灾。宝卷初卷开,劝人要行善。积德前程远,存仁后步宽。众位呀,宝卷是部劝世文,忠孝二字劝善人。今日开讲《观音卷》,字字行行说分明。①

南通的僮子会,在古老的傩祭中,历代僮子在祭祀仪式中必须宣读颂词、祷词、咒语。僮子做会时,表演傩戏——僮子戏②,其中有一个"走表"的程序,表示向神灵们递送书信请柬,请神灵们赴会。僮子会的神界故事类神书有"十三部半",其中《唐僧取经》《刘全进瓜》后来都曾发展成"僮子串"的形式在祭祀仪式中表演。所谓"僮子串",是说僮子们在祭坛上加以发挥,将原先的说唱本子串演成为戏的形式。而这些题材也是宝卷的重要题材。

超度亡人是最常见的讲经仪式,一般包含开坛、迎亡魂、诵经拜忏、

图8 荐亡法会中开天门仪式的菩萨台,右边挂的是"招魂幡","开天门"仪式用

上表、支亡、犒赏、出殡、圆满等节目。超度亡人的仪式,每一项目都有相对应的科仪唱本。比如在第一天的敬土地、迎亡魂仪式中,要用《四值土地科仪》请神灵往上界送文书给玉皇大帝,用《城隍科仪》放亡魂,用《金桥科》把亡魂接进家供养。次日诵经,则唱诵《礼请科》《请佛科》《灵山科》,

---

① 《香山观世音宝卷》,载尤红主编《中国靖江宝卷》,江苏文艺出版社,2007年,第203页。
② 1921年,艺人徐长元等在龙坛庙首次公开演出《唐僧取经》。这是一次戏曲演出,他们特地购置了六大箱的戏装,挂牌开业,认真化妆,上台演戏,而摒弃了僮子做会时的那一整套民间宗教祭祀仪式,使之成为一次真正的世俗戏曲演出活动,从而宣告了僮子戏的诞生。顾希佳:《祭坛古歌与中国文化——吴越神歌研究》,人民出版社,2000年,第368页。

以礼请佛和各种神灵，并唱诵《琅函科》《请经科》，以请求经书。这说明，经书唱本在科仪活动中占有核心位置。

但超度常人和超度法师所用科仪唱本不同。比如头夜开坛，常人用《开坛科》，法师则用《开天门科》。《开天门科》云："法桥高架为何因，祖师敕造引真乘……既是如来亲弟子，从此直步到天门。"可见在观念里，常人与法师的归宿不同：常人进阎王殿，法师回归天门。在仪式中也有这种区别——法师葬仪用黄布作天梯，表示开启"天门"。①

张家港的做会讲经有荐亡法会。其中荐亡法会开"天门"唱《五更卷》，意在打开"天门"，引导逝者灵魂进入天界。唱时讲经先生手执招魂幡，在空中挥舞。另一位讲经先生坐在旁边敲击木鱼、星子伴奏。与此同时，逝者家人则忙做"送灵"的仪式。众人在地上摆起一行用黄表纸折成的莲花，从逝者灵台前一直摆到院子里，又用黄表纸折的元宝摆成一只"莲船"。然后从逝者灵台前点燃，慢慢烧至院子中，意谓逝者"步步莲花"走出家门，坐"莲船"升天。最后逝者的孙子手执一把扫帚，登上梯子，上到房顶，挥舞扫帚，送（赶）逝者升天。接着家人将灵堂内的疏头、拜垫（稻草制）、纸锞、香烛等物一起拿到院外路边焚化，并放"高升"（可以升空的双响爆竹）。②

七、集体讲唱的诗学机制

宝卷宣卷中的集体和佛是文学的微观社会层面的互动，社会学家柯林斯认为社会结构的基础是"互动仪式链"。这一互动链在时间上经由具体情境中的人之间的不断接触而延伸，从而形成了互动的结构。当越来越多的人参与社会互动，高度相互关注，社会结构就变得更为宏观了。"宏观过程来自互动网络关系的发展，来自局部际遇所形成的链条关系——互动仪式链"，

---

① 葛恩专、王小盾：《中国音乐文献学视野中的民间唱本——以黔南科仪唱本为例证》，《中国音乐学》（季刊），2021年第2期。
② 参见车锡伦：《中国宝卷研究》，广西师范大学出版社，2009年，第391页。

"在人类社会中存在着各种各样的仪式,仪式的类型反映了社会关系的类型。在传统社会,人们的活动是高度仪式性的,但在现代社会,则是低度仪式性的"①。我们以互动仪式链来思考宝卷的"和佛"诗学机制,对"和佛"传统的理解有重要的参考价值。

1. 声音诗学场域的治疗与禳灾机制

宝卷在长期编创和宣卷仪式中,保留了丰富的文化传统和在场信息。宝卷音声空间的仪式场域更是一个复合空间,有文字符号(宝卷卷本)、声音符号(念卷者的念卷声及听卷者的"和佛"声)、音乐符号(念唱宝卷时,乐器伴奏产生的疗愈音乐,以及念卷者所用曲牌曲调)、动作隐喻符号(念卷者的念卷仪式展演及听卷者的身体动作)、原型意象符号(符箓、画像、灯光、蜡烛、香、纸钱)等多种符号系统,这些不同符号系统之间的转换,调动社会空间、当事人,从精神上疗救"得病的身体"。

作为包含大量口头程式的说唱形式,宝卷的口头程式非常明显②。对于口头说唱中的声音程式的功能,洛德在《故事歌手》中的论述可供参考:

> 这些程式是由于其声学模式(这种模式是由重复一个有力的词或意义来强调的)而进入诗中的。在程式所象征的独特效力失去之后,也有人认为程式仍然具有这种效力。因此,那些重复的词语,因为反复的使用而开始失去其精确性,这些重复词语是一种驱动力量,它使得故事中所赋予的面对神灵的祷告得以实现。③

著名学者朝戈金指出,"口头表述的基本特征是并置而非递进,聚合而非离析,充斥'冗赘'或者'复言',以及保守性和传统化等"④。祭词与祝

---

① 林聚任:《互动仪式链》"译者前言",[美]兰德尔·科林斯:《互动仪式链》,林聚任、王鹏、宋丽君译,商务印书馆,2009年,第2—3页。
② 李永平:《禳灾与记忆:宝卷的社会功能研究》,中国社会科学出版社,2018年。
③ [美]阿尔伯特·贝茨·洛德:《故事歌手》,尹虎彬译,中华书局,2004年,第92页。
④ 朝戈金:《口传史诗诗学冉皮勒〈江格尔〉程式句法研究》,广西人民出版社,2000年,第16页。

赞词的吟诵作为仪式中的必要元素承担着沟通人神、祈福禳灾、烘托气氛等重要功用。要真正理解声音诗学场域的治疗与禳灾机制，我们对宝卷在场的集体和佛仪式及宝卷伴生的副文本要做深入的跨学科理解。晚清的宝卷很多是集体扶乩产生的，集体传抄、集体收藏、集体助刻、群体"和佛"，都属于群体的仪式行为。[1]受迫害的想象导致的焦虑和危机，在科技力量不发达的年代，个体更趋向抱团取暖，群体切换到信息、心理、智慧、时间空间的集体共享模式，参与群体守望相助的氛围，能克服社会孤独与心理恐惧，能体会到集体感和力量感，从而进入精神禳灾度劫的模式。由此，人类叙述言说的文类偏好及社会分层背后，耐人寻味地侧漏出人类这个庞大群体自我调节、自我疗救的集体无意识选择机制[2]。

清乾隆三十八年（1773）杭州昭庆大字经房刊本《香山宝卷》，清光绪二年（1876）杭州玛瑙明台经房刊本《雪山宝卷》，清光绪五年（1879）常郡培本堂善书局刊本《杏花宝卷》都有和佛的标注。三者和佛依次为"南无观世音菩萨""和佛""南无观世音菩萨"或"南无阿弥陀佛"。在和佛中反复重复的几个词、表达句式或者表述结构就是我们所说的声学模式，也就是前文中所讲到的"声文"。"声文"自古以来影响深远，长期受"视觉中心"（ocularcentrism）为本位的书写文化桎梏至深的我们，已经很难深入领悟声音的文化疗愈（禳灾）机制。对"净土宗"倡导的修行之法——口诵"阿弥陀佛"'或"南无阿弥陀佛"及背后的说辞——"可灭八十亿劫生死大罪"，仅仅视为一种善良的愿望，其中的"听觉文化"（auditory culture）传统已经断裂。

英国人类学家玛丽·道格拉斯（Mary Douglas）研究表明：失序、危机、灾异意味着污染，被禊（去除污垢）"不是一种消极的运动，而是一个积极

---

[1] 中古时期，受佛教影响，抄经祛病就广为流行。据车锡伦《中国宝卷总目》，笔者统计发现，10种故事卷《百花台宝卷》《何文秀宝卷》《红罗宝卷》《黄糠宝卷》《洛阳桥宝卷》《刘香女宝卷》《天仙宝卷》《西瓜宝卷》《延寿宝卷》《妙英宝卷》，抄本的版本都在30种以上，具体抄写数量难以计数。除抄写、收藏以外，助刻也是重要集体修行活动。在清光绪二年（1876）浴佛节，助刻杭州大街弼教坊玛瑙经房的《梁皇宝卷》多达13人。助刻《皇极金丹九莲归真宝卷》者多达304人。参见李永平《挖掘宝卷中的文化禳灾智慧》，《中国社会科学报》，2020年7月31日。
[2] 精通文字群体的集体言说意愿较低，文盲或者粗通文墨者更倾向于集体言说活动。李永平：《文化大传统的文学人类学视野》，陕西师范大学出版社，2019年，第59页。

组建环境的努力"①。为了祈福纳吉,禳解疾病与瘟疫,可以说各种禳解因素,长期连续地整合进入被褉"仪式表演"之中。宝卷中有"禳星""销释""解结""散花""延生""度关"等仪式,其宣卷仪式搬演自然少不了社会功能和文化传统——禳灾与治疗机制。

前文提及戏曲中的帮腔"啰哩嗹",其功能可分为有宗教祀神意味的"啰哩嗹"和作为衬字帮腔的"啰哩嗹"等。②作为衬字、帮腔使用的和声"啰哩嗹"虽无实义,但往往可以起到烘托气氛的作用。在不同的场合,配以"啰哩嗹"的演唱,可以把观众带到作者(演员)所设定的场景之中,让人认同、分享甚至参与某种情感。

有宗教、祀神作用的"啰哩嗹"的具体含义当然是禳灾驱邪。美国汉学家白之(C. Birch)在谈到成化本《白兔记》开场时的"啰哩嗹"时说:"末角开场,用'白舌赤口'这样的强硬语言把他的警告送上天送下地,以驱祟逐邪。"这个剧本反映出来的正是吴越地区的演剧风俗,明代海盐腔艺人,在正戏开演之前,要举行祀神仪式,在祀神仪式上唱一种祭祀仪式歌。"这支歌是唱给神仙听的,只有神仙明白这支歌是什么意思,因为全歌45字全是'哩''罗''连'三个音节,毫无意义地颠来倒去。"③《白兔记》开头第一段唱词正是这种衬词。今福建梨园戏、傀儡戏开场曲,用"啰哩嗹"净棚或"戏神田元帅踏棚",泉州傀儡戏艺人当然也是为了驱邪。④

民间口头说唱传统超越文字记载,还原了文学的演进中的帮腔谱系,是对口语诗学与声音诗学的复归。其意义如美国学者弗里所言,让长期沉浸在书写和文本中的人们,"重新发现那最纵深也最持久的人类表达之根","为开启口头传承中长期隐藏的秘密,提供至为关键的一把钥匙"⑤。即使在文字

---

① [英]玛丽·道格拉斯:《洁净与危险:对污染和禁忌观念的分析》"导言",黄剑波、柳博赟、卢忱译,商务印书馆,2018年,第14页。
② 康保成:《傩戏艺术源流》第2版,广东高等教育出版社,2005年,第82、89页。
③ 白之:《一个戏剧题材的演化——〈白兔记〉诸异本比较》,《文艺研究》,1987年第4期。
④ 康保成:《梵曲"啰哩嗹"与中国戏曲的传播》,《中山大学学报》(社会科学版),1999年第6期。
⑤ 《口头诗学:帕里-洛德理论》作者中译本前言,[美]约翰·迈尔斯·弗里:《口头诗学:帕里-洛德理论》,朝戈金译,社会科学文献出版社,2000年,第5页。

产生以后，史诗、宝卷、"蟒古思故事"的念唱，民俗仪式的叙事文本与歌咏，藏戏的演述等民间口头大传统中的文类，依旧具有强大声音生命力，而这正是"声音诗学"的研究领域。

"声音诗学"功能的发挥离不开仪式场域，仪式经常扮演着现实生活向艺术转换的桥梁的作用。①宝卷宣卷中的三三四"十言"是七言程式的变体。白川静认为，献给神灵的颂词是有韵律的语言——神圣韵文的起源之一。②古老的"三三四"板腔体"七言"，其声韵源于商周铭文的"祝祷"仪式说唱。古老的"七言"镜铭与商周铭文"祝祷"的情感诉求相近，其渊源或可追溯至商周时期神祇祭祷仪式中的祝语或祝嘏辞（神回答的语言）③。饶宗颐在论述《阿闼婆吠陀》时强调，印度之教，印度素有音声崇拜的传统④，但故事讽诵，此颂所称音声之主Paryanti，能显其神通。《阿闼婆吠陀》的核心是教义通过赞诵音声来达成。咒术和"七言"可追溯到西亚，阿卡得文（Accadian）咒术师名ašipu（Conjunateur）七字阿文作sibi, sibiti。"七言"具有神秘功效。《阿闼婆吠陀》中的《石敢当颂》辟邪于四方及上中下三维，最后请出brhat，相当于汉俗太一之神。这些颂常被引用于家屋祈福禳灾之用。汉族的"上梁文"，与敦煌所出驱傩习见之《儿郎伟》，必用抛梁东、抛梁西、抛梁南、抛梁北、抛梁上、抛梁下诸惯语，与印度此颂命意措辞颇相类似。⑤

《左传》中，郑庄公"寤生"，是不祥之兆。禳解的办法是命名为"寤生"，每天呼叫名称。这为庄公本人的健康和避免可能为其家庭和国家带来的不幸巧妙地提供了双保险，以达到最大限度避祸消灾的目的。"祝"本身

---

① ［英］简·爱伦·哈里森：《古代艺术与仪式》，刘宗迪译，生活·读书·新知三联书店，2008年，第119页。
② ［日］白川静：《中国古代民俗》，陕西人民美术出版社，1988年，第107页。
③ 李立：《七言镜歌：七言诗形成的重要环节》，《中国社会科学报》，2014年7月25日。
④ 关于印度的音声崇拜传统，可参阅饶宗颐：《〈阿闼婆吠陀〉第一章"三七"（trisaptas）释义》，《饶宗颐二十世纪学术文集》卷一，中国人民大学出版社，2009年，第333页，以及王向远：《语言崇拜与东方传统语言观念的内在关联——中国"文字教"、印度"咒语"、日本"言灵"之比较》，《东北亚外语研究》，2017年第5期。
⑤ 《阿闼婆吠陀》第一章"三七"（trisaptas）释义》，《饶宗颐二十世纪学术文集》卷一，中国人民大学出版社，2009年，第333—337页。

是"告神之辞"。"嘏"则为"祝传神意之语"。其内容和形式都包含"祈"或"禳"两个方面。

2. 集体参与中的"群体激荡与裹挟效应"

艺术从群体互动性、交际性或群体性状态即"劳动人民集体智慧",到彼此酬唱一对一,作者创作出版一对多,其在场感的消失,本身具有人类学的意义。这意味着社会需要文学启动集体动员能力和机会走向式微。从这个意义上,群唱、联唱、集体"和佛",是群体生存文化大传统的孑遗,是一种不同于作家文学范式的新的古老"美学范式",它向我们展示了瞬间共有的现实,即形成群体团结和群体成员性的"拟群体"效果。

敦煌出土的许多世俗和宗教作品的口语体,如"说""颂""赞""大曲""变文"等,是中古以后的文类分化的母胎,令人神往地回到这类文学产生的口头环境。但就像"颂"是本土的文学类型,敦煌发现了类似于墓志铭的"颂"一样,敦煌发现的俗讲和佛,同样有本土文化类型。[1]法国国家图书馆收藏的敦煌卷子P.3849中有关于俗讲仪式,其中的"念菩萨两声""念佛一声""念佛赞""又念佛一声""念观世音菩萨三两声""念佛一两声"等,都是继讲唱之后大众齐声相和的内容[2]。正是在"和佛"仪式中,"展开真经广无边,大众同共结良缘"。清代上海"或因家中寿诞,或因禳解疾病,无不宣卷",从宣卷这一个侧面告诉我们,和纯粹的文学故事相比,民间信仰和禳灾仪式才是宝卷的核心,无论是过渡礼仪还是禳解仪式,都是乡民生活中最为关切的重大事件。接卷、和佛是宝卷念唱过渡仪式中最具禳解功能的部分。当某人开始口头唱和时,他们应对困难的技能和知识将使大家产生积极的"群体共鸣",这个词曾被维克多·特纳(Victor Turner)用来形容一个人分享群体成员相同经验时的感觉。[3]

---

[1] 梅维恒主编:《哥伦比亚中国文学史》第2卷,马小悟等译,新星出版社,2016年,第1071、1083页。
[2] 向达:《唐代俗讲考》,《敦煌变文论文录》,上海古籍出版社,1982年,第50页。
[3] 转引自[澳]大卫·登伯勒(Denborough, D.):《集体叙事实践:以叙事的方式回应创伤》,冰舒译,机械工业出版社,2015年,第39页。

美国社会学家柯林斯用"互动仪式链"（interaction ritual chains）理论，架通宏观和微观领域。柯林斯认为，民众基于共同的心理和关注，产生共同的情感冲动，当人们以同样的符号来表示他们共同的关注和情绪时，产生了互动仪式。互动仪式理论的核心是，"高度相互关注，即高度互为主体，跟高度的情感连带——通过身体协调一致、相互激起/唤起参加者的神经系统——结合在一起，从而形成了与认知符号相关联的成员身份感；同时也为每个参加者带来了情感能量，使他们感到有信心、热情和愿望去从事他们认为道德上容许的活动"[1]。过去笔者一直为一个问题所困扰：为什么人类早期的文学，简单划分为韵文和散文。韵文要么押韵，要么和声。经过思考，笔者认为通过韵律吟诵的整饬美，强化诗文内容的感染力，激发集体意识，形成"社会宪章"作用。"正是通过发出相同的喊叫，说同样的词语，或对某些对象表现相同的姿态，他们才成为和感觉自己是处于一体中……"个人的想法只有超出自己才可能相互有接触和沟通；他们只有通过活动才能这样去做。如此是这些活动的同质性赋予了群体以自我意识，激发参与者的情感表达，形成共同的情感走向，而"共有情感反过来会进一步增强集体活动和互为主体性的感受"[2]。一般来说，民众个体对于自身情感、思想的确认，往往是不自信和怀疑的，只有通过他人、群体的认同，才能够得到确证。个人或群体的焦虑状态与仪式的奇妙象征结盟，双方开始遵循相互利用的规则，建立一种象征性交换关系。而他人、群体亦会对个体的情感、思想观念进行直接或间接的规训裹挟，让人不假思索，更适于集体"接纳"。其原理是个体一旦融入集体，就会重返早期群体合作生存的模式，因为集体的情感而感到温暖、幸福，又因为个体主体得到确认而获得自尊、自信，并产生积极的力量和主动精神。

从《后汉书》看，"黄门唱，侲子和"，唱和的侲子数量多达一百二十人。宝卷念唱仪式中，通常有数人至数十人参与集体"和佛"。笔者2015年

---

[1] ［美］兰德尔·柯林斯：《互动仪式链》，林聚任、王鹏、宋丽君译，商务印书馆，2009年，第79页。
[2] 同上书，第70—71页。

在张掖调查宝卷念唱时发现,河西宝卷一般一人主唱,其他人"和佛"(河西地区称之为"接声""接音""接卷"或"接后音子")。活动刚开始时只有平时几个熟悉的人接音,待气氛缓和后所有人均接音,人数不定。首先,集体和佛形成一个"共情"的场域,由参与者共同承担"病人"的痛苦。声音诗学中,通过声音和佛,声音在意识层次底部"自我意象"与外界环境一体化,"自我与非我融合成一个和谐整体"。个人感觉到他与宇宙一体化,他真实自我不仅是他有机生命整体,而且是所有天地万物的。① 其次,形成一种"众声喧哗"亢奋热闹场景,将仪式现场"焐热",实现"抱团取暖""抵御外邪"的治疗效果。最后是通过集体力量的激荡增加疗愈的功效,从而使"病人"感觉到他人的助力,象征性地共克时艰,借助象征性的集体力量度过阈限阶段,进行"伏魔"治疗。② 在场的声音互动共振,延续了彼此的依赖感,叠加了彼此的情感能量。整个社会可以看作是一个长的"互动仪式链",宏观的社会结构就是通过这种"互动仪式链"建立起来的。

从这个意义上看,宝卷念唱是一种神圣的仪式,净手、燃香、献供、开卷、念卷、接卷和送神。念卷活动中,再以香火向神灵传递人的诉求和愿望,供奉享食带来人神之间的礼物交换,恭迎神佛降临。正像彭兆荣论述的那样,人们通过祭献、祈求、表演等行为方式,或贿赂、或娱乐、或请求、或宴请祖先和神灵,以最终达到对疾病的治愈。③ 念卷的过程就是神人对话的结构模式,韵文部分宾白部分,代表了人对神的祷告的声音,韵文部分是祝咒的声音,和佛接卷主要是韵文部分,代表了人和神相互呼应。对话只是在重复中一次次地确认神与人同在,人与本质同在。

在气氛热闹的"和佛"中,斋主要达到的目的是度婴儿的关煞(念《度关科》);"拜寿""安宅"(驱逐邪祟,祈求家宅平安的仪式)、"醮殿"(又称"醮十殿")、"解结"(念《解结科》即表示解了各种冤结。解结目的是消除

---

① [美]威尔伯(Ken Wilber):《没有疆界》,许金声等译,中国人民大学出版社,2012年,第7—9页。
② 李永平:《"大闹"与"伏魔":〈张四姐大闹东京宝卷〉的禳灾结构》,《民俗研究》,2018年第3期。
③ 彭兆荣:《人类学仪式的理论与实践》,民族出版社,2007年,第311页。

宿怨业障）。[1]而彼此独处的文人唱和更倾向一种"拟群体"的效应。人类从远古抵御恶劣环境，危急时刻抱团取暖形成的"从众心理"，在生产力提高后隐而不彰，如果士人双方的思想政治观念、性格情感、文学主张及审美爱好等，都很接近，那就不管是同处还是异居，同朝还是异代，都能构成跨时空唱和，所谓"同其声气则有唱和"[2]，这就构成了"拟群体"的效应。从"以文会友、同气相求"的一般文人交游唱和，到"歌功颂德、粉饰太平"君臣属僚唱和，其原始形态是个体皈依群体，在受挫之后内心收获守望相助的集体归属感。

表1　相和、唱和、和佛文化文本的社会功能一览表

社会交往方式	唱和方式	生理特点	空　间	社会功能
非特定交往（独处、散居）	闲　聊	多巴胺低	世俗空间	心理治疗
特定交往（散居）	唱和、帮腔	多巴胺中等	世俗空间/神圣空间	治疗/禳灾
群体激荡（聚居）	和佛	在一定范围内多巴胺先上升，带动群体的上升	神圣空间，常熟做会，不许外人进入	禳灾

八、余　论

神话通常被视为一种"在现实之上加诸秩序"的构造。唐·古比特（Don Cupitt）这样写道："显而易见，创造神话是人类初始且共同拥有的能力，它旨在寻找有关宇宙秩序、社会秩序及个人生命意义尽可能统一的看法。就整个社会和个人而言，神话所具备的故事生成功能似乎无可替代。每个人通过将自己的故事放置在更为宽广的社会和宇宙故事之中，从而找到其

---

[1]　车锡伦：《中国宝卷研究》，广西师范大学出版社，2009年，第289—290页。
[2]　权德舆：《唐使君盛山唱和集序》，（清）董诰编《全唐文》卷四九〇，中华书局，1983年，第5001页。

个人生命的意义。"[1]

当代神话理论家们赋予神话以"发现"的功能。一位叫保罗·利科（Paul Ricoeur）的学者提出，神话是另外一个"超越我们这个'现实的'世界所设立的种种限制，开启一个新世界的开端"[2]。人类生活于其中的社会现实与自然现实的最大区别，就在于社会现实是被人的观念所建构而成的。揭示特定社会的想象模型，对于认识该社会和该文化的特质是至关重要的。

追溯中国人的类比、关联思维的大传统，我们发现它已经固化为我们的神话观念。三十多年前，叶舒宪发现《吉尔伽美什史诗》在表层的叙述之外的象征层面："吉尔伽美什的命运和太阳的起落、运行合而为一。"史诗之所以写在十二块泥板上是与巴比伦历法中一年分为十二个月、一天分为十二个时辰相对应的。吉尔伽美什的命运与太阳每天午后由高转低的运行曲线相对应[3]，史诗能够自觉地以自然现象解释社会生活，以太阳的运行规律来象征人类的命运。这说明与人事相关的思维方式，已经与天道运行相榫合，天道与人事逻辑已经铆合为一个整体，形成了元逻辑，即神话观念。

追溯宣卷中的说唱大传统，我们同样发现，与远古以来，祭坛上的通神古歌一样，延续至今的宝卷宣卷禳灾是通天、升天、祭天唱和这一连续传统的世俗分支。

---

[1] Wit Pietrzak, *Myth, Language and Tradition: A Study of Yeats, Stevens, and Eliot in the Context of Heidegger's Search for Being*, Cambridge Scholars Publishing, 2011, p.19.
[2] 同上。
[3] 叶舒宪：《英雄与太阳——〈吉尔伽美什史诗〉的原型结构与象征思维》，《民间文学论坛》，1986年第1期。

文明探源的交叉学科视角及方法论创新

叶舒宪

（上海交通大学文科资深教授，中国社会科学院研究员）

文学人类学这个新兴交叉学科有一个传统特色，即数十年坚持打通文史哲艺和宗教、政治的跨学科研究取向，努力追求本土版的理论体系建构。2009年，将国际上已经体现综合学科优势的比较神话学范式，引入我国的文明探源工程，开启社科院重大项目"中华文明探源的神话学研究"。项目内容为两个方面：一是充分借鉴国际上以神话学探究文明起源的经典性成果，组织翻译引进一批英、日文著述，其研究对象包括苏美尔-巴比伦文明、克里特文明、希腊文明、印度文明和日本、韩国文明等。二是梳理百年中国神话学的探索经验，特别是在上古史与考古学结合互动方面，在此基础上尝试建立一种文明探源的交叉学科范式，让考古新发现与文化阐释形成有效对应，期望从神话信仰的还原性认识中，筛选出文明发生的精神动力要素，让文明探源研究能够真正探查到或触摸到华夏独有的灵魂。

一、四重证据法：新时代国学研究创新

立项时唯一拥有的研究工具利器，是1993年提出的三重证据法和2005年提出的四重证据法。文学人类学一派的出发点，是国学研究的方法论如何在新时代知识条件下获得创新性发展，并与国际范式的人文社会科学相融合。国学传统的基本方法论是考据学，并以考据学为基石，总体划分为考

据、义理、辞章的三分格局。在王国维1925年提出二重证据法之前，国学考据学的基本格局围绕着传世文献，2 000多年没有大的改变。王国维之后，国学方法更新换代的契机屡屡出现，文化人类学的整合视野的引进，是催生二重证据之外的新证据的突破口。三重证据专指传世文献和出土文字记载之外的活态文化传承，包括口传文学与民间节庆等非物质文化遗产的全部。四重证据则专指考古发现的遗址和文物，特别是图像方面。将这四个方面的内容融汇一体的研究实践，直接引出文化大传统理论（指先于和外于文字书写的文化传统）和文化文本的多级编码理论等。

二、统一中国的史前观念：玉石神话信仰的文化认同作用

放眼全球，所有伟大文明的起源，没有一个不伴随着神话幻想支配的文明奇观：埃及金字塔与斯芬克斯像，巴比伦空中花园（神庙庙塔），奥林匹克火炬，克里特岛王宫，迈锡尼的黄金面具，中美洲玛雅金字塔等。对照之下，我国文明起源期的文化奇观既不在巨石建筑方面，也不在贵金属的冶金术方面，而是突出表现在切磋琢磨的玉礼器传承方面。如5 300年前凌家滩80千克巨型玉猪，玉龟壳夹持的八角星纹玉版，北方红山文化玉雕神祖像与南方玉雕羽冠神徽之类。还有延续5 000多年至今并依然发挥经济作用的西玉东输路线"玉石之路"（丝路前身）。

与其他文明古国相比，我国文明起源期覆盖的地理范围非常广袤，与尼罗河、两河流域和希腊半岛孕育出的偏于一隅的文明古国截然不同。需要从理论上解释：为什么中国人能够不分地域、族属、语言的巨大差异，凝聚到一个文化共同体中？化干戈为玉帛，这一句古代俗语其实已道出此中奥秘。那就是认同到华夏文明自己特有的最高价值观。体现这种最高价值观的文献依据足够充分，但是却被西学东渐以来的思想史、哲学史和文学史建构者们完全忽略掉了。如《论语》所记孔子的发问"礼云礼云玉帛云呼哉"，《国语》中观射父对楚王解惑祭祀原理的"玉帛为二精"说，等等。普通百姓都能挂在嘴边的一句则是"黄金有价玉无价"。

二重证据方面以葛陵楚简为例：本简记载战国时的楚人如何以玉器祭祷三位楚人先祖：

☐玉，趣祷于三楚洗（先）各一庠（牂），瑴（璎）之枡【玉】☐乙三

需要认真思考的是，为什么礼神祭祖要以玉器为中介？为什么崇玉话语只出现在我们华夏，却不出现在五大文明的其他四个？以玉和帛为至高价值的国教信仰，究竟源于何时何地？项目成果表明：此类国家信念体系，建立在中国文明独有的两种物质互动基础上。从文明的基因构成看，先于普世性的青铜时代王权国家，还有一个更早更深远的玉器时代，该时代铸就的意识形态和话语，注定给文明发生提供不变的价值导向。像卞和献玉璞故事，完璧归赵故事，鸿门宴刘邦因玉礼而保命，周公手持玉璧玉圭和祖灵展开现场对话，姜太公渭河垂钓钓出玉璜等故事，史书中屡屡出现，读书人早已司空见惯，却未能有效反思其所以然。这和10 000年来玉文化在东亚洲大陆的发生和发展过程密切相关。史前玉文化的点线面传播过程靠什么因素得以实现？靠的是共同的史前神话信仰的认同力量。具体讲，以玉为神，以玉为天（赐），以玉为永生不死象征，这一整套神话信念体系。此类观念的跨地域传播，在距今4 000年之际覆盖到我国大部分地区。这是一个缓慢的过程，也是没有金戈铁马的精神统一的渐进过程。该过程要比众所周知的秦帝国武力统一中国，早出整整2 000年，其重要的文化史和思想史意义，不言而喻。

国学以往的传统受制于文献史学观，根本无法认识到这一场先于甲骨文汉字而存在的文化整合和凝聚过程。唯有走出已有的书本知识的束缚，跟随第四重证据不断出现的轨迹，才能走进前文字时代的物证符号认知的广阔天地。这就意味着对大量史前考古遗址和文物的再学习，并由此展开辨析解读工作，在此基础上构建文化文本编码与再编码的本土化理论。重大项目完成后，随着问题意识的深入而引出第二和第三个重大项目。迄今已出版三套丛书，以能贯通史前中国故事的玉礼器解读为重心，新出有《盘古之斧：玉斧

钺的故事九千年》《方圆一体：玉琮的故事五千年》《祖灵在天：玉人像与柄形器的故事五千年》《禹赐玄圭：玉圭的中国故事》等。让玉礼器所讲述的万年故事，凸显世界文明发生史上的中国奇观。

对"玉文化先统一中国"这个重要命题，有更为细化的认识推进：璧琮璜与锥形器和冠形器的完整玉礼体系，是在5 000年前的环太湖的长三角地区率先完成的，良渚文化之后辗转传播到中原，奠定夏商周玉礼符号的基础。此种认识的递进，又推出基于环太湖地区田野调研的考察记类著作《玉文化先统一长三角》（2021年），让玉文化先统一中国的理论得到进一步的细化探讨，揭示在无文字时代发生过的重大文化传播现象对文明起源的意义，并彰显被传统国学观基本忽略掉的一面：南方长江流域对华夏文明的贡献。如果要追问为什么史前玉文化的高峰没有出现在中原和北方，却唯独孕育在长三角地区？那一定和10 000年前长江流域率先驯化出稻米，并在七八千年前开启养蚕缫丝生产等物质积累优势有关。

三、万年中国大视野的必要性

青铜时代的文化，仅从青铜时代的相关认识去看待是不够的。因为华夏的青铜时代距今也就是4 000年左右。4 000年的文化传统不是凭空产生的，需要找出青铜文化的前身和祖型，那就是国际上一般而言的新石器时代。世界各文明古国皆脱胎于此。在我国，介于新石器时代和青铜时代之间，有数千年之久长期积淀的一个玉器时代，目前能够彰显新石器时代中国特色的正是源远流长的玉文化。可以说青铜时代所有重要的"铸鼎象物"之神话原型，均来自作为祖型的玉文化，而玉器时代的工艺传统是雕玉象物。当儒家创始人在青铜时代结束的东周之际，用"如切如磋如琢如磨"八字真言隐喻表达君子理想的学习功夫时，其所沿用的不是青铜时代的话语，而是隔代传承下来的玉器时代的更早话语。从语言人类学的视角看，当今学人要想超越全盘西化的学术话语的遮蔽，恢复中国话语，一定要向儒道墨法诸家圣人的现实用语中去重新寻找！从玉石到青铜合金的演变，这不光是材料和技术的更新换代，也是玉石神话催生冶金神话观念的信仰变迁过程。之所以说是玉石神话催生冶金神话，这是一个前因后果明确的派生过程。过程的因果变化不能倒置。所有称得上贵金属的物质，其进入冶金加工前的状态和玉石一样，也是石头—矿石。充分认识不可冶炼铸造的老石头神话——玉崇拜，到可冶炼熔铸的新石头神话——金属崇拜，这当然也是一个环环相扣的认知递进过程。不过大多数从事青铜时代研究的专业人士，没有这样的学习经历。我们在文明探源研究的学术副产品"神话学文库"中专门翻译了冶金神话研究的国际权威性著作《熔炉与坩埚》，意在普及神话观念驱动冶金术的相关研究成果。

"辨章学术，考镜源流"是国学传统的精髓，分不清源流关系，就无法建立确切而翔实的历史意识。如果说青铜器不是源，甲骨文不是源，皆为派生的或次生的文化现象，那么真正具有原型意义和文化基因价值的，需要诉诸更早的玉器时代的文化积淀。玉文化从距今一万年前的东北地区开启，到距今4 000年前中原青铜礼器出现，为接引后来居上的冶金文化足足铺垫了6 000年时间，其意识形态的发酵作用相当可观。儒家圣人的切磋琢磨类话语、他山之石类话语，皆提供出语言人类学方面的极佳例证。更不用说彰显华夏最高理想的成语"白璧无瑕"之类了。"万年中国"新视野的俯瞰全局效果，有助于在文明探源方面厘清源流关系。这不等于说，10 000年前就有国家和文明，而是要与时俱进地彰显如下事实所蕴含的新知识：对于一个农业文明古国而言，其最核心的物质（小米、大米生产都始于万年前）和精神要素（玉帛崇拜）都是在距今一万年前就已经萌生的。万年文化共同体的知识创新意义，体现在将古今人戏称的"上五千年"知识，作为认清"下五千年"所以然的前提。

四、中国话语：本土文化理论体系

培育文明探源的交叉学科视野，给中国学术发展带来广阔空间。从国际学术视野看，我国文科的主要短板，是没有一整套能充分体现中国道路特点的本土文化理论体系。这应是百年大计的目标，需从路在脚下的当下出发，脚踏实地，步步推进。从1993年尝试国学方法更新换代的三重证据以来，文学人类学界尝试建构中国本土文化理论系统的努力正方兴未艾：从四重证据法论、神话中国论和神话历史论，到玉成中国论和文化大传统论，再到文化文本及其多级编码论等。一种能够引领交叉学科探索，兼顾宏观和微观的本土文化理论系统正在形成。相关成果有：文明起源的神话学研究丛书（社会科学文献出版社）、神话历史丛书（南方日报出版社等）、神话学文库（陕西师范大学出版社）、玉帛之路文化考察丛书（甘肃人民出版社等）、中华元典的人类学解读丛书（湖北人民出版社）、中国文学人类学理论与方法研究丛书（复旦大学出版社）等，共130余种著作构成一个学术理论展示集群。2021年，有显示中国话语、中国理论的学术专刊《文化文本》第一辑（商务印书馆）问世，其第二辑（大传统与大历史专号）和第三辑（三星堆专号）即将面世。

　　文化文本的建构以其史前时代的原编码为核心，必然受到神话想象支配。包括作为象形字的汉字产生，后世的文献书写，均要受制于先于文字的原编码（又称：文化的一级编码）。如何探究原编码时代的神话幻象？为文明探源而特别选出的一部译著是《萨满之声：梦幻叙事概览》，该书援引五大洲36位萨满医师的自述，解答上天入地想象和人—兽变形想象如何发生的学术难题。幻象，是早期人类仪礼行为的产物，萨满的治病与禳灾功能，也是通过社会仪礼活动而兑现。国际公认的萨满现象源于旧石器时代的狩猎社会，这就为文明探源研究提供出珍贵的精神遗产活化石。作为第三重证据，能够有效发挥对文物和文献的双重激活作用。至于神话宇宙观如何支配文化编码的问题，文章最后以三星堆新出土文物为例略加说明。

　　2022年6月三星堆3号坑发掘出一件特殊青铜器，因为其罕见造型，专业人士暂名为"奇奇怪怪青铜器"。若从神话学视野看，或许并不奇怪，可称：四柱撑天形神坛。古人是生活在自己的虔诚信仰的笼罩之下的，最关注的事就是祭神拜祖。三星堆的8个祭祀坑有力证明：在古代中国，不存在像希腊文明那样的哲学形而上思考方式和抽象理论，而是完全沉浸在自己幻想建构的神话宇宙中。以文物造型的图像叙事为切入点，试论6点：1. 神坛基本结构为上圆与下方的对应形式，体现天和地及海陆空的三分空间。2. 底部托举巨人，对应神话宇宙观中的海神（北方之神）禺强。3. 四大圆柱象征表现支撑在天地间的四极。4. 环绕四柱的有领璧形式，迄今首次昭示有领璧的使用场合，示范意义非凡。结合后世以玉璧代表天门的象征传统，对照1986年出土青铜神树上的类似璧形设计，可知此神坛四极天柱与天门的组合方式别出心裁：划出天界与地界的分野。5. 有领璧上的神兽，从升天动力方面考量，不属于凡俗下界的动物。对称的大角鹿（牛）和倒立的螭，表现升天神兽的天马行空特异禀赋。螭的虎首加走龙身形，兼具龙虎特征。与鹿（牛）组成三联升天意象，对应后世道教信仰的龙虎鹿三蹻。6. 方形大地四边的十二圆形符号，隐喻舆地神话观中的车轮形。其下牛首冠神人，对应《周易》坤卦的大地为子母牛联想。

　　三星堆虽有些不同于中原文明的器物表现，但仅凭玉帛二者的共在，就足以反驳一切外来说的观点。除了中国，世界上没有哪个文明像华夏这样信奉君子如玉的人格理想，也没有哪个文明像华夏先民那样养蚕缫丝。文明发生的独特道路，必然催生本土独有的话语，而今也将催生出中国自己的文化理论体系。

古代祭祀系统的神话动物与祖先神演变

柴克东

（上海交通大学神话学研究院研究员）

在古代中国，祭祀的主要目的是借助各种礼仪形式完成神圣与世俗之间的交感，从而维持和更新祖先神灵与子孙后代之间的亲属关系。祖先神被认为依然保持着他们在世时的身份、地位和形象，墓葬制度也尽可能模仿生人世界。这种思想拉近了祖先与子孙之间的神圣共同体关系，因此被《荀子·礼论》篇恰当地概括为"事死如生，事亡如存"。但这一祖先崇拜观念的形成并非一蹴而就，而是经历了漫长的历史演变过程。自新石器时代至商周时期的物质遗存显示，先民为神灵世界赋予了浓厚的"神秘"情感。这些情感所诱发的想象、好奇与兴趣促使先民对神灵世界进行加工改造，一切狞厉、威严、可怖、崇高、凶残等神秘因素都被融入古器物的造型及纹饰中，从而将现实世界与神灵世界真正区别开来。在神灵世界中，动物与祖先神呈现出"完全相异者"[1]形象，由此引起人们心灵上的敬畏。

---

[1] "完全相异者"是德国哲学家奥托提出的一个概念，指宗教体验中超出人们认知能力之外的"神秘"对象，奥托指出，"这个'相异者'的种类与特性与我们的绝不相通，因此我们在面对这个'相异者'时唯有退缩到呆若木鸡的惊诧之中。"［德］鲁道夫·奥托：《论"神圣"》，成穷、周邦宪译，四川人民出版社，1995年，第33页。

一、神圣与世俗的使者：神话动物

  从考古学和美术史的角度来看，中国境内最早出现的相异者形象往往以人和动物的组合形式出现。2007年，河北易县北福地遗址出土的"蛙首人身"塑像，距今约7 000年，由这尊塑像可窥见新石器时代先民的神话观。那时的人类还没有建立起纯粹世俗的世界观，他们看待周围的宇宙万物都充斥着神与精灵的形象。换言之，初民的精神观念之中根本不存在一个不要神灵看顾的客观世界。由这尊塑像可直观地进入先民的视觉意象世界，从而洞悉其丰富多彩而又天马行空的神话世界观。这种现象在世界其他地区的原始文化中极为普遍，以至于爱德华·泰勒将其作为"万物有灵论"的一个重要依据。根据泰勒的解释，人和动物的结合之所以成为原始文化中非常重要的一个符号，是"因为蒙昧人没有在人和动物的灵魂中间划出特定的界限，至少可以承认他们能够让人的灵魂毫不困难地转移到低等动物的躯体中去"[①]。需要补充的是，在原始人的观念中，人和动物之间发生灵魂转移的前提，往往还包含有对动物之某种特性的体认。例如，河南濮阳西水坡遗址的蚌壳龙、虎摆塑，就寓有希望墓主人在死后世界能够借助龙、虎的超凡能力而上达天庭的美好愿景。[②]

  自公元前4 000年至前2 000年初期，器物造型及纹饰的一个渐进却根本的趋势是，许多考古文化出现了共享某些相同动物题材的现象。红山文化、龙山文化、凌家滩文化、良渚文化及石家河文化等东部地区的玉器和陶器偏爱表现龟、龙、蚕、猪、鸱鸮、鸟等动物形象；马家窑文化、齐家文化、陶寺文化等中西部地区的陶器则偏爱表现龙、蛇、鱼、鹿等动物主题。这些

---

① [英]爱德华·泰勒：《原始文化》，连树声等译，上海文化出版社，1992年，第488页。
② 张光直认为濮阳发现的蚌塑动物是蹻（即巫师的助手），而墓主人则是原始的巫师。张光直：《濮阳三蹻于中国古代美术上的人首母题》，《中国青铜时代》，生活·读书·新知三联书店，2013年，第335页。冯时则认为龙、虎摆塑象征的是苍龙、白虎和北斗星。冯时：《河南濮阳西水坡45号墓的天文学研究》，《文物》，1990年第3期，第52—60页。李学勤也曾将龙虎拜塑与四象进行联系。李学勤：《西水坡"龙虎墓"与四象的起源》，《中国社会科学院研究生院学报》，1988年第5期，第75—78页。

动物皆因其生物特性而被古人赋予了浓厚的神话色彩,被视为沟通神俗之间的使者。例如,龟就被想象为具有非凡的神力。凌家滩遗址出土的玉龟,磨磋光洁,形象酷肖,俞伟超先生认为其功用与早期龟卜有关。① 这一说法的合理性首先体现在龟独一无二的生物学特性上,李时珍《本草纲目》释龟云:

> 甲虫三百六十,而神龟为之长。龟形象离,其神在坎。上隆而文以法天,下平而理以法地。背阴向阳,蛇头龙颈。外骨内肉,肠属于受。能运任脉。广肩大腰,卵生思抱,其息以耳。雌雄交尾,亦与蛇匹……龟以春夏出蛰脱甲,秋冬藏穴导引,故灵而多寿。②

法国汉学家汪德迈指出,李时珍的解释所依据的理论基础与史前时期的龟甲占卜相当一致:龟拱起的背像天,平整的腹甲似地,符合古人对"天圆地方"宇宙观的认识;通过将宇宙中发生的事情与经过特别工序在龟甲上刻画的卜纹之间进行类比,由此在古代社会形成一种古老的龟灵信仰。③

与龟并列而为四灵之一的神话动物龙,从红山文化开始就成为古器物造型及纹饰中常见的主题。被誉为"中华第一龙"的三星塔拉玉龙,用墨绿色软玉精工雕成,龙体作C字形,昂首扬颈,弯背卷尾,无肢无爪,长鬣飘举,势若凌空,可见龙的形象在诞生之初即具有飞升的神话特性。值得一提的是,在古人的神话世界观中,龙是借助神树而飞腾于天地之间的。甲骨文"龍"(《合》727)字的顶部有形似树干的造型,文献称其为"尺木"。《论衡》卷六《龙虚篇》曰:"短书言:'龙无尺木,无以升天。'又曰'升天',又曰'尺木',谓龙从木中升天也。"④ 这里所谓的"木中",就是伊利亚德所

---

① 俞伟超:《含山凌家滩玉器和考古学中研究精神领域的问题》,《文物研究》,1989年第5期,第57—63页。
② (明)李时珍:《本草纲目》,《文渊阁四库全书》第722册,商务印书馆,2008年,第3491页。
③ [法]汪德迈:《占卜与表意:中国思想的两种理性》,金丝燕译,北京大学出版社,2017年,第15页。
④ 黄晖:《论衡校释》,程树德等编:《新编诸子集成》,中华书局,1990年,第289—290页。

说的宇宙树。①甲骨文"凤"字的上部与"龙"字构造相同，可见在古人想象中，凤也是借助宇宙树而负有沟通神俗之间的义务。

除龟、龙、凤等神话动物外，古器物上的其他动物也因各自的生物特性被赋予了神话色彩。例如，鸱鸮因常常在夜间活动，因此被想象成沟通生者世界与死者世界的使者。蛇的季节性蜕皮，以及牛、羊、鹿、犀牛的换角被认为具有重生或复活的神力。蚕由蚕蛹、蚕茧最后向蚕蛾的转变过程则被认为是超自然生命力的体现。②

当历史进入公元前二千纪后，由以上动物纹饰所代表的主要文化在二里头形成了碰撞与融合，由此催生出一种被后人称为"饕餮"的动物纹饰。③这些饕餮以其威严、可怖的形象与二里头文化中的宗教观念、政治礼制等融为一体，成为早期王权社会统治者威严、力量和意志的象征。由于这些最高统治者又往往是巫、史，他们垄断了沟通神灵世界的权力，于是神话动物——饕餮——就理所当然地被认为是佑助巫、史进入神灵世界的坐骑。张光直先生解释这种现象说："在商周之早期，神话中的动物的功能，发挥在人的世界与祖先及神的世界之沟通上……在古代中国，作为与死去的祖先之沟通的占卜术，是靠动物骨骼的助力而施行的。礼乐铜器在当时显然用于祖先崇拜的仪式，而且与死后去参加祖先的行列的人一起埋葬。因此，这些铜器

---

① 伊利亚德指出，树作为沟通天地之"中轴"的观念在世界各地的古老文化中非常流行，"中心是最显赫的圣域、绝对实在之地。同样地，其他绝对实在的象征（生命与不死之树、青春之泉等）也都位于中心地"。[罗马尼亚]米尔恰·伊利亚德：《宇宙与历史——永恒回归的神话》，杨儒宾译，联经出版事业公司，2000年，第13—14页。无独有偶，中国的神话也存在类似于宇宙树之类的神树。《述异记》卷下云："东南有桃都山，上有大树，名曰桃都，枝相去三千里，上有天鸡，日初出照此木，天鸡即鸣，天下鸡皆随之鸣。"（梁）任昉《述异记》，《文渊阁四库全书》第1047册，商务印书馆，2008年，第633页。又《山海经·海内南经》云："有木，其状如牛，引之有皮，若缨、黄蛇。其叶如罗，其实如栾，其木若蓲，其名曰建木。在窫窳西弱水上。"郭璞注曰："建木青叶，紫茎，黑华，黄实，其下声无响，立无影也。"袁珂：《山海经校注》，北京联合出版公司，2014年，第246—247页。又《淮南子·坠形篇》云："建木在都广，众帝所自上下，日中无影，呼而无响，盖天地之中也。"何宁：《淮南子集释》，程树德等编：《新编诸子集成》，中华书局，1990年，第328—329页。据此可知，桃都、建木即中国神话宇宙观中的"中轴"，具有沟通天地的功能。
② 叶舒宪：《玉石神话信仰与华夏精神》，复旦大学出版社，2019年，第59页。
③ 林巳奈夫曾对"饕餮"纹进行过细分，分辨出包括水牛、盘羊、羚羊、金雕、赤鹿、犀牛、百步蛇、龙、虎、鹿等在内的具体动物。[日]林巳奈夫：《神与兽的纹样学：中国古代诸神》，常耀华等译，生活·读书·新知三联书店，2016年，第7—51页。

上铸刻着作为人的世界与祖先及神的世界之沟通媒介的神话性动物花纹,毋宁说是不难理解的现象。"①从比较神话学视野来看,张先生所说的这种人与动物之间的关系在世界其他文化中也是较为普遍的。伊利亚德通过对萨满教中出神现象的研究指出,自远古时代以来,所有动物都被想象为具有伴随灵魂出界或是变为死者形象的神力,"不管动物是'祖先'还是'加入式主导',它都象征着与世俗之外真实且直接的联系。在世界各地很多的神话和传奇里,英雄都被一只动物带到世俗之外。是动物将新萨满驮在后背上,带他进入灌木丛(地下世界),或将他叼在嘴里,或'吞噬'他,将他杀掉并让他重生"②。伊利亚德有关动物"吞噬"萨满的观点使我们联想到商代青铜器艺术中一个非常独特的主题,即所谓的"虎食人""龙噬人"图像。由于青铜器在殷商时期主要被用于祭祀场合,所以此类纹饰就寄托着子孙后代希望祖先之灵在动物神佑助下顺利到达神灵世界的愿望;③抑或如爱德华·泰勒有关人与动物"灵魂交融"观念所揭示的那样,通过被动物吞噬,亡灵由此获得重生。

二、狞厉的祖先神

爱德华·泰勒在《原始文化》中总结动物崇拜的三种形式,其中之一是视动物为部族祖先神,④可见祖先崇拜与动物崇拜有着千丝万缕的联系。不同部落崇拜不同的动物,并以之为部落标志,这在民族学和人类学家那里早已形成一种约定俗成的术语——图腾。只消看看北美莫基印第安人不同氏族的图腾——熊、狼、鹿、兔、乌龟、獐等,就足以体会到动物在原始文化中所占有的神圣地位。弗雷泽在《金枝》中也一再提醒人们,我们在人和动物之

---

① 张光直:《商周神话与美术中所见人与动物关系之演变》,《中国青铜时代》,生活·读书·新知三联书店,2013年,第432—435页。
② [罗马尼亚]米尔恰·伊利亚德:《萨满教:古老的入迷术》,段满福译,社会科学文献出版社,2018年,第93页。
③ [英]艾兰:《龟之谜》,汪涛译,商务印书馆,2010年,第181页。
④ [英]爱德华·泰勒:《原始文化》,连树声等译,上海文化出版社,1992年,第678页。

间所划分出的严格界线，对于原始人来说是根本不存在的，在他们看来，许多动物跟人类是同等的，甚至要比人类更为崇高。①

有证据表明，中国人的祖先崇拜可能也脱胎于动物崇拜，这一迹象首先可通过大传统时代的物质文化遗存得以证明。仰韶文化彩陶上的"鱼"纹十分发达，暗示仰韶先民存在过鱼神崇拜信仰。②陶寺文化彩陶盘上的"蛇纹"气象恢宏，研究者认为蛇既是部落祖先神，又是至高王权的象征。③石家河肖家屋脊出土过一组人兽合一的玉雕牌饰，被学者称之为"神祖面纹"。邓淑苹认为这些纹饰在经夏晚期的演变后成为商周时期流行的柄形器，安阳后岗出土的柄形器上有用红颜色书写的"祖庚""祖甲"等祖先名号，证明柄形器确实用作祭祀时依附神灵的神主。④值得注意的是，这类神祖面纹也常见于山东龙山文化和陶寺文化，其共同特征是突出神祖的"介"字形冠饰、头两侧横出的羽毛装饰及神祖长长的獠牙，纹饰整体呈现出一种狞厉、恐怖的风格。⑤

神祖面纹的出现，在一定程度上代表着古人对于祖先神形象认识的一次转变。随着新石器时代晚期社会等级制度的进一步分化，部落或氏族所崇拜的对象开始由过去那种带有集体表象性质的动物神崇拜向更具个人意志的祖先崇拜转变。祖先神被塑造成狞厉、可怖的形象，一方面包含着人们对亡灵的恐惧，另一方面也表现出一种将统治者的意志与礼仪的威仪结合在一起的意图。氏族首领从族群中脱颖而出的同时，也拥有了在其亡故之后成为氏族祖先神的机会。饶宗颐先生曾指出，各地出土的神祖面纹，可能各有其无法稽考的神名，⑥这提示我们《山海经》中拥有各种名称的神人形象，可能表现

---

① [英]J. G. 弗雷泽：《金枝》，汪培基等译，商务印书馆，2016年，第830页。
② 柴克东：《仰韶"彩陶鱼纹"的神话内涵新解——兼论中国古代的女神崇拜》，《文化遗产》，2019年第5期，第120—127页。
③ 苏秉琦：《中国文明起源新探》，生活·读书·新知三联书店，1999年，第123页。
④ 邓淑苹：《古玉新诠：史前玉器小品文集》，台北故宫博物院，2012年，第212页。
⑤ 邓淑苹：《再论神祖面纹》，邓聪编：《东亚玉器》，香港中文大学中国考古艺术研究中心，1998年，第45—60页。
⑥ 饶宗颐：《中国"玉"文化研究的二三问题》，邓聪编：《东亚玉器》，香港中文大学中国考古艺术研究中心，1998年，第16页。

的正是这些神祖。

在进入文字小传统以后,有关氏族首领为动物神的信仰被保留了下来,《尚书》对此所记尤多,如《尧典》云,"帝曰:'畴若予上下草木鸟兽?'佥曰:'益哉!'帝曰:'俞,咨益,汝作朕虞!'益拜稽首,让于朱、虎、熊、罴。"此处所谓朱、虎、熊、罴,无疑为四个部落之首领。又《殷本纪》所载上甲以前的祖名有契、昭明、相土、昌若、曹圉、冥、振、微,这些祖名也同样见于卜辞,我们试做分析如下。

董作宾、李旦丘两位先生从字音拟定卜辞中的"兕"即殷始祖契,岛邦男持论相同。①按《说文》曰:"兕,如野牛,青色,其皮坚厚,可制铠。象形,兕头与禽、离头同。"段《注》曰:"野牛,即今水牛。"②兕即为水牛,又为商人始祖,可见商人视水牛为图腾动物。商代青铜器常见的水牛纹饰,可证水牛在商代确具有非同一般的神圣性。

卜辞又屡见向夒行祈祷之事,如《合》10085"贞:祷年于夒,九牛",《合》10067"甲子卜,争贞:祷年于夒,燎六牛",《合》14372"……燎于夒……牢,十月",可见夒亦为商人所信奉之神灵。王国维《古史新证》释此字曰:"案夒、夋二形,象人首手足之形,《说文·夊部》:'夒,贪兽也。一曰母猴,似人,从页、已、夊,止,其手足。'……夒、夋、柔三字古音同部,故互相通假。此称高祖夒,按卜辞惟王亥称高祖王亥,大乙称高祖乙,则夒必为殷先祖之最显赫者。以声类求之,盖即帝喾也。"③王氏说法得到诸家认可,几成定论。《殷本纪》追溯殷人始祖殷契为帝喾之子,此"喾"或即卜辞中的"夒"。夒一见而可知为动物之象形,王国维谓为"母猴",罗振玉谓"长耳而厥尾,象兔形",商承祚谓"此象兽形,长爪有耳、尾",吴其昌谓"鸟兽锐喙之形"④,诸家之说难分伯仲,但可以肯定的是,在殷人观念中,高祖帝喾的形象确是某种神话动物。

---

① [日]岛邦男:《殷墟卜辞研究》,濮茅左、顾伟良译,上海古籍出版社,2006年,第439页。
② 段玉裁:《说文解字注》,清同治壬申(1815)湖北崇文书局刻本,第1832—1833页。
③ 王国维:《古史新证》,清华大学出版社,1994年,第7页。
④ 《古文字诂林》编纂委员会:《古文字诂林》,上海教育出版社,1999年,第3791—3792页。

殷先公振，在卜辞中作"王亥"。王亥在殷人的祭祀系统中远较其他先公隆盛，且卜辞称高祖者仅见于王亥。值得注意的是，王亥之"亥"有时被写作"♦"（《合》32088）、"♦"（《合》34295）"♦"，说明王亥与鸟有着极为密切的关系。♦字头顶羽饰容易使人联想到殷人所崇拜的鸱鸮的羽角。《山海经·大荒东经》曰"有人曰王亥，两手操鸟，方食其头"，这一神话传说也保存了王亥与鸟的关系。又《诗经·商颂·玄鸟》曰"天命玄鸟，降而生商"，再联系商代青铜器纹饰及造型中常见的鸱鸮造型，那么王亥有可能即玄鸟，亦即鸱鸮，为殷人可追溯的第一位始祖，其鸱鸮的形象表现了殷人的鸱鸮崇拜。

《殷本纪》所记王亥以前的先公，似与殷人并无直系血缘关系，而更像是与殷人部族有着同盟关系的氏族首领。这些首领进入殷人祭祀系统的原因，也许与他们帮助殷人推翻夏的统治有关。[1]从上文分析的几位先公神祖形象来看，商代社会中已经呈现出自然崇拜与祖先崇拜合流的趋势，王亥的"亥"写作从"鸟"从"亥"就是明显的证据。此后殷先王皆以天干命名，说明在殷人的心目中，先王的形象已经褪去其可怖、狞厉的面貌，而恢复其人的形象。与此同时，殷人在祭祀祖先神时的情感态度也发生了转变。前期卜辞显示殷人更多地将祖先视为疾病、灾害的来源，因此祭祀的主要目的是平息神的愤怒；从第三期卜辞才确立了祖先神能够给予子孙佑助、保护的想法，祭祀的主要目的也转向向祖先寻求福佑。[2]这一思想延续至西周时期，在经过"礼"的约束与规范后，最终形成影响封建社会长达3 000年的敬祖思想。

三、由"惧"到"敬"：西周祖先崇拜观念的转变

敬祖思想的产生，是周人祭祀理性化的一种表现。徐复观《中国人性史

---

[1] 伊藤道治指出，某些被殷人所崇拜的自然神，可能也是与殷人有联盟关系的部落首领。随着这些部族进入殷的支配之下，部落首领或部族的最高神也自然地出现在殷人的祭祀系统之中。[日]伊藤道治：《中国古代王朝的形成——以出土资料为主的殷周史研究》，江蓝生译，中华书局，1989年，第49页。
[2] [日]伊藤道治：《中国古代王朝的形成——以出土资料为主的殷周史研究》，江蓝生译，中华书局，1989年，第30页。

论》谓:"周初所强调的敬的观念,与宗教的虔诚,近似而实不同。宗教的虔敬,是人把自己的主体性消解掉,将自己投掷于神的面前而彻底皈依于神的心理状态。周初所强调的敬,是人的精神,由散漫而集中,并消解自己的官能欲望于自己所负的责任之前,凸显出自己主体的积极性与理性作用。"[1]由此可知,从西周开始,中国人的祖先崇拜观念因为"敬"的情感因素的渗透,开始形成了以自我主体与祖先客体合二为一的特征,即"敬"所要求的不是像基督教那样将自我主体完全消解在上帝的权威之中,而是要求主体继承并传递来自祖先那里的天命和道德。因此,周人的祖先崇拜观念较之殷人最为显著的改革,就是在敬祖的过程中认识到自我之存在、之精神、之价值。总之,是对天命和道德的类似于哲学的生命体验。将自我之"德"与天命、道德关联起来,从而在祭祀行为中寻求心理上与祖先神灵的契合,这就是敬祖思想的核心内容。

由于"敬"的思想拉近了神人之间的距离,因此西周时期的祖先神形象不再像殷商时期那样不近人情,神灵一变其原始、粗犷、狞厉的形象而成为威严、庄重、崇高、神圣的代名词。金文中对祖先称谓的变化证明这一观念大约形成于西周初期。商晚期长篇铜器铭文如秝簋(《集成》4144)、宰椃角(《集成》9105)、作册般甗(《集成》944)在提到父祖称谓时均以日干名称之,且父祖称谓前无任何修饰语;自西周天亡簋(《集成》4261)后,父祖称谓前逐渐增加了用于彰显祖先神圣性的修饰语,比较常见的有"不(丕)显""不(丕)秝""文""皇"等字。今以"皇"字为例,对殷周之际祖先神灵形象之演变稍加分析。

"皇"之古义甚多,有训为大、为美、为宏、为盛者。郭沫若在释读五年师史簋(《集成》4216)时,释"皇"之本义为某种装饰,谓"皇字的本义原为插有五采羽的王冠,其特征在有五彩羽,故五采羽即谓之皇。后由实物的羽毛变为画文,亦相沿而谓之皇"[2]。按郭氏之说实为卓识。我国东部地

---

[1] 徐复观:《中国人性史论》,华东师范大学出版社,2005年,第14页。
[2] 郭沫若:《长安县张家坡铜器群铭文汇释》,《考古学报》,1962年第1期,第6—7页。

区自古以来就盛行着鸟崇拜习俗,所以东夷之人又被称为"鸟夷"。良渚文化最鲜明的标识就是带有鸟羽王冠的神人兽面纹饰,正好印证了郭氏对皇之本义的阐释。随着东部文化西进而融入中原文化,"皇"又逐渐引申出辉煌、壮美、伟大、尊严等义,西周金文中常见"皇祖""皇天""皇考"之"皇"[1],均可作如是解。

从西周穆王时期开始,铜器纹饰发生了显著变化。龟、蛇、虎、牛、蛙、蝉、鱼等动物纹饰几乎消失,盛行几百年的饕餮纹也不再作为主题花纹,而是退居到器物的次要部位。此时最为流行的纹饰是一种被称为"窃曲纹"的装饰性图案,西周中期如大克鼎、元年师史簋、散伯车父簋等均采用此种纹饰。对于铜器纹饰的这种变化,过去的研究者多从美术史的角度出发,认为这是由铜器纹饰自身的演变规律所导致。但如果从青铜器在西周祭祀系统中的重要性来看,纹饰的变化其实反映了周人对神灵世界的认识开始趋于理性化,即人们认为神灵世界不再如过去那般光怪陆离,而是与现实世界基本一致。更为深层的情感原因,则是不希望神秘的动物纹饰阻隔了祖先神灵与子孙后代的关联。这说明,从西周中叶以后,祖先崇拜观念又进一步发生了变化:作为跨越生死阻隔的家族共同体的一员,祖先在共同体之中继续扮演家庭成员的角色,并在氏族中仍然保持着原有的重要地位。

铜器铭文在此时的变化同样值得关注。在大量长篇铭文中,祖先称谓的修饰语较之西周初叶更为华丽而繁复,这方面最具代表性的例子是史墙盘(《集成》10175)铭文:

曰古文王……䎝圉武王……宪圣成王……睿哲康王……祇覬穆王……𩁹宁天子。……青幽高祖……𤔲惠乙祖……亚祖祖辛,䛊毓子孙,繁祓多釐,齐角熾光,义其䄆祀。舒遟文考乙公……孝友史墙,夙夜不彖,其日蔑曆。

---

[1] 曾宪通:《释"凤""皇"及其相关诸字》,《古文字与出土文献丛考》,中山大学出版社,2005年,第16—23页。

这篇可能被用于禘礼时的祭祀祷文使用了凝练而典雅的词语来形容先王、先祖的功业，并且将这些已故之人与依然在世的时王和作器者并列在一起，充分说明西周中叶以后神、人之间距离被进一步拉近。通过追溯祖先的伟大功绩，作器者想要向人们传递的，是其辉煌而悠久的家族神圣历史。

四、小　结

综上所述，从新石器时代晚期到西周中后期，随着社会复杂化程度的不断加剧和等级制度的逐步确立，古人对神灵世界的想象也经历了三个明显的变化过程：新石器时代的自然崇拜现象深刻影响了人们的神话观，神灵世界充斥着各种匪夷所思的动物神；进入殷商时期以后，自然崇拜与祖先崇拜观念发生合流，人与动物的组合形象大量涌现；周人在继承殷人的祭祀传统之后，又对其进行了改革，使得神灵世界与世俗世界的距离更加紧密，神灵由原始、粗犷、狰狞、可怖的形象而恢复到辉煌、威严、庄重、壮美的形象。与此同时，影响中国3 000年之久的祖先崇拜观念也在西周中期以后趋于定型，即祖先被视为这样一种存在：继续与他们活着的后代保持有机的联系，并成为礼仪社会顺利运行的保障。

"制器尚象"的文化大传统阐释

昃 昊

（上海交通大学神话学研究院博士生）

一、传世文献的阐释缺漏

"制器尚象"的文化观念出自《周易·系辞》："《易》有圣人之道四焉：以言者尚其辞，以动者尚其变，以制器者尚其象，以卜筮者尚其占。是以君子将有为也，将有行也，问焉而以言，其受命也如响。"[①]并举《离》到《夬》十二卦为例。

各家关于"制器尚象"的文本解读主要分为两种。先儒们大多认为，"制器尚象"即"依卦造器""观象制器"，是指古人根据《周易》卦象制造器物。如孔颖达《周易正义》云："以制器者尚其象者，谓造制刑器，法其爻卦之象。若造弧矢，法《睽》之象；若造杵臼，法《小过》之象也。"[②]杨万里《诚斋易传》云："《易》之既作，圣人复取诸《易》以制器。"[③]吴澄《易纂言》云："制器谓创物，以利用象谓所拟物形之肖似。"[④]来知德《周易集注》云："制器者，结绳罔罟之类是也。尚象者，罔罟有《离》之象是也……盖取诸《离》，言绳为罔罟，有《离》之象，非睹《离》而始有此也。"[⑤]王夫

---

① （魏）王弼注，（唐）孔颖达疏：《周易正义》，北京大学出版社，2000年，第333页。
② 同上。
③ （宋）杨万里：《诚斋易传》，九州出版社，2019年，第254页。
④ （宋）吴澄：《易纂言·卷八·系辞下传》，《摛藻堂四库全书·经部·易类》第四册，第114页。
⑤ （明）来知德：《周易集注》（上），中华书局，1985年，第7页。

之《船山全书》云:"制器尚象非徒上古之圣作为然,凡天下后世所制之器亦皆暗合阴阳刚柔虚实错综之象,其不合于象者,虽一时之俗尚,必不利于用而速敝,人特未之察尔。"[1]他们都强调,器具的生成必须合乎卦象。

《系辞》中指明了卦象的来源,其云:"圣人设卦观象。"正义曰:"谓圣人设画其卦之时,莫不瞻观物象,法其物象,然后设之。"[2]现代学者由此认为,"观象制器"的"象"并非卦象,而是所瞻观到的自然物象,如高亨云:"所谓'盖取诸某卦'指创造某种事物取象于某一卦形(这是唯心的反历史的看法)"[3];顾颉刚云:"创造一件东西,固然是要观象,但这个象乃是自然界之象,而非八卦之象。""于此可见所谓'以制器者尚其象'本是莫须有的事"[4];蔡介民云:"所谓观象制器者,即将世界万物,分配于八卦之下,如《说卦传》所云者;再将二卦相重,合在一起,能于其卦象之中,悟出一件新器具来……其说极属穿凿,非观象制器,乃观器而言象也,倒因为果,可笑之甚"[5];胡适云:"瓦特见水壶盖冲动,乃想到蒸汽之力,此是观象制器。牛顿见苹果坠地,乃想到万有引力,同是有象而后有制作。"[6]正如《系辞》所云:"古者包羲氏之王天下也,仰则观象于天,俯则观法于地,观鸟兽之文,与地之宜,近取诸身,远取诸物,于是始作八卦,以通神明之德,以类万物之情。"[7]卦象之"象"是以物象之"象"为范式的。

但无论是哪一种观点,"制器尚象"的观念都被阐释为一种朴素的造物观,无论是卦象还是物象,在早期的文字表述中,"象"已经成为一个"抽象"概念,表达形状、样子的意思,即英语中的 appearance、shape、image 等意义,与象(elephant)作为动物的本义已有巨大差别。

在甲骨文中,象记作 ⿱ (前3.31.3)、⿱ (乙641);在金文中,象字依然

---

[1] (清)王夫之:《船山全书》第一册,岳麓书社,2011年,第552页。
[2] (魏)王弼注,(唐)孔颖达疏:《周易正义》,北京大学出版社,2000年,第306页。
[3] 高亨:《周易杂论》,齐鲁书社,第13页。
[4] 顾颉刚:《论周易卦爻辞中的故事》,《古史辨》第三册,上海书店,1931年,第42页。
[5] 蔡介民:《周易源流考》,《国民杂志》,1941年第81期。
[6] 胡适:《论观象制器的学说书》,《古史辨》第三册,上海书店,1931年,第61页。
[7] (魏)王弼注,(唐)孔颖达疏:《周易正义》,北京大学出版社,2000年,第351页。

保留着鲜明的生物形象特征,记作🐘(师汤父鼎,西周中期)、🐘(鄂君启车节,战国中期)。可见,"象"进入文字小传统时保留了动物本义。段玉裁注"象"云:"南越大兽。兽之最大者。而出南越。长鼻牙。有长鼻长牙。"① 他尝试建立"象"的抽象义与动物本义之间的联系,其云:"按古书多假象为像。人部曰:像者、似也,似者、像也,像从人象声。许书一曰指事,二曰象形,当作像形。全书凡言象某形者、其字皆当作像。而今本皆从省作象,则学者不能通矣。周易辞曰:象也者、像也。此谓古周易象字即像字之假借。韩非曰:人希见生象,而案其图以想其生,故诸人之所以意想者皆谓之象,似古有象无像。然像字未制以前,想像之义已起,故周易用象为想像之义。如用易为简易变易之义,皆于声得义,非于字形得义也。"② 段玉裁引用韩非的俚语,解说古人因为极少见到大象,便加以想象,因此产生抽象、想象等意思。但经过考古发现,从旧石器时代以来,直至距今3 000年左右的商周时期,大象在我国分布广泛。

表1 我国全新统地层所出象遗存概览③

出土(发表)时间	出土地点	遗存内容	鉴定者	鉴定结论	时代
清末(1978)	广东佛山西樵山	保存较好的象头骨1具并带2颗臼齿	王将克	亚洲象	全新世中、晚期
1934年	河南安阳殷墟	幼象骨架1具	不详	不详	商代
1935年	河南安阳殷墟	成年象骨架1具	不详	不详	商代
(1936年)	河南安阳殷墟	破碎的象臼齿1枚	德日进、杨钟健	印度象	商代
1958年(1959年)	福建惠安	象臼齿1枚	徐余瑄	印度象	历史时代早期

---

① (汉)许慎撰;(清)段玉裁注:《说文解字注》,上海古籍出版社,1981年,第475页。
② 同上。
③ 李冀:《先秦动物地理问题探索》,陕西师范大学博士学位论文,2013年。

（续表）

出土（发表）时间	出土地点	遗存内容	鉴定者	鉴定结论	时　代
1960—1961年（1978年）	上海马桥、崧泽新石器时代遗址	髋骨1件、趾骨若干	黄象洪、曹克清	亚洲象	新石器时代
1964—1965年（1977年）	福建闽侯昙石山	象尺骨残件1件	祁国琴	印度象	新石器时代
1971—1974年（1977年）	河南淅川下王岗	残破的象臼齿1枚	贾兰坡、张振标	亚洲象	仰韶文化一期
1973—1977年（1978年）	浙江余姚河姆渡遗址	象臼齿1枚	浙江省博物馆自然组	亚洲象	新石器时代
1973年（2003年）	广西桂林甑皮岩	象齿板1枚	袁靖、杨梦菲	亚洲象	新石器时代
1975年（1983年）	云南麻栗坡县小河洞新石器时代洞穴遗址	半个石化极浅的象臼齿	云南省博物馆文物工作队	东方剑齿象	公元前4100年前后
1972年（1980年）	河北阳原县花稍营公社大渡口村	象臼齿1枚	不详	不详	估计为全新世
1976年（1980年）	河北阳原丁家堡水库全新统地层	象臼齿与前臼齿化石各1枚	贾兰坡、卫奇	亚洲象	公元前3630年前后
1977—1978年（2006年）	广东佛山河宕	象腕骨、腿骨各1段	王将克、张镇洪	亚洲象	新石器时代
1978年（1979年）	浙江菱湖	象臼齿1枚	张明华	亚洲象	全新世
1978年（1982年）	河南安阳殷墟	幼象骨架1具	不详	不详	商代
1978—1984年（2006年）	甘肃秦安大地湾	象肱骨残件1件	祁国琴、林钟雨、安家瑗	亚洲象	仰韶文化早期
1983年（1991年）	广东广州西汉南越王墓	整枝象牙若干	王将克、黄杰玲、吕烈丹	疑似非洲象	西汉
1987—1991年（1992年）	浙江金华双龙洞	残破的象臼齿1枚	马安成、汤虎良	东方剑齿象	公元前7815年前后

丰富的考古出土实物证据，使"人希见生象"的论断不攻自破。那么，"象"是如何从动物的"大象"转化为具有人文意义的"象"的呢？王振复在《中国巫文化人类学》中对人文意义的"象"进行了详细的解读，其云："某人、某物或某境，以往曾经见过、接触过与了解过，可是现在已经不在眼前，却对它一直保持着一定的心灵记忆，可以被回想、被臆想，在此基础上有所想象、幻想和虚构，这便是人文之象及其文化内涵。人文之象，是一定的心灵印记、印迹、印象与氛围的一个综合。它是以人的视觉为主、辅以听觉及其他感觉在人心灵中所留下的印象、烙印甚而是氛围。"[1]象作为一种普遍文化现象，借助巫术、神话与图腾等形式，渗入早期的原始文化形态中，其间经历了从物象到意象、从具象到抽象的转变。这促使我们重新思考"制器尚象"及"观物取象"等概念的内涵。

因此，我们要从文化大传统的视野，对"象"进行文化观照，从而弥补传世文献阐释的缺漏。若仅仅将"制器尚象"的观念，视作早期实践活动的技术观念，那便大大忽视了其中内在的神话原理与文化逻辑。

二、文化文本的物证效应

学术界在论证"象"与"器"之间的文化关联时，普遍局限于文献本位的传统研究窠臼，文学人类学倡导的"四重证据法"，尤其是以第四重证据为主的研究策略，即"物证优先"原则，为我们开启了新的探索方向。在上海博物馆特别举办的"汉淮传奇——噩国青铜器精粹展"上，噩国出土青铜器便以意象组合的形式，呈现了"制器尚象"的另一种阐释可能，显现出文化文本的强大物证效力。

噩侯方罍（图1）上装饰有许多神话动物，

图1 噩侯方罍，西周早期，安居羊子山4号墓出土[2]

---

[1] 王振复：《中国巫文化人类学》，山西教育出版社，2020年，第224页。
[2] 笔者摄于上海市博物馆。

图2　亚址方尊，安阳殷墟郭家庄M160墓出土①

除夔龙、凤鸟、蛇、饕餮等常见的商周纹饰形象外，最为鲜明的特色是大象的形象标志。青铜器上的大象鼻子上扬卷曲，象牙突出，象目圆睁。安阳殷墟郭家庄M160墓出土的亚址方尊（图2），在方尊肩部四角有四个圆钉头，其上套有象头，象圆眼，长鼻上卷，长鼻之下有一锥形牙。这种在"器"上突出标识"象"的文化文本，是"制器尚象"的无文字的视觉呈现。

《左传·成公二年》云："信以受器，器以藏礼。"②青铜器承担礼器功能，是沟通人与神的媒介。在神圣的青铜器上雕刻大象，这表明"制器尚象"并不只是一种造器的观念，背后蕴藏着被遮蔽的"神象"文化传统。

大象作为最大的动物，是人们最早的艺术客体之一，具有文化普遍性。全球范围内都有早期人们对大象的观察和摹写。如在史前非洲大陆岩画中，有关于大象的刻画印迹（图3）。在我国新疆阿勒泰岩画、甘肃祁连山岩刻、青海都兰岩画及云南沧源岩画中都发现有大象的形象。③再如公元前3000年左右，印度人民发明表意的图符文字，即哈拉巴文字，主要雕刻在石头印章上，大象

图3　《公牛与大象》费赞岩画④

---

① 安阳殷墟博物馆官网。
② （周）左丘明传，（晋）杜预注，（唐）孔颖达正义：《春秋左传正义》，北京大学出版社，2000年。
③ 陈兆复：《古代岩画》，文物出版社，2002年，第211—213页。
④ 中国大百科全书总编辑委员会《力学》编辑委员会：《中国大百科全书》（美术卷），中国大百科全书出版社，1991年，第223页。

形象是这种雕刻的常见表意符号。①这些用线条或雕刻大象形象，都是远古先民表达生殖力和生命力的意象形式。

除早期艺术创作之外，"象形"器物的神话信仰意义及神话仪式功能，同样具有悠久的文化大传统。在安加拉河沿岸地区北部乌斯季-科瓦遗址的旧石器时代文化层，出土了两件用猛犸象牙雕刻而成的小雕像（图4），其中一件呈现猛犸象的形状，涂有红色和黑色的人造颜料。②据悉，这种红色颜料成分是用特殊技术制作而成，与文化层中发现的其他器物、装饰品上涂绘的红色颜料有明显区别。③这表明这件猛犸象雕刻可能在原始文化仪式中发挥神圣作用，"制器尚象"不仅是造器的实用观念，也具有神话的精神指引意义。

图4 猛犸象形雕像，乌斯季-科瓦遗址出土，距今2.3万—1.9万年④

---

① 李祥石：《岩画与文字》，宁夏人民出版社，2017年，第87页。
② Васильевский Р.С., Дроздов Н.И. Палеолитические скульптурные изображения из Восточной Сибири//Пластика и рисунки древних культур, 1983. C.59–65.
③ Волков П.В.и др.Усть-Ковинский мамонт:результаты микроскопического исследования//Вестник НГУ. Серия:История.филология, 2018.Т.17. № 7: Археология и этнография. C.63–64; Губар Ю.С., Лбова Л.В., Дроздов Н.И.Элементарный состав пигментов в коллекции Усть-Ковы (Северное Приангарье)//Знаки и образы в искусстве каменного века.Международная конференция.Тезисы докладов.М.: ИА РАН, 2019. C.42.
④ А.П.扎比亚科，王俊铮：《宗教的起源：西伯利亚可移动艺术中的动物崇拜》，《西伯利亚研究》，2021年第5期。

在古埃及艺术中,有许多轮廓为大象形状的石质眼影盘(图5)。古埃及人相信眼影具有特殊的太阳神的魔力,能够防止眼部疾病的传播,因此他们在眼影盘上,把方铅矿和孔雀石构成的颜料磨成粉末,当作黑眼影。

图5 古埃及,大象形状的眼影盘[1]

这些文化文本都是以"器"的形式突出"象"的观念。在无文字时代,"象"以器物和图像为符号载体,这些"象形"器物在神话思维的作用下,成为文化的原型编码。

回归本土文化语境,在我国,"象形"器物主要以青铜象尊为主。如湖南醴陵狮形山出土的象尊(图6),"象鼻与腹相通,可做流口,背上有椭圆形口,酒可以从此注入"[2]。又如宝鸡茹家庄西周墓地出土的铜象尊(图7),"象体肥健,长鼻高扬,鼻头外翻,圆目龇牙,短尾下垂,四足粗壮。象身中空"[3]。法国吉美亚洲艺术博物馆所藏象

图6 商铜象尊,湖南醴陵狮形山出土[4]

---

[1] 黄玉立:《古代埃及女性的装饰及其对现代女性的影响》,《山东纺织经济》,2010年第3期。
[2] 湖南省博物馆网站。
[3] 《中国青铜器全集》第4册,文物出版社,1996年,图版说明第一百七十一条。
[4] 国家文物局国家文物鉴定委员会编:《文物藏品定级标准图例:铜器卷》,文物出版社,2006年,第106页。

"制器尚象"的文化大传统阐释 | 291

图7 西周青铜象尊，宝鸡市青铜器博物馆藏①　　图8 象尊，法国吉美亚洲艺术博物馆藏②

尊（图8），出土时间及地点不明，"象鼻上翘中空，与腹相通，用作流。象背开口，失盖"③。

相比于古埃及、美索不达米亚文化对大象形状的描摹，我国古代先民更重视大象的身体，并以容器的形式凸显这种身体认知。埃利希·诺伊曼在《大母神-原型分析》一书中将女性的主要象征表现定义为"容器"，身体即容器，这是人类的普遍经验。"女人＝身体＝容器"，这种神话观念直接投射为"世界＝身体＝容器"，形成了"女人＝身体＝容器＝世界"这一母权阶段的基本公式。④大象为大，以象为器，便是"大器"。大象是陆地上"最大的身体"，古人由此开始构建神话宇宙观。古印度人相信，大地是一只巨龟的甲壳，巨龟安坐在一条巨蛇之上，甲壳上有四只大象驮负着半球形的大地；西伯利亚各民族有长毛象驮大地的神话传说。⑤可见，"制器尚象"是古人借用动物崇拜刻画容器，以此表达"身体-世界"的本体宇宙观。

值得一提的是，大象至今仍处于母系氏族时代，象群一般由母象领导，故此，大象意象也是女神文化的重要原型。美国弗利尔美术馆出土的子母

---

① 《中国青铜器全集》第6册，文物出版社，1996年，第166页。
② 《中国青铜器全集》第4册，文物出版社，1996年，第128页。
③ 《中国青铜器全集》第4册，文物出版社，1996年，图版说明第一百三十一条。
④ ［德］埃利希·诺伊曼：《大母神-原型分析》，东方出版社，1998年，第132页。
⑤ 乌丙安：《满族神话探索——天地层·地震鱼·世界树》，《满族研究》，1985年第1期。

铜象尊（图9），以小象为纽，生动地呈现了大象文化所蕴含的神圣生殖信仰，大象是作为大地母亲的神话意象存在的。

当然，"制器尚象"的观念也并非狭隘地指示"象"之形，先民们在"制器"时同样崇尚"象"之质，即象牙。在旧石器时代，原始先民就开始使用象牙制器，德国西南部Swabian Alb地区记录着旧石器时代晚期丰富的人类活动，包含奥瑞纳、格拉维特和马格德林时期大量的文化遗存，其中动物遗存以驯鹿、猛犸象和马的骨骼为主，主要是用来制作打猎或采集的工具（图10）。[②]

图9 子母铜象尊，美国弗利尔美术馆藏[①]

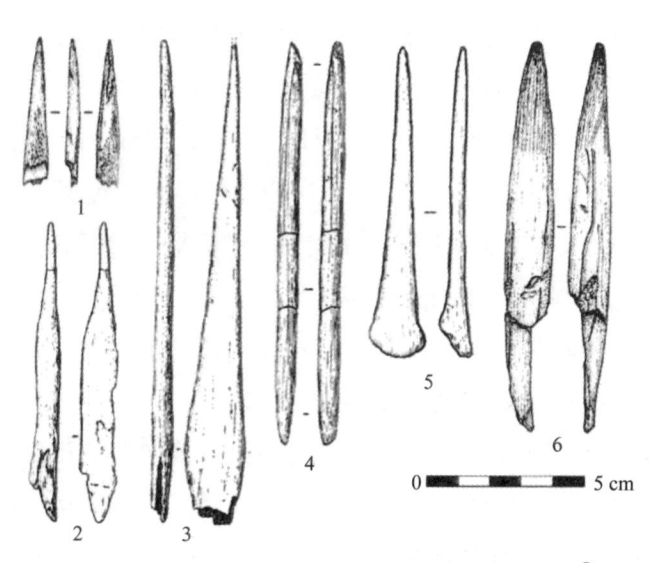

图10 德国西南部奥瑞纳文化时期的骨、角、象牙器[③]

---

① 《中国青铜器全集》第4册，文物出版社，1996年，第126页。
② 曲彤丽，Nicholas J CONARD：《德国旧石器时代晚期骨角器研究及启示》，《人类学学报》，2013年第2期。
③ 1. 角尖状器；2. 锥；3. 底端分叉尖状器；4. 尖状器；5. 锥；6. 象牙尖状器（1、4、6出自Hohle Fels，见Conard et al., 2004；2出自Bockstein-Toerle；3出自Bocksteinhöhle，见Hahn, 1977；5出自Vogelherd，见Hahn, 1977）。

使用和创造工具是人类与动物相区别的重要方面，先民们利用象牙制作技术工具，不仅是一种生产行为能力的体现，也展示了先民们在思维意识、生存方式、文化传统等方面的进化。制作工具必须按照一定的程序，也需要人们对目标成品有预先的思考设计，这是"制器尚象"的原始文化根源，是人类普遍存在的无意识心理。

先民们逐渐在实用功能之外，创造象牙制器的其他价值。如在丹尼索瓦洞穴发现的用猛犸象牙雕刻而成的狮子形象（图11）。它饰以刻纹，并在动物身体最脆弱的部位——腹部和肋骨涂有红色颜料。研究者将这种组合视为模仿另一种大型掠食者的爪子所造成的致命性出血伤口。[1] 这表明，先民们已经将象牙制品融入神话或原始宗教的背景，以生动的形象作为神灵"象征"，参与神圣仪式，进而完成思想和情感的表达。

图11　丹尼索瓦象牙雕狮形器[2]

这些非实用制品的出现，意味着人类已经初步具有象征思维。美国人类学家韦斯顿·拉·巴尔（Weston La Barre）认为，狩猎时代的先民将生物死后似乎永久留存不灭的骨骼角牙视为永恒物质，或承载生命之精（灵）的特殊物质，从而加以顶礼膜拜。[3] 象牙是大象之精，被赋予强大生命能量的幻想，因此被大量应用于祭祀物和装饰品。

我国同样拥有悠久的象牙崇拜传统。重庆奉节云雾乡境内的兴隆洞遗址，被测定为距今15万—12万年，出土了2枚有人工刻画痕迹的东方剑齿象

---

[1] Деревянко А.П., Шуньков М.В., Федорченко А.Ю. Палеолитическая скульптура из Денисовой пещеры// Проблемы археологии, этнографии и антропологии Сибири и сопредельных территорий, 2019.Т.25. С.107.

[2] 同上。

[3] La Barre, Weston. *Muelos: A Stone Age Superstition About Sexuality*, New York: Columbia University Press, 1984, pp.13-28.

门齿化石。象牙上的线条粗犷简略，成组出现（图12），发掘者认为，"这是目前所知最早的人类有意识的刻画作品"，"是迄今为止在世界范围内发现最早的带有原始艺术萌芽色彩的遗存"[1]。

图12 带刻画纹的剑齿象牙[2]

原始先民在象牙上的刻画符号逐渐发展为一种图腾形式，如河姆渡遗址出土的双鸟朝阳象牙蝶形器（图13），两只神鸟分别居于左右两侧，簇拥着中间的太阳，燃烧着熊熊火焰。象牙为大象之精，太阳为宇宙之精，因此在象牙这种神圣物质上，雕刻具有太阳崇拜的神圣符号，无疑是"生命之精"强强联合的意象叠加组合。

再如山东省泰安市大汶口遗址出土的镂雕旋纹象牙梳（图14），距今已有6 000多年的历史，三条平行线断断续续，形似八卦中的泰卦，延伸呈"8"字形，以回旋的形式表达生命的循环运转。

图13 双鸟朝阳象牙蝶形器，河姆渡遗址[3]

以象牙神物雕刻图腾，制成神圣器物，这种文化文本的生成形式在全球范围内具有文化共性。玛尔他-布勒特文化中出土了一件在猛犸象牙制成的牙板上雕刻着三条爬蛇形象的器物（图15），象牙上刻绘有三条蛇的形状，其背面饰以同心圆和螺旋形纹饰，同样是以意象组合的形式，表达原始的神

---

[1] 高星等：《三峡兴隆洞出土12万—15万年前的古人类化石和象牙刻划》，《科学通报》，第23期。
[2] 同上。
[3] 笔者摄于河姆渡遗址博物馆。

图14 镂雕旋纹象牙梳，山东泰安大汶口遗址出土，新石器时代[①]

图15 猛犸象牙制牙板，玛尔他文化蛇纹"带扣"[②]

话信仰。

从以上列举的出土象牙制品可以看出，我国先民对象牙雕刻的应用器型丰富多样。而20世纪80年代后，广汉三星堆遗址和成都金沙遗址不断发现大量的整根象牙，将一直藏在器物背后的象牙崇拜的神话传统，推至世人眼前，昭示着即使没有"器"的规范，"象"同样发挥着神圣的祭祀功能。广汉三星堆遗址1号坑出土象牙13根，2号坑出土象牙67根；另外，2号坑同时还出土象牙珠120件和雕刻有纹饰的象牙器残片4件，象牙器残片上雕刻有兽面纹和云雷纹等纹饰，象牙珠为中有穿孔的长鼓形和算珠形。[③]成都金沙遗址出土文物中仅象牙及象牙器数量就达500多件，[④]还出土有一只玉璋残件（图16），上刻画有一侧跪之人，肩扛象牙，作献祭状。象牙不仅以物质实体形式参与祭祀，还通过刻画的意象形式发挥神圣效力，这是象牙与玉器产生文化联结后，对"制器尚象"观念的又一诠释。

[①] 中国国家博物馆官网。
[②] А.П.扎比亚科、王俊铮：《宗教的起源：西伯利亚可移动艺术中的动物崇拜》，《西伯利亚研究》，2021年第5期。
[③] 四川省文物考古研究所：《三星堆祭祀坑》，文物出版社，1999年，第150、153、413、417、421页。
[④] 黄剑华：《金沙遗址出土象牙的由来》，《成都理工大学学报》，2004年第3期。

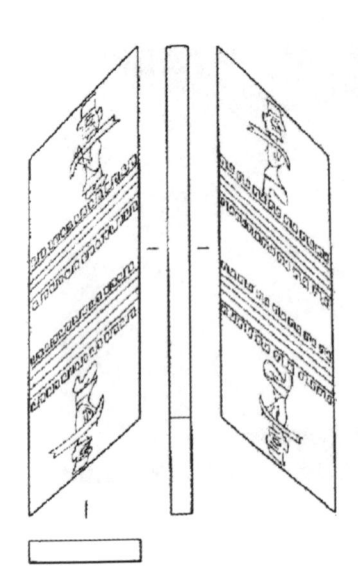

图16 玉璋上的象牙祭祀刻画，成都金沙遗址出土②

图17 嵌绿松石象牙杯，商代，殷墟妇好墓出土④

在三星堆和金沙遗址中，象牙与金器、玉器、铜器等祭祀用品被有规律地平行放置，分层堆积，这反映出在古蜀人的意识中，象牙是与金器、铜器、玉石等圣物拥有同样的神圣地位的。叶舒宪云："有机物质能够率先引起史前先民的青睐，成为旧石器时代的显圣物，主要原因还需要到神话观念与神话信仰方面去探寻。"①象牙作为旧石器时代的有机显圣物，在玉石、陶器、金属器等新的显圣物登场后，仍占据重要地位，足可以见其拥有无与伦比的神圣"精"力。又如河南安阳妇好墓出土的嵌绿松石兽面纹象牙杯（图17），杯身为牙雕，纹饰的眼、眉、鼻或尾上各镶以绿松石。玉石与象牙两种圣物结合，共同制成圣器，实现双重生命神话的合二为一。

考古出土的众多象牙及其制器，将"制器尚象"文化观念的上限大大推前。象牙制器在装饰品方面，诸如在距今5 500年左右的上海青浦福泉山遗址崧泽文化遗存中，发现有戴在人骨手臂上的四件象牙；③再如距今4 000年左右的佛山河宕史前遗址，M25中出土的象牙大手镯和象牙头饰（图18），M65墓主人头上戴有一对象牙筒形器，也就是将象牙作为冠

---

① 叶舒宪：《三星堆祭祀坑新发现丝绸及象牙的文化意义——"玉帛为二精"三续考》，《民族艺术》，2021年第4期。
② 朱乃诚：《三星堆祭祀坑出土"祭祀图"牙璋考》，《四川文物》，2017年第6期。
③ 张明华：《青浦福泉山遗址崧泽文化遗存》，《考古学报》，1990年第3期。
④ 中国社会科学院考古研究所官网。

图18　M25象牙手镯、象牙头饰，M65象牙筒形器，
佛山河宕史前遗址出土[①]

饰，[②]等等。

  象牙器物作为非实用的装饰品，与狩猎巫术和丰产巫术等交感神话紧密相连，在实现神话功能的基础上还可以用来装饰身体，表征身份认同，或者作为交换媒介，实现文化流通。通过器物的形式，"象"的生物之精、生命之灵得以外化，进而借助器物，不断生发精神与物质生活的象征行为，由此形成一定的社会形态与文化形式。因此，"制器尚象"的观念是具有文化起源意义的。老子将这种发展轨迹，提炼为从"生物"到"器物"再到"精物"，从而衍化为"信物"的文化逻辑，其云："道之为物，惟恍惟惚。忽恍中有象，恍惚中有物。窈冥中有精，其精甚真，其中有信。"[③]第四重证据的生动图像，让我们摆脱了众说纷纭的文献记录，直面先民的神话思维与联想逻辑。在文化文本的物证效应指示下，我们可知，"象"（elephant）成为"象"（image）是受神话观念统摄的，是通过器物实现的。

三、神话观念的原型价值

  "人类创造了物质符号，于是形成可感知的现实。"[④]而物质符号恰是通过

[①] 杨式挺：《佛山河宕史前遗址的重要发现》，《岭南文史》，2007年第3期。
[②] 同上。
[③] 朱谦之撰：《老子校释》，中华书局，1984年，第88、89页。
[④] 伦弗瑞著：《史前：文明记忆拼图》，张明玲译，台北：猫头鹰出版社，2009年，第202页。

人类所赋予的意义,才具有特殊价值。"象形"器物将"制器尚象"的器物观念具体化,而象文化背后深层的观念结构,才是创造"象形"器物的行为模式的驱动因素。探索"象形"器物神性特质的生成路径,必须要借助神象神话的原型价值,帮助我们解开"象征"符号背后的神话编码逻辑,由此知悉"有形物质如何能够呈现意义而产生新的制度事实"[1]。

1. 作为"神话祖先"的神象

关于大象的神话叙事多见于少数民族神话中。据傣文古籍《巴塔麻嘎捧尚罗》载:开天辟地时代,英叭神用自己的污垢,拌合气体、烟雾、大风,造出了天和地。可是,"天飘在云雾里,终日摇摇晃晃;地漂在水面上,终日起伏动荡"。英叭神为此坐卧不安,决心要想出一个镇天定地的办法。想来想去,他用自己身上的污垢造了一头大象,并将这头大象置于天地之间,用象脚紧紧地定住漂动的大地,用象头紧紧地顶住飘动的天。于是,天和地都牢固了,天地间便永远站立着一头镇天定地的象神。这是傣族远古时代的第一个象神,傣语称"掌月朗宛",意即光芒四射的象神,并将它列入创世神的行列加以崇拜。[2]

创世的象神进一步成为傣族的始祖神。据傣文古籍《录宁掌》载:古时有一妇女,在上山采集途中,又渴又累,突然发现路旁有一池清水,乐而忘形,俯身一饮而尽,霎时感到万分舒适,谁知池中清水乃象神之尿,妇人误吮象尿而孕,怀胎十月生下一女,取名为象姑娘。象姑娘长大后,历尽千辛万苦终于找到了象父亲。象神看到自己的人间女儿也很高兴,用众象洁白之牙盖了一间房子给象女儿住。象姑娘便这样在森林里跟象父亲生活了很长的一段时间。[3] 由这一则关于象的感生神话可知,象因其巨大身体与生殖力,被先民们赋予了生殖崇拜的神话幻想,进而演化为祖先崇拜的神话叙事。

如今傣族地区仍留有丰富的象文化,诸如象壁画、象雕塑、象音乐、象

---

[1] 伦弗瑞著:《史前:文明记忆拼图》,张明玲译,台北:猫头鹰出版社,2009年,第202页。
[2] 西双版纳州民委:《巴塔麻嘎捧尚罗》,云南人民出版社,第38页。
[3] 郑晓云编:《岩峰学术文集》,云南民族出版社,2007年,第157页。

舞蹈、象织锦、象陶器、象建筑、象地名等，数不胜数。傣族先民将制作门窗的竹木雕刻成象的图形，即"象门""象窗"（图19），有"进象门者，必平安吉利"的俚语。傣族先民还会将木柜的长脚雕刻成4个象头，名曰"象柜"，除了防潮的实际功效外，还寓意食物永不欠缺的希冀。傣族的竹凳以象凳最为高贵，在早期

图19 象凳和象窗①

还常以拥有象凳的数量，作为衡量家庭富裕的标志之一，以象凳待客作为一种最高的礼遇。②这些象形器物，依然存在于今天的傣族文化与现实生活中，不断激活着"制器尚象"的神话观念。

傣族对象的原始崇拜还体现在象脚鼓（图20）的音乐形式上。象脚鼓的演奏者认为，象舞的动作（身挎象脚鼓作了个屈膝带动臀部与上身仰俯的姿势）是在模仿性交，而鼓便象征着男性生殖器。③这是象文化的生殖崇拜遗留在民族文化里的重要编码线索。

傣族的象舞蹈有"白象舞""醉象舞""战象舞""象脚鼓舞"等，大多是通过模仿象的动物习性，逐步演化形成固定艺术形式的。其中，阿昌族"会街节"表演的舞蹈之一是"青龙白象舞"（图21），又叫"耍白象青龙"。"白象"近真象大小，用竹木扎架、白布缝贴棉花罩皮；象头、象耳、象鼻均可活动自如；象头置九面圆镜；象身缀各种图案的银饰；象背架扎孔雀鞍，上驮一座五彩八角亭，由多种神话意象组合而成。④"会街节"是阿昌族的青年男女进行社交和表达感情的机会，类似于壮族的"三月三"，"于是

---

① 张柏俊：《傣族白象艺术的优美特质研究》，云南师范大学硕士学位论文，2020年。
② 岩峰：《热带丛林的古代文明——论云南傣族的象文化》，《云南社会科学》，2007年第1期。
③ 朱海鹰：《重新认识象脚鼓文化》，《星海音乐学院学报》，2004年第3期。
④ 刘少英：《非物质文化遗产"青龙白象舞"的传承与保护》，《体育文化遗产论文集》，2014年，第88页。

图20　象脚鼓舞[1]　　　　　　　图21　白象舞[2]

时也，奔者不禁"[3]，是原始先民生殖崇拜的文化遗存。在这个民俗仪式中，"象"与"龙"被相提并论，二者作为神话动物祖先，共同赐予让部族生生不息的强大生殖能力。

傣族的"象舞"为殷周古乐舞《象》的考证研究，提供了民俗学的文化观照视野。《墨子·三辩》云："武王胜殷杀纣，环天下自立以为王，事成功立，无大后患，因先王之乐，又自作乐，命曰《象》。"[4]《荀子·礼论篇》云："和鸾之声，步中武、象，趋中韶、濩，所以养耳也。"[5]《周颂·维清》毛序："维清，奏《象舞》也。"郑注："象舞，象用兵时刺伐之舞，武王制焉。"[6]《礼记·明堂位》云："升歌《清庙》，下管《象》。"郑注："《清庙》，周颂也；《象》谓周颂《武》也，以管播之。"[7]《内则》云："十有三年，学乐诵诗，舞《勺》。成童，舞《象》，学射御。"郑注："先学《勺》，后学《象》，文武之次也。"[8] 从这些传世文献中可知，《象》是象征攻伐的武舞，深深植根于"象

---

[1] 毛晶晶：《基于系统性认知的非物质文化遗产主题展示设计研究》，云南艺术学院硕士学位论文，2018年。
[2] 张柏俊：《傣族白象艺术的优美特质研究》，云南师范大学硕士学位论文，2020年。
[3] 出自《周礼·地官·媒氏》。(汉)郑玄注，(唐)贾公彦疏：《周礼注疏》，北京大学出版社，2000年，第430页。
[4] 吴毓江撰，孙启治点校：《墨子校注》，中华书局，2018年，第61页。
[5] (清)王先谦撰，沈啸寰、王星贤点校：《荀子集解》，中华书局，2018年，第347页。
[6] (汉)毛亨传，(汉)郑玄笺，(唐)孔颖达疏：《毛诗正义》，北京大学出版社，2000年，第1511页。
[7] (汉)郑玄注，(唐)孔颖达疏：《礼记正义》，北京大学出版社，2000年，第1092页。
[8] 同上书，第1013页。

兵"的文化传统，同时，与甲骨文中对象族征伐行动的记录不谋而合。《乙》1002："伐象。"《甲骨文合集补编》2767："⿴……象。"《合》3291："⿴……象令。"《合》4609："[贞]⿴象[令]。"《合》4609："勿隹象[令]。"《合》4610："[贞]⿴[象令]。"《殷墟文字乙编》7342："贞，象，令从⿴侯。"刘文正认为，"⿴象"表示命令"象"，即命令象族征战。① 这既为象的祖先神话提供了凿实的第二重证据，也提示我们《象》舞作为祭祀祖先的大舞，蕴含着原始部族的动物崇拜和祖先信仰。《吕氏春秋·古乐》云："商人服象，为虐于东夷。周公遂以师逐之，至于江南。乃为《三象》，以嘉其德。故乐之所由来者尚矣，非独为一世之所造也。"②《象》记录了"商人服象"的神话历史印记，揭示了殷商时期存在一支以象为图腾祖先的"象族"。

"制器尚象"表示在器物上突出"象图腾"的表达方式。河南安阳出土商代晚期的象且辛鼎中，象字记作"🐘"。这种类似图画的象形符号在商周青铜器中屡见不鲜。学术界普遍认为，这种符号可以视为一种类似于原始标识。郭沫若云："此等图形文字，乃古代国族之名号，盖所谓'图腾'之孑遗或转变也。"③ 李学勤云："这种简短铭文里的族氏的字，每每写得很象形，比如'象'字很像站立的象，有翘起的长鼻。……这只是为了把族氏突出出来而写的一种'美术字'，并不是原始的象形文字，也不能作为文字画来理解。"④ 相比于甲骨文、金文中的象字符号，这种象图腾更接近青铜器上的象纹，如象纹铜卣（图22）和九象尊（图23）上的象纹，都具生动的形象。

图22 象纹铜卣，商代或西周初期⑤

---

① 刘文正：《使令动词"令"在先秦至东汉的发展》，《古汉语研究》，2008年第4期。
② 许维遹撰：《吕氏春秋集释》卷五，中华书局，2009年，第128页。
③ 郭沫若：《殷周青铜器铭文研究》，《郭沫若全集（考古编·第四卷）》，科学出版社，2002年，第13—22页。
④ 李学勤：《古文字学初阶》，中华书局，1985年，第34页。
⑤ 吴山编著：《中国纹样全集·新石器时代和商·西周·春秋卷》，第300页。

图23 九象尊，商代后期[1]

再如立象兽面纹铜铙上的象纹（图24），是《象》舞在器物的静态呈现。"象也者，像此者也。象动乎内，爻见乎外。"疏云："言像此物之形状也。"[2] 在佛教中，领经师有专门模仿大象声音的发声方法，名曰"哄格那森浩莱"，[3] 这是以声仿象；而《象》舞是以动态活动模仿大象，象形乐器是铸象纹以描摹大象的形状，二者分别从动与静两方面构建礼乐文化中的神象幻想。

图24 立象兽面纹铜铙，商代，宁乡老粮仓师古寨出土[4]

---

[1] 《酒器——九象尊》，《金属世界》，2003年第5期。
[2] （魏）王弼注，（唐）孔颖达疏：《周易正义》，北京大学出版社，2000年，第349页。
[3] 楚高娃：《蒙古佛教本尊与护法神诵经音乐之密律》，中央民族大学出版社，2019年，第236页。
[4] 湖南省博物馆官网。

罗振玉云："今观篆文，但见长鼻及足尾，不见耳牙之状。卜辞亦但见象长鼻，盖象之尤异于他畜者其鼻矣。又象为南越大兽，此后世事，古代则黄河南北亦有之。为字从手牵象，则象为寻常服御之物。今殷墟遗物有镂象牙礼器，又有象齿甚多，卜用之骨，有绝大者，殆亦象骨，又卜辞卜田猎有'获象'之语，知古者中原象，至殷世尚盛也。"[1]由此看来，"制器尚象"的文化观念是在原始动物崇拜与祖先崇拜的神话信仰下生成的，这种神话原型反映在器物上，便呈现出"象形"的特征，是将祖先历史记忆镌刻入器物。

《左传·定公十年》云："牺、象不出门。"[2]《礼记·明堂位》云："季夏六月，以禘礼祀周公于大庙，牲用白牡，尊用牺、象、山罍。"[3]这都说明，"象"是重要的祭祀礼器。张光直云："在商周早期，神话中的动物的功能，是发挥在人的世界与祖先及神的世界沟通之上的。"[4]"象纹"青铜器是祖先崇拜仪式上的重要礼器，此时，动物"象"已经演变为作为沟通现实世界与祖先神世界重要媒介的"神象"。大量象纹在商代青铜器上出现，不仅是出于当时人们的审美偏好，而是原始祖先崇拜的精神遗留和部族图腾的形态衍化，同时体现三维立体的神话动物，变成二维平面的神话意象。这一思维转变过程，体现了"象"的人文意义生成背后的神话观念驱动。

按照雷纳克总结的图腾特征第七条：氏族及其个别成员都须采用图腾动物作自己的名字，凡用动物的名字来称呼人的名字的动物就是图腾动物。[5]因此以象为氏族名的部族，是以象为图腾，同时把象视为自己的文化祖先的。象祖先也可以在传世文献中找到文化遗存。据《史记·五帝本纪》记载，舜的异母弟名曰"象"，其云："舜父瞽叟盲，而舜母死，瞽叟更娶妻而生象，象傲。"[6]《周易·系辞》云："谓易道兴起神理事物，豫为法象。"[7]竺可

---

[1] 罗振玉：《增订殷墟书契考释（卷中）》，东方学会石印本，1927年，第60页。
[2] （春秋）左丘明传，（晋）杜预注，（唐）孔颖达正义：《春秋左传正义》，北京大学出版社，2000年，第1821页。
[3] （汉）郑玄注，（唐）孔颖达疏：《礼记正义》，北京大学出版社，2000年，第1092页。
[4] 张光直：《商周青铜器上的动物纹样》，《考古文物》，1982年第1期。
[5] S.雷纳克：《图腾崇拜的规则》，转引自朱狄：《原始文化研究》，生活·读书·新知三联书店，1988年，第76页。
[6] （汉）司马迁撰：《史记》，中华书局，1959年，第32页。
[7] （魏）王弼注，（唐）孔颖达疏：《周易正义》，北京大学出版社，2000年，第339页。

桢认为："这个'豫'字就是一个人牵了大象的标志。"①《尔雅·释地》云："河南曰豫州。"《晋书》卷十四《地理上》云："豫州：案《禹贡》为荆河之地。《周礼》：'河南曰豫州。'豫者舒也，言禀中和之气，性理安舒也。"殷都被称为"豫州"，是殷商时期象族的文化遗存。这大大完善了以象为祖先神话原型的文化编码链条；同时说明象崇拜作为一种原始祖先信仰，已经深入文字小传统的神话历史中。

2. 作为"通天使者"的神象

《山海经》也记载着与"象族"相关的神话表述。《山海经·海内南经》云："巴蛇食象，三岁而出其骨，君子服之，无心腹之疾。其为蛇青黄赤黑。一曰黑蛇青首，在犀牛西。"②管维良、龚维英、彭适凡、彭邦炯等学者认为，"巴蛇食象"记叙的是以蛇为图腾的巴族，灭掉以象为图腾的象族的部族冲突事件。③结合金沙遗址与三星堆遗址的象牙遗存情况可知，巴蜀地区曾存在象部族的神话历史并非空穴来风。

在"巴蜀象族"的神话历史观念基础上，我们可以对三星堆文化中的"象形"器物进行更为立体的内涵诠释。三星堆2号坑出土了一件仅存上半身的铜立人，头戴高高的冠帽，冠顶两侧一对长大的兽耳耸立，中间有一象鼻状的装饰物，冠两侧有兽眼。兽口朝前，略呈圆角长方形。从侧面看就是一副向前昂升的象头。④冯广宏、孙华、黄剑华等学者都认为，该冠中间顶端的卷曲状装饰物和象鼻相似。⑤三星堆文化立人的象头冠（图25），可以与良渚神徽中神人所戴的羽冠（图26）相类比。

---

① 竺可桢：《中国近五千年来气候变迁的初步研究》，《考古学报》，1972年第1期。
② （清）郝懿行撰，栾保群点校：《山海经笺疏》，中华书局，2019年，第281页。
③ 管维良：《巴文化及其功能浅说》，《巴渝文化》第3辑，西南师范大学出版社，1994年，第156—162页；龚维英：《"天问""一蛇吞象"新释》，《昆明师院学报》，1982年第1期；彭邦炯：《关于巴的探索》，《巴渝文化》第3辑，西南师范大学出版社，1994年，第46—64页；彭适凡：《中国南方古代印纹陶》，文物出版社，1987年，第340页。
④ 四川省文物考古研究所编：《三星堆祭祀坑》，文物出版社，1999年，第167页。
⑤ 冯广宏：《三星堆青铜群像冠帽与发饰》，《地方文化研究辑刊》，2012年；孙华：《三星堆铜神坛的复原》，《文物》，2010年第1期；黄剑华：《金沙遗址出土象牙的由来》，《成都理工大学学报》，2004年第9期。

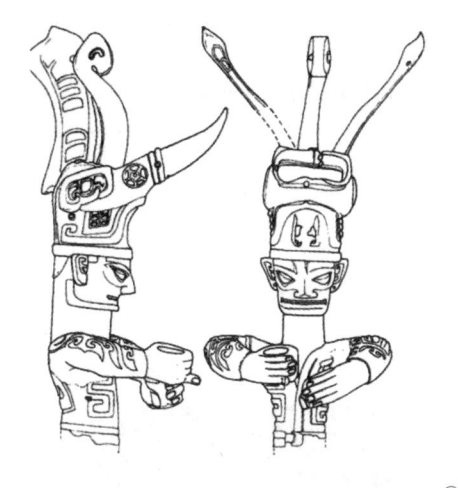

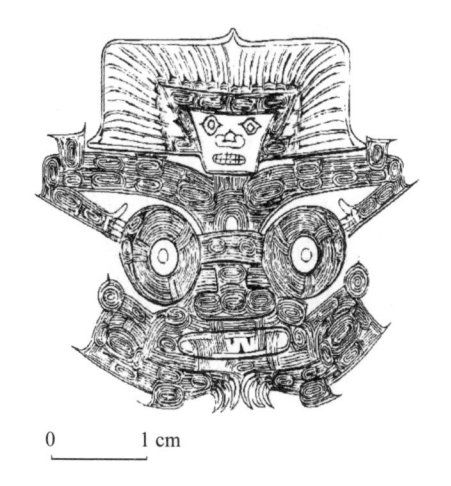

图25 三星堆象头冠（右）及推测复原图（左）①　　图26 余杭反山M12出土良渚文化玉琮阴刻鸟人合体神徽，距今约5000年②

  这两个神话图像都可以看作在祭祀时扮演神祇、模仿动物祖先的巫师形象。"从萨满信仰的普遍特质看，神灵绝不像在后世的人为宗教中那样重要，萨满作为人神中介，本身就有半神的性质。与萨满法事密切关联的，是先于神祇而存在的精灵，或称'萨满助手'，通常以动物形象出现。"③象与鸟一样，是具有超自然非凡力量的动物精灵。在后世文献中，象和鸟也经常作为通天的使者被并举而谈，即"象耕鸟耘"的神话。《文选·左思〈吴都赋〉》："象耕鸟耘，此之自与。"④《论衡·偶会》引传曰："舜死苍梧，象为之耕；禹葬会稽，鸟为之耘。"⑤《越绝书·越绝外传记地传》云："当禹之时，舜死苍梧，象为民田也。"⑥虽然根据诗文记载，⑦象耕确实是中国南方农业耕作发展

---

① 四川省文物考古研究所编：《三星堆祭祀坑》，文物出版社，1999年，第167页，图八四。
② 浙江省文物考古研究所：《反山》（上册），文物出版社，2005年，第56页。
③ 叶舒宪：《创世鸟神话"激活"良渚神徽与帝鸿——兼论萨满幻象对四重证据法的作用》，《民族艺术》，2019年第2期。
④ （梁）萧统编：《文选》卷五，中华书局，1977年，第87页。
⑤ （东汉）王充著，黄晖撰：《论衡校释》，中华书局，1990年，第104页。
⑥ （东汉）袁康：《越绝书》，四部备要本，第42页。
⑦ （宋）王禹偁：《送融州任巽户曹越王爱姬墓志得罪》："吏供版籍多鱼税，民种山田见象耕。"《四库提要著录丛书》编纂委员会：《四库提要著录丛书　集部》，北京出版社，2010年，第32页；（明）陈昌：《送吴行之广西》："蛮巫祭鬼凭鸡卜，岛寇编氓事象耕。"汪森编辑，桂苑书林编辑委员会校注：《粤西诗载校注》，广西人民出版社，第227页。

史上,切实发生过的历史事件,但象与鸟的神话意象组合,无疑体现了人们对象能通天的幻想,这种观念反映在傣族的象首鸟身的祖先神图像上(图27)。

三星堆立人所戴的象头冠,在世界范围内具有跨文化的普遍意义。古希腊传说中有一位神奇人物欧提德姆斯一世,他以他儿子德米特里的头像为图案铸造了钱币(图28),德米特里戴的就是象头冠。[1]这表示,神象幻想是一种共有的文化心理,因此能够在不同时代、不同地域,产生相似的神话感知与制器思维。

图27 傣族原始图腾,象首鸟身神像[2]

图28 古希腊钱币上戴象头冠的人像[3]

神象作为通天使者的文化原型,在与宗教信仰结合后,便生成了同时受佛教徒、印度教徒和耆那教徒信奉的象头神形象——他是智慧之神、除障碍之神,也是知识、书写和学问的保护神。[4]在印度神话中,因陀罗(Indra)是世界的守护神之一,最先被赋予创世的职能,在神话传说中,他手持金刚杵,豪饮苏摩神酒三巨觥,醉后挟闪电滚雷,劈杀恶魔救世,骑一头名叫爱罗婆多(Airāvata)的大象,成为天地空三界的众神之王。因陀罗在梵文中

---

[1] [英]格拉夫顿·E.史密斯著:《大象与民族学家》,孜子译,北京大学出版社,2013年,第132页。
[2] 郑晓云编:《岩峰学术文集》,云南民族出版社,2007年,第162页。
[3] [英]格拉夫顿·E.史密斯著:《大象与民族学家》,孜子译,北京大学出版社,2013年,第132页,图第14号。
[4] [英]罗伯特·比尔著:《藏传佛教象征符号与器物图解》,向红笳译,中国藏学出版社,2014年,第66页。

以"hasta"为人所知，即"拥有一只手"的意思。它既指大象鼻的灵巧性，又指源出自梵天之手的大象的创生传说。①

在佛本生故事里，认为释迦牟尼在尚未形成佛之前，曾经多次投生于动物世界，其中最后一次是投胎为象，再从象投胎转世为人。公元前2世纪的印度巴鲁特石刻（图29）：石刻的上端是一头卧地的小象，暗示佛是从这头小象托胎转世；石刻的正中，佛的母亲坐在莲花上，目视着躺在身旁的婴儿，表示佛已降临。②象在佛教文化中，更多是以坐骑的姿态出现的，如普贤菩萨的坐骑是灵牙仙的六牙白象。③神祇乘着大象坐骑，便可以自由穿越生死界限。

图29 石刻《释迦牟尼诞生图》④

象在本土文化语境中也同样被赋予神圣坐骑的意义。《韩非子·十过》云："昔者黄帝合鬼神于西泰山之上，驾象车而六蛟龙。"在古人的意识中，象是运载鬼神的圣车，与熊车、龙凤一样，可以引领人们升天，自由驰骋。这种神话观念发展到周代以后，大象便成为权力威严的象征，驾象的车称"象路（辂）"，为帝王祭典、出行的仪仗用车。《晋书·舆服志》其云："象车，汉卤簿最在前。武帝太康中平吴后，南越献驯象，诏作大车驾之，以载黄门鼓吹数十人，使越人骑之。元正大会，驾象入庭。"⑤又云："玉、金、象、革、木等路，是为五路。玉路最尊……象路建大赤，通赤无画，所以视朝，亦以赐诸侯。"⑥可见，"象"是紧随玉器和黄金之后的第三等圣物。四川三台出土东汉摇钱树陶座（图30），基座上部装饰西王母形象，下部装饰象车

---

① ［英］罗伯特·比尔著：《藏传佛教象征符号与器物图解》，向红笳译，中国藏学出版社，2014年。
② 郑晓云编：《岩峰学术文集》，云南民族出版社，2007年，第158页。
③ 同上。
④ 同上。
⑤ （唐）房玄龄等撰：《晋书》，中华书局，1974年，第756页。
⑥ 同上书，第753页。

出行队列。这些都说明，象作为通天使者的神话幻想已经逐渐由器物进入仪式层面。

后代帝陵的石象（图31），也都是基于象为通天使者，渡魂重生的原始神话观念而存在、发展的。这也体现了，"尚象"的文化基因不断通过各种形式的器物被表述、重述。

由此可知，大象成为神圣威仪的象征，是因为其被赋予灵魂转世、生死轮回、永生不死等神圣特质。可是，大象既不像蛇会蜕皮、蚕会化茧、蝉会羽化，也不像熊那样周期性冬眠，它为何会被赋予这种神性呢？我

图30　饰有象车造型的摇钱树陶座①

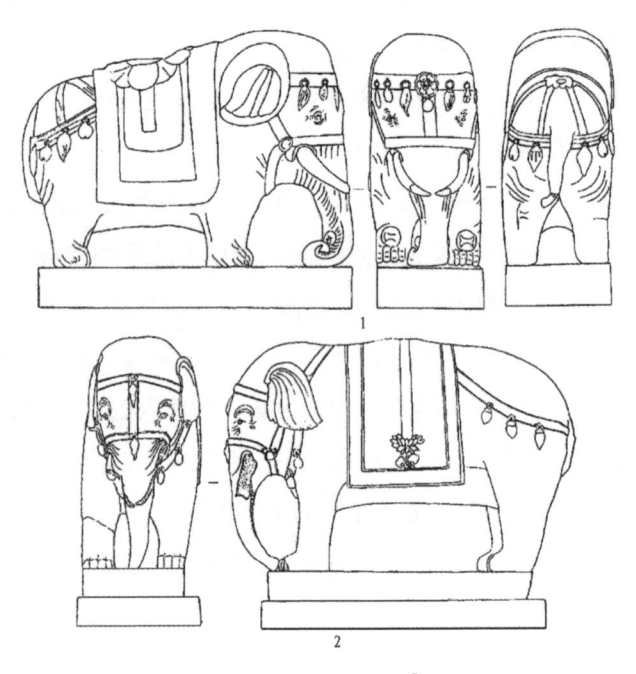

图31　北宋帝陵石象②

---

① ［美］巫鸿：《中国古代艺术与建筑中的"纪念碑性"》，上海人民出版社，2009年，第182页。
② 孟凡人：《北宋帝陵石像生研究》，《考古学报》，2010年第3期。

们需要根据大象的生物学仿生原理,探寻它成为引导魂灵的通天使者和动物精灵的内在原因。

除人类外,大象是唯一能够悼念死去同伴的动物,当一个象群在行进的途中遇到了同伴的尸骨时,它们的行为马上就会发生改变。大象可以分辨出同类的尸骨,而且它们对于故去同伴的牙齿非常感兴趣。这也是先民进行动物模仿,对象牙产生了神话幻想与崇拜,使象牙成为原始圣物之一的初始原因。如此一来,大象为人类的丧葬提供了生物学的文化原型。"是故天生神物,圣人则之。天地变化,圣人效之。天垂象,见吉凶,圣人象之。河出图,洛出书,圣人则之。"① 人类通过对大象的文化观察,进而产生对死亡及丧葬仪式的认知,进而"则之、效之"。

大象的行为模式,与人类丧葬产生了共鸣,让先民们开始更深入地进行生死轮回、灵魂通天的想象,并将大象作为神圣的祭品,可以抚慰死者,引魂升天。殷墟曾先后发现过两座象坑,一座坑内埋有一头幼象和一个象奴②,另一座坑内埋有一头幼象和一头猪③。而象牙祭祀则是以象牙代替全牲。

《荀子》云:"大象其生以送其死,使死生终始莫不称宜而好善,是礼仪之法式也,儒者是也。"④ "丧礼者,以生者饰死者也,大象其生以送其死也。故如死如生,如亡如存,终始一也。"⑤ 人们还用玉石这种神圣的永生物质,打造作为通天使者的神象形象,如三门峡上村岭虢国墓地出土的玉象(图32),妇好墓中出土有一对玉象(图33)。佛教中的赕萨拉的赕佛仪式,是活人为自己将来死后的灵魂能被接纳入天国而进行的祭祀行为。祭祀时有的人家用竹篾扎成象、马等贡品,外沾上棉花,献给佛祖。⑥ 这都显示了丧葬文化中"制器尚象"的原始巫术色彩。

---

① (魏)王弼注,(唐)孔颖达疏:《周易正义》,北京大学出版社,2000年,第341页。
② 胡厚宣:《殷墟发掘》,学习生活出版社,1955年,第89页。
③ 中国社会科学院考古研究所安阳工作队:《安阳五官村北地商代祭祀坑的发掘》,《考古》,1987年第12期。
④ (清)王先谦撰,沈啸寰、王星贤点校:《荀子集解》,中华书局,2018年,第372页。
⑤ 同上书,第366页。
⑥ 龚锐:《圣俗之间 西双版纳傣族赕佛世俗化的人类学研究》,云南人民出版社,2008年,第73页。

图32 玉象,河南三门峡上村岭虢国墓地① 　　图33 玉象,河南安阳妇好墓②

在汉画像石棺中,也发现许多大象的形象(图34),并且多数是以坐骑的形态呈现的。同样是想借助象的通天神力,实现生命轮回运转。

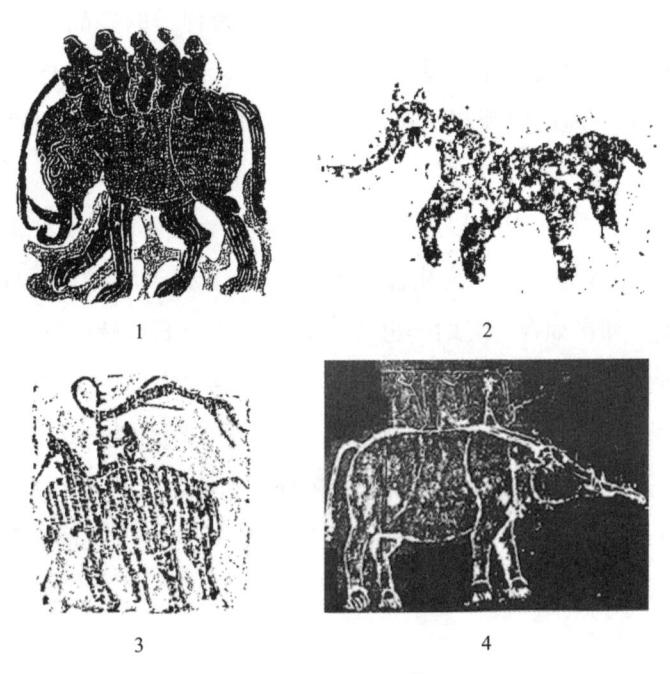

图34 汉画像石③

---

① 李清丽,翟超:《虢国墓地出土的商代玉器 前朝美玉后世藏》,《大众考古》,2016年第12期。
② 郑振香:《记忆殷墟妇好墓》,《大众考古》,2014年第4期。
③ 杨絮飞编著:《中国汉化造型艺术图典》(动物卷),大象出版社,2014年,第109—114页。

"制器尚象"的文化大传统阐释 | 311

《周易·系辞》云："吉凶者，失得之象也。变化者，进退之象也。刚柔者，昼夜之象也。"[1]象作为通天的使者，可以贯穿生死两极，因此也可以贯通得失吉凶、进退变化、刚柔昼夜。而人们对神象的祭祀应用，从真实的象，到象之精（象牙），再到神圣物质雕刻的象形象（玉象），最后图画描摹的象（汉画像），这种思维逻辑也体现了人们对象的认知逐渐符号化、抽象化、表意化。这也就不难理解《周易》所云："圣人有以见天下之赜，而拟诸其形容，象其物宜，是故谓之象。"[2]象成为一种"象征"，以"形容"的符号形式存在于人们的观念中。

在大象的"丧葬仪式"中，头象会率先用长鼻子轻轻地敲打尸骨，接着象群中其他的成员也加入这个类似"哀悼"的行列中，用鼻子对尸骨进行温柔地"抚摸"。"鼻子"成为大象施行"丧葬仪式"的重要器官或方式。而三星堆文化在"巴蜀象族"的部族神话记忆基础上，同样有突出鼻子的青铜面具（图35），面具的鼻梁与夔龙衔接，高高竖起，而两只耳朵也是模仿象耳，宽大张开，并且用卷云纹突出。该面具出土时，见眼眉描黛，口唇涂朱，很明显是用于神话祭祀仪式的。

图35 青铜戴冠纵目面具，商代，三星堆遗址出土[3]

诚然，大象最为突出的生物特征，除了身材巨大，便是其长长的鼻子。象鼻子的着重突出强调，在各民族文化中都可以找到文化参照。牛津大学阿什莫林博物馆（Ashmolean Museum）收藏有古埃及前王朝时期的调色板，被称为小希拉孔波利斯调色板，其中有突出长鼻子的神兽（图36），与傣族祖先象首人身（图37）的形态极为近似。

---

[1] （魏）王弼注，（唐）孔颖达疏：《周易正义》，北京大学出版社，2000年，第308页。
[2] 同上书，第324页。
[3] 三星堆博物馆官网。

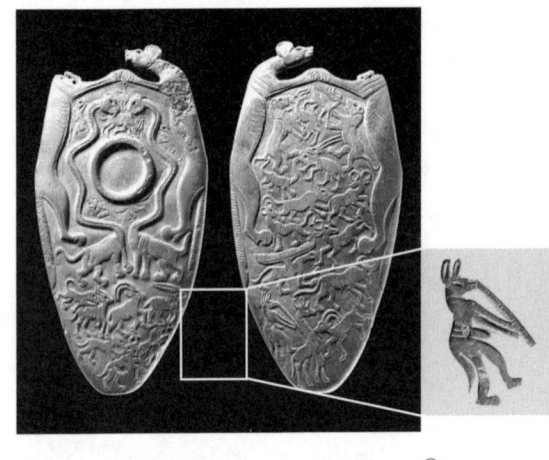

图36 古埃及前王朝时期调色板①

图37 象首人身象神②

图38 六肢白象蔼罗筏拿用鼻子挑着一个带刀刃的因陀罗轮④

而印度教的象头神之所以叫作"除障者",正是因为大象具有用鼻子清除荆棘之路的能力。③在佛教中,六肢白象蔼罗筏拿用长鼻子(图38),挑着一个因陀罗轮,象征生命的循环轮回。

《周易·系辞》云:"在天成象,在地成形,变化见矣。"正义曰:"象况日月星辰,形况山川草木也。悬象运转,以成昏明,山泽通气而云行雨施,故变化见矣。"⑤象的神奇之处在于悬象运转,以成昏明,山泽通气,故变化见矣,突出了"气"之于生命运转的神话功能。气,是生命之息,而鼻子是通气、呼吸的器官。象拥有长长的鼻子,也就是拥有长长的"气的通道"。《周易·系辞》云:"是故合户谓之坤,辟户谓之乾,一合一辟谓之变,往来不穷谓之通。见乃谓之象。形乃

---

① 牛津大学博物馆官网。
② 郑晓云编:《岩峰学术文集》,云南民族出版社,2007年,第157页。
③ [英]罗伯特·比尔著:《藏传佛教象征符号与器物图解》,向红笳译,中国藏学出版社,2014年,第66页。
④ 郑晓云编:《岩峰学术文集》,云南民族出版社,2007年,第158页。
⑤ (魏)王弼注,(唐)孔颖达疏:《周易正义》,北京大学出版社,2000年,第303页。

谓之器。制而用之谓之法。利用出入，民咸用之谓之神。"①这段文字背后蕴含的是，神象具有"往来不穷"的通气功能的大传统原型，若仅仅理解为"易象""卦象"，则完全遮蔽了神象的文化本质。

《周易·系辞》又云："前往来不穷，据其气也。气渐积聚，露见萌兆，乃谓之象，言物体尚微也。正义曰：体质成器，是谓器物。圣人裁制其物而施用之，垂为模范。"②神象的聚气、通气功能反映在器物上，便呈现出各种以"象鼻"为元素的形制。如山东济阳刘台子西周早期墓葬出土的铜卷象鼻足方鼎（图39），以象鼻为鼎足。

再如扶风县博物馆藏的"伯饮壶"（图40），突出了大象的长鼻子，直指苍天，神象通天的幻想传统昭然若揭。这些象鼻特征最基本的内涵就是死亡的

图39 铜卷象鼻足方鼎，山东济阳刘台子西周早期墓葬出土③

图40 "伯饮壶"甲、乙，扶风县博物馆藏④

---

① （魏）王弼注，（唐）孔颖达疏：《周易正义》，北京大学出版社，2000年，第339页。
② 同上。
③ 佟佩华：《铜卷鼻象足方鼎》，《文物》，1994年第3期。
④ 龙剑辉，王晓敏：《宝鸡地区出土青铜器简介 伯■饮壶（西周中期）》，《宝鸡文理学院学报》，2011年第3期。

转化，古人通过"制器尚象"，祭天祀神，试图突破真实世界的界限，到达生命的彼岸。

如今，我们将始祖、创始人或者最早出现的事物称为"鼻祖"，这个词汇包含了神象的祖先神话和长鼻通天的神话幻想。"鼻"的本字为"自"，《说文解字》云："自，鼻也，象鼻形。"① "自"作为第一人称代词，即自己。"自"是"气"之始，"气"为生命之精，也是繁衍之本。"制器尚象"，也可以看作是"制器尚鼻""制器尚气"，体现了先民朴素的身体认同与自我确认。

四、总　结

《周易》作为一部占卜典籍，其文化根性是神性、巫性与灵性的三位一体，其文化功能在于彰往知来。② 这与"象"作为原始先民的文化祖先，具备祭祀先祖、引渡来世的神话功能是完全契合的。因此，"象"可以成为《周易》的核心。

"制器尚象"的文化观念，是基于象的动物崇拜生发而来的，人们把象幻想为具有强大生命力的神祇或精灵。在这样的神话观念驱动下，神象进入各种文化文本形式，成为固有的"器物"符号。《周易·系辞》云："是故形而上者谓之道，形而下者谓之器。化而裁之谓之变，推而行之谓之通。"③ 如果说道是抽象的"无体之名"，器是具象的"有形之质"，那么"象"就是从神话观念产生的，半抽象、半具象的文化中介。

"古者包犧氏之王天下也，仰则观象于天，俯则观法于地，观鸟兽之文，与地之宜，近取诸身，远取诸物，于是始作八卦，以通神明之德，以类万物之情。"④ 象是一种真实存在的具体生物，先民们在与象共存、驯化的过程中，

---

① （汉）许慎撰，（清）段玉裁注：《说文解字注》，上海古籍出版社，1981年，第75页。
② 王振复：《中国巫文化人类学》，山西教育出版社，2020年，第234页。
③ （魏）王弼注，（唐）孔颖达疏：《周易正义》，北京大学出版社，2000年，第344页。
④ 同上书，第351页。

通过观察与想象，将其升华为一种神话动物，赋予其祖先崇拜的生命信仰，以及通气升天的轮回观念。"神象"作为人们的精神幻想世界的神话原型，逐渐进入语言文字的表述语境，形成具有无限阐释空间的文化编码，生成诸如想象、意象、表象、抽象、对象、印象、现象等新的非实体语义。"观象制器"体现了古人由自然直接的客观感知，抽象成高度象征比拟的图示符号，进而通过主观的、极富神话色彩的意象组合方式，理解和表述世界的文化思维发展过程。神象幻想在不同文化、不同器物上的编码与再编码，是"制器尚象"的原生驱动力。

理论的激情，激情的理论
——论文学人类学理论建构的激情

吴 越

（上海交通大学人文学院博士生）

　　本土理论原创与理论引领，是文学人类学派创刊《文化文本》的理论宗旨。自 2018 年创刊定稿会以来，《文化文本》分别在 2021 年和 2023 年推出两辑，就以"文化文本理论建构"与"大传统与大历史"为主题，展开深度探讨与实践应用。在理论建树方面，文学人类学派正在显示出"首创中国版的文化理论"之势头，该派学者提出的"四重证据法""文化文本理论""大传统与小传统"等原创性系列理论命题，令人瞩目，而文学人类学学者对理论的实践应用，更像是雨后春笋，四面开花。

　　作为我国改革开放以来的新兴交叉学科，文学人类学日益发展壮大。《文化文本》第一辑与第二辑，分别阐述文化文本理论和文化大传统理论，并努力尝试与国际上的大历史学派进行积极对话，彰显出本土学者群体的新理论引领知识观和历史观升级变革的重要意义。那么，这种对当今知识的升级换代和对理论创新的迫切需求背后，驱动力究竟何在呢？笔者以为，这一问题可以用文学人类学派领军人物早年一本随笔集的名字来作答——"激情"。

　　从批判性视角来看，如今的社会因为内卷和超快节奏，非常需要思想和激情。资本主义现代性造成的精神危机不断加重，用韩炳哲的概念来说，这是一个"倦怠社会"。即便是青春少年，也被晚期资本主义文明的机器早早阉割而少年老成、失去活力，"内卷""佛系""躺平"等当下话语的流行，暗示着生活于其中之人的疲惫、麻木。除了倦怠，激情之缺失带来的另一个社会症状是物欲猖獗下的虚无与享乐。《娱乐至死》便是典型案例。尽管晚期资本主义消费社会带来的新鲜刺激与感受变化多端、琳琅满目，然而，正如批判思想家齐泽克所指出的：有一种潜在的秩序产生这种无序，并为其提供坐标——事情越是改变，一切越是保持不变。身处其中的主体看似可以轻易获得享乐，但在享乐的超我律令的施压之下却已经丧失"不去享乐""不去消费"的自由，因而不过是资本机器运作之下机械盲目、异化而不自知的傀儡，只能以"激情消费""激情享乐"的虚假表象，来掩盖真正的激情匮乏的事实。

与此同时，理论界也被这一激情缺失的时代的阴影所笼罩。王宁先生指出，伴随着当代解构主义大师德里达的逝世，当代哲学和人文思想进入"后德里达时代"（Post-Derridian Era），或者说"后理论时代"（Post-theoretic Era）[①]；"然而，解构的批评原则却依然存在，它已经以不同的形式渗透到包括文学理论和文化批评在内的人文学科的各个相关领域"[②]。相比于20世纪理论的黄金时代，如今，后理论时代理论的未来前景并不被很多人看好。后理论时代的理论被质疑为"已经衰落甚至死亡"，不少人认为"理论已失去了以往的那种活力和穿透性，它逐渐变得崇尚经验，注重反思和质疑自身，而不再像以往那样充分彰显其批判锋芒了"[③]。笔者认为，西方"后学"理论陷入僵局，无法从中突围并有所建树的原因就在于理论丧失了对普遍真理的探索、对人类命运共同体的关怀，沦为"没有激情的理论"：当解构本身成为一个教条，它也就丧失了建构性的激情、消解了自身、无法确定任何稳定的立场，沦为虚无主义，滑向无止境的相对论、怀疑论和不可知论，就像一只落地就会死去的无脚鸟，只能不断飞行而无法停留。理论已停留在这一状态太久！尽管激情本身并不指向任何具体的建构性方向，但没有建构性、创造

---

① 王宁：《后理论时代的文学与文化研究》，北京大学出版社，2009年，第4页。
② 同上书，第6页。
③ 王宁：《"后理论时代"的理论风云：走向后人文主义》，《文艺理论研究》，2013年第6期。

性、想象性激情的理论无疑是死的理论，丧失了理论本身的活力和之于现实世界的意义。

失去激情、堕入虚无的理论不仅失去了对现实的积极意义，甚至沦为反动势力的帮凶，以"伪激情"的面目出现。这方面最明显的例子就是以"认同（或身份）政治"为理论核心的后殖民主义在实践与发展中遭遇的现实困境。刘康指出，"认同政治以文化多元论和相对主义的面貌出现，对在美国乃至全球兴起的民粹主义、民族主义、逆全球化潮流推波助澜，与之相互呼应"[1]。理论一旦失去了对真理、对作为共同体的人类命运的激情也就失去了其马克思主义之魂，正如后学所倡导的去中心、多元、差异在现实中被扭曲那样——谁说左翼解构真理、提倡多元的玩法不能为反动势力所用呢？阿尔布雷希特·科肖尔克（Albrecht Koschorke）列举出后学沦为反动势力工具的几种表现：右翼民粹分子挪用自由主义者的论点、将少数群体和社会精英作为替罪羊来玩身份政治的游戏，文化差异被民族—国家主义者热烈欢迎，对西方科学理性的批判突然发现自己接近了右翼的上帝论者及最近的气候变化否定者的位置，文化建构主义者目睹美国及其他右翼民粹主义政府公开传达反教育、反科学的信息……[2]

倦怠的社会、理论面临的僵局、反动势力与理论勾结的现实，都是无激情的社会、无激情的理论的恶果。在这种情况下，文学人类学派作为一种兼顾理论创新与现实关怀、而又充满激情的本土新兴理论，对当下激情缺失的世界而言，显露出举足轻重的意义。

在笔者看来，本质上，文学人类学的理论是一种尝试把握和追寻我们业已缺失的激情的理论。文学人类学派认为，是前文字时代的文化大传统孕育、催生了文字书写时代汉字编码的小传统。而后者则在很大程度上遮蔽、取代了前者[3]；这种不平等的关系同时对应着神话与哲学、科学的关系。神话

---

[1] 刘康：《从"后学"到认同政治：当代美国人文思潮走向》，《学术月刊》，2020年第2期。
[2] Albrecht Koschorke, *Facts Shifting to the Left: From Postmodernism to the Postfactual Age*. Translated by Michael Thomas Taylor and Sasha Rossman. *PMLA*, 2019(134).
[3] 叶舒宪：《金枝玉叶——比较神话学的中国视角》，复旦大学出版社，2012年，第34—36页。

的发生在哲学理性与自然科学建立权威之前，然而当逻辑理性和科学权威占据上风，神话就因其幻想和非理性的性质而受到攻击和排斥①。用弗雷德里克·杰姆逊的术语来说，大传统、神话都属于"消隐的中介"，它们在生产出新的形式之后迅速被这一派生的新形式压抑、否定和划清界限。这种关系亦对应原始人和现代人、非理性与理性的关系："野蛮"的原始人有着非理性的激情、原初的生命力，自诩理性的"现代的文明人"通过压抑这种激情和生命力而进入理性与文明。无法否认，前者确实是后者的祖先。理性与非理性之间泾渭分明的界限，不过是理性自身视角的产物。文学人类学派所擅长的比较神话学研究，旨在突破文化小传统的局限束缚，"穿透文字即知识的假象，走出数千年文字小传统的符号遮蔽""进入艺术史和民间文化的广阔领域"②。也就是说，去寻找在现代社会被压抑的、缺失的激情，去寻求异化与阉割之外的可能性。如果说"无激情的理论"是对"无理论的激情"的否定和压抑，那么文学人类学派所做的，就是"否定之否定"：在"无激情的理论"的时代，去重访"无理论的激情"，从而实现理论与激情的统一。

尽管文学人类学派将认知上溯至万年以前的无文字时代的历史，但它并不要求我们在现实中放弃现代性的成果、回到人类文化的原初形态，因而它并不是一门蒙昧和反智的学科，而更关乎从传统遗产中汲取现代人丢失已久的激情——现代性危机的解药，走出后现代人的"无根"状态。值得注意的是，"传统"本身就是在文学人类学派的考证和总结中建构出来的，是无法真正"回归"的。文学人类学所强调的"立足大传统新知识的文化再语境化"，也是一种对传统的发明。这也意味着，激情不存在于神话与传统之中，而出现于对激情的寻找过程中。在这一过程中，神话、传统起到的正是唤起主体身上被文明所压抑的激情的作用。也就是说，文学人类学所做的并非回归特定的古老文化本身、并安全地寄居于此，而是强调在"文化寻根"过程本身中，作为实践与信仰的主体，获得来自"大传统"的文化基因之真切活

---

① 叶舒宪：《文学与人类学》，陕西师范大学出版社，2018年，第157页。
② 叶舒宪，李继凯：《文化文本（第二辑）》，中信出版集团，2023年，第11页。

力。在后现代世界，爱情、理想、真相、永恒等理念似乎都脆弱不堪，但我们需要激情，才能摆脱麻木与倦怠，才能不堕入虚无的放纵与享乐，才能超越精神流离失所的无根状态，才能从看似佛系超脱、实则麻木不仁的局外人变成积极创造与谋求改变的参与者，才能反抗来自文明机器的异化、恢复生命本真的力量。而文学人类学或许就是当下带领社会与理论走出虚无、重燃激情的最好登录点。

那么，如何在方法层面实现这种激情？理论之所以丧失了激情，很多时候是因为理论脱离了现实、沦为没有意义的空谈和话语，不同于"语言学转向""话语转向"之后的理论界大多数话语，文学人类学理论尝试以"物证"来超越话语本身，使理论的激情得以附丽——这体现在"四重证据法"和"文化文本"的方法论意义。正是通过"宏大的视野加上紧密细致的微观考证"，文学人类学派"脚踏实地而有效避免虚空和虚无倾向"[1]。重视证据的实证精神与严谨求证的踏实作风，让文学人类学从空洞的理论话语中突围，并使其理论具备了积极的建构性和实践性，从而开辟出更扎实、更长远的发展潜能。这对激情缺失的倦怠社会和虚无主义倾向的"后学"理论，都有重要启发。

尽管提倡本土文化自觉是文学人类学的重要理念，然而正如上文所提示的，文学人类学派寻找的激情并不依附于特定的文化，它的底色是对人类文明整体的反思、对作为命运共同体的人类整体的关怀，这种天然的马克思主义的激情，使文学人类学在众多与反动势力合流的后殖民理论中异军突起，不仅没有丢失发端于欧美的后殖民批判大潮的精神，而且以世界神话学的丰富资源和人类学想象力成为与逆全球化势力斗争的重要力量。警惕民粹主义、民族主义的逆全球化、分割人类命运共同体的倾向，从来都是文学人类学的题中应有之义。上海交通大学神话学研究院在2020年全球反种族主义浪潮声中成功举办"神话学与反种族主义高端论坛""一边怀念马克思，一

---

[1] 叶舒宪，李继凯：《文化文本（第二辑）》，中信出版集团，2023年，第7页。

边怀念德里达"①。之所以重新强调马克思,是为了弘扬全球主义与人类命运共同体思想,防止"没有马克思的德里达"在理论和实践上的逆全球化危险倾向。唯有如此,才能避免本土经验本质化、理论沦为特定利益集团吹鼓手的倾向。文化自觉不可缺少的另一面是文化反思,这种反思心态最好的证明就是,中国的文学人类学学者们不仅要求反思我们现行的学术范式和学术话语中根深蒂固的欧洲中心主义意识形态偏见,而且还提出"反思中国传统的中原中心主义偏见和大汉族主义的话语霸权现象"②,这种对特定文化霸权的警惕和文化反思精神是文学人类学对马克思主义时代的国际主义精神的延续——新时代的全球主义。在理论层面,文学人类学因其对人类命运共同体的激情而具备反种族主义、全球主义的马克思主义的思想深度。

可以说,尽管文学人类学的理论发源于本土,但其旨趣已超越了特定文化(寻找"中国故事",加强民族认同、国家认同和文化自信)的特殊性,在更普遍的意义上对世界层面上现代性造成的精神危机的解决和以人类命运共同体为目标的反种族主义事业来说,都具有深刻的理论意义和实践意义。我们有理由期待"文学人类学理论的普世性建构及其可操作的推广应用潜力"③,能够给当下世界带来再一次的思想启蒙。

激情关乎建构、创造、想象。除了其直面当下现实的理论界危机的意义之外,文学人类学对今天日益僵化的学科体制也提出尖锐的反思批判要求。文学人类学学者已经意识到,在学科壁垒严重的今天,知识越来越细、陷入了碎片化,教育的负面效果是丧失想象力和创新能力。唯有在碰撞中才能重新激发活力,文学人类学派的"大传统论"就是一次借助神话学来整合文科总体的尝试,包括文学、史学、哲学、艺术、政治和宗教等。除了打破文科学术壁垒,笔者还认为,文学人类学和神话学对激情的探索,可以赋予自然科学以想象力的钥匙。理论的创新和学科前沿的开拓,从来不是单靠现成的

---

① 叶舒宪:《神话学的反种族主义——当代思想史学习导引》,《百色学院学报》,2021年第2期。
② 同上。
③ 叶舒宪:《"世界文学"与"文学人类学"——三论当代文学观的人类学转向》,《中国比较文学》,2011年第4期,第1—9页。

逻各斯架构，而同样离不开灵感与想象的推动。尽管这种非理性的灵感会被随后的理性思维迅速遮蔽。对激情的坚持，就是克服任何体系总体化、封闭化的倾向，就是在重视、等待、发现这一灵感。文学人类学追寻激情的精神，之于自然科学，无疑也有着开拓思维、激发想象与灵感的作用。

在方法上通过"物证优先"原则来超越话语的限制。在实践上以探源中华文明、启发本土文化再自觉为己任。在理念上以马克思主义对全人类的关怀为灵魂。那么，这种激情究竟是什么？它是叔本华所说的生命意志，是黑格尔笔下的"世界之夜"的疯狂，是弗洛伊德的死亡驱力，是尼采的酒神精神，是齐泽克所谓的"主体性的零度时刻"。笔者认为它是一种试图挣脱肉身与现实的有限性，并在这一超越性姿态中实现对现实的改造的力量。或许我们可以从文学人类学派的创始者团队那里直接感受到这种激情。

强调理论创新和中国经验的文学人类学团队，怀抱着一种使命感——建立中国本土特色人文新学科的使命感。从根本上说，正是因为现有的西方理论和内卷而分裂的社会现实无法满足以五千年文明传承人自居的这一批本土学人的激情。在这种激情的驱动下，他们一方面大胆走出理论的虚无状态和纯粹模仿复制的老路，拥抱现实的经验与本土传统——四万公里长路，覆盖荒漠戈壁无人区的双脚踏查，在各种高危地区搜寻，以超高产的学术成果推进文学人类学新兴交叉学科的发展；另一方面，对文化文本进行持之以恒的深入思考和理论体系建构。

文学人类学学者群体"以学术为志业"的背后，有着对生命、对人类、对真理、对深度认知中国文化的使命感，所结晶成的强大激情，这种激情，帮助我们更好地理解文学人类学派的精神内核。

为"圣物"立传
——评《盘古之斧：玉斧钺的故事九千年》

韩昊彤

（上海交通大学神话研究院）

  华夏文明创世神话常见的开篇离不开手持巨斧开天辟地的大神"盘古"，但学界对于"盘古"的文化原型却持怀疑态度。朱大可在《华夏上古神系》中认为，盘古公认的最早典籍学记录源于《艺文类聚》所引三国徐整的《三五历纪》，但更久远的证据来自成书于公元前4世纪的《摩诃婆罗多》，其在《初篇》里描述道："没有光辉、没有明亮，各方面都为黑暗所笼罩，出现了一个巨卵，是终生不灭的种子。传说这是在由伽（时代）之初形成的巨大神物……从这里生出了老祖、主宰。唯一的生主、梵天……还有世间见到的一切。"[①]同时朱大可认为，印度"原人"（Purusa，即生主的一种称谓）的发音与盘古的上古发音【baan-kaa】有近似之处：两者都有显著的B/P音素记号。叶舒宪教授也认为，尸体化生型是盘古神话受到外来文化形象的结果，是中国文化对印度神话原编码的再编码，在形成了本土文化的独有特点后才进一步传播推广。个人认为，从语音学角度分析，未尝不是一种寻找文化原型的研究视角，但这种音素出自先民主观口头发音描述，有可能存在语言遮蔽现象，从而导致一定的研究误差。从结构主义神话学角度来分析，语义与文义互相作用产生一定的传播结果，其原因在于语言符号的任意性特点，这

[①] 朱大可：《华夏上古神系》，东方出版社，2014年，第520—524页。

就使得神话在传播过程产生了"真实"与"异文"的差别,然而在这个过程中尽管神话文本会不停改变,其中的"神话素"却会得到进一步强化。[1]盘古的神话故事结构除了"混沌/创世"这种二元对立创世论的永恒主题以外,在二元论中间还有一个起到桥梁作用的至关重要的元素——"斧钺"。

"斧钺"在许多民族的神话中都有过提及,赫梯文明神谱中善于打雷的天神就是以手持大斧头或大榔头作为其象征。巴比伦和亚述人信奉的雷电之神阿达德(Adad),在石雕中被刻为身穿短上衣的大胡子男人,左手持闪电右手持斧子。此外,公元前23—公元前22世纪的阿卡德帝国出土过一件青铜铭文战斧,上面刻有楔形文字:"天下四方之王纳拉姆辛"(月本昭男译)。纳拉姆辛是阿卡德帝国开创者萨尔贡之孙,阿卡德第四任统治者,他宣称自己是活着的神明,同时也是最早使用这个称号的人。威廉认为这一称号可能是他在征服埃布拉城后受到启发而获得的,在这座城市中,世界和宇宙的四分法是该城市意识形态和信仰的重要组成部分[2]。阿卡德人将征伐所带来的荣耀刻在了战争工具——青铜斧钺之上,也就将斧钺符号化为神明神圣力量在下界的媒介,手持斧钺的帝王通过与神圣力量的直接接触,便成为神明的化身。至于希腊人的天空之主宙斯,则被他们塑造成手持霹雳斧子的形象。斧头作为人工制品,既可作为生产工具,也可以做武器、兵器,世界范围内最早的斧钺陈列于伦敦大英博物馆,距今约120万年,名为"奥杜威手斧"。奥杜威是东非坦桑尼亚北部草原的大峡谷,1931年,名为路易斯·利基的考古学家在这里采集到人类历史上最早的一批手制工具,标志着人类最早文化发明的发现。而且有科学家从神经学视角研究石器制作对人类自身的影响,发现了大脑中工具制作的部分与语言部分高度重合,这也意味着会加工石器工具的人便能讲出完整的语句。奥杜威手斧除了对人类群体的文化发展有贡献外,还产生了初级经济交换、社会连接纽带和社会意识初步生成的作用。

---

[1] 列维-斯特劳斯:《神话的结构研究》//叶舒宪:《结构主义神话学》,陕西师范大学出版社,2011年,第10—43页。

[2] William W. Hallo, Royal Titles from the Mesopotamian Periphery, Anatolian Studies, Vol.30, Special Number in Honour of the Seventieth Birthday of Professor O. R. Gurney (1980), pp.189–195.

接下来石斧进化到"阿舍利手斧",这一阶段加工者开始寻找形状与边缘合适的砾石作为石器制作标准,这种对即将完成的产品的预测能力,成为引发人类创造性设计能力的起点。进入新石器时代后,在英格兰坎特伯雷发现了公元前4000年的玉斧,尼尔·麦格雷戈在《大英博物馆》上册中收录了这件文物,并引述考古学家彼得勒坎夫妇的观点,这件玉斧的原料来自意大利阿尔卑斯山与北部的亚平宁山脉处的史前玉矿。[1]这种跨地域的原料贸易运输成为城市起源的基因,是促进人类走向文明化进程的主要推动力。在这段时期,远古先民们选出黑曜石、青金石、绿松石等稀有矿石,这都源自宗教信仰的价值观推动,也即一种"神话观念决定论"。随后在新的材料登上历史舞台后,又出现了"阿尔卑斯铜斧"等实用器兼有象征意义的斧钺文物,尤其是进入青铜时代后金属制双面斧成为宗教仪式用器。研究希腊文明起源的专家马丁·尼尔森等学者认为,双面斧是大女神崇拜的标志物,是至高神的非人格化的物化表现。中国地区出土的最早的"玉斧"是在距今9 000年的黑龙江乌苏里江畔小南山遗址发现的,其比兴隆洼玉器更早,体现出"玉斧"文化符号在中国文化中的传承积淀。

在中国土地上玉钺作为源远流长的礼器制型,与石斧钺在世界范围内的进化过程基本相似。从材料与发生学角度去看,新材料的出现会代替老材料,这就促使人们按照材料能级更换自己的劳动工具与作战工具。距今8 000年的北方西辽河地区的石斧(兴隆洼文化)出现为玉斧的登场做了历史铺垫,到了距今6 000年左右的红山文化早期,玉斧类工具已经在多地出现。在距今7 000年,中原地区陕西西乡县李家村出土了新石器时代中期的石斧,在同时期的长三角地区率先在高等级墓葬随葬品中出现了石钺、玉钺的礼制。由此,叶舒宪先生认为,斧钺原型在距今9 000年的北方地区孕育成熟,并缓慢向南方传播,由距今8 000年的北方兴隆洼文化和南方高庙文化同时呈现出来。这幅9 000年延续不断的斧钺画卷,由北至南,自东向西,覆盖了整个中国大陆,其传承了中华文明的关键基因,一直延续到清代皇帝

---

[1] [美]尼尔·麦格雷戈著,余燕译:《大英博物馆世界简史》,新星出版社,2017年,第81—85页。

龙袍上的黑色斧钺标记之上。

考古发现的史前玉兵器种类有7种：玉斧钺、玉矛、玉戈、玉刀、玉铲、玉剑、玉镞。这些玉兵器承接着石器过渡到金属器的中间阶段，东汉年间的《绝越书》依稀透露出黄帝时代与玉兵器使用的关联，研究者对专项考古发掘材料分析后发现，黄帝时代正好对应中原仰韶文化庙底沟时期，在当时渭河流域的贯通作用下，地方社会上层领袖们标配一种深色蛇纹石玉料所制成的玉钺，也即"玄玉钺"。灵宝西坡遗址大墓出土的12件玄钺揭开了中原文明发生期的用玉传统，到了龙山文化时期，在玄钺的传统上又引进了黄钺，也即陶寺、清凉寺、石峁与庐山峁遗址中以透闪石为玉料的玉礼器规模登场。在青铜兵器批量使用之前，玉石钺也是一种颇具威力与杀伤性的武器，易华将史前社会风貌的变迁归纳为：从崇尚和平的"玉帛古国"转向崇尚武力征伐的"干戈王国"。钺在典籍学的阐释中指向"西方之星"，代表着人间的暴力杀伐。《尚书·顾命》："一人冕，执钺，立于西堂。"《鹖冠子·天则》："四气为政，前张后极，左角右钺。"陆佃解："一作越。钺，西方之星也。"唐杨炯《浑天赋》："伤成于钺，诛成于锧，祸成于井，德成于衡。"叶舒宪教授认为，钺的神圣性来自天上，人间王者也就顺理成章使用钺来代表自己的权威，《荀子·乐论》云："军旅斧钺者，先王所以饰怒也。"不仅如此，汉字中"王"字古老写法就像一个兵刃向下的装柄大钺，钺以王权的重要象征让杀伐与威严有了神圣化的符号内涵。考古证据表明陶寺出土的玉钺约有三分之二没有被使用过，[1]其作为象征性的玉礼器（如陶寺M3168：10的灰色玉钺），影响了二里头文化和商代玉钺、铜钺上镶嵌绿松石的做法。[2]龙山文化后，西部的齐家文化靠着玉矿资源的地理位置优势"近水楼台先得月"，迎来了西部用玉的又一高峰，不过齐家文化玉器生产总体上因袭前代玉文化传统，鲜有发明创造。到了三代时期，二里头文化的玉钺是高等级墓葬的标配，除此之外，优质透闪石玉所制成的玉戚由祖型玉钺之中脱颖而

---

[1] 高炜：《陶寺文化玉器及相关问题》，解希恭主编：《襄汾陶寺遗址研究》，科学出版社，2007年，第466—477页。
[2] 山西省考古研究所等编，薛新明主编：《清凉寺史前墓地》，文物出版社，2016年，第360页。

出，并加入了突出的钼牙符号。这种钼牙符号代表一种通神的联想，强化了玉戚神圣的礼制化特点，并指导了商周时期的玉礼器发展，如殷墟妇好墓中出土的白玉玉戚等。不过三代时期玉钺开始向着金属钺转向，其主要原因是资源的稀缺与技术的垄断，让金属器在初始阶段十分有限，仅供社会高层统治者的掌控。统治者通过神圣化与神秘化的手段，使得金属器成为普通社会阶层可望而不可即的宗教奢侈品。

钺的神圣化工艺模式在距今5 000年之际的南方环太湖地区，已然达到了登峰造极的地步。在安徽潜山薛家岗文化和上海崧泽文化时期，石钺上开始出现涂朱和彩绘，除此以外还有符刻、雕琢扉棱（钼牙）、钻空或镶嵌、雕刻神徽的标记方式出现，这都表现出钺这种礼器的神性，与不同于普通实用器的品格。钺的礼器制型在长三角地区先后经历了马家浜—崧泽—薛家岗—凌家滩—良渚等多个史前文化的演化，从距今7 000多年到距今5 000多年传承约2 000年之久，结合旧石器时代"石斧"或"石钺"的实用器文化原型来分析，叶舒宪教授认为，玉钺在长三角玉文化的发展过程中起到了一定的引领作用。以良渚成熟完善的玉礼器系统为代表，其后世在中原文明中发现的玉礼器种类有五种，即：钺、琮、璧、璜、镯。玉镯作为沿用至今的普通饰品已然失去了其神圣性。玉璧大批出现在女性墓葬中，且兼有祭祀祭品的文化内涵，所以玉璧的社会品级与地位稍低。玉璜在多数墓葬中属女性拥有，在高等级墓葬中出土比例不到一半。所以流传到中原三代文明的玉礼器便只剩下了"玉琮"和"玉钺"。根据浙江省文物考古研究所撰写的考古报告《瑶山》一书中，玉钺在瑶山南行（按照墓葬位置南尊北卑的关系）墓列中均有出土。再看比瑶山墓葬等级更高一层的反山考古发掘报告，反山M12"祭司王"的墓葬中出土玉钺一套三件，其中M12：100玉钺刃部表面上雕刻精美的带羽冠的神人形象。不仅如此，反山大墓与玉钺一同共存的玉器唯有"玉三叉形器"，玉三叉形器推测为王冠类的饰品，有着通天与接收神灵信息的文化映射，再结合玉钺羽冠神徽图像，勾勒出祭司在良渚社会中至高无上的神权地位，从侧面凸显了玉钺在长三角地区玉礼器系统中的品级与重要性。徐世练认为，玉钺在长三角地区的主要发源地在茅山山脉及太湖西北部一带。杨伯达在《中国玉文化玉学论丛》中提出，长三角的用玉习俗有着一定的同源性，北进影响了北阴阳营文化，西进影响了凌家滩、薛家岗文化，南进影响了河姆渡文化，并最终形成了环太湖的用玉习俗。陈明辉在《距今6 000年前后环太湖的文化格局》中，将最早的马甲文化分为两期，前期为距今7 000—6 300年的平等原始部落，后期为距今6 300—5 900年的分层社会。在后期分层社会中三星村遗址出土了雕刻动物形象的骨制柄饰的豪华石钺，石钺的礼器文化特征初显。该遗址的墓葬M840还出土了一件叶腊石所制的"美石"钺，如果将"美石"视作"玉"的话，这件距今6 000年以上的叶腊石钺应该算是整个长三角的玉钺之祖了。叶舒宪教授认为，北阴阳营二期到三期过渡之际石钺的形制发生了从"舌形弧刃石钺"到"凤形直刃石钺"的变化，时间上相当于崧泽文化早期到晚期过渡之际。从出土实物数据来看，崧泽文化时期，石钺不仅形制发生改变，透闪石玉料也开始少量用于钺的生产。仲召兵在《崧泽文化圈形成的原因及其意义》一文中指出，崧泽文化晚期人口激增，在社会物质生存条件的改变下，手工业者从一般粮食生产者中脱离出来，为玉礼器的专业化发展提供了条件，并最终在良渚文化时达到顶峰。个人认为，斧钺符号中的神圣标志有着相似的文化编码原型，但其神圣性不是绝对唯一的，而是具有可转移性的特点。良渚文化中，以神徽为代表的神圣图像被标记在玉质人工制品上，像是统治者的有意选择。正如苏美尔楔形文字被选择刻印在石板上一样，统治者优先选择易于永世保存、不易腐坏的材料，并将神圣性的代表符号刻印在上面，以彰显出对于神权政权永世流传的政治野心。而后，这种神圣性符号进一步转移到其他人工制品上，用文化扩散的方式，在人工制品的传播媒介上对文化加以影响，最终决定社会文明的后世走向。

从工具钺到礼器钺，也即从战争武器石斧石钺进化为礼器玉钺后，玉钺便成为史前社会中社会统治阶级的特有标志物。叶舒宪教授通过考察良渚文化随葬玉的特点，提出了"钺不单行"的用玉制度命题，即：凡有玉钺出现的高等级墓葬中，这些玉钺的玉料一般都为浅色的青黄色，同墓中一般都配以一件至多件深色的石钺，与玉钺构成二元对立的颜色谱系，正如阴阳乾坤的文化编码的二元论语法一般。①这种"玄黄二元论"的思想，从文物溯源的角度看，"玄钺"的传统早于"黄钺"。从文化研究的角度分析，李伯谦先生提出中国文明起源的两种模式说，他认为大量随葬玉礼器的红山文化和良渚文化都代表一种神权文化，而缺少玉礼器的中原仰韶文化和南方的崧泽文化代表军权王权文化。但在"祀与戎"并重的史前社会，祭祀与战争是第三方权利"王权"出现的前提，这样"灵石崇拜"一类的万物有灵观念在通神祭祀的社会中有着不可替代的作用。

神圣的斧钺文化贯穿9 000年的华夏文化源流，从文化学再编码角度审视其文化编码意义，就会发现斧钺文化的神话历史表现在社会不同层级之间。从"斤""王""父""斧"四个汉字发生过程判断："斤"与"王"作为单独的象形字先产生，而后合一产生会意兼象形字"父"，最后三合一形成了会意字"斧"。除了汉字外，斧钺象征王权的符号传统在周代以下的帝王黼扆制度中表现明确，根据《尚书·顾命》与汉儒孔安国的疏注分析，黼扆作为皇帝在朝廷上的专用屏风，上面要绘制出黑白相间的斧钺图像。汉代汉画像石与汉画像砖上有"斧车"的出现。魏晋南北朝时期史书中常出现"假黄钺"的现象，也即一种天命皇权钦定委任军权的行为。叶舒宪教授认为，《旧唐书·肃宗本纪》所记载楚州刺史向皇帝贡献"雷公石斧"一事，应视为"神话历史"的书写典型案例。明清时期，"府上有兽"与"府上有龙"之类的吉祥祝愿，被雕刻成斧钺形玉佩上具体的神兽与神龙形象，也是斧钺文化世俗化的一种拓展。斧钺伴随着人类社会从两百万年前一路走来，在唯一没有产生中断的文明古国——中国，其文化内涵仍在不断地被重新发掘与探索，斧钺的故事不会止步于此，它将继续讲述新的中国故事。

---

① 叶舒宪:《盘古之斧:玉斧钺的故事九千年》，上海人民出版社，2021年，第109页。

海外宝卷研究的新起点
——评《海外藏中国宝卷整理与研究导论》

李 妍

（西北师范大学文学院）

《海外藏中国宝卷整理与研究导论》（以下简称《导论》）是李永平教授主持的国家哲学社会科学重大项目"海外藏中国宝卷整理研究"系列成果的第一部，作为海外宝卷收藏与研究的提纲挈领的重要著作，该书不但概括总结了海外中国宝卷的研究现状，更是把宝卷研究推向跨文化、跨学科，进一步拓展了国际视野，开启了宝卷研究的新征程。

从时间上看，《导论》展现了更纵深的宝卷研究时限。国内宝卷研究始于20世纪初，标志性事件是顾颉刚的论文《孟姜女故事的转变》（1924年）；郑振铎的论文《佛曲叙录》（1927年），1938年郑振铎出版了《中国俗文学史》，单列"宝卷"一章。海外学界对宝卷的关注则可以追溯到1833年德国传教士郭实猎（Karl Friedrich Gutzlaff），他在一篇谈论佛教的文章中讲述了《香山宝卷》的内容，并把部分译文发表在英文报纸《中国丛报》[1]上。英国传教士艾约瑟曾于1858年在英国皇家亚洲学会（香港分会）做了一次关于"无为教"（罗教）的演讲。1903年，荷兰学者高延（Jan Jakob Maria de Groot）运用福建地区的宝卷资料论述了"先天教"与"龙华教"。从时间上

---

[1]《中国丛报》（*Chinese Repository*）是美国传教士裨治文（Elijah Coleman Bridgman, 1801—1861）1832年在广州创办的第一份向西方世界介绍中国的英文刊物。

来看，海外学者更早地利用和开发了宝卷的学术价值。

从空间上来看，本书向我们展示了宝卷在英语世界、俄语世界、日语世界及越南语世界中的研究概况。美国欧大年（Daniel L. Overmyer）研究宝卷的宗教意义和价值。韩书瑞（Susan Naquin）通过宝卷研究民间信仰。姜士彬（David Johnson）将宝卷列入了中国俗文学的研究。伊维德的学术贡献展现在他从戏曲到宝卷的研究路径及他对大量宝卷的辛勤翻译。

俄罗斯学者20世纪50年代开始关注宝卷文本，孟列夫（Lev N. Menshikov）所著的《中国古典戏剧的改革》（1958年），李福清（Boris L. Riftin）编写的《万里长城的传说与中国民间文学的题材问题》（1961年），其中都涉及了宝卷，并对整个题材做了分析。司徒罗娃（Elvira S. Stulova）对俄罗斯收藏的宝卷进行了考证工作；白若思（Rostislav Berezkin）痴迷中国宝卷十余年，出版了俄文、英文宝卷研究著作，发表数十篇宝卷研究成果，引发中外学界关注。

日本是搜集研究中国宝卷最多的国家，日本学者对宝卷的研究是从收集道教资料开始的，最终进入了多学科的交叉研究，成果丰硕。海外宝卷研究可谓硕果累累，所有这些都让我们看到了宝卷在中国之外更广大空间中的传播与研究。

《导论》指出海外中国宝卷的收藏"地图"大致分为日本及东南亚、欧洲、北美三大地区。翔实记录了中国宝卷在北美、东欧、西欧、东南亚、澳大利亚各国公共图书馆及私人手上的收藏现状。让研究者对宝卷版本海外流传情况了然于心，从此所有的宝卷研究都将不再局限于一国之内。海外藏宝卷整理研究的重大意义主要体现在两方面：首先是"收藏海外珍本，补充本土研究"；其次是"守护传统文化，提升国际影响"。海外藏宝卷地图的绘制，研究意义的准确定位，为"宝卷学"的建设做出了重大贡献，开启了宝卷研究的新征程。

《导论》反复提及宝卷学科性质问题，"宝卷是由俗讲演变而来，历经宋代谈经、说参请、说诨、讲史等，并受到中国传统艺术形式话本、小说、诸宫调及戏曲等影响，明清以来流行于甘肃河西、洮岷地区，青海河湟谷地，山西介休，江苏常熟、靖江等地，是以祈福禳灾为主要功能的文化文本"。在宝卷的功能作用方面，车锡伦从信仰、教化、娱乐三个角度进行归纳，李永平从禳灾角度进行完善补充。车锡轮的概括全面准确，李永平从人类学的角度揭示了宝卷深层且本土化的重要功能特征。书中明确指出宝卷的定性问题上，要采用"多元"视角审视宝卷，宝卷"既是一种集音乐与文学于一体的讲唱艺术，又是民间宗教信仰的表达方式，同时更是民间社会生存、生活方式的一部分"。这样的理论思想对将来的研究实践有着重要的指导意义。

著作的结语部分，提出宣（念）卷、抄卷、助刻与搬演是一套古老的文化治疗仪式。这一观点笔者在田野调查中有过深刻的体会：宣卷（念卷）是一种神圣的仪式，净手、燃香、献供、开卷、宣（念）卷、接卷和送神。念卷人在以香火送去的信息，飨宴带来的诱惑、神人共娱的氛围中，达到通透明净的境界恭迎神佛降临。念卷人念卷的过程就是神人对话的结构模式，念卷人唱的韵文部分代表了神的声音，念卷人念的散文部分代表了人的声音，韵散结合的实质是神人对话，接卷活动仪式性地表达了人对神因敬畏而产生的顺应。西方世界对话的前提是人与世界二元对立，中国对话的前提是天人合一。在宝卷中我们领略到了中国式的天人对话，没有对抗，没有矛盾。人与世界、人与神浑然一体，对话只是在重复中一次次地确认神与人同在、人与本质同在。在每一次宣卷的神圣场域中，每个人都在接受心灵的疗愈，精神的荡涤。

在《导论》的指引下，海外藏宝卷资料的影印编辑、数据库建设、理论建设等一系列成果呼之欲出。这些研究都将成为宝卷研究的重要富矿，成为宝卷研究取之不竭的原材料。书中明确指出，在基础性材料建设方面、宝卷的集成和编纂方面，将有宝卷丛书出版。此外，宝卷与文学艺术方面的已有成果主要集中在《西游记》《金瓶梅》《孟姜仙女宝卷》《香山宝卷》《型世言》等著名作品，面对如此浩瀚的宝卷资源，如何更加广泛、全面地挖掘其他作品和其他地方的材料并加以深入研究，乃是今后获得突破的关键问题。此外，关于宝卷与民间风俗、道德教化关系的研究；关于宝卷与农民运动/政治稳定关系的看法；关于宝卷与方言俗语、女性问题、经济利益关系等问题，都留有很大的研究空间。

　　本书以全局性的眼光，把宝卷研究指引到了新的高度和广度。宝卷在传唱、传承中整合着中国经典文化与民间文化。在向海外传播的过程中，担负起了宣扬中国文化、提升国际影响力的重要使命。"宝卷学"学科建设是一项工程浩大的学术工作，本书以习近平总书记在哲学社会科学工作座谈会上的讲话精神为指导，为"宝卷学"新时代的发展指明了方向，开启了新征程。

新文科背景下宝卷研究的新思考
——李永平教授访谈录

李永平　邱玉祺

邱玉祺（以下简称邱）：李老师您好，很荣幸能有这个机会就宝卷研究的若干问题向您请教。随着您的国家社科基金重大项目"海外藏中国宝卷整理与研究"的调查推进，您和您的弟子们都取得了很多优秀的学术成果。我想先从您的研究领域入手，向您请教一些关于宝卷研究与新文科建设的具体问题。首先能请您为我们介绍一下宝卷研究的具体情况吗？

李永平（以下简称李）：宝卷来源于中国民间文化传统，是由唐代俗讲演变而来的，包含宗教信仰、历史故事等内容的传统说唱文学形式。其内容多以扬善抑恶、劝俗警世为宗旨，既能兴教化、劝操守，又具有很强的愉悦性情、启迪心灵之作用；且其种类繁多、形式活泼，语言生动形象、通俗明快，具有很强的艺术感染力。因此，其一直深受民众欢迎，为百姓所喜闻乐见，至今仍盛行于南北各地民间，在弘扬中华传统美德、维护社会公序良俗方面发挥着重要作用，近年还被列入了非物质文化遗产名录。

作为了解和研究中国民间信仰及民俗活动极为重要的珍贵资料，宝卷同时也是弥足珍贵的中国民间文化遗产。国内的宝卷研究生发于20世纪初期，1927年，郑振铎在《中国文学研究》上发文介绍了36种宝卷，是现代宝卷研究的开端。自郑振铎先生整理研究宝卷以来，此后相继有傅惜华、胡士莹、李世瑜、张希舜、马西沙、韩秉方、车锡伦等前辈学人投入宝卷的搜集和整理研究工作，取得了令人瞩目的成果。近年来，受到国家"非物质文化遗产"保护政策的支持，宝卷成为国家级非物质文化遗产，宝卷越来越受到国内学者的关注，也逐渐掀起了宝卷研究的热潮。

邱：那您为什么会选择宝卷作为您的研究基点呢？

李：与中国古代经典文学所表现出来的正典性、规范性相比，宝卷生发于中国传统的民间文化语境，是一种古老的、在宗教和民间信仰活动中按照一定的仪轨演唱的中国传统说唱文本，具有宗教经卷、民间故事、民俗仪式文本等多重属性，其本质是一种口头说唱文本。宝卷的内容囊括中国民间宗教教义；宣讲佛、道教义的宗教故事；劝善惩恶的民间故事及祈福消灾的仪式叙事等，涵盖中国传统民间日常生活是其重要的表征，可以理解为是拥有丰富文化记忆的"民族志"。那么这样一来，对宝卷进行深入研究，能够发掘从古至今传承下来、在一定程度上被官方遮蔽的中国民间文化与智慧，在对中国民间社会生活史的研究上具有重要的作用；也能够更好地"以具体问题为导向"，从而进行从文本层到社会层再到心理层的中国传统文化的深层逻辑结构研究，也是对西方中心的文化霸权的消解与反抗。

邱：那么您觉得"新文科"思想的提出，对当下的宝卷研究有什么样的启发呢？

李：我们都知道，目前的学术研究有个问题，就是学科越分越细，严重遮蔽了我们的关注视野。[1]然而，我们当下正处于一个社会大变革的时代，由西方引进的学科分化观念与制度已然不合时宜，无法解决日益复杂的人文科学、社会科学与自然科学研究。这种学科细化在当下的学术研究中已无法满足解决具体问题的需要，没有哪一个问题是被限定在单一的学科框架内的，固守学科的界限，只会让我们的学术视野变得越来越窄，思考的问题越来越琐细。

---

[1] 李永平：《"纵出"与"横出"："文化文本"观念对文学研究的革新》，载李继凯、叶舒宪主编：《文化文本（第一辑）》，商务印书馆，2021年，第50页。

在对宝卷进行研究的过程中，最初是对宝卷内容与形式的分析，如从宗教思想、宗教历史、文体变化、音乐类型等视角进行切入。以往这种对宝卷的文本细读式的研究还存在一些不足之处，例如一些学者们大多恪守学科界限的樊篱，仅从自己的学科背景、专业角度出发来对宝卷进行研究讨论，这会造成对宝卷研究的偏颇与矛盾。宝卷自身具有多元归属的性质，横跨文学、宗教学、民俗学、人类学等领域。我们应该将各学科融会贯通，将自身学科与他者学科的视角相结合来对宝卷进行研究，才会避免只知其一不知其二的尴尬。

随着对宝卷研究的深化，也出现了从整体视角出发、运用跨学科的方法对宝卷进行观照的研究。20世纪80年代中期，扬州大学的车锡伦与山东大学的路遥将人类学田野调查的方法引入宝卷研究领域。车锡伦通过长期对靖江、苏州等地的民间宝卷进行搜集整理、对"宣卷"活动进行详细调查，不仅从文本的角度对宝卷进行阐释，还对"宣卷"活动进行了细致记录，并出版了《中国宝卷研究》等巨著。[①]运用人类学田野调查的方法可以使我们对"宣卷"活动有更真切的认识，了解文字记载以外的真知，与宝卷文本互为表里，形成宝卷文本与"宣卷"仪式的互证。可以说，近年来学者们在宝卷领域的研究，体现了具有跨学科、破学科意义的研究实践，呼应了当下新文科建设的重要工作。

我们都知道，2020年，教育部新文科建设工作会议上发布了《新文科建设宣言》，吹响了求变革、重跨界的新文科研究的号角。何为"新文科"？"新"在何处？《新文科建设宣言》指出：新时代新使命要求文科教育必须加快创新发展。这一创新发展不仅体现在研究领域的扩展与融合上，还体现在使用"交叉学科"的方法重释中华民族传统文化上，要重新激活中华优秀传统文化的内在基因，坚定文化自信，向世界推出中国话语与中国理论。这为我们带来了全新的学科视阈和研究思路。宝卷作为内容丰富的中国民间传统文化的载体，扩展了文学研究的视野，丰富了中国文学的内涵。更何况，宝卷

---

① 李永平、伊维德、白若思主编：《海外中国宝卷收藏与研究导论》，上海古籍出版社，2023年，第6页。

本身就具有多层次、多学科交叉的属性，勾连起了文学、美学、民俗学、人类学、历史学、认知学、社会学、地理学等多学科的研究互动。同时，也只有打破学科壁垒，运用跨学科的研究方法，才能深入挖掘宝卷背后的文化基因，开拓中华传统文化新的阐释空间，释放中华文化投射力。

邱：您认为由于宝卷本身的多元属性与跨学科层次，用跨学科的视野与方法对宝卷进行研究能够呼应当下新文科建设的重大工作，拓展中华传统文化新的阐释空间。那我们应该如何运用跨学科的方法对宝卷进行研究呢？

李："宝卷作为一种十分古老的、在宗教（佛教和明清各民间教派）和民间信仰活动中，按照一定的仪轨演唱的说唱文本"①，其本身的多重属性在于，在宗教活动中，它"演绎宗教教理，是宗教经卷，不是文学作品；同时又有部分宝卷是说唱文学故事，是一种带有民间信仰色彩的说唱文学形式"②。许多文献都充分表明了，对宝卷的创作是在久远的口头传统框架及程式基础上的编创，其原始状态只是口头流传，并没有抄本或刻本，口头展演是即时发生的，被记录下来才能跨时空传播。表演者在与观众的言语、动作、情感交流中完成表演，完成意义生成与传递的过程。宝卷的创造性表现在于它能够在多大程度上利用传统给定的形式，向民众灌输教派思想或民间信仰。作为口传文学，不同传承人会对于同一口传文学发展出不同的视角。因之，口传文学的文本与本族群社会情境密切关联。由此，有口头文学生发而来的宝卷也顺理成章地成为彰显"地方性知识"的动态生成文本，具有集成性、传承性、变异性等特点。

这就要求我们对宝卷进行研究时，不能仅仅将其看作是由口头文学传统演变而来的书面文字文本，要将其还原到具体语境当中去。需要强调的是，我们在这里所指的对宝卷的研究，既指对宝卷文本的研究，也指对宝卷口头展演活动（宣卷、念卷）进行田野调查。查阅文献、梳理资料等案头工作是

---

① 车锡伦：《中国宝卷研究》，广西师范大学出版社，2009年，第1页。
② 李永平：《神授天书与代圣立言：宝卷来源的人类学解读——以〈香山宝卷〉为中心的考察》，《民俗研究》，2012年第6期。

民间文学研究的必要环节。但是，缺乏现场观察和过程体验，仅依靠不完整的记录文本所进行的民间文学研究难免会进行设想和推测，造成某些方面的过度阐释或误读。这其中就需要运用文学、人类学、美学、民俗学等方法进行阐释。为此，我主张用中国文学人类学派提出的"文化文本"观念进行思想上的更新，用多重证据互证的方法进行方法论上的革新。

那么什么是"文化文本"呢？美国人类学家格尔茨认为，文化是由人们在社会互动过程中创造出来的具有系统性、公开性和象征性的意义结构。格尔茨着重关注的是人们的行为、行动之间的互联与之形成的文化意义，即"文化文本"（culture as text），这为将文化视为文本进行研究提供了可能性。[1] 中国的文学人类学派将"文化文本"与"再语境化"的观念相结合，倡导对某一行动或文化现象意义的解读应以行动者的仪式为中心，并将它放在原来的脉络中来解读。[2] 实现"再语境化"的途径，则需要我们把材料放置在无文字的"大传统"语境中去，探索揭示这些材料线索背后反映的文化基因与根脉。实际上，中国文学人类学派提出的"文化文本"不是指客体存在的、静止不动的文本，而是带有历史深度认知效应的一种生成性概念，是指在主客相互作用下不断生成和演变之中的文化符号系统本身。文化文本的概念意味着对文本阐释的方式可以运用到对文化的阐释当中，用以发掘文化背后的符号系统及其元编码。多重证据是指文字证据、图像证据、考古证据、仪式证据等多种证据的交叉互证，是以问题为导向的跨学科实证方法。基于上述思考，从文学人类学视角出发，以整体性的"文化文本"理念，结合科学的田野调查实践与多重证据互证，把宝卷研究从文本层面跨越到文化层面再回归到社会层面，将有特殊的意义和价值。

邱：您提出要从理论与方法论上进行更新，能不能举一个您的研究成果，来说明运用这些方法研究宝卷的有效性？是如何以问题研究为导向的？

---

[1] Clifford Geertz, *The Interpretation of Culture: Selected Essays*, New York: Basic Books, 1973, p.10.
[2] 叶舒宪：《文化文本：一场认知革命》，载李继凯、叶舒宪主编：《文化文本（第一辑）》，商务印书馆，2021年。

李：具体的研究案例就拿我对《张四姐大闹东京宝卷》的研究为例，来说明如何用文化文本的观念加多重证据互证的方法对具体问题进行研究。

"张四姐大闹东京"是较为经典的、广为流传的民间故事，其宝卷版本的故事演述，位居存世宝卷数量前十。仅对其文本内容进行研究，我们很容易能划分出它的情节结构，"张四姐大闹东京"的故事开篇为崔家家道中落；幸而玉帝第四女张四姐下凡与其结为夫妻，并帮助崔家渡过难关；员外王半城因嫉妒设计陷害崔家，张四姐为救夫郎大闹东京，打败包公；包公四处查访得知张四姐原身；玉帝大怒，派兵捉拿不得，得知崔文瑞原是老君殿上仙童；最终，一家三人都被玉帝召回天宫。从情节来看，这是很传统的主人公历险—大团圆情节结构。但是我们发现，"张四姐大闹东京"的故事不仅流传于宝卷文本中，还广泛地存在于小说、戏剧、民俗仪式中。常见的有京剧《摇钱树》、河北梆子《瑞花》、黄梅戏《张四姐下凡》、花鼓戏《四姐下凡》、皮影戏《张四姐》等。①

那我们就可以引出一个问题，为什么"张四姐闹东京"的故事被大众喜爱并广为流传？支撑张四姐故事的叙述法则也就是文化编码又是什么？脱离宝卷的文本语境，结合宣卷仪式、戏剧文本，将多种文化文本串联在一起，对这些类似的情节故事加以研究，我们可以发现"张四姐大闹东京"故事背后的文化编码是"大闹—伏魔—禳灾"原型。故事情节中有包公对张四姐身份的查访，这其实就是"伏魔"的变体，最终四姐重返仙籍，并度脱了凡男崔文瑞。张四姐下凡—结亲—遇难—反抗—大团圆这类叙事结构和搬演中的仪式结构其实象征着幸/不幸、平安/遇险，甚至是生/死之间的对立，只有通过主体斩杀或降服引起动荡的凶煞，才能消解对立。由此我们能够看出，活态文本和仪式展演背后，是"大闹—伏魔"的倒U原型结构。这一结构不仅体现了民间心理，更是扎根于由远古累积而来的审美心理结构，即"禳灾"的文化心理。

如若按照弗莱的观点，文学作品是文学原型的表达，包含大闹—审判—

---

① 详见李永平：《"大闹"与"伏魔"：〈张四姐大闹东京宝卷〉的禳灾结构》，《民俗研究》，2018年第3期。

伏魔原型结构的文学，只是"大闹—伏魔"原型的一部分，由此抽离出来的"禳灾"文化心理，广泛地存在于宝卷、戏剧、民俗活动等文化文本中。这些不同的文化文本是对"禳灾"原型的不同呈现，它们相互影响，彼此牵连、转化、交错相通，构成了一个复杂的文化—社会网格，并最终在与社会实践的互动中发挥着社会功用，解决实际问题，实现"文本—仪式—社会"的互动，形成"阈限连续体"（liminal continuum）或"中间状态的连续体"①。我们不能仅从文学文本中寻找这一原型及其根源，而要将口头传说、社火、仪式剧和傩戏仪式等文化文本串联在一起，才能全方位展示人类文化生成和发展的动态过程。②

邱：您认为在各类文化文本中，存在一个"大闹—伏魔"的原型结构，背后隐藏的是"禳灾"的原初文化心理，是否可以总结出您研究关注的重点在于围绕"禳灾"问题进行一个交叉学科研究？您能再具体详谈一下"禳灾"原型吗？

李："禳灾"结构原型广泛地存在于文化文本之中。像世界范围内的"屠龙""替罪羊""被襫""洗冤"母题，其背后隐藏的都是"禳灾"的原型心理。在中国古代，包含"禳灾"的文本有元杂剧《神奴儿大闹开封府》、明小说《新刻全像五鼠闹东京》、晚清侠义公案小说《五鼠闹东京包公收妖传》、目连戏《捉寒林》等。除此之外，还包括民俗活动中的端午"驱五毒"仪式、辟邪木板节令画、祭祀仪式剧等。

从禳灾的原初心理过程来看，"在面临极度干旱、地震、瘟疫等令人恐惧的自然灾害，或经历恐怖、暴力等意外伤害时，就会从陌生阈域发出现实的或想象的威胁和焦虑，使人类从远古以来就形成受迫害的集体想象和深层焦虑，它孕育了成年礼、禁忌、禳灾、献祭等一系列仪式活动及潜意识象征性编码体系"③。这套"禳灾"编码体系是文化大传统，它持续影响民间文化

---

① 详见李永平：《对戏剧及宝卷中关羽形象的跨文本研究》，《思想战线》，2023年第5期。
② 详见李永平：《"大闹"与"伏魔"：〈张四姐大闹东京宝卷〉的禳灾结构》，《民俗研究》，2018年第3期。
③ 李永平：《禳灾与记忆：宝卷的社会功能研究》，中国社会科学出版社，2016年，第244页。

流传、演变的元逻辑。

从灾害的来源看，人类学家的研究表明，疾病、瘟疫、灾厄等来源于未被分类的、处于阈限状态的"污染物"。如玛丽·道格拉斯在研究中指出，远古以来，人们通过建立分类体系，来确定污染的来源和危险所在，并在此基础上建立民俗禁忌和律法。人们相信危险来源于道德伦理上的"过错"，人们会通过分类以区分有序和无序、内部和外部、洁净和不洁净，边界的含混不清、反常的情形等都是不洁的、危险的、污秽的。[①]另一位人类学家范·热内普也认为，由于过渡阶段是一种无法被分类和加以定义的状态，所以处于过渡状态中的人或物会滋生危险。进一步讲，从一个状态走向另一个状态的人或物本身处于危险之中，且会污染周边的环境，造成"失序"。换句话说，灾害的根源在于"失序"。从古至今，由于人为的污染（包括失祀、冤狱、罪孽）所导致的"失序"，人们不得不搜寻替罪羊，祭祀禳灾，祈求上苍宽宥，使天理昭昭，以使宇宙秩序恢复明朗，净化或转移这些污染，使一切重回洁净状态。

从禳灾的主体来看，民众选择的禳灾主体通常是被赋予民间崇拜的英雄或传奇人物，如颛顼、关羽、钟馗、包公等，这些角色被视为法力高超、驱邪禳灾的救世主，能够替天行道、普度众生、化解灾厄。就拿大家都熟悉的关羽来更为清晰具体地说明禳灾主体。作为中国古代"忠义仁勇"的代表，关羽被逐渐塑造成了保护神、战神、正义神等神话形象，被封为"三界伏魔大帝"，是被民众选择的英雄典范，成为禳灾主体，因此责无旁贷地承担了"斩妖伏魔"、醒世救劫、护国佑民的逐疫角色。我们总能在一些禳灾、逐疫、祈福等民俗活动中看到关羽的身影。比如禳灾驱瘟的关公戏。简单地说，关公戏指以关羽为主角的杂剧、传奇和地方戏。涉及关羽斩妖的戏剧有《破蚩尤》《关公斩妖》《关大王破蚩尤》等。[②]除了戏剧外，有关关羽禳灾的叙事还存在于大量宝卷、善书、图像中。比如《伏魔宝卷》，人们在讲

[①] 玛丽·道格拉斯：《洁净与危险》，黄剑波、柳博赟、卢忱译，民族出版社，2008年，第3页。
[②] 《迎神赛社礼节传簿四十曲宫调》，明万历二年（1574）手抄本影印，载山西师范大学戏曲文物研究所编：《中华戏曲》第3辑，山西人民出版社，1987年，第1—50页。

唱《伏魔宝卷》的过程中，就是在激活、发挥其逐疫的社会功能。在善书文本中，如《关帝历代显圣志传》《关圣帝君圣迹图志全集》等，有"解池斩妖""山海关辟瘟""救病示医"等故事。《指路宝筏》中这样描述关羽："下元末劫起刀兵，水火虫蝗瘟疫临。无极天尊心不忍，悲悲切切度残零。一为善良除孽障，二为国家定太平，三与诸生把善积。指明孚路好回程。"① 这些文本关涉瘟疫、疾病、洪水、旱灾等母题，在这些危机之下，人们选择关羽扮演救危扶弱的、解天下倒悬的角色，其背后蕴含着的是希冀关羽斩妖伏魔以禳灾的文化心理与文化传统。

从禳灾的方式看，是"闹"。从《张四姐大闹东京》的"闹"字，我们就可以窥得度过阈限危险的方式，就是要"大闹"。无论是《张四姐大闹东京》中关于"闹"的书写，还是关公戏中对"关羽斩妖"情节的叙述，抑或是端午"驱五毒"的仪式、驱邪版画等，其突出的都是一个正邪之间的对抗——"大闹"。从字义看，"闹"代表度过危险；从其表述功能看，"闹"作为民俗意义上的热闹氛围，到今天仍然有着丰富的社会功能。热闹存在于成人仪式中，帮助个体度过关卡，如满月、及笄礼等；热闹还有助于重组生活环境，如闹洞房；热闹还是群体相互帮助，度过阈限阶段的方式，如陕南孝歌就有孝子《闹五更》，热热闹闹度过阈限才能进入新的阶段。② 通过对"闹"字的字义、表述功能、社会功能进行剖析，我们可以得知，"大闹"实际上是关于阈限场域的仪式性书写，这是热闹的内在结构。中国文化传统以"闹"（大闹、热闹）等活动度过危险，"闹"也因此成为具有净化禳解功能的阈限阶段，只有经过"大闹"才能渡过重重"关煞"，"焐热"重组生存环境。只有把这些宝卷、戏剧还原到文化文本的结构网络中，我们才能发掘其中"大闹"的互文结构和禳灾内涵，也能洞悉本土审美范畴"热闹"的情境。③

"禳灾"文化传统的形成和演变是一个极其复杂的文化现象，它涉及社

---

① 《指路宝筏》，第38a—b（566）页。
② 李永平：《"大闹"："热闹"的内在结构与文化编码》，《民族艺术》，2019年第1期。
③ 李永平：《"大闹"与"伏魔"：〈张四姐大闹东京宝卷〉的禳灾结构》，民俗研究，2018年第3期。

会学、历史学、语言学、心理学，当然也包括认知科学等诸多学科。只要深入中国实际，我们就会发现相当一批仪式文本，它们与社会愿景、表演情境一起构成"互动仪式链"，在社会实践、民众的道德生活之间搭建起桥梁，架起禳灾的文化空间，并由此形成了禳灾的文化大传统。

邱：您刚才谈到了禳灾的文化心理与禳灾主体，那您能详细说明一下禳灾的客体或受众吗？禳灾文化大传统是否在某种程度上也体现了文学治疗的功用呢？

李：一般来说，禳灾的受众是饱受灾害、瘟疫、恐惧折磨的民众，其客体通常是处于阈限状态、未被分类的人或物，对社会秩序存在着严重的危害。从宏观的角度来看，人们通过禳灾仪式，使社会从动荡不安的阈限状态恢复到和谐状态，度过灾厄。从微观的个体生存角度看，禳灾也使得个体精神恢复和谐。你说得很对，这二者都体现了文学治疗的作用，也串联了文学与医学、社会学、心理学、认知学等学科的相互作用。

谈及文学治疗，我们首先要明白，文学作为一种人学，与人的生存息息相关。叶舒宪曾对文学的治疗功能进行过概括，"文学是人类世界独有的符号创造的世界，对于调节人的情感、意志、理性之间的冲突和张力，维持身体与心灵、个人与社会之间健康均衡的关系，进而形成健全的人格具有不可替代的作用"[1]。因此，文学本身就蕴含着对人从心理—身体的治疗效用，只不过在西方身心二元对立的观念下，文学治疗的效用被遮蔽了。

人们的疾病观与治疗观连接着身体、自我与社会。"在基础医疗领域中，内涵更广的生物—心理—社会医学模式正在发展。根据这种医学模式，疾病是联结身体、自我和社会的无形网络的具体体现。"[2]我们将身体作为社会的隐喻，那么身体中存在的疾病也隐喻着社会的结构性危机。从个体层面讲，治疗的对象可以说是某一具体的疾病；从群体性的层面讲，治疗的对象可以

---

[1] 叶舒宪：《文学治疗——关于文学功能的人类学研究》，《中国比较文学》，1998年第2期。
[2] 阿瑟·克勒曼：《疾痛的故事：苦难、治愈与人的境况》，方筱丽译，上海译文出版社，2010年，第4页。

说是大型的瘟疫；从社会层面讲，治疗的对象变成了引起社会动荡不安的灾祸，这就使得治疗从病理学意义走向了文化意义，治疗方案也就从单纯的技术手段走向了文化治疗。

从古至今，世界不同民族的人们发展出不同的文化治疗方式。这些文化治疗方式包括咒语、祝祷性说唱、劝喻世人的道德故事等。宝卷作为中国宗教布道传统与口头说唱文学相结合的产物，它的核心功能就是"神圣力量"的载体。宝卷讲唱的主要目的是供奉神佛、禳灾治病，人们通过做会宣卷、传抄助刻、搬演等一套古老的"文化治疗"仪式，实现禳解灾祸、恢复和谐的作用。

宝卷作为活态的禳灾语境，对其进行分析，可以得知其对社会、个体行为都具有修正与治疗的作用。《张四姐大闹东京宝卷》中，就有着极为明显的劝善惩恶、保佑世人的韵文："四姐宝卷才展开，王母娘娘降临来。天龙八部生欢喜，保佑大众永无灾。善男信女两边排，听在耳中记在怀。各位若依此卷行，多做好事少凶心。做了好事人人爱，做了坏事火焚身。作了一本开颜卷，留于（与）世上众人听。"[1]

从社会层面讲，宝卷对社会的治疗体现在帮助处于失序期的社会恢复日常秩序。人们通过做会宣卷、抄卷、藏卷、助刻等参与社会活动，与"上天"对话，以达到重新整合社会秩序的目的。从个体层面讲，中国文化传统的核心是天人关系，这其中包含了一整套以"天人合一"为目的的伦理体系。一些背弃人伦、违背道德伦理的行为都是违背天意的污染行为，会招致疾病与灾祸。也就是说，疾病与灾祸，是与个人品德紧密相关的。宝卷的故事文本是被大众选择的主流故事，蕴含着丰富的生活经验，这会给参与者塑造积极的心理暗示，形塑参与者的生活，重塑主体性。如在常熟的《香山宝卷》的讲经仪式中，女性参会者非常容易与宝卷中的妙善公主形成情感共鸣，共同体验妙善公主救苦救难的故事经历，最终自身也获得情感净化与自

---

[1] 方步和：《河西宝卷真本校注》，兰州大学出版社，1992年，第125页。

我完善。①对此，我们可以认为个体通过参与宝卷唱念仪式、抄卷等活动，在神圣空间中实现心灵的自我净化，修正个体行为，完善德性，最终实现生命的完整性，达到治疗的效果。

邱：通过宝卷研究挖掘中国本土禳灾与治疗观念，这是否就是您在开头提到的，发掘中华文化新的阐释空间呢？

李：是的，中国文化是"全息式"分散渗透到文化典籍和社会生活之中的。概括地说，在中华文明系统内部，信仰仪式—政治经济与社会结构治理相互关联，形成网状分布，全息存在管窥锥指，盘根错节，相互扶持。②

为此，我们在研究中，要以问题为导向。比如涉及禳灾大传统的材料繁多，禳灾原型就存在于神话、宝卷、善书、民俗仪式等文化文本中，对这些材料的处理与把握往往涉及跨学科的交叉互证和阐释。如果不在观念与方法上进行更新与突破，无意识或有意识不敢运用多重证据材料，仅仅在一个学科内部收集、处理材料，在学科本位内部论证"学术问题"，一是不能发现新问题，二是针对许多问题解决不到位，三是容易流于虚空推断和蹈空阐发。③以问题为导向，运用"文化文本"的理论，辅之以多重证据法，有助于我们还原被西方建构的中国文化，回到真正的中国文学的"生活现场"。

刚才我们用作为民间文学的宝卷来举例说明了文学中的禳灾大传统，现在我们用中国传统文学经典的《西游记》《水浒传》来佐证文本中存在的内在禳灾编码。我曾在陕西凤翔县做过田野调查，发现凤翔县有个叫"糟猴头"的版画，版画上印有"庇马温"三个字，被贴在马等大型牲畜食槽的上方，以求得牲畜远离瘟疫。糟猴头其实就是"弼马温"，这也体现了人们的禳灾心理。《水浒传》的核心，也是文化语境下的禳灾故事。作者在小说第一回就告诉我们：宋仁宗时期，天下大旱，瘟疫流行，仁宗召集文武百官

---

① 李永平、伊维德、白若思编：《海外中国宝卷收藏与研究导论》，上海古籍出版社，2023年，第299—230页。
② 李永平：《四重证据的升级改造与国学建设的传统价值》，《陕西师范大学学报》（哲学社会科学版），2016年第5期。
③ 同上。

寻求解决方法。这时候就有人提议,说要赶紧请张天师。洪太尉上了龙虎山后,鬼使神差地非要把伏魔殿打开,先是要把封皮揭了。里边一口井封着那些魔,上面有块石碑,说不能挪,他挪了;青石板不能挖,他挖了。结果大家都知道,冒出一阵黑气:"天摧地塌,岳撼山崩。钱塘江上,潮头浪涌出海门来;泰华山头,巨灵神一劈山峰碎。共工愤怒,去盔撞倒了不周山;力士施威,飞锤击碎了始皇辇。一风撼折千竿竹,十万军中半夜雷。"①这段情节在电视剧里边特别形象——从大殿的顶上都穿过去了。谁走了?三十六天罡星七十二地煞星。所以这部小说第一回就把结构说完了。因此,从文本结构上看,我觉得《水浒传》另外一个名字就应该就叫"天罡地煞闹东京"。《水浒传》结尾处,这些"天罡地煞"再一次被"降服",收在地形跟梁山一样的地方——蓼儿洼,故事又开始循环了——重建大殿,护国佑民。②

通过多重材料的整合、互证与仔细剖析,我们发现,无论是民间说唱文学,还是经典书面文学,都体现了禳灾的文化大传统,这是之前单一的学科研究无法做到的,无法深入到中华传统文化的根脉上。

邱:您运用"文化文本"与"文化大传统"的理念,多重证据交叉互证的方法对中国传统文化进行研究,最后指出了中国文化中的禳灾大传统,是非常典型的新文科背景下跨学科研究的新范式。最后,能请您谈谈对"新文科"理念的看法吗?"新文科"背景下,我们应该怎样进行研究呢?应注意哪些方面呢?

李:自西方的学科体系引入中国后,我们就一直处在学科分化的体系之下,无法形成一种开阔的视野,而且我们其实一直处于西方的理论话语霸权之下。由西方国家主导的理论话语权,迫使非西方学者深陷晦涩难懂的理论游戏的泥潭中不能自拔。许多研究成果成为西方理论的补丁或者脚注。从西方传入的新批评理论体系封闭,仅仅关注文本的内部构成,忽视了文本与外

---

① 施耐庵:《水浒传》,人民文学出版社,1998年,第14页。
② 详见李永平:《"纵出"与"横出":"文化文本"观念对文学研究的革新》,载李继凯、叶舒宪主编:《文化文本(第一辑)》,商务印书馆,2021年,第59页。

部的互动，与中国传统的文学批评分道扬镳，脱离了我们的实际需求。这会使理论失去自身阐释的魅力。更严重的是，对西方理论的盲目跟风与盲目崇拜，很难让我们走出西方后殖民的枷锁，更别说对其进行超越了。

从观念的革新和方法的升级来讲，"新文科"思想要求我们坚持中国立场，为国家服务，推动专业知识体系和能力要求的创新，着眼培养跨界融会贯通的思想和实践能力，并最终成为文科复合型人才。也就是说，第一，我们要培养的是不能唯西方理论马首是瞻的意识，要以中国本土文化为根基，创造中国话语、解决中国问题并推动中国话语走出去。第二，我们要培养跨界意识。新文科语境下的文学研究，应该是整合学科研究，实现跨学科、跨族群、跨时空、跨文化的整合。当代的学科分类仅仅是工具性分类，这种工具性的学科划分，带来人文社科方法和自然科学技术割裂的潜意识，这在今天看来是不利于问题的提出和解决的。只有打破学科分类的知识壁垒，才能真正改善认知模式，促进科研水平的提高，解决实际问题。第三，我们的文学研究，要有温度。新文科思想要求我们进行人文学科、社会学科与自然学科之间的交叉互动，但最重要的是落实到文学研究的本位上来，即对人类自身价值思考。文学作为一门关于人的学科，与社会生活紧密相关，英美新批评追求文学批评的纯粹性，将文学与社会生产活动相分离，这就会造成审美独断；而只重对科学技术的运用，又会脱离文学本位。为了避免这种情况，我们要深刻反思文学形式与社会生活，探讨文学内容、社会结构、人之精神之间的辩证关系。若我们的研究成果仅仅从人文跨越到自然科学，是条单行线的话，就会缺少温度与人文关怀，无法回归当下，也无法改变人类的生存境况。第四，我们在进行学术研究时，要以问题为导向，深入生活、扎根人民，才能获得更加开阔的研究视野，形成新的研究范式。

邱：非常感谢您今天同我们分享了这么多宝贵的研究方法与经验，后学受益良多！